中華說史

重返五四現場

一九一九，一個國家的青春記憶

葉曙明 著

中華書局

重返五四現場

□
著者
葉曙明

□
出版
中華書局（香港）有限公司
香港北角英皇道 499 號北角工業大廈一樓 B
電話：(852) 2137 2338　傳真：(852) 2713 8202
電子郵件：info@chunghwabook.com.hk
網址：http://www.chunghwabook.com.hk

□
發行
香港聯合書刊物流有限公司
香港新界荃灣德士古道 220-248 號
荃灣工業中心 16 樓
電話：(852) 2150 2100　傳真：(852) 2407 3062
電子郵件：info@suplogistics.com.hk

□
印刷
點創意（香港）有限公司
香港葵涌葵榮路 40-44 號任合興工業大廈 3 樓 B

□
版次
2014 年 4 月初版
2024 年 2 月第二次印刷

□
規格
特 16 開（230 mm×170 mm）

□
ISBN：978-988-8290-07-9

百年淬厲電光開
——葉曙明《重返五四現場》序

余世存

一

五四運動似乎已經蓋棺定論。這個由蔡陳胡魯們引導、由傅羅段等人發動的朝野博弈的政治運動，經由國共雙方以及胡適、羅家倫、毛澤東等一大批現代中國巨人們的評估，已經被定性為現當代中國政治經濟文化格局的奠基者。即使反對五四運動的論斷，也承認五四運動所起的重大作用：五四運動撕裂了文明或說我們民族的文化。

但五四運動仍是一個說不完的話題。它的當時究竟是什麼狀態，至今人言言殊。當時參與的各方是否有最低限度的倫理共識？五四運動時的中國是否如同當下的網路中國，有着混亂的自由？當時人以及當下人是否都善用了這種自由？當時人和當下人是否有着足夠的思想資源、道義支撐？不僅如此，關於五四運動的全部言說仍歸屬兩大陣營：贊成，反對。即「胡適，還是魯迅？」這樣的偽命題滋養當代知識界十年之久，贊成者仍難在復述舊言外有新說辭；而反對者或囁嚅其言或冷嘲熱諷，甚至從「原因的原因的原因」中將百年中國的罪苦歸結到五四運動。

近百年前的一場運動至今仍給我們情感的波動、認知的分野。這說明我們確實在心智、視野、群己權界、歷史觀念、先人尊崇等方面仍未走出五四運動的陰影；我們在革命、改良、文化、運動等方面仍未有歷史的共識或倫理共識。據說西人生活中有二三十年以上者即為古物、即屬歷史，即可成為公共財產供全民保護、認知、懷古。我在大眾遊玩的地方，也確實見過墨索里尼的遺跡，獨裁者當年演講的陽臺；我見過對壘犧牲的兩軍將士的墓園，那樣分明又統一地成為今人的歷史風景，一種意味深長的厚重之美。但我們的五四，無論讚美或反對者其實都塵封了它，其中的人物至今因陣營歸屬而未能展現其全部的真實，未能成為人民當下生活的真正背景。

二

康梁孫黃的革命，缺乏西人革命那之前可長達百年的啟蒙、理論準備。顧、王、黃等人的擔當，曹雪芹、龔自珍們的天才創作，仍只是挽歌而已。徐繼畬、魏源等人的思考，也不足以給華夏數千年未有之變局提供有效的思想資源。故曾左李摸着石頭辦洋務，康梁黑貓白貓地借孔改制變法，孫黃自備學說或建國大綱，政道合一，釀成「不徹底的」辛亥革命。

蔡陳胡魯們的新文化運動，本是補辛亥革命的思想道義之缺失，在政統崩解重構之際，別立可審判、監督、分權的道統。但運動的領袖們雖然重估一切價值，雖然尊奉德賽二先生，他們並未能像啟蒙運動中的西人那樣獲得人的自覺而溝通人心，也未能像百科全書派那樣為華夏或人類的一切領域立言立法。

這樣的歷史比較當然對新文化運動的諸多聖賢有失公允。何況當時的中國確實內憂外患，亡國亡種之說誇張，但在文明的他者眼中，中國實為木乃伊般的國度。以胡適之溫和，到抗日戰爭，才說中國終於從一個中世紀的國家演變成現代國家。因此，我們必須同情地理解新文化運動對辛亥革命的背書。它支持了政治革命、全民革命；但它還沒有承認階級革命、暴力革命。它失望於政統的混亂，但它未能夯實並強調道統，它未能如周作人說的努力經營「自己的園地」，反而介入並為政統的變革所裹挾。

如果沒有了新文化運動，辛亥革命將如何演變？孫文學說肯定不是和諧社會理論，但他有建立道統的用心，袁世凱復辟也是敏感到意識形態的重要而欲尋求道統的支撐，因此，南北軍閥的割據和兼併不會比五代十國更糟，反而會在思想資源上爭勝。顯然，中國仍會在世界的帶動下進入革命的世紀。新文化運動的參與者們少有從道統的角度梳理革命，多將現成的革命介紹給政統以充任思想爭勝的奴僕、苦力。陳獨秀、李大釗、羅家倫、張國燾、毛澤東們知行合一，成為小平頭知識分子的先驅者，加快了這一革命進程。「不徹底的」辛亥革命被更徹底的革命拋開。革命發生了變異，階級革命、暴力革命登場，到五四運動，拉開了中國革命世紀天翻地覆的序幕。

三

但五四運動並非一個組織嚴密、線索清楚的歷史現象，相反，它是一個混亂的狀態。

新文化運動的領袖們想過百科全書般的立言立法，如陳獨秀說，文化是包含着科學、宗教、道德、文學、美術、音樂等方面的運動；但新文化運動中，運動居多，創作居少；口號多，作品少；領袖多，群眾少。缺乏作品和社會基礎的運動只能是複調而眾聲喧嘩的。因此，新文化運動中湧現的只是明星式人物，運動難以深入，多只是各色人等的秀場。表態，或者自說自話，自我表演。

如葉曙明先生觀察到的，這個秀場如此熱鬧：「《新青年》、《新潮》、陳獨秀、胡適、錢玄同、劉半農、魯迅諸人，固然是新文化運動的主力；然吳稚暉、張一麐、袁希濤、黎錦熙、馬裕藻等致力於國語統一運動的人，也是新文化運動的組成部分；提倡德先生、賽先生的，搞新村運動的，搞工讀互助的，主張安那其主義的，主張社會主義的，主張實驗主義的，主張馬克思主義的，主張根本解決的，主張一點一滴改良的，要打倒孔家店的，要整理國故的，還有《國民》、《國故》、《學衡》、辜鴻銘、劉師培、黃侃、林紓們，大大小小的『選學妖孽，桐城謬種』們，所有南腔北調，精彩紛呈的聲音，共同構成了一個轟轟烈烈的新文化運動。」

這個轟轟烈烈的新文化運動，在參與者之間沒能形成對話的規則、共識；更不用說，參與者們跟政界、商界形成可能的溝通。英國哲學家羅素當年曾說中國處於「混亂的自由」中，這種混亂的自由不過是歷史老人的「一放就亂」，但新文化運動的各界人士卻沒有意識到這珍貴的歷史機會，從而有所回饋歷史和命運。他們多大出風頭，他們中的保守派和激進派都異口同聲地哀歎世風日下，人心不古，國將不國。他們中的少數天才直到後來才充任了思想資源的提供者，才「畫出這沉默的國民的魂靈」。他們中的少數領袖直到後來才意識到倫理底線的重要，才感歎社會革命中有無「人味兒」的重要性。

因此，五四運動必然上場，這個新文化運動的變體或孝子，註定要以弒父的姿態收場。這個弒戮行為，不僅跟知識前輩分道揚鑣，而且要跟政權攤牌。火燒趙家樓，「大規模的群眾暴動騷亂事件」，不同於王朝時期的民亂，一個當時的記者在「五四」第二天寫道：「吾人驟聞是種消息，幾疑法蘭西革命史所記載恐怖時代一般亂民之暴動，及路透電所報告布爾札維克黨人在俄國各地之騷擾，又發見於吾華首都。」

四

沒有任何理由反對青年、學生。如果一個家庭的父權衰敗，我們沒有理由譴責孩子們的逆反、弒父、出走，我們可以痛心孩子們對父權的複製和可笑的摹仿。如果一個社會除主旋律外沒有像樣的精神食糧，父輩們沒有多少責任感，更沒有有效解決問題的制度機制，那麼青年人就當然以青春的本能抗爭。胡適說：「在變態的社會國家裏面，政府太卑鄙腐敗了，國民又沒有正式的糾正機關（如代表民意的國會之類），那時候干預政治的運動，一定是從青年的學生界發生的。」深知其中厲害的毛澤東甚至天然地站在學生一邊，他的名言就是：「凡是鎮壓學生運動的人都沒有好下場。」

而鎮壓，謬託歷史知己者的鎮壓，不過是「一收就死」，將自己和中國置於一種奴隸奴才般的生存狀態。中國革命，百年變亂不斷，卻難以在學生和政府之間、在官產學社會各界之間形成有效的對話機制。法蘭西革命，歷經百年，左右搖擺四五次，才建立了現代意義上的共和國。中國革命，歷經百年，左右劫亂不斷，仍離現代遙遠。

五四運動撕裂了老大中國的面紗。它提出的問題：中國的家庭之惡、中國的政治參與機制、中國的代際和社會溝通管道、以及從生老病死到婚喪嫁娶等中國人的生活模式，等等，至今沒有解決。五四運動的撕裂、學生們的舉動並沒有錯，換言之，青年學生不過是到「最後的關頭」發出的聲音。錯的是當時事後的當政者、社會領袖們，如嚴復、林紓、辜鴻銘、蔡元培、梁啟超、章太炎、胡適、孫中山、陳炯明等人。

中國只有走全民革命的道路，否則，「古久先生的陳年流水簿子」還會將人的生存資料化、指標化，將人的生活窒息；中國只有走政治革命的道路，否則，再怎麼好的「好地獄也將失去」。

亞洲第一共和的「國父」認識到了「南北軍閥如一丘之貉」，他稱馬克思為社會病理學家的認識也足夠深刻，但他沒有因此反思革命，反而仍停留在對自己學說的自負上，仍停留在自己的歷史使命或影響在於「五百條槍」的暴動上。如果孫文能夠介入、參與新文化運動，或者新文化運動的成果會是另外一個樣子；如果他能夠關注五四運動，或者這些社會道義資源、這些在野政治家和民間意見領袖們，能夠接續當年他和黃興、宋教仁的事業。孫文和小平頭知識分子們不會那麼輕易地接受俄國「那根稻草」，中國的革命世紀就不會是俄國的複製品，將會呈現出不同的格局。

五

殺君馬者道旁兒。民亦勞止，汔可小休。蔡元培當年一句「我倦矣」已經不是校長心態、父輩心態，而是書生意氣。

這樣的教訓在五四時期還可以舉出很多。胡適也好、梁啟超也好，都有過這種意氣用事的時候。當然，亂極亂久思靜思治，自己讓權，威權從中產生。不徹底的革命帶來的亂局，帶來的「混亂自由」考驗了大家的心智。比起政黨政治來，他們更寄望於政府政治；比起議會黨來，他們更寄望於革命黨；比起革命黨來，他們更寄望於一個領袖、一個主義……

自由主義、實用主義者看重問題，胡適說：「我們不去研究人力車夫的生計，卻去高談社會主義；不去研究女子如何解放，家庭制度如何救正，卻去高談公妻主義和自由戀愛；不去研究安福部如何解散，不去研究南北問題如何解決，卻去高談無政府主義；我們還要得意揚揚誇口道，『我們所談的是根本解決』。老實說罷，這是自欺欺人的夢話，這是中國思想界破產的鐵證，這是中國社會改良的死刑宣告！」但自由主義、實用主義者卻是不應迴避政治的，胡適的問題主義在當時也不切實際。用現在的話說，他沒有看到，當時中國社會的精英階層都急切地要求一個「說法兒」，要求碰撞出一種政治權利機制；他沒有看到，當時的社會問題如此之多之嚴重，根子在於政治體制有問題。他後來投身政治，應該是意識到了這一問題。

不僅如此，當時問題主義的雙方都沒有從文明的轉變、社會實際出發，即如何從難得的混亂自由裏重建倫理底線、社會共識、政治生態，重建政道關係。一句話，傳統士大夫們的清議行為如何轉化為現代公民責任，落實為生命權（信仰自由）、說話權（言論、出版自由）；孩子們的遊行示威如何擺脫「東漢末年太學生、兩宋太學生、明末東林和復社、幾社的傳統」，而能落實為交友權（結社、集會自由）。

六

梁啟超、胡適的改良自由主義或實用主義思路，在當時後來都不乏實踐。張謇在南通的承包實踐，陳炯明在福建、廣東的治道實驗，盧作孚的北碚建設，以及晏陽初、梁漱溟們的鄉村教育運動，都說明中國改良思潮的生命力。這種改良思路，從積極的角度看，它說明移風易俗的可能性和時效性，跟傳統文明「一年成聚，二年成邑，三年成都」的社會治理一樣，那些把未來黃金世界允諾給現在的人們的謊言，那些動輒推託要一代人兩代人世世代代努力的改革濫調，都在這種改良成果面前不攻自破。

但是，這種改良主義，卻又像中國傳說中的「息壤」一樣，無能抵禦現實中的洪水，更無能應對要求嚴苛的上帝和命運。無論革命的洪水，還是大環境的專制命運，都會使得這種改良曇花一現。山東的臨沂、貴州的石門檻、山西的平遙，都曾一度成為經濟文化的中心地帶，但不到百年，都成為貧困落後地區了。即使今天，二十年前的改革明星地區，仍有大量的返貧現象。

可以說，中國文明的轉型乃是一場空前的革命，中國註定跟革命相遇，如果我們的先人、我們的五四聖賢們沒能解決革命問題，我們就得接受這種革命遺產。如果「偉大的早期國民黨人，偉大的早期共產黨人，偉大的革命者與啟蒙者一代」沒能解決革命問題，如果我們的父輩不能解決革命問題，我們就沒有告別革命世紀。

曾經呼籲「回到五四」的舒蕪先生晚年反省，從改良者的對立面，一個五四之子、一個革命者的角度說明革命變異的洪水，舒蕪痛切地說：「『理力論』公式雖簡，然乃自近百年歷史概括而來，實乃至理。此理與力，又非自古以來帝王聖哲之理之力，而是劃分人類『史前時代』與『真正人類自覺時代』之理之力，以『科學』與『階級』之名，起大信，成大業，前史無可例比。千百萬志士仁人，為之拋頭顱，灑熱血，不可簡單地斷為『盲從』。其以力運理之機，至微至隱。當時信眾，無不自以為所信者科學，所循者規律，故艱難險阻而不辭，摩頂放踵而不悔。今日事後追論，輕易名之曰『主流』，曰『權力意志』，其實當時居主流地位有權力後盾者，是三民主義、法西斯主義、周孔之道等等，而科學社會主義之歸宿則在雨花臺、渣滓洞，乃千萬人共見共知之事實。或亦正似此故，其以理運力之機，遂難覺察。竊謂解放前白區信眾，最是純粹。蘇聯與中國蘇區的大量血的事實，在白區毫無所聞。間有傳聞，則以出於國民黨之口，由逆反心理而拒不肯信。魯迅之睿智，亦有《我們不再受騙了》之作，有《答中國托洛茨基派》之信。非君子可欺，其實都因為真相的揭破出自太黑暗太卑鄙者之口，從反面作了有力的宣傳也。自顧以此純粹之心，迎接解放，堅信一切皆是『理』的勝利，一切皆是『理』的流行，汲汲於湔誤從真，而不自知已捨理從力。」

但中國知識界在最近二十年來輕易地認同了另外一理或力，告別革命的聲音至今不絕，或謾罵或痛心疾首，革命成了當代漢語世界裏罪惡的同義詞，成為人人必須堵塞的洪水猛獸。從九十年代，中國學術思想的主流，已經由主張和平進化，反對激進變革，發展到重評歷史。從崇尚英美模式，否定法國模式，發展到認為沒有五四運動更好，沒有辛亥革命更好。當紐約一家雜誌的記者遠道來訪，問高爾泰，這個同樣的五四之子，終生實踐並篤信「自由」的中國聖賢，對這些問題有什麼看法，高爾泰說：「我沒有那樣想過。」

七

五四因此仍屬於當代，仍屬於我們。五四是我們的。在百年中國數代年輕人的運動中，在革命、改革、改良、動亂、亂動、造反的社會狀態裏，只有五四是青春的，是酣暢淋漓的，是激蕩的，是純潔的；只有五四是老大中國的一次少年張狂，是衰敗文明的一次青春救贖；只有五四空前絕後地打量着傳統文明，打量着身後百年折騰作孽、一代不如一代的現當代中國。青春五四跟我們數代年輕人的血脈相通，而未能重光五四的我們愧對五四。

紀念五四的活動已近九十年，今天我們回顧五四，除了重溫革命世紀和政治問題的教訓以外，還需要重新梳理民族社會的思想資源問題。陳丹青曾說，「在我們的上下周圍，魯迅那樣的物種滅絕了——豈止是他，偉大的早期國民黨人，偉大的早期共產黨人，偉大的革命者與啟蒙者一代，在今天的人群與人格類型中，消失淨盡——而在魯迅的時代，這些人不論為敵為友、為官為匪，但他們的倫理道德血脈教養，個個跨越唐宋，上溯先秦，同時，他們是中國第一代世界主義者，第一代現代民族主義者，第一代新型的文化精英和政治精英。」我們當代的歷史熱很大程度上是在發掘五四的遺產。

但實際上，以胡適、魯迅為代表的五四聖賢們並沒有提供足夠的思想資源，尤其是他們作為現代民族主義者有着非常嚴重的欠缺，他們的盲區其實也應該是我們的遺產，我們的思想資源。我在《中國劫》中以嚴復等人為例說過，我們的知識人總是「圍繞體制、國家和社會穩定做文章，『中國崛起』成為他們立身處世的前提。先發國家的思想家們很少為國家招魂，從這一角度看，『中國劫』的擺動使得我們的知識人發生變異，實在是可令人扼歎之事。一百多年前，斯賓塞就立意要把『自己全部的綜合哲學作為一座堂殿獻給他的個人自由之神』；但嚴復曲解了斯氏思想，以為在斯氏的自由制度中，釋放出的個人力量終將為國家富強服務。當斯賓塞對大英帝國國勢日盛、向外擴張感到驚愕乃至沮喪之時，嚴復卻對之敬慕不已。研究嚴復的美國思想大家史華慈寫道：『毫無疑問，嚴復在這裏扭曲了斯賓塞最心愛的價值。』」

我還說過，史華慈面對中國知識人的變異發出的感歎仍適用於今日中國：「我們很難對中國知識分子如此關切國力的問題下什麼判語。中國確實一直深受羞辱，而且當今世界，沒有國力就無法生存。不過，事實卻是，一旦價值是按照作為獲取力量的手段來評估，這些價值就非常可能變得脆弱難保，扭曲變形。」可以說，電影《英雄》內外的戲子們有足夠的理由嘲笑責難他們的中國知識界，因為中國正是知識人在最近三十年念茲在茲的中心，因為中國知識人不僅沒有為中國人正名，沒有重建道統，反而在為中國正名後，懷抱英雄情結爭先恐後地「學而優入仕」，成為政統的有機或投機分子。

八

回到五四！

葉曙明先生的《重返五四現場》一書讓我們跟着他重溫了五四，如葉先生所說，「自從發生五四運動以來，它就不斷被述說，幾乎所有史料，甚至每個細節，都被羅掘俱窮了。」但五四仍需要「被述說」，因為「一千個人眼中有一千個哈姆雷特」，五四還需要更多人尤其當代人的眼光、思想來解讀。

葉先生以流暢的文字敘述了他眼中的五四，尤其是他把廣東人梁啟超、陳炯明當作五四運動的開端和結束，言之成理，令人耳目一新。我在閱讀過程中，也產生了不少感想，向讀者彙報如上。這是一本值得細讀的書。我在向葉先生表示祝賀的同時，也樂意向讀者朋友們推薦！

是為序。

目錄

上篇

啟蒙

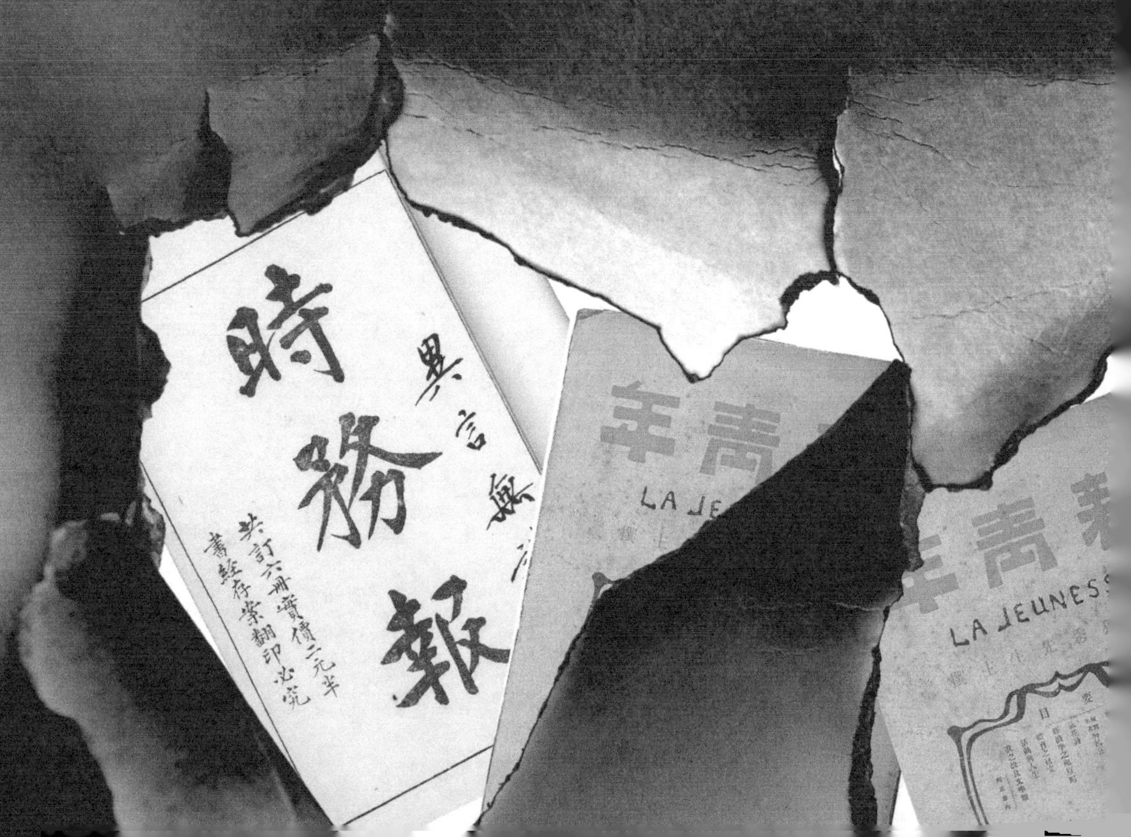

第一章

價值崩潰的年代

一場未遂的五四運動

五月，在中國的近代史上，究竟具有怎樣的一種特殊意義呢？這是個不解之謎。中國的知識界，與五月似乎有着某種難以解釋的宿命關係。許許多多與知識界相關的事情，都在這個月份醞釀、發酵、爆發，然後長遠地影響着中國的歷史進程。

一八九五年春天，北京聚集着大批從各省上京參加會試的舉人，已經考試完畢，正在等待放榜。四月，甲午戰爭中國戰敗，中日兩國簽訂《馬關條約》，割讓臺灣及遼東，賠款二萬萬兩的消息，像一顆炸彈在京城炸開了，把大大小小的京官、舉人們炸得血脈僨張。從四月十四日開始，各地舉人的公呈，像雪片似的飛到都察院，呼籲朝廷拒絕簽約。一位臺灣省籍舉人，在衙門外捶胸頓足，號啕痛哭，長跪不起，為臺灣民眾向朝廷請命，圍觀之人，莫不潸然淚下，感同身受。

這批奔走呼號的「知識分子」當中，有兩個廣東人最為活躍，一個是康有為，一個是梁啟超。

康有為，廣東南海人，生於一八五八年，原名祖詒，號長素。早年在家鄉時，閱讀各種新書，如《西國近事彙編》、《環遊地球新錄》等等，開闊了眼界。後來他親身遊歷香港，感受到西方文明，治國甚有法度，絕不是中國人所說的「夷狄」，於是大購西方書籍（譯本），大講西學。一八九一年，康有為在廣州開辦「萬木草堂」，主持完成了《新學偽經考》和《孔子改制考》等重要著作，「大發求仁之義，而講中外之故，救中國之法」，鼓吹從最高層的王權入手，由上而下改造中國。

梁啟超，廣東新會人，生於一八七三年，字卓如，號任公。他十二歲進學，十七歲中舉，人稱神童，滿腹訓詁詞章之學。自從聽了康有為如「大海潮音，作獅子吼」的講學後，幡然猛醒，有如桶底脫落，豁然貫通，始覺自己肚裏的全是「數百年無用舊學」，於是改轅易轍，追隨康有為左右，絳帳侍坐，執經問字，北面備弟子禮。當時康有為還只是個秀才，梁啟超以舉人的資格，倒過來拜秀才為師，傾力提倡新學。康長素有了這個得力助手，如虎添翼。

四月的北京，紫藤花開，柳絮飛揚，空氣中充滿了不安。為了阻止朝廷簽約，梁啟超先是聯合了廣東舉人麥孟華、張壽波等人上書，被都察院拒絕了。其後湖南舉人們得知，也積極參與，挺身而出的公車愈來愈多，力言臺灣萬不可割讓。

康有為、梁啟超起草了一份一萬八千字的請願書，據說，五月二日，康有為聯合在京會試的公車一千三百多人，於松筠庵會議，共同署名上書光緒皇帝，並齊赴都察院遞交請願書，被都察院拒收。這就是在所有中國近代史書上都少不了的「公車上書」一頁。

對這一事件，梁啟超的描述是：「甲午敗後，（康有為）又聯合公車千餘人，上書申前議（指變法之議），亦不達。世所傳公車上書記是也。」[1]

1　梁啟超《康有為傳》。《戊戌變法》（四），上海人民出版社、上海書店出版社，二〇〇〇年版。

康有為的描寫比較詳細：「時以士氣可用，乃合十八省舉人於松筠庵會議，與名者千二百餘人，以一晝二夜草萬言書，請拒和約、遷都、變法三者，卓如孺博書之，並日繕寫……遍傳都下，士氣憤湧，聯軌察院前里許，至四月八日投遞，則察院以既已用寶，無法挽回，卻不收。」[2]

這個被歷史學家稱之為「是自十二世紀宋朝太學生發動的知識青年救亡運動以來，絕無僅有的第二次」的大事件，是中國近代史上一個重要的節點，它象徵着傳統知識分子在近代社會的角色轉換。然而，這一幾近定案的事件，後來頻遭質疑，有人認為所謂「公車上書」，是康有為出於急功近利、虛榮自負的心理編造出來的。

證據是，當年五月二十四日出版的《公車上書記》序中承認，五月二日那天，舉人們「聞局已大定，不復可救，於是群議渙散」，[3]並無示威請願之事。軍機大臣翁同龢當日的日記，列出了皇上以及都察院全天的工作流水賬，也沒有出現過一千三百名公車到都察院遊行上書並且被拒的事情；宮廷檔案顯示所有上書均達御前，所謂都察院拒收上書的說法是不成立的。因此，作為康有為後來在自編年譜中所描繪的「公車上書」歷史事件並不存在，「頂多只能稱作『公車集會』或『公車擬上書』而已」。[4]這種質疑，在史學界漸漸佔據了上風。

「公車上書」事件究竟有沒有發生？

事實上，公車上書真的發生了。當《馬關條約》的噩耗傳開後，最先向朝廷力爭反對的，是一批中央和地方官員，這不奇怪，因為首先知道消息的，是官場中人，但很快在京的舉人們也知道了消息。

按《公車上書記》的序言所說，那些天到都察院上書的公車，絡繹不絕。四月二十二、二十四、二十六、二十八、三十日，是都察院雙日堂期，「察院門外車馬闐溢，冠衽雜遝，言論滂積者，殆無虛晷焉」。前來上書的公車，一波接着一波。四月三十日，由梁啟超領銜八十名廣東舉人上書。根據史料顯示，僅五月二日那天，都察院就接到七省舉人的八批公呈，簽名者三百四十二人；而且在其後幾天內，依然紛至沓來，直至五月八日，因簽約之事已塵埃落定，爭無可爭了，才告平息，上書總量三十一件，簽名者一千五百五十五人。

以官方檔案沒有拒收上書的記錄，證明沒有「上書被拒」一事，似乎不夠說服力。都察院對根本沒有接收的上書，是否還會記錄在案？這是一個疑問；官方檔案有沒有弄虛作假？這是另一個疑問。根據其他記載，當時被拒收的上書，不止一份。經驗告訴人們，官方文書，文過飾非、胡編亂造之處甚多。

事實也許是這樣的：當年的松筠庵，是不少公車碰頭聊天的地方，每天熙來攘往，喧囂熱鬧，而上書的事情也是在這裏商議出來的，至於有多少人具體參與了商議，有多少人是口頭附議贊成，有多少人是來坐坐聊天的，有多少人是真正畫押簽名的，並無一個準確的數字。而後來康、梁為了壯大聲勢，時而說有一千二百人，時而說有一千三百人，時而又說有三千人，在當時政治勢力尖銳對峙的環境下，可以諒解，簡單地斥為「不嚴肅、不負責、隨心所欲」，未

2 《康有為自定年譜》。《戊戌變法》（四），上海人民出版社、上海書店出版社，二〇〇〇年版。

3 康有為《公車上書》。該書的序言署名「滬上哀時老人未還氏」，即使不是康有為本人，至少也是他的親朋好友。

4 姜鳴《天公不語對枯棋》。三聯書店，二〇〇六年版。

免過於簡單。在許多群眾運動中，把三五千人的集會，說成是十萬人大會，也是常有的事情。

準確的人數不是最重要的，重要的是一千三百名舉人在松筠庵會議上簽名請願並上書被拒一事，是否子虛烏有？《公車上書記》序言交代得很清楚：他們的計劃，原定是五月四日向都察院上書的。如果付諸實行，那真是一種驚人的歷史巧合，一場發生在一八九五年的五四運動，將永垂青史。可惜，因為五月二日聽說皇上已經在和約上蓋了國璽，大局已定，公車們請願阻止，已經太遲了。《公車上書記》的序言說：

（五月二日）是時松筠庵坐中議者尚數十百人，咸未稔用寶之舉，但覺氣象愁慘，相對欷歔，憤悒不得語，蓋氣機之感召然耶？是夕議者既散歸，則聞局已大定，不復可救，於是群議渙散，有謂仍當力爭以圖萬一者，亦有謂成事不說無為蛇足者：蓋各省坐是取回知單者又數百人，而初九日（三日）松筠之足音已跫然矣，議遂中寢，惜哉惜哉。

公車們還沒去請願就散伙了。後來在康有為自編年譜中，繪形繪色地把事件描述為「士氣憤湧，聯軌察院前里許，至四月八日（即五月二日）投遞，則察院以既已用寶，無法挽回，卻不收」。留意「至四月八日」一句，可知舉人們「聯軌察院前里許」，是五月二日之前的事情。與他前面所述互相對照，可以肯定，五月二日由於和約已成定局，大部分舉人都散去了，集體請願的計劃「議遂中寢」。康有為即使堅持去都察院上書，也絕沒有一千三百人同往的盛況。至於後來不少歷史書所寫：「五月二日，由康、梁二人帶領，十八省舉人與數千市民集都察院門前請代奏」，則完全是文學化的描寫了。

這種文學描寫，究竟最早出自何人筆下，是康有為和他的門徒自吹自擂，還是別人添油加醋，都無關宏旨，但無論如何，一八九五年五月在北京舉人們不僅僅是「集會」，也不僅僅是「擬上書」，而是確實上書了，不是一份，而是三十一份；不是一千三百人，而是一千五百五十五人。因此，要說虛構，只能說時間、人數上有差異，具體到「五月二日，由康、梁二人帶領，十八省舉人與數千市民集都察院門前請代奏」這一細節是虛構的。

不管這一系列「公車上書」事件，是反對簽約的官員們在幕後操縱的，還是康有為、梁啟超挑頭組織的，也不管五月二日那天到底有沒有上千人去都察院請願，這些都無礙於我們觸摸當年知識分子們搏動的血脈。

一八九五年的「公車上書」，與宋代的太學生伏闕上書，請求抗金，有本質的不同，它不僅開啟了近代中國知識分子問政之風，更重要的是，它把個別事件引向了國家政治改革的方向，製造了一場社會運動。許多在北京參與上書的知識分子，在回到各自的省區後，組織起各種民間的壓力團體、議政團體，成了清末政治改革運動的中堅力量。

與宋代太學生伏闕上書，相隔了七百六十多年，時代畢竟不同了。鴉片戰爭以後，中國這個獨尊儒術兩千多年的老大帝國，面臨着十字路口。

在西洋的堅船利炮面前，中國的各種沉痾宿疾、疑難雜症，一時俱發。當年金人入侵中原，帶來了遊牧文化，而現在西洋大炮帶來的是工業文明。東方中古時代的農業文明，打不過西方現代的工業文明，中國必須「師夷長技」，走變革之路，才有復興希望。當其時，以魏源、林則徐、郭嵩燾、徐繼畬、梁廷枏等人為代表的一批有識之士，主張經世致用，在萎靡浊沓的社會環境中，不斷呼籲變法。他們翻譯和編寫了不少介紹「夷情」的書籍，為人們打開了觀察另一個世界的視窗。其意義，殆與劃破黑夜的閃電相同。

風氣之開，甚於迅雷。經世派一出，思想界風雲迭起。歷經太平天国、甲午戰爭之變，中國國勢的衰弱，民族精神的沉淪，已到了人命淺危、朝不慮夕的險境。學習西方工業與科學技術，乃從林則徐時代幾個孤臣孽子的拚死呼號，逐漸為朝廷所接受。於是有了洋務運動，造就了曾國藩、李鴻章、左宗棠、張之洞、沈葆楨等一批中興名臣。

中國的當務之急，既不是如何拒「夷」於國門之外，也不是如何為往聖繼絕學，重振舊政教，恢復舊綱紀，而是老老實實向西方學習。不管學習過程多麼痛苦與難堪，都無法迴避，沒有第二條路可走，唯有硬着頭皮學下去。王陽明說「殺人當在咽喉上着刀」，此時此地，學習西方，就是振興中國的「咽喉」。

然而，咽喉找到了，怎麼着刀，卻依然頗費周章。這也是令中國士大夫們陷於極度焦慮的難題之一。如何把西方文明與中國文化傳統對接，賦予「學習西方」這一在前輩們看來有損國體的事情以正當性和合法化，是誰也繞不過去的一塊石頭。不是一句「尊王攘夷」或「全盤西化」的口號，就能輕易解決的。

張之洞提出「中學為體，西學為用」，對推動中國社會的轉型，具有酵母之效。雖然仍未跳出儒家傳統「內聖外王」的套路，也談不上真正認識與學習西方文明，但它為中國學習西方找到了一個道德的立足點，說白了，就是「建設有中國特色的資本主義」。中學為體，中國特色也；西學為用，資本主義也。對於唱慣「漢家不通無禮之國」高調的士大夫來說，「中學為體」這四個字，至關重要，是不是「洋奴」的分水嶺，端在其中。從「尊王攘夷」到「尊王師夷」，中國往前邁出了蹣跚的一步。

歷史上每一場大戰爭，都會引起社會變革。不是推動社會往前走，就是拉着它往後退。自鴉片戰爭以來，「往前走」與「往後退」的兩股力量，在中國膠着爭持。繼同治中興之後，戊戌變法、義和拳之亂、立憲運動、保路運動，以及各式各樣的「改良」、「變法」、「革命」，連朝接夕，隨踵而至，最終釀成辛亥革命一聲炮響，滿清傾覆，民國創立。其間國家、民族、文化的命脈，存亡絕續，懸於呼吸，其危如一髮引千鈞。用李鴻章的話來說，開亙古未有之變局，是一點也沒有誇張的。

推源溯始，中國的啟蒙運動，是因救亡而起的，它往往被視為救亡的一個途徑，或者說一種手段。因此，任何時候只要發現有更快捷的途徑，以救亡為己任的啟蒙者馬上就會來個急轉彎。

一八九六年八月九日，梁啟超在上海創辦《時務報》（旬刊），每期三四萬字，由汪康年任總經理，梁啟超任總主筆。先後出版了六十九期，發表了一大批鼓吹變法的政論文章，一紙風行，高峰時每期銷一萬七千份，成為國內最受歡迎的一份報紙。

梁啟超的《變法通議》，就是《時務報》上的一顆重磅炸彈，他大聲疾呼：中國的官制必須改革！教育制度必須改革！科舉取士制度必須改革！中國變則存，不變則亡！字字擲地作金石聲，有如破山之雷，振聾發聵。梁啟超說：

> 自從和日本打了一個敗仗下來，國內有心人，真像睡夢中着了一個霹靂，因想道堂堂中國為什麼衰敗到這田地？都為的是政制不良。所以拿「變法維新」做一面大旗，在社會上開始運動，那急先鋒就是康有為梁啟超一班人。這班人中國學問是有底子的，外國文卻一字不懂。他們不能告訴人「外國學問是什麼？應該怎麼學法」？只會日日大聲疾呼，說「中國舊東西是不夠的，外國人許多好處是要學的」。這些話雖然像是囫圇，在當時卻發生很大的效力。[5]

梁啟超被後世稱為中國第一代的啟蒙大師。當年他在武昌拜會張之洞，張之洞以迎欽差的規格，大開總督衙門的中門、暖閣相迎，只差沒有鳴炮致禮。可見他的名氣之大。梁啟超的成就，遠在其師康有為之上，進入民國以後，經歷了張勳復辟，康有為的名字已經臭不可聞了，但作為康門弟子，梁啟超在風起雲湧的新文化運動中，仍能別開生面，自成一家。

梁啟超文章之所以大受歡迎，除了觀點新穎外，文章風格，突破所謂桐城古文與八股時文的束縛，亦為重要原因。梁啟超自稱：「至是自解放，務為平易暢達，時雜以俚語、韻語及外國語法，縱筆所至不檢束，學者競效之，號『新文體』。老輩則痛恨，詆為野狐。然其文條理明晰，筆鋒常帶情感，對於讀者，別有一種魔力焉。」[6]

「新文體」——第一代的現代白話文出現了。

由於讀者喜歡，許多報刊競相模仿，一時風靡全國。人們又稱之為「時務體」或「新民體」（《新民叢報》是梁氏主辦的另一份報紙）。白話文先鋒胡適總結，「新文體」受歡迎的原因：一、文體的解放，打破一切「義法」、「家法」，打破一切「古文」、「時文」、「散文」、「駢文」的界限；二、條理的分明，梁啟超的長篇文章都長於條理，最容易看下去；三、辭句的淺顯，既容易懂得，又容易模仿；四、富於刺激性。「筆鋒常帶情感」。[7]

作為一代國學大師康有為，終生在古文經學與今文經學中打轉，他宣稱兩千多年來盛行的都是偽孔學，真孔學被湮沒了，現在他要撥開雲霧覽日月，洗去真孔學的塵垢，重現其價值光芒，把人民從暴主、夷狄的酷政下解放出來。他的「託古改制」，比張之洞的「中體西用」，又略進了一步，開始嘗試把西學的某些「體」，加以包裝，移植到中學的「體」內。他要啟蒙中國人，所以要引入西學；他要救亡中國，所以要創立孔教，奉孔子為教主。如果他不是有心用孔教包裝西學，那他一定是用西學包裝孔教。

康有為讚美孔子說：「夫大地教主未有不託神道以令人尊信者，時地為之，若不假神道而能

5 梁啟超《五十年中國進化概論》。《梁任公近著》（下），文海出版社有限公司，一九二三年版。

6 梁啟超《清代學術概論》。中國人民大學出版社，二〇〇四年版。

7 胡適《五十年來中國之文學》。《胡適文集》（三），北京大學出版社，一九九八年版。

為教主者，惟有孔子，真文明世之教主，大地所無也。」[8]似乎孔子做教主，已是既成事實，其實，又要不託神道，又要成為宗教，這本身已經構成一個難以解套的悖論。康有為呼籲皇帝尊孔教為國教，以教主紀年（一八九五年即「孔子卒後二千三百七十四年」），朝廷設立教部，地方設立教會。

康有為把「保教」與「保國」，甚至「保種」相提並論，與其說是一種政治技巧，不如說顯示出他已經意識到啟蒙與救亡的矛盾，而且在做着調和的努力。他似乎預見到，未來的中國，傳統文化會遭到空前的衝擊，到那一天，儒學獨尊的地位，也將面臨瓦解，因此，他要未雨綢繆，及早為儒學安排後路。

康有為在萬木草堂裏絞盡腦汁，朝思暮想，想出了「宗教」這個主意。其實這也不是他的首創，想創建孔教的人，代不乏人。既然佛學可以變成佛教，為什麼孔儒不能成教呢？歐洲啟蒙運動，最初也是來勢洶洶，挑戰上帝的權威，但最後西方的教會制度與政治制度，不也是相安無事嗎？

這給了康有為一劑強心針：把儒學升格為宗教，儒學的體制化地位，就可以另一種形式延續下去，豈不皆大歡喜？於是，他致力於創立孔教，一方面，為眼下的政治改革，尋找合法化資源；另一方面，也為儒學在未來「西風壓倒東風」的大勢下，營造一個永久的安身之所。

這時，另一位大名鼎鼎的人物出場了，他就是餘杭名士章太炎，名炳麟，生於一八六九年。古文造詣極高，對古代典籍的考訂疏證，系統而縝密，在小學、音韻、訓詁、佛學方面的研究，天下無人可與爭鋒。若坐而論道，康有為不是他的對手。

章太炎也是維新人士，給《時務報》撰稿，名氣與梁啟超不相伯仲。譚嗣同曾誇梁啟超是賈誼，章太炎是司馬相如。不過，章太炎的文章，用典多而冷僻，用詞古奧難解，一般人不容易明白，和梁啟超的「時務體」，是大路朝天，各走一邊。

章太炎對康有為倡言建立孔教，不以為然，寫了些批評文章，被康門弟子圍攻，打得他鼻青臉腫，章太炎一怒之下，到上海自立門戶。他把孔子定位為一個勤奮盡職的歷史學家、教育家，而不是教主和聖人。六經皆史，研究經學只是為了研究古代歷史，而不是為了所謂「通經致用」。

康、章二人，學問上「輒如冰炭」，政治上卻引為同志，互相呼應。在這一代知識分子的推動下，「維新」成了十九世紀中國的一齣壓軸大戲。一八九五年秋天，康、梁等人組織強學會，創辦《中外紀聞》，大吹大擂，打響了戊戌變法的頭炮。「變」，終於匯成不可阻擋的潮流。

由甲午戰爭、《馬關條約》而引起公車上書，公車上書為戊戌變法做好了鋪墊，戊戌變法則成為清末政治改革運動的先聲，而辛亥革命也隨之而起。

這一清晰的脈絡顯示，近代中國的思想運動、文化運動、社會革命運動，都是從一八九五年五月那次雷聲大雨點小的公車救亡運動開始的。

8 康有為《請尊孔聖為國教立教部教會以孔子紀年而廢淫祀摺》。《戊戌變法》（二），上海人民出版社、上海書店出版社，二〇〇〇年版。

嘗試用宮廷政變來進行政治改革

一八九八年六月十一日，光緒皇帝頒佈「定國是詔」，正式宣佈變法。詔書把興辦京師大學堂，列為頭等大事，以期人才輩出，共濟時艱。七月三日，光緒批准了由梁啟超代為起草的《奏擬京師大學堂章程》，這是中國近代高等教育最早的學制綱要。

章程規定，大學堂的辦學方針是「中學為體，西學為用，中西並用，觀其會通」。並規定「各省學堂皆歸大學堂管轄」。不僅成為全國最高學府，且儼然成了全國最高教育行政機構。康有為期望它成為隆觀聽而育人才的現代辟雍，殊不料，數年之後，這棵大樹卻培育出了「打倒孔家店」的一代。這也是康有為始料所不及的。

在提倡尊孔讀經的同時，「外國文一字不懂」的康有為，拋出了一系列極具震撼性的政治、經濟、文教改革方案，包括提倡私人辦實業，獎勵新發明、新創造，修築鐵路，開採礦產，改革財政，編制國家預算；廢除八股，開辦學堂，提倡西學，派人出國留學、遊歷；允准創立報館、學會；設立議會，實行君主立憲，允許大小臣民上書言事等等。

梁啟超認為，中國落後的病根，在於思想守舊；而思想守舊的病根，在於科舉。他說：「科舉制度，有一千多年的歷史，真算得深根固蒂，他那最大的毛病，在把全國讀書人的心理都變成虛偽的因襲的籠統的，把學問思想發展的源泉都堵住了。」[9]因此，要救中國，首先必須撲滅科舉制度。

如果維新派循序漸進，先廢科舉，後辦學堂，取得突破，漸次推廣各項改革，未嘗不能取得成果，但他們急於求成，希望畢其功於一役，不顧客觀條件的許可，全憑血氣之勇，採用「挾天子以令諸侯」這種最古老的權謀之術，甚至以宮廷政變來推行新政，其結果如何，不待智者而後知。

在弟子們的眼中，康有為乃當今素王，「六經皆我注腳，群山皆其僕從」，不過，翁同龢卻嘲笑他是「說經家一野狐也」；章太炎罵他自居教皇是「想入非非」；孫文的革命黨譏笑他是「五級退化」，從教主退化為共和，再退化為立憲，再退化為變法，再退化為勤皇保皇；而正統的儒學原教旨主義者，亦容不得他在儒學中摻入西方的私貨，大名士葉德輝一眼識穿了康有為的動機，他說：「康有為隱以改復原教之路德自命，欲刪定六經，而先作《偽經考》，欲攪亂朝政，而又作《改制考》。其貌則孔也，其心則夷也。」[10]給康有為扣了一頂黃皮白心的帽子。

康有為主張教主紀年，不再使用大清統號，什麼同治幾年、光緒幾年，統統作廢，更令朝野一片譁然。重定正朔，自古乃帝王專利，所謂「惟王者然後改元立號」，康有為竟敢僭越，等同謀反。強學會所創辦的《強學報》，以「孔子卒後若干年」為紀年，招來非議如潮，原本同情維新的張之洞，也嚇出一身冷汗，趕緊與維新派劃清界限，指出「孔子卒後一條」，未經

9 梁啟超《五十年中國進化概論》。《梁任公近著》（下），文海出版社有限公司，一九二三年版。

10 葉德輝《葉吏部與劉先端黃郁文兩生書》。《翼教叢編》，上海書店出版社，二〇〇二年版。

商議，擅自發佈，下令查封強學會，《強學報》也隨之停刊。

在強大的保守勢力圍攻下，康、梁變法，僅僅推行百日，便以人頭落地、流血失敗告終。譚嗣同、康廣仁、劉光第、林旭、楊銳、楊深秀等維新派「六君子」，被處死於北京菜市口。康有為、梁啟超倉皇逃亡海外；章太炎也被懸榜通緝，舉家逃往臺灣。莫道書生空議論，頭顱擲處血斑斑。學者蔣夢麟欷歔不已地說：

光緒皇帝在一八九八年變法維新，結果有如曇花一現，所留下的唯一痕跡只是國立北京大學，當時稱為京師大學堂或直呼為大學堂，維新運動短暫的潮水已經消退而成為歷史陳跡，只留下一些貝殼，星散在這恬靜的古都裏，供人憑弔。11

然而，北京古都並不恬靜，洪流一旦出閘，就難以回頭了。康、梁所開啟的變法運動，並沒有停止。讀書人仕途無望，紛紛轉投報界。朝廷開放報禁，民間言路大開，報業的繁榮，締造了一大批新型的知識分子群體；為其後的立憲運動、保路運動、辛亥革命，打造了最重要的思想輿論工具；也為民國成立後一系列的價值重建運動，奠定了基礎。可以說，沒有這場改革運動，就沒有一九一五年以後的新文化運動。

在清末十年，「有中國特色的資本主義」有如地平線上的山脈，已經遙遙在望，但望山跑死馬，何時可以登上山巔，未可期也。而「有資本主義特色的中國君主專制」，卻已成為朝野共識。立憲運動，由沉寂而轉趨高漲。誠如梁啟超所說：「當時所謂新黨如康有為梁啟超一派，可以說是用全副精力對於科舉制度施行總攻擊。前後約十年間，經了好幾次波折，到底算把這件文化障礙物打破了。」[12]一九〇五年清廷宣佈廢除科舉。在席捲朝野的改革運動中，走得比康、梁還遠。

立憲政治者，恒須兩大先決條件，一為開放報禁，一為開放黨禁。有這兩個「開放」，未必就有真憲政；但沒有這兩個「開放」，搞憲政絕對是騙人。慈禧太后和光緒皇帝開放了報禁，但黨禁仍不敢放，直到武昌革命已經爆發，火燒眼眉了，隆裕太后和攝政王載灃才宣佈開放黨禁，卻為時已晚。天下之望，殆已盡去。百病纏身的大清江山，除了「人死病斷根」，再沒有第二條出路。

有人或問，如果戊戌變法沒有夭折，還會有辛亥革命嗎？清廷還會倒臺嗎？那是一定會的。清廷可以搞憲政改革，但改不了自己的血統。如果龍床上坐的皇帝是漢人，那麼實行憲政改革也許會出現另一個結局，「君主立憲」未必絕對不能成功，但現在坐龍床的是滿人，無論如何過不了「驅除韃虜」的漢人革命者這一關。結果，這個「有心立憲，無力回天」的大清王朝，就在一九一一年的革命中，被徹底推翻了。

大清的京師大學堂，變成了民國的北京大學。青山依舊在，幾度夕陽紅。這個百日維新的僅存遺物，見證了一個朝代的終結。但它絕非退潮後留下的貝殼，這裏依然是中國政治、文化

11 蔣夢麟《西潮．新潮》。嶽麓書社，二〇〇〇年版。

12 梁啟超《五十年中國進化概論》。《梁任公近著》（下），文海出版社有限公司，一九二三年版。

的中心。所有新舊思想與勢力，都視這裏為必爭之地，人人都要登臺一展身手。

清末民初，在北京這個大舞臺上，演出了中國思想界一幕幕精彩紛呈的好戲。梁啟超自豪地宣稱：「戊戌維新，雖時日極短，現效極少，而實為二十世紀新中國史開宗明義第一章也。」[13]

「託洋改制」對決「託古改制」

新中國開宗明義第一章，就這麼迅速地翻過去了。當年康有為擔心風暴一來，孔儒將無處寄身。昨日的遠慮，今日已成近憂。

康有為「公車上書」時三十七歲，而立已過，不惑在望；而梁啟超則年僅二十二，正是「潛龍騰淵，鱗爪飛揚；乳虎嘯谷，百獸震惶」（梁啟超在《少年中國說》中對少年的讚美之詞）的青春年華。然而，時間過得飛快，少年子弟江湖老，一代比他們更新鮮活潑的孩子，正在康有為的視野範圍之外，像春天的野草一樣，悄悄地蓬勃成長。

那一年，在這些「如初春，如朝日，如百卉之萌動」（陳獨秀在《敬告青年》中對青年的讚美之詞）的孩子當中，陳獨秀十六歲，魯迅十四歲，沈尹默十二歲，周作人十歲，錢玄同八歲，李大釗六歲，胡適四歲。屬於他們的時代還沒到來。當他們剛跟着塾師念「人之初，性本善」時，就碰上了義和拳，然後又碰上辛亥革命，天下大亂，滄海橫流，在價值崩潰的年代中成長，從小就磨煉了一雙「懷疑一切」的金睛火眼，否定與批判，便成了伴隨他們一生的烙印。

他們是中國最後一代受過嚴格傳統文化教育的知識分子，但他們長大成人時，儒學已不再

13 梁啟超《康有為傳》。《戊戌變法》（一），上海人民出版社、上海書店出版社，二〇〇〇年版。

是安身立命的必需品，他們無須像康、梁那一代知識分子那樣，要在新世紀進行艱難而痛苦的價值轉換；也不用學梁啟超，花了半輩子去思考，鼓足了勇氣，才說出「吾愛儒學，但吾更愛真理」這句話來，他們跺跺腳，就可以毫不猶豫地高喊出「打倒孔家店」的口號，並不需要克服多少心理障礙。

一九一一年的辛亥革命，推翻帝制，創立民國，孫文出任民國第一任臨時大總統，一度給中國人帶來了希望，以為國家從此走上共和、民主之路。第一任教育總長蔡元培，字鶴卿，號孑民，一位四十四歲的浙江紹興人，一八八九年中舉人，三年後中進士，在同盟會時代，有過研製炸彈，謀刺清吏，策劃暴動的傳奇經歷，自稱「我是從手槍炸彈中歷練出來的」，[14]但他被後世尊為文化界、知識界的泰斗，卻不是因為他會造炸彈，而是因為他在民初開現代教育體制先河的成就。

其實蔡元培年輕時寫文章，與章太炎有同好，都是古字連篇，字妖成群，他嫌自己的號「鶴卿」太俗，便改成了沒人會讀的「隺廎」。他又喜歡用周秦子書典故，連八股先生都嫌太過艱深晦澀，不適合考科舉。蔡元培就任教育總長後，首先進行機構改革，在普通教育司和專門教育司外，再增設一個社會教育司，專責推廣社會教育，做普及教育的工作。

同時，他着手制定新的教育學制，當時襄助他的蔣維喬，向蔡氏建議：「前清之奏定學堂章程，合乎帝制，不適於共和。今值變革，各省學校，無所適從。惟有先頒通令，對舊制之抵觸國體者去之，不抵觸者暫仍之。」根據這個原則，決定民國的教育制度，在法規上「去尊孔」，在學校中「廢祀孔」，在課程中「刪經學」，並制訂十四條通令，向全國頒行，其中明確規定：

「小學讀經科，一律廢止。」[15]

一九一二年九月二日，教育部頒佈實行新的教育宗旨：「注重道德教育，以實利教育、軍國民教育輔之，更以美感教育完成其道德。」這體現了蔡氏的教育思想。蔡氏後來說：「我素來不贊成董仲舒罷黜百家、獨尊孔氏的主張。清代教育宗旨有『尊孔』一款，已於民元在教育部宣佈教育方針時說他不合用了。」[16]

蔡元培的思想，有很鮮明的安那其主義色彩，崇尚個人自由、思想自由、學術自由，孔子就是孔子，宗教就是宗教，國家就是國家，義理各別，絕不能混為一談。在學校中強制推行尊孔、祀孔、讀經，在蔡氏看來，皆屬「抵觸國體」的嚴重事情，必須立即廢止。

那麼，國體又是什麼？國體就是共和，其核心價值就是自由、平等、博愛。蔡氏宣稱：「忠君與共和政體不合，尊孔與信教自由相違。」[17]想尊孔子的只管尊，但要尊墨子、尊老子、尊耶穌、尊玉皇大帝、尊如來佛、尊蘇格拉底、尊赫胥黎，亦應悉聽尊便。古今中外，沒有哪一家可以獨尊，沒有誰可以主宰全體國民的精神。

孔儒在中國的至尊地位，開始亮起紅燈了。

後來在新文化運動中，被蔡元培稱為白話小說開山的魯迅，也在這時到南京投奔蔡氏，在

14 曹建《蔡子民先生的風骨》。《為了忘卻的紀念》，經濟日報出版社，一九九八年版。

15 蔣維喬《辛亥革命聞見》。《辛亥革命》（八），上海人民出版社、上海書店出版社，二〇〇〇年版。

16 蔡元培《我在北京大學的經歷》。《東方雜誌》第三十一卷第一號，一九三四年一月一日。

17 蔡元培《對於新教育之意見》。《蔡元培全集》（二），中華書局，一九八四年版。

教育部當了個小小的僉事，而且一當就十三年。魯迅是浙江紹興人，蔡元培的同鄉，生於一八八一年，原名周樟壽，後改名周樹人，「魯迅」是新文化運動時啟用的筆名。他因受不了紹興混濁的空氣所壓抑，跑到南京謀事。一九一二年，北方官僚袁世凱接替孫文，出任中華民國臨時大總統。教育部從南京遷到北京，魯迅也隨之北上。

民初的北京，依然是一派皇城氣象，三海日暖龍蛇動，紫禁風微燕雀高。官僚政客來了一大堆，卻沒有任何共和時代的新氣息，活像一間「鐵屋子」，裏面全是「從昏睡入死滅」的活死人。魯迅這位思想自由與個性解放的鼓吹者，每天除按時到衙門畫卯，「枯坐終日，極無聊賴」之外，便是鑽進廣和居和朋友飲飲酒，或躲在半截胡同的紹興會館，以研究古碑拓片、讀墓誌、誦佛經打發時光。「古碑中也遇不到什麼問題和主義，而我的生命卻居然暗暗的消去了，這也就是我惟一的願望。」[18]在這種死寂的環境中，躲進小樓，思想猶可自由，但走進人群，個性卻很難解放。

一九一三年，蔡元培所說的「文學革命」，還沒有半點影子。他在教育方面的改革，也遇到阻隔重重，令蔡氏意興闌珊，於是掛冠出洋，赴德國萊比錫大學考察教育，研究世界文明史去了。他向袁氏辭職時，袁氏極力慰留說：「我代表四萬萬人留君。」蔡氏卻不為所動，回答說：「元培亦對四萬萬人之代表而辭職。」

接替蔡氏的新總長，就是在任內宣言「決意今後廢去中醫，不用中藥」的汪大燮，他接篆伊始，要求教育部部員往國子監祭拜孔子。魯迅對這一舉措極為反感，但為了五斗米，還是忍氣吞聲去了。在九月二十八日的日記中他寫道：

> 昨汪總長令部員往國子監，且須跪拜，眾已譁然。晨七時往視之，則至者僅三四十人，或跪或立，或旁立而笑，錢念敂又從旁大聲而罵，頃刻間便草率了事，真一笑話。[19]

魯迅斷言，主張拜孔的人，實在是「陰鷙可畏」。但奉命拜孔則另當別論。在他冷峻的眼中，這世上的人，沒幾個不是「陰鷙可畏」的。他對這個社會的失望，日甚一日。某日，魯迅在大街上看見幾個壯漢圍毆一名人力車夫，當晚在日記中憤然寫道：「季世人性都如野狗，可歎！」[20]成立才剛剛一年的民國，已被他視作「季世」，而人性的醜惡，更以「野狗」形容，至今讀之，猶有慨歎。

新派人士恒認為，儒學禁錮了中國人的思想自由，中國之所以積弱不振，衰落如斯，正是幾千年思想僵化，故步自封的結果；而舊派人士則認為，守國之度，在飭四維，儒學的衰微，禮教的廢棄，恰恰是天下大亂的禍源。

自戊戌變法失敗以後，康有為浪跡天涯，不復當年「總理衙門章京上行走」時的氣派了，雖然還是眼高於頂，但現在只能呆一旁看別人蓋高樓。但這局外人身份，卻使他最先發現了這

18 魯迅《吶喊·自序》。《魯迅全集》（一），人民文學出版社，一九八一年版。
19 魯迅《癸丑日記》。《魯迅全集》（十四），人民文學出版社，一九八一年版。
20 同上書。

座大廈的某些缺陷，辛亥革命造成了價值權威的空闕，而價值權威的空闕，必然導致政治權威的動搖。他指出：「共和有政府議院政黨國民，摹歐鈎美，以為政治風俗，而無其教以為人心之本，若是者，可謂之國矣乎？」[21]

他的擔憂，不僅在前清遺老中一呼百應，在革命黨中，也引起共鳴。開國元勳黃興致電袁世凱，對民國肇創以後，「年少輕躁之士，誤認共和真理，以放恣為自由，以蔑倫為幸福，綱紀墮喪，流弊無窮」，表示深切憂慮。吳稚暉、李石曾、汪精衛等老同盟會員，發起進德會於上海。會員分為三等：持不賭、不嫖、不娶妾三戒者，為甲等會員；加以不做官吏、不吸煙、不飲酒在戒，為乙等會員；又加以不作議員、不食肉，為丙等會員。致力於重整道德。九月二十日，袁世凱下令「尊崇倫常」：

中華立國以孝悌忠信禮義廉恥為人道之大經。政體雖更，民彝無改……自頃以來，人心浮動，於東西各國科學之精微未能通曉，而先醉心於物質文明，以破個人道德，緣飾哲學，比附名詞，厚誣彼賢，私遂己過。抑知立國各有本末，豈能舉吾國數千年之嘉言懿行，一掃而空。前述八德，百姓與能，乃妄者以為不便於己，棄如弁髦，造作莠言，誤人子弟，幾欲化全國人民為不孝不悌不忠不信無禮無義無廉無恥而後快……言念及此，憂心如焚，為此申明誥誡，須知家庭倫理、國家倫理、社會倫理，凡屬文明之國，靡不殊途同歸，此八德者，乃人群秩序之常，非帝王專制之規也。當此存亡絕續之際，固不必墨守舊說，拘拘於一家之言，亦豈可侵軼範圍，毀冠裳而隨鱗甲。惟願全國人民恪守禮法，共濟時艱。其

> 或倡作詖詞，引人入阱，國有常刑，豈能寬縱。本大總統痛時局之阽危，怵紀綱之廢弛，每念今日大患，尚不在國勢而在人心。苟人心有向善之機，即國本有底安之理。[22]

一九一四年二月四日，袁世凱頒佈《教育綱要》，規定：「各學校均應崇奉古聖賢以為法師，宜尊孔以端其基，尚孟以致其用」，中小學教科書均應增加讀經一科。蔡元培的教育改革，被一筆勾銷。

袁世凱捧出儒家的八德作為立國之本，不足為奇。一個國家總要有自己的價值體系作為制度的基礎，共和、民主那一套，袁世凱搞不懂，老百姓搞不懂，以革命起家的孫文，也沒真正搞懂。老袁自己雲裏霧裏，就把獨清獨醒的人，視作威脅了。結果，宋教仁組織國民黨，從事政黨政治、議會競選，想搞「真共和、真民主」，就招來了殺身之禍。

新政權號稱共和，這是開天闢地頭一回。傳統的孔儒中國，面臨着一個道統與法統斷裂的危機。不僅人與國家如何相處，人與政府如何相處，即人與人在日常生活中的社會關係如何處理，一下子都成了難題。長幼相見，是磕頭還是鞠躬；朋友之間，是作揖還是握手，也要三思而行。一不留神，假洋鬼子、遺老遺少這些惡謚，便劈頭蓋臉而來。這也是民國初年，儒學突然升溫的原因，整個知識界都焦慮起來了，忙着想法子填補這個裂口。

袁世凱當政，要祭出「孝悌忠信禮義廉恥」的老八德，孫文當政，也一樣要擡出新八德，

21 康有為《〈中國學報〉題詞》。《中國學報》第六期，一九一三年四月。

22 《政府公報》第一四四號。一九一二年九月二十一日。

把「忠孝仁愛信義和平」的「固有道德」和「格物、致知、誠意、正心、修身、齊家、治國、平天下」的「固有知識」，發揚光大起來。[23]孟子說，「予豈好辯哉，予不得已也。」政治家們也是「予豈獨愛『固有道德』哉，予不得已也」，要振大漢天聲，除了發思古之幽情，口袋裏實在拿不出別的東西了。

袁世凱在紫禁城太和殿宣誓就任總統，時不及旬，祀天、祀孔等傳統典禮，便統統恢復了。尊孔浪潮，驟然高漲，與共和、民主浪潮比肩並起，你唱我和。魯迅後來譏誚：「從二十世紀的開始以來，孔夫子的命運是很壞的，但到袁世凱時代，卻又被從新記得，不但恢復了祭典，還新做了古怪的祭服，使奉祀的人們穿起來。跟着這事而出現的便是帝制。」[24]其實，二十世紀之初，大家都以為處士橫議，百家爭鳴，乃自由民主社會的題中之義，所以孔夫子的命運，還不算太壞，你有你俏，我有我妙而已。

一九一二年十月，孔子誕辰日，陳煥章、王人文、姚丙然、沈守廉等人，在上海成立孔教會。其後，馮國璋、周嵩年、王錫蕃、劉宗國等人分別在北京和山東創設孔道總會和孔道會，惲毓鼎等人組織孔社，楊士琦、譚人鳳等人組織昌明孔教社，賀壽煦、殷炳繼等人組織孔道維持總會。一時間，但見寰球尊孔總教會、經學會、宗聖會、尊孔崇道會、尊孔文社等五花八門的組織，爭奇鬥豔，遍地開花，又有《孔教會》、《不忍》、《宗聖》、《道德》等一批雜誌，蟬噪蛙鳴，喧豗沸騰。

妻妾成群的康有為被推為孔教會會長，借着他在戊戌變法中創下的品牌效應，聲勢最為鼎盛，由上海遷至北京，其分支機構散佈全國各地，多近兩百個，會眾數以萬計。康有為推動儒學國教化，比他研究今文經學的熱情高得多，以致後人譏他「把無處宣洩的參政欲，暫時轉向了建立孔教組織，推廣中國式宗教」。[25]

一九一三年八月，國會討論憲法（即「天壇憲法草案」）時，陳煥章聯合嚴復、夏曾佑、王式通等人上書國會，要求「於憲法上明定孔教為國教」。雖然不獲袁世凱首肯，但在草案中，卻定明「國民教育以孔子之道為修身大本」。把這種詞泛意晦的道德信條入憲，犯了制憲大忌，引起社會激烈爭論。法律是用來防止作惡的，不是用來迫人向善的。況且孔子是兩千多年前的古人，他的主張怎麼能完全適用於今日呢？比如「尊王攘夷」，春秋時代可行，但放到今天，就變成「扶清滅洋」的義和拳了。

梁啟超在中國文化史上，是一位承前啟後的人物。他一方面日日大聲疾呼：「中國舊東西是不夠的，外國人許多好處是要學的！」一方面他又對孔子推崇備至，讚不絕口：「試將中國與泰西史比較，苟使無孔子其人者坐鎮其間，則吾史殆黯然無色。且吾國民二千年來所以能摶控為一體而維持於不敝，實賴孔子為無形之樞紐。」他試圖為後人創造一個尊孔而不復古的典範。

民國以來，遍地多如牛毛的孔教組織，簡直和哥老會、洪門、青幫、天地會、小刀會一樣興旺，其中有多少是為追求理想的人文世界而真尊孔，有多少是假尊孔之名而牟取私利呢？梁啟超很清楚，儒學的真正危機，並不來自學術本身，他慨歎：

23 孫文《三民主義．民族主義．第六講》。《孫中山全集》（九），中華書局，一九八一年版。
24 魯迅《在現代的中國孔夫子》。《魯迅全集》（六），人民文學出版社，一九八一年版。
25 許紀霖、陳達凱主編《中國現代化史》（一）。上海三聯書店，一九九五年版。

> 不見近數年來，揭孔子之徽幟，以結集團體者紛紛起於中國乎，其拳拳焉真以道自任者，吾豈敢謂無人，而有所為而為者，實乃什居八九，率此以往，其將以孔子市矣。吾故曰，此種尊孔之法，無益而有害也。[26]

不過，一種學說的興衰流行，總有它的理由。辛亥革命是另一次的「周秦之變」。「狂瀾既興，自然就會有人以「力挽」為己任。尊孔讀經的浪潮，在全國一浪高過一浪，亦反映了部分國人對革命後天下大亂的現實不滿與迫切的求治心理。

有人說，亂世滅孔，盛世尊孔。其實，往往是治亂交替之際，才最需要用孔子來鎮雅俗，勵頹風，以道德化天下。什麼時候人們耳邊充滿了尊孔的呼聲，那一定是因為社會上開始出現許多令賢者覺得禮壞樂崩、山谷陵夷的亂象。中國一向把秩序價值看得比什麼都高，在皇權倒塌後的價值崩潰時期，儒學的漲潮，實在是一種自然的社會文化心理需求，就像渴了要喝水，餓了要吃飯，溺水的人抓根稻草也不放手一樣，無足深責。

中國的士大夫從小受儒學薰陶，是讀四書五經長大的，不抓儒學抓什麼？把西方文明擡出來？那時候四萬萬中國人，有幾個真正了解西方文明的官員和知識分子？中國有二十五萬種古籍，又有幾本翻譯正確的西方書籍？吳稚暉曾經感歎：「中國要好好的有三萬種書譯出來，方才像個國家。」[27]中國連這最起碼的要求都做不到，學問凋零至此，這不是一個理想問題，而是一個現實問題。讓官僚、學究、方士們去搬弄一些自己也不懂的東西，豈不是強人所難嗎？

一九一四年十二月二十三日，袁世凱親自主持民國第一次隆重的官式祀孔活動，就是一個恢復帝制啟動儀式。他頭戴平天冠、身穿四團花十二章大禮服，親率文武百官到孔廟，俎豆馨香，三跪九叩，向國民傳達了一個清楚的信息：搞什麼民主、自由、共和、憲政，亦不過「託洋改制」，與其託洋，還不如託古，十部憲法治不了國家，半部《論語》就可以治天下了。中國人搞了兩千多年「託古改制」，早已駕輕就熟，天下第一。在這一點上，袁世凱還是很坦率的，不懂就是不懂，不會裝懂。

尊孔未必導致復辟帝制，但復辟帝制一定要尊孔。袁世凱提倡尊孔讀經，也許沒有什麼預設的政治陰謀，但民國初年的尊孔讀經，沒有為天下帶來大治，卻為袁世凱復辟帝制大鑼大鼓，做了一場熱鬧的前戲。這也是不爭的事實。

一班原來把目光緊盯着政治的青年，彷彿受到了現實的警示，突然把臉轉向了文化領域，原來真正的敵人，隱藏在那兒！

26 梁啟超《孔子教義實際裨益於今日國民者何在欲昌明之其道何由》。《飲冰室合集》（三十三），中華書局，一九八八年版。

27 羅家倫《一年來我們學生運動底成功失敗和將來應取的方針》。《新潮》第二卷第四號，一九二〇年六月。

體制內改革走進死胡同

本來，辛亥革命是一個加快中國現代化進程的千載良機。但不幸的是，當時從武昌，到南京，到北京，無論在十八星鐵血旗下，還是在五色旗下，為中國設計未來路向的那些人，既不是「五月花號」上的清教徒，也不是華盛頓、傑弗遜，或者穆尼埃，而是梁山三十六天罡的洪門會黨、哥老會的山堂香水和前清的太子少保、內閣軍機大臣們。在一個歷史的關鍵時刻，為中國萬世開太平的，是這樣一些草莽英雄和專制官僚。

天賜良機稍縱即逝，一旦錯失，接下來就只能慢火燉豬頭了。後來當袁世凱要復辟帝制，一批幫閒文人發起國體問題討論時，梁啟超痛斥這些文人：辛亥革命是商榷國體的最好機會，那時你們在哪裏？

最初知識分子對政黨政治、代議政制、責任內閣一類舶來品，寄予很高的期望，咸認為是救國的良方妙藥，都急於把自己從幾本外國書上學到的知識，運用到中國，從政熱一直高溫不退。由武昌起義至一九一三年底，全國新立黨會六百八十二個，其中政治團體三百一十二個，無不以宦海弄潮為志趣。

梁啟超亦結束了流亡生活，興致勃勃，登程返國，在天津創辦《庸言報》，放言遣詞，「筆鋒常帶情感」，儼然政府智囊。《庸言報》名為報紙，實為半月刊（後變為月刊），第一號印了一萬份，被讀者搶購一空，還有幾千人預訂，梁啟超預計到一九一三年初，即可達到兩萬份，他喜滋滋地說：「果爾則家計粗足自給矣。」[28]為《庸言報》撰稿的，是一批與梁啟超同輩的文化精英，如麥孟華、麥鼎華、嚴復、林紓等人，也有晚一輩的文化新秀，如藍公武、張東蓀等人。

有史家批評，在當時的政治家當中，梁啟超是對憲政理論領會較深的人，可是，一涉及實際政治運作，亦不能免俗，陷入了企圖建構威權體制的泥淖。一九一二年二月二十三日，梁啟超寫信給袁世凱，勸他實行「開明專制」，梁氏說：「今日之中國，非參用開明專制之意，不足以奏整齊嚴肅之治。」[29]恒被後人指為開歷史倒車，因為「開明專制」與「民主憲政」乃水火不容的兩條道路。

其實，只要看看梁啟超提出開明專制的時代背景，不難理解其用心。一九〇六年梁啟超寫《開明專制論》一文時，清廷還是一個不開明的專制政府，但新政已經啟動，朝廷有向「開明」方向轉變的跡象。梁啟超的目的，是引導政府朝好的方向發展，推動君主立憲。他認為開明專制是君主立憲的第一步。這種認識，在當時的條件下，無可厚非。開明總比不開明好。

民國成立之初，建立民主憲政的條件，是否比清末立憲運動時更完備與更成熟呢？答案是否定的。以江湖幫會（會黨）為主力的「革命黨」與以軍閥、官僚為核心的北洋集團之間的博

28 丁文江、趙豐田《梁啟超年譜長編》。上海人民出版社，一九八三年版。
29 同上書。

弈，無論誰贏，都不可能誕生一個民主憲政國來。對袁世凱來說，能夠做到開明專制，已經把中國向前推進了一個時代了。因此，在民初仍主張開明專制，算不上「開倒車」，因為車還沒真正開到「民主憲政」那裏。

對梁氏最常見的批評是說他「以善變著稱，其思想又很駁雜」，然而，在一個天翻地覆的時代，誰不在變？誰的思想不駁雜？老頑固才不變；不善變又不駁雜的，那是花崗岩腦袋。民國以後，梁啟超的變，有時是因為身份不同，時而在野，扮演知識分子角色，時而在朝，扮演政府官員角色，說話自然有所不同。他主張一點一滴地改良，有尺水，行尺船，有時受環境所限，不得不退而求其次；有時為了事業取得進展，不得不與官僚集團達成某些妥協與讓步，只要沒有超越底線，都是可以理解的。政治者，妥協之藝術也。

那個年代的知識精英們，後來備受質問：你們為什麼不堅持民主共和理想？為什麼不把全國的立憲力量都組織起來？為什麼要向袁世凱讓步？

把全國的立憲力量組織起來，談何容易，那是燒錢的活兒，梁啟超又沒有印鈔機，他憑什麼組織？宋教仁好不容易組織了國民黨，後人說他引入腐朽勢力，敗壞了同盟會；梁啟超組織進步黨，又說他依附權勢，獻媚於袁世凱；孫文組織武裝鬥爭，又說他破壞法治，擾亂了憲政建設的進程。到底怎樣才是萬全之策？孫文退讓了，黃興退讓了，宋教仁退讓了，梁啟超退讓了，袁世凱也退讓了（他接受了他所不喜歡的共和制），沒一個不退讓的，這自然是有不得不退讓的理由。他們硬着頭皮死不退讓，就能在一九一二年實現民主共和了嗎？那是癡人說夢話。

中國最終能不能走完這段舉步維艱的轉型之路？用梁啟超的話說，天下事是急不來的。

行，是一定行；急，是急不來。跬步不休，跛鱉千里。辛亥革命能推翻有形的皇帝，已屬一大功德了。要真正把中國從宗法專制的文化傳統中解脫出來，還有很長的路要走。

一九一三年二月，梁啟超加入了以副總統黎元洪為首的共和黨。從這時起，梁啟超與他的老師康有為分道揚鑣了。

康、梁最初的裂痕在於，以「帝王師」自居的康氏，不管世界怎麼變，死抱住虛君共和不放，但梁氏已經看出這條路走不通了，既然走不通還要一條道走到黑，那就是「纏夾二先生」了。當時知識界、實業界、軍界，對袁世凱印象極佳，恒認為他是二十世紀中東亞的第一號人物。儘管戊戌年袁世凱和維新派結下宿怨，但梁啟超要在中國實現「賢人政治」理想，也只能寄望於袁世凱，而不可能跟着老師去為那個只有六歲大的宣統皇帝瞎折騰。

康有為根本反對共和政體，認為政黨就是朋黨，是導致社會分裂、混亂的原因之一，君子應群而不黨。但梁啟超對康有為已不再言聽計從了，他不僅加入政黨，而且積極組黨，希望通過整合社會各種勢力，建立以社會精英為骨幹的「健全之大黨」，利用政黨間的健康競爭，在國會進行制憲，確保憲政體制的穩定運作，從而把中國建成一個共和法治之國。

當時另一位政黨政治的操盤手是同盟會的宋教仁。一九一二年八月，在這位偉大的湖南人努力撮合下，同盟會、統一共和黨、國民共進會、國民公黨、共和實進會，合併為國民黨。宋氏的理想，是組成參議院內第一大黨，在朝可以組織一黨的責任內閣；在野可以嚴密監督政府，使它有所憚而不敢妄為。

共和黨與國民黨在國會雖然是對頭，但梁、宋二人卻志同道合，一起做着多黨制的美夢。梁啟超對宋教仁，恒有惺惺相惜之心，視其為現代中國最優秀的政治家。兩人曾在天津會晤，彼此以英美式的兩黨輪流執政相勉勵。宋教仁表示，現在國家前途，是根據《臨時約法》推行議會政治，走政黨內閣的路子。在即將到來的國會大選後，你上臺執政，我願在野相助；否則我當政，請你善意監督。梁啟超慨然應諾：國民黨執政，我們願作為在野黨在議會內監督執政黨。這番對話，讓人覺得中國未來充滿希望。

對於多黨制的好處，梁啟超嘗作詳細解釋：

> 政黨之治，凡國必有兩黨以上，其一在朝，其他在野，在野黨欲傾在朝黨而代之也，於是自佈其政策，以掊擊在朝黨之政策，曰使吾黨得政，則吾所施設者如是如是，某事為民除公害，某事為民增公益。民悅之也，而得佔多數於議院，而果與前此之在朝黨易位，則不得不實行其所佈之政策，以副民望而保大權，而群治進一級焉矣。前此之在朝黨，既幡而在野，欲恢復其已失之權力也，又不得不勤察民隱，悉心佈畫，求更新更美之政策而佈之曰：彼黨之所謂除公害增公益者，猶未盡也。使吾黨而再為之，則將如是如是，然後國家之前途愈益向上。民悅之也，而復佔多數於議院，復與代興之在朝黨易位，而亦不得不實行其所佈之政策，以副民望而保大權，而群治又進一級焉矣。如是相競相軋，相增相長，以至無窮，其競愈烈者，則其進愈速，歐美各國政治遷移之大勢，大率由此也。[30]

聽起來順理成章，操作起來就千溝萬壑了，甚至要付出生命的代價。一九一三年三月二十一日，正值國會成立之期，宋教仁在上海車站被人開槍行刺身亡。調查結果顯示，兇手和現任國務總理趙秉鈞有秘密關係，表明袁世凱在這宗血腥的政治暗殺中，即使不是殺伯仁者，但伯仁因他而死，卻是鐵板釘釘的事實。

宋案發生後，梁啟超痛惜不已。許多敏感的知識分子已經意識到，民主實驗失敗了。政治改革的受挫，對幾年後新文化運動的興起，有着直接的刺激作用。

孫文要求國民黨對宋案捨棄法律解決辦法，立即發動「二次革命」，向袁世凱宣戰。五月五日，廣東都督胡漢民、湖南都督譚延闓、江西都督李烈鈞、安徽都督柏文蔚聯名通電，抗議中央的種種非法行為。而坊間竟傳出謠言，指梁啟超有殺宋嫌疑，因為國會選舉，國民黨在參眾兩院均佔優勢，共和黨難望其項背，梁氏為了打擊對手而殺宋。梁啟超無端被潑了一身污水，不得不發表《暗殺之罪惡》，對暗殺政敵的卑鄙手法，痛加譴責，以表明心跡。

國會在四月八日成立。全國投票人數，約為四百萬，佔四千萬合資格選民的十分之一。選舉期間，各種賄選醜聞，層出不窮。武昌初選議員時，竟出現選民哄搶選票，「有一人搶得數十張至數百張者。復選議員每由初選議員私相授受，每票可得銀洋四百元，致武昌街頭出現公

30 梁啟超《新民說．論進步》。《新民叢報》第十號至十一號，一九〇二年六月。

啟，謂『君主專制，賈賣御史；富豪專制，典賣議員』」。[31]而陝西更離譜，連選民投票的程式也免了，全部由鄉紳雇人寫票。

梁啟超曾說，甲午戰爭時，李鴻章以一人而敵一國；在搞政黨政治這一點上，他與宋教仁，是以二人而敵一國。現在宋死，他便獨木難支了。梁啟超心灰意冷，甚至萌生退出政壇的念頭。五月，袁世凱出資二十萬，支持他組黨，他又產生了幻想，以為袁氏還是願意向善的。共和黨與統一黨、民主黨合併為進步黨，梁氏出任進步黨理事（理事長為黎元洪），成為該黨之精神領袖。他提出「健全之政黨」的六項必具條件：一、必須有共同的政治目的；二、必須有為主義奮鬥的決心；三、必須有整肅的號令；四、必須有公正的手段；五、必須有犧牲之精神；六、必須具有優容的氣度。

可惜，進步黨一條也不具備。沒過多久，黨就分裂了，各派黨員紛紛扯旗，另立新共和黨、公民黨、民憲黨等不同的山頭，自彈自唱起來。

七月五日，袁世凱先發制人，派軍隊開往江西。七月十二日，湖口宣佈獨立。三天以後，黃興趕到南京，出任江蘇討袁軍總司令。「癸丑之役」（二次革命）於焉爆發。七月十八日，廣東獨立。但在袁世凱的大軍壓境之下，南方省份的獨立，曇花一現，轉眼便紛紛凋謝。

梁啟超反對用武力解決政治問題。直到這時，他仍然相信，袁世凱「確為現時中國一大人物」，應導其向善，「帶着袁世凱上政治軌道，替國家做些建設事業」，[32]而不要把他推到為惡的路上。因此，宋案發生後，現任內閣垮臺，袁世凱要熱河都統熊希齡組閣，熊氏是湖南省鳳凰人，進步黨黨魁之一。他自知一介書生，搞不過南方的「暴烈分子」和北方的「腐敗官僚」，對袁氏的邀請，敬謝不敏。而梁啟超則認為這是推行政黨內閣的時機，勸熊氏不妨應允，自己願任財政總長，共組「第一流人才和第一流經驗」的內閣。

在梁啟超勸導下，熊希齡終於答應勉為其難。殊不知，熊氏還在熱河未進京，內閣名單已由袁氏代為擬好了，財長一職，由北洋派的周自齊出任，梁啟超僅得一無關宏旨的教育總長。梁啟超大失所望，拒絕入閣，袁世凱亦不肯讓步，稱梁氏「僅能提筆作文，不能勝任國家重任」。[33]把熊希齡急出一頭大汗，他對梁啟超說：「屢次皆公促我來，屬我犧牲。我既犧牲，而公乃自潔，足見熊希齡三字不抵梁啟超名字至尊重。」梁氏若不入閣，內閣則有流產可能，「此時進步黨持何態度？又如公等均不出，熊內閣純以官僚組成之，輿論必不滿意，此時進步黨又將持何態度？故為進步黨計，公亦不可不出。」[34]

經熊氏努力斡旋，袁世凱答應梁啟超改任司法總長，財長由熊希齡自兼，實際上是交給梁啟超去做。張謇任農商總長，汪大燮任教育總長。這四人都是進步黨的，其勢力雖未達至一黨內閣的理想，亦足以讓梁啟超回心轉意，答應入閣，並承諾「如將來對於黨中所提出之政策和主張失敗，即行辭職」。[35]

31 張玉法《民國初年的國會》。書目文獻出版社，一九八七年版。
32 梁啟超《護國之役回顧談》。《飲冰室合集》（三十九），中華書局，一九八八年版。
33 《時報》一九一三年九月八日。
34 李劍農《戊戌以後三十年中國政治史》。中華書局，一九六五年版。
35 《申報》一九一三年九月十一日。

他親自起草了一份洋洋萬言的《政府大政方針宣言書》，作為內閣的施政方針，其要旨為：一、實行完全責任內閣，劃清總統府與國務院許可權；二、司法獨立，制訂切合實際的法律；三、重視教育；四、軍民分治，廢省改道，整頓吏治，嚴定考試之制；五、實施縣、城鎮鄉兩級地方自治。

名流內閣上臺之日，也是袁世凱摧毀代議政制之時。據國務院秘書長張國淦說，這個內閣「所負之任務，只在解散國會。熊不自知，梁啟超書生更不知也」[36]。袁世凱在逼迫國會違法選舉他為正式總統之後，過河抽板，宣佈取締國民黨的議員資格，痛斥「廣東、湖南為該黨（國民黨）之根據地，暴民專制，土匪橫行」，進而解散了國民黨。十一月二十六日，袁世凱另成立政治會議，取代國會。一九一四年一月十日，袁氏下令解散國會。而內閣對這一連串的違法事情，束手無策，步步退讓。

中國的事情，須要第一流的流氓才能辦成，這個第一流人才的內閣，不僅一事無成，而且被財政問題搞得焦頭爛額；熊希齡總理亦身陷「盜寶門」，自顧不暇，[37]早已無心戀棧。梁啟超決心與熊氏共同進退，在二月遞交辭呈。這個內閣委實是眼高手低，來時驚天動地，去時寂天寞地，僅存活了五個月，便三鞠躬散場。

梁啟超辭去司法總長後，改任幣制局總裁，致力於金融幣制改革。他一向把整理貨幣、流通金融，建立現代財政體系，視為中國救亡圖強的第一義。但可惜他的種種改革措施，知音乏人，弦斷無人聽。一九一四年底，不得不又黯然辭去幣制局總裁一職。從此，他對政治（體制）徹底失望，憤然發表《吾今後所以報國者》一文，宣言脫離政治：

自今以往，除學問上或與二三朋輩結合討論外，一切政治團體之關係，皆當中止。乃至生平最敬仰之師長，最親習之友生，亦惟以道義相切劘，學藝相商榷。至其政治上之言論行動，吾決不願有所與聞，更不能負絲毫之連帶責任。[38]

36 張國淦《中華民國內閣篇》。《北洋軍閥史料選輯》（上），中國社會科學出版社，一九八一年版。

37 所謂「盜寶門」，指清朝皇帝在熱河避暑山莊裏收藏大量皇家寶物屢屢失竊，一九一四年一月，北京各報忽然連篇累牘，指熊希齡任熱河都統期間，有盜寶嫌疑。據說，報界突然集中火力猛攻熊氏，是受了袁世凱的指使，要拆內閣的臺。

38 梁啟超《吾今後所以報國者》。《大中華》第一卷第一期，一九一五年二月二十日。

這樣的國家，你愛它就是害它

因宋案而引發的「二次革命」，被鎮壓下去之後，南方的革命黨人四散逃亡。孫文、黃興都逃到了日本，蔡元培則遠赴法國留學。夾在恓恓惶惶的逃亡人潮中，有一位披頭跣足的安徽才子，名叫陳乾生，也就是後來名震天下的陳獨秀，他在安徽都督府當秘書長，參與了倒袁活動，安徽的獨立宣言，就是他的大作。事敗後逃到蕪湖，被軍隊抓獲，幾遭槍決，遇救後逃到上海匿居。

陳獨秀，字仲甫，生於一八七九年，安徽懷寧（今屬安慶市）人，自稱少年「在家裏讀書的時候，天天只知道吃飯睡覺，就是奮發有為，也不過是念念文章，想騙幾層功名，光耀門楣罷了」。直到甲午戰爭，才知道世界是由一個一個國家組成的，中國只是眾多國家中的一個。而且還聽說有個日本國，把中國打敗了；後來又聽說八國聯軍把中國打敗了，可就沒聽說過中國打敗過誰，「我越思越想，悲從中來。我們中國何以不如外國，要被外國欺負，此中必有緣故。」[39]

一八九六年，梁啟超在上海辦《時務報》，以一篇《變法通議》轟動朝野，而陳獨秀這年考中秀才，在此之前，他一門心思「讀八股，講舊學，每疾視士大夫習歐文談新學者，以為皆洋奴，名教所不容也。後讀康（有為）先生及其徒梁任公（啟超）之文章，始恍然於域外之政教學術燦然可觀，茅塞頓開，覺昨非而今是」。[40]康、梁的宏論，有如清夜鐘聲，陳獨秀一旦龍場悟道，便迅速捲入了反清活動，做了康、梁的叛徒。

陳獨秀被政府通緝，從安慶逃亡日本，入東京高等師範學校速成科學習；一九〇三年七月在上海協助章士釗主編《國民日報》；一九〇四年初，他一身布衣，腋下夾着一把雨傘，跑到蕪湖創辦《安徽俗話報》，鼓吹革命思想；一九〇五年組織反清秘密團體岳王會，任總會長；一九〇七年入東京正則英語學校，後轉入早稻田大學；一九〇九年冬在浙江陸軍學堂任教。

「二次革命」後，陳獨秀逃往上海，他的老鄉汪孟鄒也受了他的慫恿，從蕪湖到上海，創辦亞東圖書館。汪氏是安徽績溪人，《安徽俗話報》就是由汪孟鄒的蕪湖科學圖書社出版發行，章士釗的上海大陸印刷局承印的。陳、汪二人在上海繼續合作，陳獨秀幫助汪孟鄒搞亞東圖書館。

從一九一三成立，至一九一八年，亞東才出版了《中華民國分類地理掛圖》、《中華民國地理新圖》、《中華民國地理講義》等六本書，可見經營狀況之慘澹，其中只有一本章士釗從《甲寅》裏選編的小說集《名家小說》（內收章士釗、蘇曼殊、老談、陳白虛、匏夫等人作品），還算比較好賣，加印幾次，其餘都是賠本貨。

陳獨秀編了一套《新華英文教科書》，原定四卷，只出了一、二卷，因賣不動而腰斬了。由於經營不善，汪孟鄒不得不兼營雜糧，以補貼書館的虧損。陳獨秀賭氣說：「本擬閉戶讀書，

39 陳獨秀《說國家》。《安徽俗話報》第五期，一九〇四年六月十四日。

40 陳獨秀《駁康有為致總統總理書》。《新青年》第二卷二期，一九一六年十月一日。

以編輯為生。近日書業，銷路不及去年十分之一，故已擱筆，靜待餓死而已。」

陳獨秀的性格，天生急躁，易受激惹，看什麼都不順眼，動輒發怒，拍桌子摔茶碗。袁世凱恢復三卿士大夫的官秩，設立清史館，復舊空氣彌漫北京，他覺得悶悶不樂；報載行刺宋教仁的要犯在京津火車中被軍政執法處偵探殺人滅口，他覺得悶悶不樂；看見失業者盈天下又復繁刑苛稅，民間生機斷絕，他覺得悶悶不樂；政府大張旗鼓宣傳以忠孝節義為立國精神，他覺得悶悶不樂；甚至看着亞東圖書館半死不活地蝸居在狹窄的弄堂裏，也覺得忍無可忍。他生氣地對汪孟鄒嚷道：「你要死，只管縮在弄堂裏；你要活，一定要上馬路。」

一九一四年，陳獨秀給章士釗寫信，痛心地說：「國政劇變，視去年今日，不啻相隔五六世紀」，革命已完全失敗，曾經讓人無限嚮往的共和理想，已成鏡花水月；愛國烈士為國盡瘁，萬死不辭，為袁世凱作了嫁衣裳，而此人正把國家領向專制的舊路。這樣的國家，有什麼值得我們去愛？八國聯軍打中國時，何不索性把它給滅了，留下這麼一個爛攤子，讓中國人世世受苦？陳獨秀按捺不住以憤恨的語氣疾呼：「國人唯一之希望，外人之分割耳。」可見他的心情，惡劣到了極點。

章士釗是湖南人，曾從事反清活動。辛亥革命後主張「毀黨造黨」，把全國大大小小的政黨一律解散，再按政見分別組成兩個大黨，實行競選執政，執政黨應借反對黨之刺激而維持其進步。在政制方面，章士釗主張內閣制，反對總統制。在他看來，近代的中國政府本來就太弱了，不是太強了，如果再搞個國會事事掣肘總統，政府就更沒戲唱了。而宋教仁主張內閣制，是為防範總統的專權野心。兩者主張雖同，目的各異。然「二次革命」把政黨政治的夢想一朝打破，宋氏死了，章氏也亡命日本了。一九一四年（歲次甲寅），他在東京創辦《甲寅》雜誌，立志向國民傳播政治常識。

章士釗很理解陳獨秀的憤激，凡有血性的年輕人，面對這樣的國家，都會有憤世嫉時的情緒。《甲寅》雜誌是他們高談闊論的小天地。有一位友人寫信給章氏，尖酸刻薄地說：「趁國未亡，你有什麼話要說，儘管說出來，免得國亡，你有一肚皮話未說，又要氣悶了。」似乎國亡乃不可避免的結局，章士釗覺得陳獨秀這篇文章，會有許多讀者共鳴，於是，「寧負不守秘密之罪」，把這封「寫盡今日社會狀態」的私函，公開刊登在《甲寅》上。[42]

歐洲戰爭的炮聲，震動了東方。這時隱匿在上海一條小弄堂裏的陳獨秀，窮得連颳痧銅錢都沒有，應章士釗邀請，只穿着一件爬滿蝨子的汗衫，帶着禿筆一支，破書半篋，七月東渡日本，協助編輯《甲寅》雜誌，也為了離開令人窒息的國家，到外面透透空氣。

在輪船上倚欄遠望，大海茫茫，磅礴無涯，風雲開合，魚龍悲嘯，獨秀山民，不禁生哀。這是他第二次亡命日本了，鬧革命時要逃亡，革命成功了還要逃亡，簡直是一個天大的笑話。《甲寅》的作者隊伍，群英薈萃，包括在日本早稻田大學讀書的李大釗、高一涵，以及易白沙、張東蓀、梁漱溟、蘇曼殊等人，全都是些胸襟吞海，青年飽學之士。光聽名字，就足以讓人激動不已，中國的文化史，因他們而閃耀光輝。陳獨秀與他們結識，大有相見恨晚之情。

41 陳獨秀《生機》。《甲寅》第一卷第二期，一九一四年六月十日。
42 同上書。

歐戰爆發後，日本對德國宣戰，一九一四年九月，日軍在山東龍口、仰口灣登陸，向德國佔據的青島推進。隨後，英聯軍也在嶗山灣登陸。日英聯軍鐵蹄馳騁，在山東發動對德軍總攻。中國領土再一次成了外國軍隊廝殺的戰場。十一月八日，青島的德國人向日英聯軍投降，聯軍遂長驅直入，進據膠州，接管所有德產，聲明以後交還中國。中國政府一再抗議，均歸無效。

局勢的發展，更令陳獨秀憤不欲生，他奮筆寫下了《愛國心與自覺心》一文，以筆端為炭火，把內心之苦，燒將起來。

［陳獨秀寫道］瓜分之局，事實所趨，不肖者固速其成，賢者亦難遏其勢。且平情論之，亡國為奴，豈國人之所願。惟詳察政情，在急激者即亡國瓜分，亦以為非可恐可悲之事。國家者，保障人民之權利，謀益人民之幸福者也。不此之務，其國也存之無所榮，亡之無所惜。若中國之為國，外無以禦侮，內無以保民，不獨無以保民，且適以殘民，朝野同科，人民絕望。如此國家，一日不亡，外債一日不止；濫用國家威權，斂錢殺人，殺人斂錢，亦未能一日獲已；擁眾攘權，民罹鋒鏑，黨同伐異，誅及婦孺，吾民何辜，遭此荼毒！「奚我後，後來其蘇」。海外之師至，吾民必且有垂涕而迎之者矣。若其執愛國之膚見，衛虐民之殘體，在彼輩視之，非愚即狂，實則國人如此設心，初不為怪。蓋保民之國家，愛之宜也；殘民之國家，愛之也何居。豈吾民獲罪於天，非留此屠戮人民之國家以為罰而莫可贖耶？或謂：惡國家勝於無國家。予則云：殘民之禍，惡國家甚於無國家。[43]

人不僅應該具有愛國心，而且更應該具有自覺心，愛國不是閉着眼睛瞎愛的，什麼「天下無不是之父母」啦，「國家再壞也是自己的國家」啦。這全是鬼話！陳獨秀大喝一聲，這個國家值不值得你愛，要用自覺心去觀察、判斷！

在這一點上，陳獨秀與他的宿敵孔夫子，倒有幾分相似，人們常把「忠君愛國」說成是儒家的主張，其實孔子的愛國觀念十分淡薄，他周遊魯、衛、曹、宋、鄭、陳、蔡、楚諸國，也沒對哪一國特別熱愛，「道不行，吾將乘桴浮於海」。陳獨秀那句驚世駭俗的名言「國人唯一之希望，外人之分割耳」，由他說出來，大概與「請西岐滅掉朝歌」的意思差不多。國家的意義，本在於保障國民的權利與幸福，如果它做不到，你還要愛它，就是「愛之也愈殷，其愚也愈深」，愛國適以誤國。

由於國家萎靡不振，類似的主張，在文化精英中，頗為流行，胡適就是其中一人，他在一九一八年曾寫一詩，沉痛呼喊：「我的兒，我二十年教你愛國，這國如何愛得？……你跑罷，莫要同我們一起死！回來！你莫忘記：你老子臨死時，只指望快快亡國。」[44]他有一句被後來的研究者廣泛引用的座右銘：「我自命為『世界公民』，不持狹義的國家主義，尤不屑為感情的『愛國者』故。」

這些年輕人從憎恨這個國家，進而憎恨這個國家的文化，憎恨這個國家的國民。從希望亡

43 陳獨秀《愛國者與自覺心》。《甲寅》第一卷第四號，一九一四年十一月十日。

44 胡適《你莫忘記》。《新青年》第五卷第三期，一九一八年九月十五日。

國，甚至到了希望滅種。後來成為新文化旗手的魯迅，曾經在日本學醫學，一九〇六年轉為學文，他曾說：「凡是愚弱的國民，即使體格如何健全，如何茁壯，也只能做毫無意義的示眾的材料和看客，病死多少是不必以為不幸的。」[45]他說的「病死」，並不是一種比喻的說法，而是從醫生的角度去說的，能不令人心寒？從他們的偏激言辭，可以看出這一代知識分子，對中國、對中國人的失望與怨憤，到了何等深切的程度。

人們稱陳獨秀、胡適等人為世界主義者，在那個年代，世界主義與國家主義、民族主義，這主義、那主義，其實都連着一條總根，就像自卑與狂妄，都是同一種心理原因，叫嚷「犯大漢者，雖遠必誅」嗓門最大的，通常是最沒有民族自信心的人。

在中國這種特殊的歷史條件下，世界主義往往是對破損的民族自尊心的一種補償。陳獨秀內心的國家主義與民族主義熱血愈沸騰，他所表現出來的世界主義就愈強烈。因此，「世界公民」搖身一變，在一九一五年宣稱「國家主義，實為吾人目前自救之良方」，[46]也是順理成章的結果。

十一月十日，《愛國心與自覺心》以「獨秀」筆名，在《甲寅》上發表了。章士釗相信，陳獨秀這些話，是「正言若反」，對國家哀其不幸，怒其不爭，誠如胡適所言：「今日思想閉塞，非有『洪水猛獸』之言，不能收振聵發聾之功。」[47]然此文一出，讀者譁然。義憤填膺的批評、責難、咒罵信件，冰雹似的飛到《甲寅》編輯部，直叱陳獨秀「寧復為人，何物狂徒」。章士釗揚着手裏十幾封讀者來信，向陳獨秀連呼：「擾禍了！擾禍了！」他勸陳獨秀寫篇文章自辯，但陳氏冷笑一聲，屹然不為動。

沒過幾天，日本向中國政府提出的「二十一條」，被報紙揭發出來。所謂「二十一條」，共分五號。第一號山東問題，把膠州灣和膠濟路及其沿線採礦等權利讓給日本，開山東各主要城市為商埠，山東沿海一帶土地及島嶼概不讓與或租借他國等；第二號東北問題，延展旅順、大連灣和南滿、奉安兩鐵路租借權九十九年，日本在南滿、東蒙享有土地所有權或租借權、採礦權，延長吉長鐵路管理經營權；第三號，漢冶萍公司各礦附近的礦山概歸日本獨佔開採和經營；第四號，日本獨佔中國沿岸港灣及島嶼；第五號，要求中國政府聘用日本人為政治、財政、軍事等顧問，在中國享有土地所有權，合辦中國警察，合辦兵工廠，取得武昌至九江南昌、南昌至杭州、南昌至潮州之間鐵路建築權，劃福建為其勢力範圍等。凡此種種，無非是把歷史上由列強分享的特權，集中而歸於日本而已。

這是中國亡國滅種的先聲，舉國上下，風雲變色，民族情緒如火山一樣爆發，人們奔走呼號，痛哭流涕，呼籲政府對日斷然拒絕，以保國家一線垂盡的氣脈。黃興等革命者亦號召「暫停革命，一致對外」。李大釗在日本發表《警告全國父老書》，提出要「策政府之後，以為之盾」。一九一五年五月七日，日本提出最後通牒，限四十八小時內答覆，否則將採取軍事行動。五月九日，袁世凱竟正式承認「二十一條」。

「瓜分之局，何法可逃；亡國之奴，何事可怖！」此時此刻，重讀陳獨秀《愛國心與自覺

45 魯迅《吶喊·自序》。《魯迅全集》（一），人民文學出版社，一九八一年版。
46 陳獨秀《今日之教育方針》。《青年雜誌》第一卷第二號，一九一五年十月十五日。
47 胡適《留學日記》。商務印書館，一九四八年版。

心》，當別有一番滋味在心頭。章士釗歎服陳獨秀為「汝南晨雞先登壇喚」。甚至連一向支持政府的梁啟超，這時也痛心疾首地寫文章說：「大抵愛國之義，本為人人所不學而知，不慮而能。國民而至於不愛其國，則必執國命者厝其國於不可愛之地而已。譬諸人孰不愛其身，而當顛連困橫疾痛慘怛之既極，則有祈速死者。」[48]

蔡元培在法國得知「二十一條」的消息，立即和汪精衛、李石曾、吳稚暉等寄跡海外的安那其主義者密商，成立以暴力為武器的「禦侮會」，要求會員須「了解並自備適當之武器，如匕首、炸彈、手槍、毒物等」，「見敵侮我同胞者擊之，事變如有株連，則挺身任之」；「有華人助敵而侮我同胞者，誅之」。同時還要求會員不買日貨、不乘日船，不租屋給日人、不售地產給日人，不與日本銀行交易，不服役於日本人。[49]

「二十一條」再一次把民族主義推向高潮。這種民族主義情緒，幾乎貫穿着大半個世紀的中國。中國最終放棄了走西方民主的道路，而轉向走蘇俄的革命道路，民族主義起了極大的作用。

許多原來痛罵陳獨秀的人，現在都改口痛罵政府了。但這時李大釗仍然覺得應體諒政府的苦衷，他語重心長地說：「對於政府，誠不願加以厚責，但望政府之對於國民，亦勿庸其欺飾。蓋時至今日，國亡家破，已迫眉睫，相謀救死之不遑，更何忍互為諉過，互相歸咎，後此救亡之至計，端視政府與國民之協力。」[50]

但現實是，朝野之間的對立，並沒有因為外患而消弭，反而愈趨嚴重，所謂「政府與國民之協力」，完全是對牛彈琴。李大釗的一位朋友到北京轉了一圈之後，傷感地說：「一切頹喪枯亡之象，均如吾儕懸想之所能及，更無可言。吾儕小民，侈言愛國，誠為多事。曩讀獨秀君之論，曾不敢謂然，今而悟其言之可味，而不禁以其自覺心自覺也。」這番感慨，令李大釗思緒如濤，不久又寫了一篇《厭世心與自覺心》，既為陳獨秀辯護，亦希望激起國人的鬥志。

李大釗說：「我需國家，必有其的，苟中其的，則國家者，方為可愛。設與背馳，愛將何起？必欲愛之，非愚則妄。」這是附和陳獨秀之說，隨後辭鋒一轉說，「中國至於今日，誠已瀕於絕境，但一息尚存，斷不許吾人以絕望自滅。晚近公民精神之進行，其堅毅足以壯吾人之意氣，人類云為，固有制於境遇而不可爭者，但境遇之成，未始不可參以人為。」[51]

其實，陳獨秀不過是激於「時日曷喪，與汝偕亡」的憤怒，對國家、民族發出哀歎而已，何嘗真的是「絕望自滅」呢？這年頭，不把話說絕一點，說狠一點，喚不醒那些昏睡的人。陳獨秀不學屈子懷沙自沉，也不學老子騎牛而逝，當李大釗的文章在《甲寅》發表時，這位「憤怒中年」，已「乘桴浮於海」，返回上海，直奔他深惡痛絕的祖國，要對中國的黑暗境遇，作出一個公民的挑戰。

回到上海後，陳獨秀馬上找汪孟鄒，說自己準備辦一份雜誌，想讓他承印。汪孟鄒一聽，面露難色，亞東圖書館這時的經濟狀況，捉襟見肘，《甲寅》從日本搬回上海以後，也由亞東承

48 梁啟超《痛定罪言》。《飲冰室合集》（四），中華書局，一九八八年版。
49 《華人禦侮會》。《蔡元培全集》（十），浙江教育出版社，一九九七年版。
50 李大釗《國民之薪膽》。《李大釗全集》（一），人民出版社，二〇〇六年版。
51 李大釗《厭世心與自覺心》。《甲寅》第一卷第八號，一九一五年八月十日。

印，汪孟鄒已經有點扛不住了，自己還要靠賣雜糧糊口，對陳獨秀的雜誌，有心無力。他介紹了群益書社的陳子沛、陳子壽給陳獨秀認識，經過陳獨秀拍胸脯、打保票，唇焦舌敝，自賣自誇，好不容易才說服陳氏兄弟同意合作，新雜誌為月刊，群益書社每期支付稿費、編輯費共二百元。

一九一五年九月十五日，由陳獨秀一手創辦的《青年雜誌》，在上海面世了。這時，距離康、梁等人的「公車上書」，已過去了整整二十年。中國的知識分子的中生代，終於到了臨盆之期。在《青年雜誌》創刊號上，陳獨秀為新一代青年譜寫的讚歌，洋洋盈耳，充滿激情與朝氣，完全看不出是一年前那個「靜待餓死而已」的絕望者：

> 青年如初春，如朝日，如百卉之萌動，如利刃之新發於硎，人生最可寶貴之時期也。青年之於社會，猶新鮮活潑細胞之在人身。新陳代謝，陳腐朽敗者無時不在天然淘汰之途，與新鮮活潑者以空間之位置及時間之生命。人身遵新陳代謝之道則健康，陳腐朽敗之細胞充塞人身則人身死；社會遵新陳代謝之道則隆盛，陳腐朽敗之分子充塞社會則社會亡。

文章向當代青年提出了六項迫切的要求：自主的而非奴隸的，進步的而非保守的，進取的而非退隱的，世界的而非鎖國的，實利的而非虛文的，科學的而非想像的。陳獨秀亟欲以他的筆敲醒沉睡的國人：「國人而欲脫蒙昧時代，羞為淺化之民也，則急起直追，當以科學與人權並重。」[52]科學與人權，就像一輛車的兩隻輪子，承載着車子不斷向前走，也就是陳獨秀後來所鼓吹的「德先生」、「賽先生」（Democracy 和 Science，即民主與科學）。這篇文章，恒被後世視為新文化運動的開篇之作。

陳獨秀對政治深感絕望與厭惡，他認為政治革命失敗，是因為沒有文化思想革命開路，使人心得以覺醒。因此，他要把政治革命放置一邊，把「倫理革命、宗教革命、道德的革命」先搞起來。

《青年雜誌》是陳獨秀的心血結晶，期望甚高，他要用文章來改造中國幾千年形成的國民性。陳獨秀曾豪氣十足地對汪孟鄒說：「讓我辦十年雜誌，全國思想都全改觀。」[53]他說這話，除了自信，當然還有另一層作用，就是想說服汪孟鄒投資。陳獨秀有一個特點，喜歡說過頭話來打動人心。詞氣之間，「天下皆醉，唯我獨醒」的氣魄，不讓前輩康有為。

雜誌出版後，在社會上卻沒有引起太大反響，與梁啟超的文章一出，天下爭相傳閱的盛況相比，相去雲泥。沒有名家壓艙，僅以陳獨秀的名氣，尚不足以吸引讀者，頭幾期，主要靠自己親自操觚，還有幾個老朋友友情客串，支撐門面，宣傳一下「德智體三育」，與一般的青年讀物無異。每期印數，連免費贈送在內，亦不過千冊左右，就算全賣掉，也還是虧本，群益書社陳氏兄弟叫苦不迭，這樣下去，他們在經濟上吃不消。

陳獨秀一直苦思苦想，想尋找一個突破口。那年頭，會寫駢四儷六、摹仿古人文章的酸秀

52 陳獨秀《敬告青年》。《青年雜誌》第一卷第一號，一九一五年九月十五日。

53 鄭超麟《陳獨秀與〈甲寅〉雜誌》（未刊稿）。引自《五四風雲人物文萃．陳獨秀》，人民日報出版社，二〇〇五年版。

才，一掃一大筐，但敢於登高一呼，大破大立，開啟時代文化生機的，卻打着燈籠也難找。高一涵、易白沙等原來《甲寅》的作者，在陳獨秀豎起大旗之後，也紛紛投向《青年雜誌》，易白沙在《青年雜誌》上一連發表了《述墨》、《戰雲中之青年》、《我》、《孔子平議》、《諸子無鬼論》等文章。易白沙是湖南長沙人，原名坤，因為仰慕明代大儒陳白沙，自號「白沙子」。辛亥革命前在安徽主持懷寧中學，結識陳獨秀。「二次革命」時，二十八歲的易白沙奔走於湘皖之間，參與反袁鬥爭，事敗被通緝，亡命日本。

陳白沙有「聖代真儒」之稱，被人譽為「道傳孔孟三千載，學紹程朱第一支」，他是唯一能夠在孔廟中供奉牌位的廣東人。但他的後世崇拜者易白沙，卻以批孔出名，真是一個絕大的諷刺。易氏在《孔子平議》中，列舉了孔子四大毛病：一、孔子尊君權，漫無限制，易演成獨夫專制之弊；二、孔子講學不許問難，易演成思想專制之弊；三、孔子少絕對之主張，易為人所藉口；四、孔子但重做官，不重謀食，易入民賊牢籠。

在陳獨秀看來，「平議」實在太過斯文了，對孔儒無須平議，破口大罵也無妨，踢他的山門，拆他的祠堂最好。但這畢竟是《青年雜誌》第一篇公開指名道姓抨擊孔子的文章，陳獨秀希望能引起更多人的關注。

有了二次革命，就有三次、四次革命

當陳獨秀在上海法租界嵩山路吉益里二十一號的寓所裏，一盞孤燈，一杯清茶，一手搓着腳丫，一手撚着狼毫，為《青年雜誌》伏案撰稿時，國內的政治局勢正急轉直下，一瀉千里。在離上海一千多公里以外的天津意租界西馬路一幢樓房裏，梁啟超也在伏案疾書。

一九一五年九月一日，北京參議院開會時，來自山東、江蘇、甘肅、雲南、廣西、湖南、新疆、綏遠等省區的所謂「公民代表」，紛紛請願變更國體、廢民主而立君主，偽造民意以欺天下後世。更有籌安會六君子、古德諾、有賀長雄一班中外官僚、學究、方士，掀起了所謂國體問題討論，吹喇叭的吹喇叭，擡轎子的擡轎子，帝制聲浪，一時直上雲霄。

中國的問題，在政體而不在國體。如果只談變更國體，不談建立健全的政體，那麼無論是共和制還是君主制，國家都是好不了的。「吾實不忍坐視此輩鬼蜮出沒，除非天奪吾筆，使不復能屬文耳！」[54]梁啟超筆端縱橫，寫成《異哉所謂國體問題者》一文，激烈批駁以君主立憲之名，行帝制恢復之實的主張。

發表前他抄了一份送給袁世凱看，看得袁世凱出一身冷汗。他曾派人給梁啟超送去二十萬

54 丁文江、趙豐田《梁啟超年譜長編》。上海人民出版社，一九八三年版。

元，希望他毀掉該文。然「亦儒亦俠」的梁啟超，絕非金錢所能收買，當即辭謝，將錢原封璧還，並決然表示：「就令全國四萬萬人中，三萬九千九百九十九人皆贊成（帝制），而梁某一人斷不能贊成也！」55

梁啟超本來很懂得政治即妥協的藝術，回國之初，他並不贊成共和，但舉國都說共和好，他也就接受共和了。康、梁與袁世凱本有着不共戴天之仇，為了推行政治改革，為了導袁向善，也可以一笑泯恩仇，以致許多人都罵他甘做袁氏幫兇走狗，他也不以介懷。但在復辟帝制這一點上，他站定腳跟，決不妥協，政治的底線不容突破。隨後，他宣佈脫離進步黨，表明他已打算與袁世凱死磕，不想連累進步黨。

有人勸他：「你已亡命十年，此種況味亦既飽嘗，何必更自苦？」言下之意，反對袁世凱的結果，只有再次亡命。梁啟超大笑回答：「余誠老於亡命之經驗家也。余寧樂此，不願苟活於此濁惡空氣中也。」56

九月三日，這篇力可扛百斛大鼎的雄文，終於刊登在上海《大中華》月刊，《申報》、《時報》等大報迅速轉載。梁啟超對民國以來的政治現實，作出尖銳批評。

［梁啟超寫道］自辛亥八月迄今，未盈四年，忽而滿洲立憲，忽而五族共和；忽而臨時總統，忽而正式總統；忽而制定約法，忽而修改約法；忽而召集國會，忽而解散國會；忽而內閣制，忽而總統制；忽而任期總統，忽而終身總統；忽而以約法暫代憲法，忽而催促制定憲法。大抵一制度之頒，行之平均不盈半年，旋即有反對之新制度起而推翻之，使全

> 國國民彷徨迷惑，莫知適從，政府威信，掃地盡矣。今日對內對外之要圖，其可以論列者不知凡幾，公等欲盡將順匡救之職，何事不足以自效？何苦無風鼓浪、興妖作怪，徒淆民視聽，而貽國家以無窮之戚也！

從前在君主國體下，他反對共和；如今在共和國體下，他反對帝制，都是基於這樣一種理念：國體乃天下重器，可靜而不可動，豈可反覆嘗試，廢置如下棋？他宣稱，共和與非共和，是國體問題；立憲與非立憲，是政體問題，二者不能混為一談。變更政體是進化現象，變更國體則是革命現象。梁啟超「無論何時，皆反對革命」。他鞭辟入裏地指出：

> 吾以為中國現在不能立憲之原因，蓋有多種：或緣夫地方之情勢，或緣夫當局之心理，或緣夫人民之習慣與能力。然此諸原因者，非緣因行共和而始發生，即不能因非共和而遂消滅。例如上自元首，下及中外大小獨立官署之長官，皆有厭受法律束縛之心，常感自由應付為便利，此即憲政一大障礙也。問此於國體之變不變，有何關係也？例如人民絕無政治興味，絕無政治知識，其道德及能力，皆不能組織真正之政黨，以運用神聖之議會，此又憲政一大障礙也。問此於國體之變不變，有何關係也？諸類此者，若令吾悉數之，將累數十事而不能盡，然皆不能以之罪於共和，甚章章也！而謂共和時代不能得者，

---

55 吳貫因《丙辰從軍日記》。《梁啟超年譜長編》。上海人民出版社，一九八三年版。

56 梁啟超《國體戰爭躬歷談》。《飲冰室合集》（三十三），中華書局，一九八八年版。

一人君主時代即能得之，又謂君主時代能得者，共和時代決不能得之，以吾之愚，乃百思不得其解。吾以為中國而思實行立憲乎，但求元首能以身作則，視《新約法》為神聖，率群僚凜奉之，字字求其實行，而無或思遁於法外；一面設法多予人民以接近政治之機會，而毋或壅其智識，閼其能力，挫其興味，壞其節操，行之數年，效必立見。不此之務，而徒以現行國體為病，此朱子所謂「不能使船嫌溪曲」者也。[57]

文章一出，洛陽紙貴，市場上賣斷了貨。購不到報紙，又急於一睹為快的人，只好紛紛輾轉抄讀。梁啟超寫得痛快淋漓，人們讀得如醉如狂，三月不知肉味。當時《亞細亞報》懸賞三千大元，徵文反駁梁啟超，但重賞之下，竟無勇夫。

梁啟超為什麼反對革命呢？因為他擔心革命會成為一種慣性，縱觀中外歷史，無論哪個國家，既經一度革命，就會有二度三度的革命相尋相續。就像辛亥革命之後，必然會有二次革命、三次革命接踵而來一樣。這已成為歷史上普遍的規律。梁啟超提醒國人，中國現在需要的，不是把一切推倒重來的革命，而是循序漸進的改良。

然而，這時復辟之勢，濁浪滔滔，決堤氾濫，已幾近失控，別說梁啟超一篇文章不能挽狂瀾於既倒，就算袁世凱真想打退堂鼓，但到了陳橋兵變、黃袍加身之際，亦難矣哉。在復辟的路上，袁氏被一股潮流推動着，已愈走愈遠，想停也停不下來了，只好踩着西瓜皮往前滑，滑到哪算哪了。

一九一五年十月十日，總統下令取消國慶日所有慶祝活動。十一月二十日，全國各省區

「國民代表大會」進行國體問題的投票，全體贊成君主立憲制。十二月十二日，袁世凱申令接受帝位，改民國為洪憲元年。

既然改變國體的「革命」不剎車，那麼，反對改變國體的「革命」，也就無可避免了。梁啟超暫時收起他的「批判武器」，聯絡各方反袁勢力，開始「武器的批判」了。

護國元勳蔡鍔是梁啟超的得意門生，曾為進步黨名譽理事和湖南支部長，後來以軍人不隸黨籍，退了黨。時任政治會議委員、參政院參政、將軍府將軍、全國經界局督辦。當帝制愈鬧愈兇時，梁啟超在暗中策動蔡鍔倒袁，承擔起護國責任。梁、蔡二人，幾乎每周都在天津秘密見面，蔡鍔後來回憶：「當去歲（一九一五年）秋冬之交，帝焰炙手可熱，鍔在京師，間數日一詣天津，造先生之廬，諮受大計。」[58]可見梁啟超對蔡鍔的反袁，有着舉足輕重、無可替代的作用。

袁世凱春睡未醒，梁啟超、蔡鍔的催命符已經到了。十一月十八日，蔡鍔根據與老師商定的計劃，以赴日養病為名，逃離北京，輾轉東京、河內，抵達昆明，雲南將軍唐繼堯早已虛位以待。十二月二十五日，漁陽鼙鼓動地來，雲南霹靂一聲獨立，蔡鍔自任護國軍第一軍總司令，拉開了「討袁護國戰爭」的序幕。

蔡鍔離京後，梁啟超也逃往上海，在靜安寺暫住，準備南下兩廣，策動反袁，與雲南遙相

57 梁啟超《異哉所謂國體問題者》。《飲冰室合集》（三十三），中華書局，一九八八年版。

58 蔡鍔《盾鼻集．序》。《飲冰室合集》（三十三），中華書局，一九八八年版。

呼應。傳誦一時的《雲南檄告全國文》，乃梁啟超倚馬草檄之作，文中提出護國軍四點政治綱領：一、與全國民戮力擁護共和國體，使帝制永不發生；二、劃定中央、地方許可權，圖各省民力之自由發展；三、建設名實相符之立憲政治，以適應世界大勢；四、以誠意鞏固邦交，增進國際團體上之資格。

當時圍繞在梁啟超身邊預聞機密的，還有一批年輕的文化精英，包括藍公武、張東蓀、吳貫因、黃炎培等人，都是仰慕梁任公的大名，甘願鞍馬相隨的。張東蓀是清末官派留日學生，擔任過孫文南京臨時政府內務部秘書，熱衷研究哲學，從佛教到西方哲學，無不涉獵，可以從一隻黑貓聯想到宇宙的過去未來。正如大儒王國維所說，「凡哲學家無不欲兼為政治家」，張東蓀也投身政治，在《庸言報》、《甲寅》、《中華雜誌》等報刊上，發表大量政論文章。這是他第一次與梁啟超相見，兩人一見傾心，大有同明相照，同類相求的感覺。

梁啟超運籌帷幄，決勝千里，為護國軍籌措財政，指導方略，製造輿論，推動各方回應，上海儼然成為反袁的指揮中心。一九一六年三月，梁啟超南下廣西，指導兩廣反袁，張東蓀繼續在上海，居中聯絡。

其後，貴州、廣東、廣西、陝西、四川、湖南等地，相繼宣佈獨立，不數月間，四方瓦解，中樞動搖。面對全國風起雲湧的討袁護國浪潮，袁世凱絕望了，從精神到體力，都徹底垮了下來。他的一生，辦了新軍辦新政、辦了共和辦帝制，就像老鼠鑽進牛角，路愈走愈窄。一九一六年三月二十二日，袁氏被迫取消帝制。在折騰了八十三天之後，吹燈拔蠟踹鍋臺，六月六日「崩殂」了賬。

袁氏死後，張東蓀曾試圖撮合梁啟超與孫文兩大黨派。如果這兩個廣東人具有足夠的胸襟與器識，拋棄狹隘的黨見，令進步黨與國民黨攜手合作，發揮兩黨互相監督、制衡、競爭的良性作用，把真正的民主選舉制建立起來，確立堅實的民治基礎，此為千載一時之機會。這是中國知識分子再一次企圖推行兩黨制，可惜，政客們各有各的算盤，一段大好姻緣，失之交臂。

梁啟超一直謀求在體制內進行政治改革，如果可能的話，這是最直截了當、事半功倍的方法，他試過袁世凱、試過黎元洪、試過段祺瑞，甚至試過張勳，但都一一失敗。他的「政黨政治」，框架雖然搭起來了，但胚胎早已受到污染，不可能產生他所期待的「健全之大黨」。事實證明，康有為說得倒也沒有大錯，中國的政黨確實是朋黨，一旦結黨，必然營私。梁啟超悲哀地說：

> 政治運動，在今日之中國，確為一極可厭惡之一名詞。其故蓋由前此吾國人以政治運動自命者，全不解政治運動為何物，輒假此名以營其私。一般之人，亦誤認所謂政治運動者果如是如是，則群視為社會之蟊賊。而稍自愛者皆避之若浼，亦何足怪？[59]

後來新青年同人也以「二十年內不談政治」為戒約，反映了知識界對「政治」的厭惡心理。人才內閣倒臺後，梁啟超一度想脫離政治。但他的脫離，並非不談政治，而是脫離體制，在體制之外，推動國家的政治建設。他覺得在體制內已找不到建立憲法基礎的力量了，只能轉向社

59 梁啟超《政治運動之意義及價值》。《梁任公近著》（下），文海出版社有限公司，一九二三年版。

會，從國民中去尋找。他從一個政黨政治的宣導者，開始轉向不黨主義；從寄望於引導當權者向善，轉向寄望於促進國民覺悟，推動國民參政，擴大民治，監督官僚，以市民社會的自治力，制衡國家權力。

梁啟超說：「無論何種政治，總要有多數人的積極擁護——至少亦要有多數人消極的默認，才能存在。所以國民對於政治上的自覺，實為政治進化的總根源。」他認為，民國以來，國民的政治自覺，已一日比一日鮮明，一日比一日擴大了。這種自覺表現在：

> 第一、覺得凡不是中國人都沒有權來管中國的事。
> 第二、覺得凡是中國人都有權來管中國的事。[60]

第一種是民族建國的精神，第二種是民主的精神。這固然是不錯的，但什麼叫「管」？怎麼「管」？卻是一件極複雜的事情，能夠很好地解決這兩個問題，中國的現代化轉型也就基本完成了。

實際上，早在袁世凱稱帝前夜，已有一批早醒的知識分子開始意識到，國家強於社會，是共和失敗的原因。獨裁專制是革命之母。只有建立成熟的市民社會，才能一方面防止專制獨裁，另一方面也防止革命的發生，為共和憲政創造穩定的基礎。

張東蓀就是這批知識分子中的一人。他認為，「必政治與社會分厘，使政治之干涉範圍愈小，則社會之活動範圍愈大。於是社會以自由競爭而得自然發展也。」[61]國家不能侵犯私的領域，無論經濟、教會、地方事務，抑或道德、學術、技藝、信仰等等。社會有社會的自律性，維持公善，創立社會勢力之間的競爭與監督制度，縮小官治，擴大民治，防止一種勢力獨佔國家權力。在市民自治的前提下，實行代議制和聯邦制。

在一九一五年，張東蓀就鮮明地提出了「撲滅官僚政治」的主張。實現人民自治，以議代政；以立法、司法來拘束行政而驅入正軌。「一方以人民自親政事，是為自治；一方復取代表主義之精神，為之監督。有健全之輿論，以導於前；有充實之司法以救於後。民志既宣，民權亦固；有競爭而不相殘，有調劑而無虞詐；凡為一事，必能充情儘量，使社會得其福，國家蒙其利。」[62]統治者往往只看到市民社會限制了國家權力的一面，卻看不到市民社會有防止革命發生的另一面。或者說，他們寧願革命明天發生，也不願意他們的權力在今天受到絲毫限制。

研究系雖然喊破喉嚨，把「惟民主義」、「小群主義」、「賢人政治」、「市民自治」、「聯邦制」說得天花亂墜，終究是「以其昭昭，使其昏昏」。護國戰爭鳴金收兵後，舊國會恢復。梁啟超為了實踐不黨主義，宣佈取消進步黨名稱，化黨為派。以梁啟超、林長民為首，成立「憲法研究同志會」，後來與湯化龍、劉崇佑的「憲法案研究會」合併，形成了民初政壇上有名的「無形之黨」——研究系。

60 梁啟超《五十年中國進化概論》。《梁任公近著》（下），文海出版社有限公司，一九二三年版。
61 張東蓀《中國之將來與文明國立國之原則》。《正誼》第一卷第七號，一九一五年二月十五日。
62 張東蓀《行政與政治》。《甲寅》第一卷第六號，一九一五年六月十日。

「泥菩薩」黎元洪繼任總統，新一任內閣成立，由軍人段祺瑞首揆。這時第一次世界大戰正打得如火如荼，段祺瑞力主中國參戰，黎元洪則反對之。府院矛盾，演化為激烈的衝突。一九一七年五月，北京發生督軍團大鬧國會事件，黎元洪被迫退位，國會解散。七月再發生張勳復辟帝制事件。

梁啟超再次旗幟鮮明地反對復辟。就在張勳復辟的第二天，梁啟超就率研究系同人，趕到段祺瑞在天津馬廠的大營中，參加反復辟之役。與他的老師康有為，在戰場上見了。袁世凱復辟時，梁啟超站在共和立場反袁，康有為站在大清立場反袁。出發點雖不一致，但總算有共同的目標。而張勳復辟時，好為帝王師的康有為積極下海，被「皇上」封為弼德院副院長，師徒倆便漢賊不兩立了。

梁啟超發表通電指：「此次首造逆謀之人，非貪黷無厭之武夫，即大言不慚之書生，於政局甘苦毫無所知。」[63]直斥乃師為「大言不慚之書生」。有人問他：「今令師南海先生從龍新朝，而足下露布討賊，不為令師留絲毫地步，其於師弟之誼何？」梁啟超正色作答：「師弟自師弟，政治主張則不妨各異。吾不能與吾師共為國家罪人也！」[64]康有為聽了，悲憤夾着無奈，只好作聖人之歎：「『回也非助我者也。』這句書，我今日才到底明白了。」

北京政局一團混亂。孫文乘機號召西南各省，起兵捍衛民初約法，討伐民國叛徒。七月八日，孫文乘坐兵艦，由上海赴粵。七月二十二日，海軍總長程璧光宣佈海軍自主，率領艦隊南下廣東。八月二十五日，民元國會部分議員在廣州召開「國會非常會議」，選舉孫文為護法軍政府大元帥。九月，軍政府在廣州開張大吉，宣告護法。從此，中國出現南北兩個政府。南北戰爭於焉打響。

十二月二日，孫文以大元帥名義，任命陳炯明為援閩粵軍總司令，率二十營粵軍攻打皖系軍閥的地盤福建。一九一八年一月二十六日，粵軍開赴潮汕地區。二月，陳炯明就任惠潮梅軍務督辦。

陳炯明（競存）——這位在中國近現代史上最具爭議性的人物，一八七八年生於廣東省海豐縣。父親是一位鄉村秀才，陳炯明六歲入私塾啟蒙，一八九九年考中秀才，一九〇八年以最優等畢業於廣東法政學堂，其後當選為廣東諮議局議員，是維新運動所培養出來立憲人才。一九〇九年加入同盟會，參加反清革命。民國後，又參加過討袁戰爭，是國民黨中最具實幹才能的領袖之一。

一九一八年五月，陳炯明大起三軍，攻入福建。其勢銳不可當，攻城掠地，指東打西，閩軍無不膽寒。不久，粵軍在閩南開闢了一個擁有二十六個縣的護法區。陳炯明駐節漳州，以龍溪為縣治，自任軍民兩政長官。和一般軍閥不同的地方，陳炯明具有強烈的民主思想，反對軍治、黨制，提倡民治。他在漳州開始致力於他的地方自治實驗。南方的安那其主義者梁冰弦稱：「這與陳氏所倡『聯省自治』說很吻合，以為如此可以在軍閥構亂中拓一片乾淨土，予國人

63《大公報》一九一七年七月三日。
64 經堂《康有為與梁啟超》。《古今月刊》創刊號，一九四二年三月。

以觀感，從而促進全國的革新。」[65]

在北方，梁啟超也在致力於他的政治實驗。張勳復辟失敗後，他加入段祺瑞的新內閣，一償所願，出任財政總長。九名閣員，研究系居其六，梁啟超的希望之火再度燃起。這是他最後一次嘗試從體制內進行政治改革。冀以研究系之力，先改造國會，爭取成為國會多數派，然後影響政府政策。他建議效法辛亥革命初期成立臨時參議院，制定新的國會組織法，舉行全國大選。

可惜這時段祺瑞為了推行武力統一南北的政策，決心要控制國會，由他的門生兼智囊徐樹錚出錢，資助以王揖唐為首的政客團體「安福俱樂部」，準備與研究系在國會選舉中一爭高下。

徐樹錚是江蘇蕭縣（今屬安徽）人，秀才出身，一九〇五年被保送日本士官學校，畢業後在老段的第六鎮任軍事參議及第一軍總參謀。敉平張勳復辟之後，出任陸軍部次長，是強硬的武力統一論者。十一月十四日，臨時參議院成立，王揖唐出任議長。安福系大勝，研究系慘敗。一九一八年八月十二日，第一屆國會期滿，臨時參議院解散，安福國會成立，安福系領袖王揖唐當選眾議院議長。梁啟超的救國大計，再次化為泡影。

從一九一五年至一九一七年，時僅兩年，縱觀整個文化界、思想界，由於受「二十一條」、洪憲帝制、張勳復辟等一系列事件的刺激，風騰波湧，進入了劇烈的升級換代時期。梁啟超作為他那一代知識分子的代表，已是鬢毛染秋霜。年齡上，坐中望老，見到充滿陽光的年輕人，不得不用「你們」、「我們」來加以區別了；政治上，他們總被官僚玩弄於股掌之上，改革屢試屢敗，政績乏善可陳，反而落了個獻媚權勢的惡名；文化上，由於帶有濃厚的傳統胎記，恒被新進青年視為過氣老倌，成了「守舊」的代名詞。

然梁啟超對一九一九年那一代的新文化精英們，有着極大的影響力，也是無可否認的。時人稱讚梁氏「如長彗燭天，如瓊花照世」，他當之無愧。白話文急先鋒胡適亦自承「受了梁先生無窮的恩惠」。

〔胡適說〕梁先生的文章，明白曉暢之中，帶着濃摯的熱情，使讀的人不能不跟着他走，不能不跟着他想。有時候，我們跟他走到一點上，還想往前走，他卻打住了，或是換了方向走了。在這種時候。我們不免感覺一點失望。但這種失望也正是他的大恩惠。因為他盡了他的能力，把我們帶到了一個境界，原指望我們感覺不滿足，原指望我們更朝前走。跟着他走，我們固然得感謝他；他引起了我們的好奇心，指着一個未知的世界叫我們自己去探尋，我們更得感謝他。[66]

以鑽研經學起家，以鼓吹新文化聞名的錢玄同，也心悅誠服地說：「梁任公先生實為近來創造新文學之一人。雖其政論諸作，因時變遷，不能得國人全體之贊同，即其文章，亦未能盡脫帖括蹊徑，然輸入日本文之句法，以新名詞及俗語入文，視戲曲小說與《論》《記》之文平等（梁先生之作《新民說》、《新羅馬傳奇》、《新中國未來記》，皆用全力為之，未嘗分輕重於其間

65 梁冰弦（海隅孤客）《解放別錄》。臺灣，文海出版社，一九七八年版。

66 胡適《四十自述》。《胡適文集》（一），北京大學出版社，一九九八年版。

也），此皆其識力過人處。鄙意論現代文學之革新，必數及梁先生。」67

錢玄同是浙江湖州人，生於一八八七年，一九〇五年赴日本留學時，是一位強烈的國粹主義者，沉迷經學，與魯迅、周作人、許壽裳等人一起，執經侍坐，跟着國學大師章太炎學古文，從《說文》學到《莊子》，從《漢書》學到《文心雕龍》。那時他聽章太炎的課，經常興奮得手舞足蹈，不自覺地從後排往前移，被魯迅形容為「爬來爬去」，後來寫信時，索性稱他為「爬翁」。

錢玄同對一切歐化的事物，開始都甚為抗拒。民國成立時，他還穿了一套自製的玄冠博帶「漢服」，昂昂然上衙門辦公，惹得同僚們哄堂大笑。不過，他很快就來了個一百八十度大轉彎，成了反古文的「黑旋風李逵」，掄着大斧一路砍殺過來。錢氏自號「疑古」，這個別名，彰顯出他對傳統的挑戰。他有一句名言：「人到四十歲就該死，不死也該綁赴天橋槍斃。」

這一年，梁啟超四十四歲，雖然春秋鼎盛，但長江後浪推前浪，在年輕氣盛的新青年看來，蓋棺論定，此其時也。

胡適和錢玄同對梁啟超的評論，都是非常中肯的。談新文化運動，不能不把梁啟超擺在第一位。新文化運動的第一代旗手，是梁啟超，而不是陳獨秀。無論新文化也罷，舊文化也罷，總是要靠一代一代人傳承的，沒有梁啟超披荊斬棘，導夫先路，又哪裏會有陳獨秀、胡適、魯迅、錢玄同這些晚輩搞的「文學革命」呢？

地雖生爾材，天不與爾時，奈何奈何！一代人只能做一代人的事。梁啟超已經把他那一代啟蒙者可以做的事情，做得非常充分了，後人對他，應無可指責，要指責，也只能是「他為什麼不能跳出歷史的局限性」一類苛求了。

梁啟超見「道不行」，三番五次提出辭職，終於在一九一七年十一月二十二日，內閣總辭。梁氏宣言不再參與政治，專門研究學術，轉入文教界。從政黨政治，到不黨政治；從不黨政治，到不談政治。回想當年返國時意氣風發的情形，不過幾年光景，恍如一夢。他已逐漸成為回憶錄中的材料，而不再是潮流浪尖上的變數了。他在給朋友的信中，無奈地歎息：「此時宜遵養時晦，勿與聞人家國事，一二年中國非我輩之國，他人之國也。」[68]

「他人之國」，並不是指年輕一代，而是指官僚當道、軍閥橫行，天下已盡化為侯王。知識分子的政治理想，都是對牛彈琴。體制內的改革既行不通，體制外的革命又不願意為，梁啟超縱然才高八斗，也感覺進退兩難了。

啟蒙尚未成功，同志仍須努力。在亂世中成長起來的陳獨秀、胡適、錢玄同一代知識分子，這時正如日方升，嶄露頭角，開始從上一代的手中接過「文化旗手」和「青年導師」的接力棒了。

67 錢玄同《寄陳獨秀》。《胡適文集》（二），北京大學出版社，一九九八年版。

68 梁啟超《與亮兄書》。丁文江、趙豐田《梁啟超年譜長編》。上海人民出版社，一九八三年版。

第二章

向北京大學集合

胡適率先打出「文學革命」旗號

一九一六年元旦剛過。在《青年雜誌》上，陳獨秀發表了一篇文章，宣告屬於他們的時代來臨了。一種「天下者我們的天下」的豪氣、傲氣、狂氣，字字鏗鏘，躍然紙上：

一九一五年與一九一六年間，在歷史上畫一鴻溝之界：自開闢以訖一九一五年，皆以古代史目之，從前種種事，至一九一六年死；以後種種事，自一九一六年生。吾人首當一新其心血，以新人格；以新國家；以新社會；以新家庭；以新民族；必迨民族更新，吾人之願始償，吾人始有與晰族周旋之價值；吾人始有食息此大地一隅之資格。青年必懷此希望，始克稱其為青年而非老年；青年而欲達此希望，必撲殺諸老年而自重其青年；且必自殺其一九一五年之青年而自重其一九一六年之青年。1

在達爾文看來，弱肉強食，乃大自然定律；而在社會達爾文主義者看來，老人肉少年食，亦屬社會發展的定律。年齡幾乎成了該不該打倒的唯一指標。時年三十七歲的陳獨秀，堅信自己的心態仍然年輕而富有朝氣，還具有與青年一道，加入到「撲殺諸老年」的戰鬥中去的資格。

但這只是空泛的議論，什麼才是新人格、新國家、新社會？怎麼破舊？怎麼立新？從何入手？都要非常具體的、可操作的方法。《青年雜誌》的大旗已經豎起來了，但只有陳獨秀一個當家，所以他急於招兵買馬。

汪孟鄒想起了在美國紐約哥倫比亞大學修哲學的胡適，此人聰明絕頂，高才博學，落筆千言，磊磊驚人，小說文論俱佳，不妨請他為雜誌撰稿。陳獨秀編《甲寅》時，曾收到過胡適的投稿，印象頗深，雖未謀面，然心嚮往之。他讓汪孟鄒儘快寄幾本雜誌給胡適，約他寫稿。

一九一五年十月六日，汪孟鄒寫了一封信給胡適，向他介紹陳獨秀與《青年雜誌》，「擬請吾兄於校課之暇擔任青年撰述，或論文，或小說戲曲均所歡迎。每期多固更佳，至少亦有一種。」[1]但信去之後，石沉大海。

陳獨秀每次見到汪孟鄒，一定追問胡適有沒有回信，搞得汪氏好像欠了一身債似的，只好在十二月又再去信胡適，求他解圍：「陳君（獨秀）望吾兄來文甚於望歲，見面時即問吾兄有文來否，故不得不為再三轉達，每期不過一篇。且短篇亦無不可，務求撥冗為之，以增該雜誌光寵，至禱，至禱。否則陳君見面必問，煉（汪氏自謂）將窮於應付也。」[2]

陳獨秀望穿秋水，比小孩盼過年還焦急，終於在次年二月收到了胡適的來信。信中建議：「今日欲為祖國造新文學，宜從輸入歐西名著入手，使國中人士有所取法，有所觀摩，然後乃有

1 陳獨秀《一九一六年》。《青年雜誌》第一卷第五號，一九一六年一月十五日。

2 唐寶林、林茂生《陳獨秀年譜》。上海人民出版社，一九八八年版。

自己創造之新文學可言也。」[3]並附上一篇俄國文學譯作。胡適答應新年時寄上自己的稿子，以慰陳獨秀望過年的心情。

這是一九一六年春天的事。帷幕挑起了一角，胡適準備出場了。

地處宣徽之脊的績溪，七山一水，人傑地靈，方志稱「邑小士多，績溪為最」是沒有錯的。績溪歷史上名人輩出，近代不僅出了個汪孟鄒，還出了個胡適。

胡適，字適之，原名洪騂，乳名嗣穈，生於一八九一年，安徽績溪人，天資聰穎，從小就被村裏的小屁孩們尊稱為「穈先生」。一九一〇年留學美國，入康乃爾大學，後轉入哥倫比亞大學，從學於實驗主義哲學大師杜威。他在美國發憤攻讀杜威的著作，「每日至少讀六時之書，讀書以哲學為中堅，而以政治、宗教、文學、科學輔焉」，[4]一心要為將來做中國第一流的哲學家打好基礎。

早在一九一四年夏天，康乃爾大學中以任叔永（鴻雋）為首的一群中國留學生，集股籌辦《科學》雜誌時，胡適已是活躍分子。一九一五年一月，《科學》雜誌創刊，從一開始就使用西文標點符號，這是中國報刊史上第一回。中國文人對西式的標點符號，最初是非常厭惡與抗拒的，覺得像鬼畫符，國內有一位學生在文章中寫了一個問號，被老師大加斥責：「秤鈎也能入文嗎？」用魯迅的話說，那時「單是提倡新式標點，就會有一大群人『若喪考妣』，恨不得『食肉寢皮』」。[5]

胡適在《科學》上發表題為《論句讀及文字符號》的文章，大讚中文採用標點符號。但他也不是馬上就全盤接受，他覺得句號、逗號、冒號這些是可取的，而對問號、感歎號，則有所保留。

［胡適後來寫道］論句讀符號一層，本社同人也不知共同討論了多少次。我從前在《科學》第二卷第一期作《論句讀及文字符號》時，曾說：「吾國文凡疑問之語，皆有特別助字以別之。故凡何，安，烏，孰，豈，焉，乎，哉，歟，諸字，皆即吾國之疑問符號也。故問號可有可無也。」吾對於感歎符號，也頗有這個意思。但後來我的朋友錢玄同先生說，這兩種符號（？！）都不可廢。因為中國文字的疑問語往往不用上舉諸字；並且這些字有各種用法，不是都拿來表疑問的意思。

這班留洋學子，滿腹新學，精力旺盛，書窗課暇，弄一本雜誌，你和我唱，原是有一點同人玩票性質，並未意識到，他們把蝌蚪一樣的標點符號搬上中文，具有何等偉大的意義。新文化運動從白話文開始，白話文從標點符號開始，一股掀天揭地的文化新潮，已在醞釀之中了。

一九一五年胡適入哥倫比亞大學研究院時，在日記中勉勵自己：「夢想作大事業，人或笑之，以為無益，其實不然。天下多少事業，皆起於一二人之夢想。今日大患，在於無夢想之人

3 胡適《留學日記》。商務印書館，一九四八年版。
4 同上書。
5 魯迅《憶劉半農君》。《魯迅全集》（六），人民文學出版社，一九八一年版。

耳。」他誓言：「文學革命其時矣，吾輩誓不容坐視。且復號召二三子，革命軍前仗馬箠。鞭笞驅除一車鬼，再拜迎入新世紀。」6

這是胡適第一次使用「文學革命」這個詞，他要像辛亥革命推翻帝制那樣，推翻舊文學。他用半白話寫了一首《沁園春》，其雄氣與狂氣，與陳獨秀的「撲殺諸老年」，可有一比。其下闋云：

文學革命何疑！
且準備搴旗作健兒。
要前空千古，下開百世，將他腐臭，還我神奇。
為大中華，造新文學，此業吾曹欲讓誰？
詩材料，有簇新世界，供我驅馳。7

胡適雖然胸中有三千丈豪氣，但並不是一個真正的革命論者，甚至一邊說文學革命，一邊還小心地與「革命」拉開距離。他自稱不是籠統地反對革命，而是反對不成熟的革命。後來他把上面的那首詞，改了又改，把「文學革命何疑！且準備搴旗作健兒」，改作「文章要有神思，到琢句雕詞意已卑」。一篇慷慨激昂的革命檄文，頓失鋒芒，變成了小學生作文指導。

胡適為中國文學診斷出三大弊病：一是無病呻吟，二是摹仿古人，三是言之無物。在胡適心裏，文學改良的第一步，從詩歌入手，他主張用散文的語言寫詩，所謂「作詩如作文」。這就是一個很具體的、可操作的設想了。即使沒有陳獨秀的邀請，他也準備殺回國內，向中國「死文學」的「一車鬼」們宣戰了。

人與人是有感應的，狂人與狂人的感應更強烈，不然陳獨秀也不會苦苦追索胡適的稿子了。一九一六年二月上旬，汪孟鄒又給胡適去信說：「青年雜誌已出至五期，六期不日即出。陳君盼吾兄文字有如大旱之望雲霓，來函云新年中當有見賜，何以至今仍然寂寂，務請吾兄陸續撰寄。」[8]陳獨秀對胡適的期待，從小孩望過年，上升到大旱望雲霓了。

二月十五日，《青年雜誌》第一卷第六號出版了，胡適的稿子依然未見。三月初，群益書社收到上海基督教青年會《上海青年》（週報）的來函，聲稱《青年雜誌》的名字雷同，要求改名，免犯冒名的錯誤。陳子壽與陳獨秀商量，擬將雜誌名改為《新青年》。陳獨秀雖十分鬱悶，但群益書社畢竟是投資人，也不好太過反對，只得勉強屈從。

名字雖然改了，但改名後的新刊，卻一拖再拖，據說「因戰事」暫時休刊，其實，護國戰爭哪裏打到上海灘呢？休刊既有經濟拮据的原因，亦有陳獨秀賭氣的原因。陳獨秀於八月十三日給胡適的信中說：「依發行者之意，已改名為《新青年》。」[9]強調改名不是他的本意，而是發行者的意思，不滿之情，溢於言表。

6 胡適《留學日記》。商務印書館，一九四八年版。

7 胡頌平《胡適之先生年譜長編》。臺灣，聯經出版事業有限公司，一九八四年版。

8 汪原放《回憶亞東圖書館》。學林出版社，一九八三年版。

9《胡適來往書信選》（上）。中華書局，一九七九年版。

「開下了一場戰爭」

一九一六年春季，胡適雖然還沒有提筆給《新青年》寫稿，但他對中國文學的思考，卻有了重要的突破。他說：「我終於得出一個概括的觀念：原來一整部中國文學史，便是一部中國文學工具變遷史——一個文學或語言上的工具去替代另一個工具。」簡言之，「一部中國文學史也就是一部活文學逐漸代替死文學的歷史。」[10]

觀念形成了，胡適對中國文學改良的路向，也就看得愈來愈清楚了。在美國各大學裏，有一班思想活躍、有志於文學革新的中國留學生，以梅光迪（覲莊）、任叔永（鴻雋）、胡適、唐擘黃（鉞）、楊杏佛（銓）等人為核心，經常相聚一堂，坐而論道，或兩日一短箋，三日一長函，相互切磋問難。

胡適說：「這一班人中，最守舊的是梅覲莊，他絕對不承認中國古文是半死或全死的文字。因為他的反駁，我不能不細細想過我自己的立場。他越駁越守舊，我倒漸漸變得更激烈了。我那時常提到中國文學必須經過一場革命；『文學革命』的口號，就是那個夏天我們亂談出來的。」[11]儘管他們都認為，「今日文學有不可不改革之處」。但到底應該怎麼改，多數人還沒有一個清楚的方向。

胡適主張從推廣白話文入手。他的觀點大致為：

一、今日之文言乃是一種半死的文字。
二、今日之白話乃是一種活的語言。
三、白話並不鄙俗，俗儒乃謂之俗耳。
四、白話不但不鄙俗，而且甚優美適用。
五、凡文言之所長，白話皆有之。而白話之所長，則文言未必能及之。
六、白話並非文言之退化，乃是文言之進化。
七、白話可以產生第一流文學。
八、白話的文學為中國千年來僅有之文學。
九、文言的文字可懂而聽不懂，白話的文字既可讀，又聽得懂。

任叔永是《留美學生季報》主筆，中國科學社的董事長兼社長。某日，他和梅光迪、陳衡哲、楊杏佛、唐擘黃等人在凱約嘉湖泛舟遊玩後，興致甚濃，作了一首「泛湖即事」的四言長詩，寄到紐約給胡適看。詩中有「言擢輕楫，以滌煩痾」，「猜謎賭勝，載笑載言」等句子。

這哪像一個倡言文學革命的青年所寫呢？胡適馬上回信，指詩中的「言」字、「載」字，都是死字。「猜謎賭勝，載笑載言」二句，上句為二十世紀之活字，下句為三千年前之死句，殊不相稱也。

10《胡適口述自傳》。華東師範大學出版社，一九九三年版。
11 胡適《逼上梁山》。《胡適文集》（一），北京大學出版社，一九九八年版。

任叔永也是學物理、化學出身的，並非鄉間腐儒，被比自己小五歲的胡適一頓搶白，頗不服氣，他回信辯解說：「『載笑載言』固為『三千年前之語』，然可用以達我今日之情景，即為今日之語，而非『三千年前之死語』。此君我不同之點也。」

胡、任二人打起筆墨官司，梅光迪出面替任叔永打抱不平。梅氏是一九一一年的官費留學生，即第三批庚款留學生，在清華學堂留美預備班學習三年，然後入美國芝加哥西北大學，因為仰慕新人文主義大師白璧德教授之名，又轉入美國哈佛大學研究院，拜白璧德為師，專攻西洋文學。但幼承庭訓，對中國古文情有獨鍾。他批評胡適：

> 足下所自矜持為「文學革命」真諦者，不外乎用「活字」以入文，於叔永詩中稍古之字，皆所不取，以為非「二十世紀之活字」。此種論調，固足下所持為嘵嘵以提倡「新文學」者，迪又聞之素矣。夫文學革命，須洗去舊日腔套，務去陳言，固矣。然此非盡屏古人所用之字，而另以俗語白話代之之謂也……足下以俗語白話為向來文學上不用之字，驟以入文，似覺新奇而美，實則無永久價值……一字意義之變遷，必經數十或數百年而後成，又須經文學大家承認之，而恒人始沿用之焉。足下乃視改革文字如是之易易乎？

梅、任都贊成「文學革命」，但他們不認為文言與白話之爭，是文學革命的關鍵，他們不反對在小說、演說中採用白話，但詩歌不行，因為詩歌是「高級的文學形式」。梅光迪、任叔永、楊杏佛等人，都是國內赫赫有名的南社社員。

南社在清末民初，是一個影響很廣的文人團體，一九〇九年由柳亞子、高旭、陳去病等一批「反清復明」志士在蘇州所創。「南社」的意思，就是要和「北廷」對抗，政治上很激進，承繼東林黨人結社議政的餘風，結交天下豪傑，「以為可藉文酒聯盟，好圖再舉」（陳去病語），不少南社社員都加入了同盟會；民國後，他們支持共和，反對袁世凱復辟。文化上主張保護國粹，堅守傳統文化。

從他們成立之初的《南社啟》，可以略窺其宗旨：「國有魂，則國存；國無魂，則國將從此亡矣……欲存國魂，必自存國學始。而中國國學中之尤可貴者，端推文學，蓋中國文學為世界各國冠，泰西遠不逮也。而今之醉心歐風者，乃奴此而主彼，何哉！余觀古人之滅人國者，未有不先滅其言語文字者也。嗟乎痛哉！伊呂倭音，迷漫大陸，蟹行文字，橫掃神州，此果黃民之福乎！」[12]

以革命的二分法，是沒辦法把南社歸類的。胡適挑戰舊體詩詞，不僅挑戰了梅光迪和任叔永，亦等於挑戰了南社。南社的靈魂人物陳去病、柳亞子等人，雖然與同光體、常州詞派、桐城派等舊學人士，積不相能，但他們身上那種以大明遺民自居的名士氣，也決定了他們對俚俗的鄙視態度。陳去病稱俚俗只可用於警醒世人，而難有傳世之作。

胡適知道，他已經「開下了一場戰爭」。

其實，胡適早就給對方下戰書了。一九一五年《青年雜誌》發表了南社詩人謝無量的一首

12《民顲報》一九〇九年十月十七日。

長律，陳獨秀推崇為「希世之音」，胡適當時沒看到，一年後翻舊雜誌時看到了，忍不住寫信給陳獨秀，毫不客氣地直斥謝詩為下等作品，公開宣稱：「如南社諸人誇而無實，濫而不精，浮誇淫瑣，幾無足稱者。」[13]

他不僅尖銳批評南社詩人，還以橫掃千軍之勢，把詩壇幾大山頭——以漢魏為宗的王闓運派，以中晚唐為宗的樊增祥、易順鼎派，以宋詩為宗的陳三立、鄭孝胥派，統統掃蕩一遍，擺出與整個「騷壇」為敵的姿態。

胡適覺得光是批評，尚不足以把死水攪起，於是寫一首一百多句的白話打油詩給梅光迪，作為答覆。胡適自稱這是生平所寫最長的一首詩，可見胡適對梅光迪的批評，也很在意，並非遊戲之作。胡適詩中寫道：

老梅牢騷發了！老胡哈哈大笑。
且聽平心靜氣，這是什麼論調！
文字沒有古今，卻有死活可道。
古人叫做「欲」，今人叫做「要」。
古人叫做「至」，今人叫做「到」。
古人叫做「溺」，今日叫做「尿」。
本來同是一字，聲音少許變了。
並無雅俗可言，何必紛紛胡鬧？

這種滿紙俚詞鄙語的「詩」，梅光迪愈看愈光火，他嚴厲訓斥胡適：「讀大作如兒時聽『蓮花落』，真所謂革盡古今中外詩人之命者！足下誠豪健哉！」任叔永也來信說：「足下此次試驗之結果，乃完全失敗。蓋足下所作，白話則誠白話矣，韻則有韻矣，然卻不可謂之詩。」

胡適不服氣了。你們說文學革命要走大道，可什麼是大道你們又說不上來，我提出一個具體辦法，你們又反對。這算怎麼一回事呢？就算這次試驗是「完全失敗」，還可以再來嘛。如果一次失敗，就期期以為不可，怎麼稱得上「科學的精神」？

爭論令胡適感觸頗深。他提倡「作詩如作文」，連接受了西方現代文化教育的青年留學生這一關都過不了，將來在國內遇到的阻力可想而知。胡適在日記中寫道：「這一首遊戲的白話詩，本身雖沒有多大價值，在我個人做白話詩的歷史上，可是很重要。因為梅、任諸君的批評竟逼得我不能不努力試做白話詩了。」

朋友們愈反對，他愈來勁，甚至毅然決然宣佈：「吾志決矣。吾自此以後，不更作文言詩詞。」胡適後來說：「一班朋友做了我多年的『他山之錯』，我對他們，只有感激，沒有絲毫的怨望。」然而，六年後，胡適和以梅光迪為首的「學衡派」圍繞着新文化的激烈爭論，於此埋下了伏筆。

胡適遵奉實驗主義哲學，要知道梨子的滋味，就要親口嘗一嘗。八月，他像一名出征的戰

13 胡適《寄陳獨秀》。《新青年》第二卷第二號，一九一六年十月一日。

士，向親朋好友悲壯告別：「我此時練習白話韻文，頗似新闢一文學殖民地。可惜須單身匹馬而往，不能多得同志，結伴同行。然我去志已決，公等假我數年之期，倘此新國盡是沙磧不毛之地，則我或終歸老於『文言詩國』，亦未可知。倘幸而有成，則闢除荊棘之後，當開放門戶，迎公等同來蒞止耳。」[14]

胡適從此義無反顧地步入了另一個世界。他不僅寫了許多「老梅牢騷發了！老胡哈哈大笑」之類打油詩，也創作了不少精緻雋永的抒情詩。一九八〇年代曾紅遍神州大地的臺灣校園歌曲《蘭花草》：「我從山中來，帶着蘭花草，種在小園中，希望花開早……」原詞《希望》便是胡適的大作。

胡適在朋友中是孤立的。在異鄉清涼的初秋，當他孤獨地坐在寓所的窗臺上，遙望着遠處無語流淌的赫貞河時，腦子裏對新文學的「煙士披里純」（「靈感」的洋涇浜英語），像潮水一樣，一波一波湧起，融入寂寞的愁緒裏，化成了一行行新詩：

兩個黃蝴蝶，雙雙飛上天。
不知為什麼？一個忽飛還。
剩下那一個，孤單怪可憐；
也無心上天，天上太孤單。[15]

對於胡適來說，這種青春寂寞的情懷，是非常難得珍貴的。因為，在他精彩紛呈的後半生，是難得再有機會體驗了。

一九一六年九月一日，沉寂了半年的《新青年》，終於重新開鑼，二卷一號在上海出版。經過一年的觀察與思考，陳獨秀對青年的觀感有所改變，一年前創辦《青年雜誌》時，他把年齡當成是否該打倒的唯一標準，現在，他不再一味強調年齡了，而是強調青年也有新舊之分。「自年齡言之，新舊青年固無以異，然生理上，心理上，新青年與舊青年，固有絕對之鴻溝」。[16]

青年有了新舊之分，自然也就有新中年、舊中年，新老年、舊老年之分。於是，整個社會人群，就以新舊劃分了。這種新與舊、紅與黑、進步與倒退、改革與保守、革命與反革命的二分法，在新文化運動之初，已經初現端倪。

臺上鑼聲急切，臺下觀眾卻依然寥寥。未能引起轟動的原因，在於文章大多流於空談，口號雖然喊得很激烈，但沒有提出建設性的意見。

陳獨秀也意識到問題癥結，他找到了胡適，隔洋喊話：「文學改革，為吾國目前切要之事。」但國內苦於沒有這方面的優秀作者，光靠譯文又不足以直接喚起國人寫實主義的觀念，

14 胡適《逼上梁山》。《胡適文集》（一），北京大學出版社，一九九八年版。
15 同上書。
16 陳獨秀《新青年》。《新青年》第二卷第一號，一九一六年九月一日。

因此「務望足下賜以所作寫實文字，切實作一改良文學論文，登之下期《青年》」。[17]對文學改良問題，胡適早有腹稿。因此，他只用了半天時間，一揮而就，寫成《文學改良芻議》，用複寫紙一式兩份，分別投給了《留美學生季報》和《新青年》。

他在文中寫道，文學改良，要從以下八事入手：一曰，須言之有物。二曰，不摹仿古人。三曰，須講求文法。四曰，不作無病之呻吟。五曰，務去爛調套語。六曰，不用典。七曰，不講對仗。八曰，不避俗字俗語。[18]其中第三、五、六、七、八項為形式革命，第一、二、四項為精神革命。後來胡適有一個說明：

這完全是我三四月中寫出的中國文學史觀稍稍加上一點後來的修正，可是我受了在美國的朋友的反對，膽子變小了，態度變謙虛了，所以此文標題但稱「文學改良芻議」，而全篇不敢提起「文學革命」的旗子。[19]

這是胡適在國內首次登臺，措辭頗為溫良克制，但批評章太炎「刻削古典成語，不合文法」，亦相當尖銳大膽了。陳獨秀是識貨之人，一眼看出文章的分量，如獲至寶，立即登在一九一七年元旦的《新青年》二卷五號上。他還親撰一篇《文學革命論》，在下一期的《新青年》上發表，為胡適張目。陳獨秀擅長鼓動性文字，腕下霎時興雲雨，紙間頃刻走龍蛇，大聲疾呼：

文學革命之氣運，醖釀已非一日，其首舉義旗之急先鋒，則為吾友胡適。余甘冒全國學究之敵，高張「文化革命軍」大旗，以為吾友之聲援。旗上大書特書吾革命軍三大主義：

曰，推倒雕琢的阿諛的貴族文學，建設平易的抒情的國民文學；

曰，推倒陳腐的鋪張的古典文學，建設新鮮的立誠的寫實文學；

曰，推倒迂晦的艱澀的山林文學，建設明了的通俗的社會文學。

他搖旗吶喊：「吾國文學界豪傑之士，有自負為中國之虞哥、左喇、桂特郝、卜特曼、狄鏗士、王爾德者乎？有不顧迂儒之毀譽，明目張膽以與十八妖魔宣戰者乎？予願拖四十二生的大炮，為之前驅。」[20]所謂「十八妖魔」，乃指明代的「前七子」：李夢陽、何景明、徐禎卿、邊貢、康海、王九思、王廷相；「後七子」：李攀龍、王世貞、謝榛、宗臣、梁有譽、徐中行、吳國倫，加上歸有光和清代的方苞、劉大櫆、姚鼐一干人等。他們都是提倡尊秦崇漢、師唐廢宋的復古派，恒被陳獨秀視為阻礙地球轉動的守舊勢力。

錢玄同也寫了一封「小批評大捧場」的長信給陳獨秀，盛讚胡適的文章，「實足祛千年來腐臭文學之積弊」。並預言「選學妖孽，桐城謬種」們，又會跳出來咒罵胡適了，「雖然得此輩多

17《胡適來往書信選》（上）。中華書局，一九七九年版。
18 胡適《文學改良芻議》。《新青年》第二卷第五號，一九一七年一月一日。
19 胡適《逼上梁山》。《胡適文集》（一），北京大學出版社，一九九八年版。
20 陳獨秀《文學革命論》。《新青年》第二卷第六號，一九一七年二月一日。

咒罵一聲，便是價值增加一分也」。21

所謂「桐城派」，是清代以方苞、劉大櫆和姚鼐為代表的散文流派，他們三人都是安徽桐城人，並稱「桐城三祖」。及至民國，馬其昶（曾任京師大學堂教習，辛亥革命後，為清史館總纂）、姚永樸、姚永概兄弟（二人同時主講於北大，並同為清史館纂修）為桐城派正宗傳人，時有「二姚一馬，名聞天下」之說。而所謂「選學妖孽」，是指清末民初的駢體文派，其佼佼者如易順鼎、樊增祥等人。後來魯迅曾作解釋：「五四時代的所謂『桐城謬種』和『選學妖孽』，是指做『載飛載鳴』的文章和抱住《文選》尋字彙的人們的，而某一種人確也是這一流，形容愜當，所以這名目的流傳也較為永久。」22

「選學妖孽，桐城謬種」這句罵人話，鏗鏘有力，朗朗上口，發明權屬《新青年》所有，一經罵開了，立即在文化界不脛而走。有人搖頭歎息，亦有人拍手稱快。胡適說，這兩句口號之所以流傳一時，是因為「它們也為文學革命找到了革命的對象」。23

一篇胡適自稱「膽子變小了，態度變謙虛了」的「芻議」，經陳獨秀、錢玄同大吹大擂，儼然成了向舊文化下的最後通牒，在北京那個不大不小的文化圈子裏，震動一時，激起了轟轟嗡嗡的議論。《新青年》也一炮而紅，從一本默默無聞的滯銷雜誌，遽成了思想新潮者追捧的明星刊物。「此後文學革命的運動就從美國幾個留學生的課餘討論，變成國內文人學者的討論了」。24

胡適人還在大洋彼岸，在國內卻已經「暴得大名」了。

蔡元培入主北大

一九一六年的段祺瑞內閣，內政毫無建樹，外交亦乏善可陳，但卻做了一件對一九一九年影響至巨的事情，就是邀請蔡元培出任北京大學校長。

這時蔡元培還在法國，接到教育部電報後，十月二日，登程歸國，十一月八日抵達上海，當他進入北京時，已是歲聿雲暮。巍巍的宮闕與城牆，冷清的胡同和四合院，覆蓋着薄薄的白雪，大街上軋軋而行的騾車，籠着袖子縮着脖子的路人，無不予人死寂而凝固的印象，與他三年前離開時，並無兩樣。

許多同盟會、國民黨的老朋友，輪番登門，勸蔡元培不要到北大任職，「說北大腐敗極了，進去若不能整頓，反於自己的聲名有礙」。蔡氏後來追述，「但也有少數人就說，既然知道北大腐敗，更應進去整頓，就是失敗，也算盡了心」。[25]據北大學生羅家倫說，「國父孫中山先生認

21 錢玄同《寄陳獨秀》。《胡適文集》（一），北京大學出版社，一九九八年版。
22 魯迅《五論「文人相輕」——明術》。《魯迅全集》（六），人民文學出版社，一九八一年版。
23 《胡適口述自傳》。華東師範大學出版社，一九九三年版。
24 胡適《逼上梁山》。《胡適文集》（一），北京大學出版社，一九九八年版。
25 蔡元培《整頓北京大學的經過》。《中央週報》第四〇六期，一九三六年二月二十三日。

為北方當有革命思想的傳播，像蔡元培先生這樣的老同志應當去那歷代帝王和官僚氣氛籠罩下的北京，主持全國性的教育」。[26]蔡氏經過慎重考慮，決定服從後說，抱定「我不入地獄誰入地獄」之心，到北大履任。

當時的北大究竟有多腐敗，以至於進北大就像進地獄一樣呢？

北京大學即原來的京師大學堂，民國成立後，翻譯《天演論》的嚴復被任命為京師大學堂總監督，接管大學堂事務。一九一二年五月，京師大學堂改名為北京大學，嚴復成為北京大學的首任校長。但校內山頭林立，派系紛繁，嚴復沒幹幾天，就被人批評抽鴉片，不得不掩面下臺。其後，北大像走馬燈似的換了三任校長：章士釗、何燏時、胡仁源，大都因人事問題，板凳沒坐熱就走人。

當年的北大學生，後來的全國人大副委員長許德珩，曾描述蔡元培之前的北大：

在此之前的北大是一座封建思想、官僚習氣十分濃厚的學府。當時有「兩院一堂」之稱（兩院，指參議院、眾議院；一堂，即京師大學堂，北大之前身）。學生則多是官僚和大地主子弟，有的學生一年要花五千銀元，當然，這樣的豪富子弟為數不多，至於一年花千把銀元的人就多了，少說也有數十人。一些有錢的學生，帶聽差，打麻將，吃花酒，捧名角，對讀書毫無興趣。教員中不少人不學無術，吃飯混日子，講課是陳陳相因，敷衍塞責。[27]

古史專家顧頡剛也在北大就讀，作為一名學生，他記憶中的北大是這樣的：

那時的北大有一種壞現象：一些有錢的教師和學生，吃過晚飯後就坐洋車奔「八大胡同」（和平門外韓家潭一帶）。所以妓院中稱「兩院一堂」是最好的主顧……這種壞現象是從清末保留下來的。那時在學生中還流行一種壞風氣，就是「結十兄弟」。何謂「結十兄弟」？就是十個氣味相投的學生結拜作兄弟，畢業後大家鑽營作官，誰的官大，其他九人就到他手下當科長、當秘書，撈個一官半職，「有福同享」。這個官如果是向軍閥或大官僚花錢買來的，那麼鑽營費由十人分攤。這樣的學校哪能出人才？只能培養出一批貪官污吏！[28]

蔡元培從師長的角度，看得更加清楚：北大學生「是從京師大學堂老爺式學生嬗遞下來（初辦時所收學生，都是京官，所以學生都被稱為老爺，而監督及教員都被稱為中堂或大人）」。[29]「吾北京大學之被謗也久矣。兩院一堂也，探豔團也，某某等公寓之賭窟也，捧坤角也，浮豔劇評花叢趣事之策源地也，皆指一種之團體而言之。其他攻訐個人者，更不可以縷指計。」蔡元

26 羅家倫《逝者如斯集》，臺灣，傳記文學出版社，一九六七年版。

27 許德珩《回憶蔡元培先生》。《人民日報》一九八〇年三月四日。

28 顧頡剛《蔡元培先生與五四運動》。北京《文史資料選輯》一九七九年第九期。

29 蔡元培《我在北京大學的經歷》。《東方雜誌》第三十一卷第一號，一九三四年一月一日。

培痛心質問：種種之謗，都是無因而至的嗎？30

堂堂馬神廟公主府（北大原校址），與其說是一所現代高等學府，不如說更像一個富家子的俱樂部，一個官僚培訓所，衙門裏的一切惡習，這裏幾乎一應俱全了。

一九一六年十二月二十六日，黎元洪總統正式發表命令，任命蔡元培為北京大學校長。一九一七年一月四日，蔡元培發表就職通告，宣佈於當天到校視事。顧頡剛回憶：「他到校第一天，校工們排隊在門口恭恭敬敬地向他行禮，他一反以前歷任校長目中無人、不予理睬的慣例，脫下自己頭上的禮帽，鄭重其事地向校工們回鞠了一個躬，這就使校工和學生們大為驚訝。」

一月九日，北京雪花飄飄。蔡氏向全校發表就職演說，決心改造北大，把法國、德國的大學學風，移植到中國來。他第一步，就是要改變學生的觀念，改掉讀書為升官發財的舊觀念。他向全體學生提出了三項要求，一曰抱定宗旨，二曰砥礪德行，三曰敬愛師友。

蔡元培殷殷訓勉學生，應以研究學術為天職：「大學者，研究高深學問者也。所以諸君須抱定宗旨，為求學而來，入法科者，非為做官；入商科者，非為致富。宗旨既定，自趨正軌，諸君肄業於此，或三年，或四年，時間不為不多，苟能愛惜分陰，孜孜求學，則求造詣，容有底止。」

蔡元培又說：「方今風俗日偷，道德淪喪，北京社會，尤為惡劣，敗德毀行之事，觸目皆是，非根基深固，鮮不為流俗所染。諸君肄業大學，當能束身自愛。然國家之興替，視風俗之厚薄。流俗如此，前途何堪設想。故必有卓絕之士，以身作則，力矯頹俗，諸君為大學學生，地位甚高，肩此重任，責無旁貸，故諸君不惟思所以感己，更必有以勵人。」31

蔡元培到職後，首先向醫專校長湯爾和了解北大情形。湯爾和說：「文科預科的情形，可問沈尹默君；理工科的情形，可問夏浮筠君。」北大以文科為重點，湯爾和建議，文科學長可請陳獨秀擔任。

夏浮筠是北大理科學長。沈尹默是北大老資格的教授，綽號「鬼谷子」，在學生眼裏，是一位「很深沉而喜治紅老之學（《紅樓夢》與《道德經》）的人，手持一把羽扇，大有謀士的態度」（羅家倫語）。

沈氏也希望協助蔡元培辦好北大，但又擔心蔡氏和前幾任校長一樣，五日京兆。他與蔡氏進行了一次長談。沈尹默對蔡氏說：「這次北洋政府借您的招牌來辦北大。到了有一天，您的主張和政府有所不同，他馬上就會趕走您。所以，您現在對北大應進行改革，但有一點要注意，凡改革一件事，要拿得穩，不然的話，一個反覆，比現在更壞。」

蔡氏問：「你的話對，你的意見是怎麼辦呢？」

沈氏提出三點建議：一、北大經費要有保障。二、北大章程上規定教師組織評議會，而教育部始終不許成立。一定要爭取成立，把大權交給教授，教授治校，這樣，即使校長走了，學校也不會亂。三、規定每隔一定年限，派教員和學生到外國留學。32

30 蔡元培《北大進德會旨趣書》。《北京大學日刊》第四十九號，一九一八年一月十九日。

31 蔡元培《就任北京大學校長之演說》。《蔡子民先生言行錄》，臺灣，文海出版社有限公司，一九七三年影印版。

32 沈尹默《我和北大》。《文史資料選輯》第六十一輯，一九七四年版。

其中以第二條最為緊要。蔡元培深以為然。興化致治，必俟得人，教授治校，必先得有一批好教授。蔡元培急於招攬一些積學而熱心的名流學者到北大，以扭轉頹敗的校風。沈尹默也贊成陳獨秀擔任文科學長。據北大文科本科專任教授的馬敍倫（夷初）說，他也曾向蔡元培推薦過陳獨秀。陳獨秀的大名，蔡元培已是如雷貫耳了。但後來陳獨秀被逐出北大，也是這三個人出力最大。人情的反覆，殊堪一歎。

其實，早在一九〇四年蔡元培在上海參與暗殺團工作時，與陳獨秀就有過一面之雅，記得這位獨力支撐着《安徽俗話報》的年輕人，但對他近年的活動，則不甚了了。蔡元培在國外也沒有看過《新青年》，聽了人們的鄭重推介後，找來《新青年》雜誌翻閱，頗有共鳴，決定請陳獨秀擔任北大文科學長。

校長為教員偽造履歷

當時陳獨秀就在北京。

由於亞東的經營狀況一直未有起色，汪孟鄒日坐愁城，連陳獨秀這個書生，也不得不下海蹚渾水了。他的北京之行，主要是為了促成亞東圖書館與群益書社的合併。合併後成立一個規模較大的書局，庶可與其他大出版商一爭長短。其實也是為《新青年》開闢一條活路，亞東、群益一天不告別「苟延」之局，《新青年》就一天不能擺脫「殘喘」之苦。陳獨秀與汪孟鄒一起，僕僕風塵，到北京為書局招股。

其時陳獨秀住在前門西河沿中西旅館。北大校長任命發表的當天，蔡元培冒着嚴寒到旅館登門拜訪。「這很像『三顧茅廬』哩！」與陳獨秀同住的汪孟鄒說，「蔡先生差不多天天要來看仲甫。有時來得很早，我們還沒有起來。他招呼茶房，不要叫醒，只要拿凳子給他坐在房門口等候。」[33]

請陳獨秀當文科學長，本來不是蔡元培的意思，是別人推薦的結果，究竟陳獨秀在教育上有什麼主張，令蔡元培覺得非他不可呢？

33 汪原放《回憶亞東圖書館》。學林出版社，一九八三年版。

一九一五年，陳獨秀針對當時中國教育的弊病，曾公開宣示他的四大教育方針：一、現實主義（注重現實生活）；二、唯民主義（民為邦本的民權主義）；三、職業主義（從事實際的社會生產活動）；四、獸性主義（體魄與意志的鍛煉）。34

在就任北大文科學長之後，陳獨秀也曾與友人就教育方針交換過意見，他說：「吾國今日教育界之現象，上焉者為盲目的國粹主義，下焉者科舉之變相耳，此先生所謂偽教育也。現代西洋之真教育，乃自動的而非他動的；乃啟發的而非灌輸的；乃實用的而非虛文的；乃社會的而非私人的；乃直視的而非幻想的；乃世俗的而非神聖的；乃全身的而非單獨腦部的；乃推理的而非記憶的；乃科學的而非歷史的。東洋式之偽教育，胥反乎此，欲求競進，烏可得哉！」35

這與蔡元培在民元鼓吹的「五育並舉」（軍國民主義教育、實利主義教育、公民道德教育、世界觀教育及美感教育），不謀而合，蔡氏本來就愛惜人才，既已當面，焉忍錯過？於是便三顧、四顧茅廬，要請陳獨秀出山了。

但陳獨秀覺得自己既無學位，又無大學教學經驗，對教書興趣也不大，還是想回上海辦《新青年》，他再三推辭，並薦胡適以代。

蔡元培說：「你把《新青年》雜誌搬到北京來辦吧。」同時也非常歡迎胡適回國，北大的哲學、文學教授，俱乏上選，亟盼胡適能回來挑大樑。陳獨秀沒辦法再推了，只好答應，約定以三個月為期，如勝任繼續幹下去，如不勝任就回上海。蔡元培大喜，立即以北京大學名義，致函教育部，請派陳獨秀為北京大學文科學長，隨函附陳獨秀履歷一紙。

這份冠冕堂皇的履歷，稱陳獨秀「日本東京日本大學畢業，曾任蕪湖安徽公學教務長、安徽高等學校校長」，實乃全屬虛構。蔡元培為了讓教育部順利批准，不惜替陳獨秀偽造履歷。

後來有人批評蔡元培這樣做「違背現代文明社會程式正義優先的原則」，卻忘記了蔡元培是個安那其主義者，痛恨國家制度，組織過暗殺團、禦侮會，殺人放火都敢作敢當。他的校長辦公室裏，不僅有文房四寶，而且陳列着炸彈，區區造個假履歷算得了什麼。

北大學生羅章龍回憶：「陳先生擔任北大文科學長，是蔡先生出長北大後發出的第一號校長室通知的。消息傳出，全校震動。青年學生無不熱烈歡迎，奔相走告，而教師中的遺老遺少則竊竊私議，嘖有煩言。」按羅氏說法，彷佛陳獨秀在北大學生中，是一顆萬眾期待的明星，其實，那時的北大，從上面幾位親歷者的描述可知，簡直是一個污水潭。「竊竊私議，嘖有煩言」有之，「無不熱烈歡迎」則未必。

蔡元培親自出來回答那些質疑：「仲甫先生精通訓詁音韻，學有專長，過去連太炎先生也把他視為畏友。」[36]陳獨秀在清末民初曾發表過《說文引申義考》、《字義類例》、《荀子韻表及考釋》、《連語類編》等著述。這才把質疑者的嘴巴給堵住了。

陳獨秀終於踏入了北京大學的門檻。《新青年》也隨他從上海遷到北京，在箭桿胡同九號落腳（但出版地仍在上海）。出乎陳獨秀的意料，果然是樹挪死，人挪活，他從上海挪到北京，不僅把《新青年》挪活了，而且亞東圖書館竟也鹹魚翻身，獲得了北京大學出版部書籍在上海及

34 陳獨秀《今日之教育方針》。《青年雜誌》第一卷第二號，一九一五年十月十五日。

35 陳獨秀《答胡子承》。《獨秀文存》，安徽人民出版社，一九八七年版。

36 羅章龍《陳獨秀先生在紅樓的日子》。《團結報》一九八三年六月四日。

南方地區的經理權，憑藉着聚集在北大的一批文化精英，注入了強大的活力，漸漸回黃轉綠，現出了勃勃的生機。

北大教授馬裕藻（幼漁）的公子後來在一篇懷念文章中寫道：

> 蔡元培沒有錯，陳獨秀一任北大文科學長，很快就把全國傑出文科人才集中於北大，當時文科真是人才濟濟、教授成堆：
>
> 國文系教授：馬幼漁（兼主任）、沈尹默、沈兼士、錢玄同、林損、黃節、單丕、吳虞、劉文典、吳梅、劉半農、張定璜、周作人、沈士遠。
>
> 史學系教授：朱希祖（兼主任）、馬衡、陳漢章、崔述、張爾田。
>
> 哲學系教授：陳大齊（兼主任）、胡適、馬敘倫、徐炳昶、樊際昌、張競生。
>
> 英文系教授：胡適（兼主任）、陳源、溫源寧、林語堂、張欣海、關應麟、徐志摩。
>
> 法文系教授：李景忠（兼主任）、宋春舫、賀之才、李宗侗、鐸爾孟（d’Hormon）。
>
> 德文系教授：楊震文（兼主任）、Hundhouse。
>
> 俄文系教授：顧孟余（兼主任）、伊鳳閣（Ivanov）。
>
> 東方語文系教授：周作人（兼主任）、張定璜、徐祖正。
>
> 教育系教授：高仁山（兼主任）、樊標昌、蔣夢麟。
>
> 政治系教授：陳啟修（兼主任）、陶履恭、李大釗、高一涵、周覽、張慰慈。
>
> 經濟系教授：顧孟余（兼主任）、王建祖、馬寅初、羅惠僑、皮宗石、余文燦。

以陳獨秀為文科學長的北大文科各系（當初「系」稱「門」，如「國學門」、「哲學門」等等）包括文史哲、東西方語言學等各系（門）教授多達五六十人，如此雄厚的教授隊伍構成當年北大獨樹一幟的風景線。[37]

其時北大尚在景山東街四公主府，校內北側為講堂，東側為教員休息室，每人一間，人稱「卯字型大小」。新文化運動時期，卯字型大小星光熠熠，冠蓋如雲，真是猗歟盛哉，恒為北大校史上最值得驕傲的一段時光。

說這些人都是受陳獨秀的吸引而來的，那是誇大了陳獨秀的影響力，他們當中不少人在陳獨秀之前，已在北大執教了。生在南洋、學在西洋、婚在東洋、仕在北洋，通曉九國語言的怪儒辜鴻銘；支援袁世凱復辟帝制，因「一念之差，誤了先人清德」的經學家劉師培；以及「以罵人名海內」的音韻訓詁學家黃瘋子黃侃等等，都是蔡元培請回來（或保留下來）的名重一時的學術大師。蔡元培看人，只看稱職與否，守舊也要守得稱職，不能馬馬虎虎地守。

辜鴻銘腦後留着一條大辮子，到死也不肯剪，連雇回來替他拉車的車夫，也是拖着辮子的。他這條辮子在北大赫赫有名，無論走到哪裏，都能招來無數注目禮。第一天上課時，學生們為之哄笑。辜鴻銘不慌不忙地說：「你們笑我，無非是因為我的辮子。我的辮子是有形的，可以馬上剪掉，然而，諸位腦袋裏面的辮子，就不是那麼能剪掉的啦。」這一番話，直如當頭棒

37 馬泰《永遠的北大人》。《我的父輩與北京大學》，北京大學出版社，二〇〇六年版。

喝，把大家震得不敢吱聲。有資格笑辜鴻銘的人，普天下確實數不出幾個來。

蔡元培又聘請了孫國璋（芾仲）到北大教授世界語。這與蔡氏的安那其世界主義情結有關。世界語在民元前後，曾一度風行，後漸式微。蔡元培希望利用北大的陣地，重振旗鼓。而新學諸子又正提倡改造漢字，雙方不謀而合，故積極推波助瀾。

據曾執教於北大的傅振倫教授說：「苟無北大之世界語宣傳運動，恐世界語早成過去歷史上之名詞，列入死的語言 Lingvo mortita 之林矣！」在校長及陳獨秀、錢玄同、周作人等教授推動下，「當時世界語學者 Esperantisto，在五百人以上，分為甲乙丙丁戊五班講習之。」[38]

應該說，很多人是衝着蔡元培去的，不是衝着陳獨秀去的。蔡元培學養純厚，胸襟廓然，奉行十六字箴言：「囊括大典，網羅眾家，思想自由，相容並包」，有如黑暗中的一盞暖燈。雖然身材瘦削矮小，但他雍容雅步的身影一出現，幾有「伯樂一過冀北之野，而馬群遂空」的盛況。

一所現代的大學，就應該在學術上有容納各流各派的泱泱大風。「萬物並育而不相害，道並行而不相悖」。陳獨秀對蔡元培也大加讚歎：「自戊戌政變以來，蔡先生自己常常傾向於新的進步運動，然而他在任北大校長時，對於守舊的陳漢章、黃侃，甚至主張清帝復辟的辜鴻銘，參與洪憲運動的劉師培，都因為他們學問可為人師而和胡適、錢玄同、陳獨秀容納在一校；這樣容納異己的雅量，尊重學術思想自由的卓見，在習於專制好同惡異的東方人中實所罕見。」[39]

不過，人們通常稱讚蔡元培「相容並包」，或「兼收並蓄」，很少說他「容納異己」。事實上，蔡元培從未說過辜鴻銘、黃侃等人是「異己」。他們也許是陳獨秀、錢玄同的異己，但不是蔡元培的異己。陳獨秀把蔡元培延聘辜、黃等人稱為「容納異己」，包含了一句潛臺詞，即蔡元培是「我們」這一邊的人。辜鴻銘也曾經吹噓，中國只有兩個好人，一個是蔡元培，一個是他自己，他要和蔡氏共同進退。[40]似乎也表示，蔡元培是他那邊的人。

蔡元培強調，他希望北大只有學術宗師，沒有學術門派。他說：「我素信學術上的派別是相對的，不是絕對的；所以每一種學科的教員，即使主張不同，若都是『言之成理，持之有故』的，就讓他們並存，令學生有自由選擇的餘地。」[41]

一九一七年，蔡元培聘請只有中學畢業程度的梁漱溟到北大任講師，講授印度哲學。梁氏到校第一天，就問蔡氏對孔子持什麼態度，蔡氏回答：「我們也不反對孔子。」[42]這是他的心裏話。蔡元培反對的只是政治化的孔子，反對獨尊孔子，並不是要把孔儒掃地以盡。他所持的完全是一種平等心和平常心。當梁漱溟表示，他到北大，「不僅是不反對（孔子）而已，我此來除替釋迦孔子去發揮外更不作旁的事」時，蔡元培也照樣無任歡迎。

後來梁漱溟對蔡元培有一個很恰當的評論，他說：「天性上具有多方面的愛好，極廣博的興趣。意識到此一需要而後相容並包，不免是偽的；天性上喜歡如此，方是自然的。有意相容並

38 傅振倫《五四以後之北大世界語宣傳運動》。《北京大學卅五週年紀念刊》，一九三三年十二月。
39 陳獨秀《蔡子民先生逝世後感言》。《中央日報》一九四〇年三月二十四日。
40 朱維錚《辜鴻銘生平及其它非考證》。《讀書》一九九四年第四期。
41 蔡元培《我在北京大學的經歷》。《東方雜誌》第三十一卷第一號，一九三四年一月一日。
42 梁漱溟《東西文化及其哲學》。商務印書館，二〇〇五年版。

包是可學的，出於性情之自然是不可學的。有意相容並包，不一定相容並包得了。唯出於真愛好而後人家乃樂於為他所包容，而後盡複雜卻維繫得住——這方是真器局，真度量。」[43]若論對蔡元培的理解，梁漱溟比陳獨秀深刻與貼近多矣。

白話文與文言文，一度被視為是新舊文化對峙的楚河漢界。蔡元培雖然毫不懷疑白話文最終將取代文言文，成為通用的書面語言，但他卻沒有把贊成文言文的人劃入「異己」範疇。他的主張很鮮明：「兼用白話，但不攻擊文言。」

［蔡元培說］我信為應用起見，白話文必要盛行，我也常常作白話文，也替白話文鼓吹；然而我也聲明：作美術文，用白話文也好，用文言文也好。例如我們寫字，為應用起見，自然要寫行楷，若如江艮庭君的用篆隸寫藥方，當然不可；若是為人寫斗方或屏聯，作裝飾品，即寫篆隸章草，有何不可？[44]

僅僅容納異己，並不算真正的「相容並包」，抱着「諒你也跳不出我手掌心」的心態，也可以容忍異己的存在。然在蔡氏看來，白話與文言，不過是行楷與篆隸的區別，完全可以共存共榮。

推而廣之，中國傳統文化與西方文化，亦不過是花開兩朵，各表一枝而已，大可以互相涵攝貫通，用不着劍拔弩張，非要拚個玉碎瓦全不可。明乎此，才是真正的「相容並包」。

載酒行吟的古文家林紓

一九一七年二月，上海《大公報》發表了一篇文章《論古文之不宜廢》。作者林紓，字琴南，號畏廬，一八五二年生於福建閩縣（今福州）。年輕時曾夢想當一名佩劍任俠、載酒行吟的豪客，一八八二年考中舉人，但七上春闈，七番落第，從此絕意仕途，轉向從事文化事業。

一九〇〇年，林紓在北京任五城學校國文教員，所作古文，備受桐城派大師吳汝綸讚賞，名聲大噪，因任京師大學堂講席。民國成立後，他與馬其昶、姚永概等人，與當時在北大提倡魏晉之學的章太炎鬧翻了，相繼拂袖而去，以譯書售稿與賣文賣畫為生。

林紓是文學史上赫赫有名的奇人，他曾說自己的詩，「七律專學東坡、簡齋；七絕學白石、石田，參以荊公；五古學韓；其論事之古詩則學杜」。他又說，與他的古文相比，自己的詩又不過是「狗吠驢鳴」而已。林紓對別人稱他為翻譯家甚為惱恨，康有為讚了他一聲「譯才」，幾乎惹得他翻臉。他希望別人稱他為古文家。他放言「六百年中，震川外無一人敢當我者」，可見其對於自己的古文水準，自信心近乎爆炸。

林紓不懂外文，但在懂外文的朋友協助下，翻譯法國小仲馬的《巴黎茶花女遺事》。這部

43 梁漱溟《我的努力與反省》。灕江出版社，一九八七年版。

44 蔡元培《我在北京大學的經歷》。《東方雜誌》第三十一卷第一號，一九三四年一月一日。

劃時代的譯作，乃因一個偶然的機緣產生的。當時林紓因夫人去世，心情低落。他的好友王壽昌來看他，勸他散散心，並把一本叫《茶花女》的法國文學作品介紹給他，讓他翻譯，說該書以情感人，使法國巴黎傾城男女為之神魂顛倒，他想讓中國人也一飽眼福。

「幾日後，包括王壽昌在內的幾位朋友，邀我祖父到石鼓山散散心，」據林紓的嫡孫追述，「就在前往石鼓山的畫船上，我祖父開始了他的第一部譯著。」

> 王壽昌臨窗而坐，手捧《茶花女》法文原本，一邊流覽，一邊口述。船中，我祖父臨桌站立，提筆潑墨，揮灑成篇，友人在一旁喝彩。就這樣，在近代文學翻譯史上曾產生巨大反響的《巴黎茶花女遺事》，以奇特的方式，從不懂一句外文的祖父手中用古文譯出，自此，在中國文壇上第一次有了外國小說的影子。
>
> 書譯成後，由魏瀚（著名造艦專家）出資交由城內最有名的刻書匠吳玉田鐫版印刷。一八九九年二月，《巴黎茶花女遺事》正式在福州發行，書印成刻印的時候，我的祖父和王壽昌都未敢用真名，我的祖父署名冷紅生，王壽昌署名曉齋主人。未敢用真名的原因，在於當時小說的文學地位很低下，為士大夫之流所不屑為。但沒想到的是，小說問世之後，立即轟動全國。[45]

從此，林紓的翻譯一發不可收拾。他的筆頭很快，「耳受手追，聲已筆止」，畢生把一百八十餘部外國文學作品介紹到中國，包括森彼得的《離恨天》、英國狄更斯的《大衛．科波菲爾德》、哈葛德的《天女離魂記》、司哥特的《撒克遜劫後英雄略》、笛福的《魯濱遜漂流記》、俄國托爾斯泰的《恨縷情絲》、西班牙賽凡提斯的《魔俠傳》等，均暢銷海內，為中國讀者打開了一個五彩斑斕的世界。時人笑他是「造幣廠」，只要他一下筆，就有出版商搶着給他送稿酬。林紓聽了這些傳言，不禁苦笑，他把自己的畫室題名為「磨坊」，意指他像驢子下磨坊磨粉，一天不磨，即須挨餓，個中苦況，不足為外人道。

嚴復盛讚林紓翻譯的《巴黎茶花女遺事》，「斷盡支那蕩子腸」，這主要得力於他精彩絕倫的文字。但恰恰是他的文字，受到新學人士嗤之以鼻的譏彈。周作人直指他「把外國異教的著作，都變作班馬文章，孔孟道德」，[46]不過是「中體西用」的老本領、舊思想而已。林紓對白話文所表現出強烈的排他性，深感憂慮，唯恐國未亡而文字先亡。他在《論古文之不宜廢》中，指出古文不宜廢的理由：

> 然而一代之興，必有數文家揹拄於其間，是或一代之元氣盤礴鬱積發洩而成，猶大城名都，必有山水之勝狀用表其靈淑之所鍾。文家之發顯於一代之間，亦正此類。嗚呼，有清往矣，論文者獨數方（苞）姚（鼐），而攻掊之者麻起，而方姚卒不之踣或其文固有是者存耶。方今新學始昌，即文如方姚亦復何濟於用，然而天下講藝術者仍留古文一門，凡

45 楊闖《林紓嫡孫談林紓》。《新文化報》二〇〇二年六月二十九日。

46 周作人《安得森的「十之九」》。《新青年》第五卷第三號，一九一八年九月十五日。

所謂載道者皆屬空言，亦特如歐人之不廢臘丁耳，知臘丁之為可廢，則馬班韓亦自有其不宜廢者。吾識其理，乃不能道其所以然，此則嗜古者之痼也。

林紓批評某些趕時髦的「新學家」：「民國新立士皆剽竊新學，行文亦澤之以新名詞，夫學不新而唯詞之新，匪特不得新且舉其故者而盡亡之」。[47]「未得其新，先殞其舊」，是中國在學習西方時最易患上的毛病，林紓早已洞燭其症，他在一九一五年為「國學扶輪社」編纂《文科大辭典》作序時寫道：「新學既昌，舊學日就淹沒。孰於故紙堆中覓取生活？然名為中國人，斷無拋棄其國故而仍稱國民者。」他說，自己提倡古文，「明知其不適於用，然亦所以存國故耳。」[48]專誠所注，唯是不負文化慧命所託。

可見，林紓並非頭腦迂腐的冬烘先生，在引入西方文學方面的貢獻，全國還沒有誰可以超越他。他非常清楚中國的傳統舊學，已不適用於今日，他雖主張古文不宜廢，卻沒有說過白話文不宜興。

早年林紓也寫過不少白話詩，收在《閩中新樂府》一書中。胡適嘗言：「我們晚一輩的少年人只認得守舊的林琴南而不知道當日的維新黨林琴南；只聽得林琴南老年反對白話文學，而不知道林琴南壯年時曾做很通俗的白話詩——這算不得公平的輿論。」[49]

林紓是贊成「新學舊學並行」的，新學不一定非要建立在舊學的廢墟上不可，沒有舊文化，何來新文化？文化不僅需要有連續性，而且它本身蘊含着當下人群的情感價值和個人權益在內，不允許別人提倡舊學，不允許讀經，本身就是踐踏自由的。難道可以用專制的手段去爭取自由嗎？

林紓在一九〇六年說的一番話，表達了他的良好願望：「或謂西學一昌，則古文光焰滅矣。余殊不謂然，學堂中能將洋漢兩門，分道揚鑣而指授，舊者既精，新者復熟，合中西二文鎔為一體，彼嚴幾道（嚴復）先生不如是耶？」[50]然而，當新學宣佈要完全毀棄傳統價值，斬盡殺絕傳統文化時，一種深刻的文化危機感，迫使這位以身載道的傳統知識分子，「出肩其統」，要為中國數千年文化保存一縷元氣。

《論古文之不宜廢》一出，立即引起新學諸子的強烈反彈。胡適寫信給陳獨秀，說「頃見林琴南先生新著『論古文之不當廢』一文，喜而讀之，」——為什麼不是惡而讀之，而是喜而讀之呢？因為胡適「以為定足供吾輩攻擊古文者之研究」，從中找到乘隙搗虛的破綻，詎料大失所望，其中「吾識其理，乃不能道其所以然」一句，則尤其使胡適嗤之以鼻。他嘲諷說：「此正是古文家之大病。古文家作文，全由熟讀他人之文，得其聲調口吻，讀之爛熟，久之亦能效仿，卻實不明其所以然。」[51]

拾人牙慧的毛病，並非古文家的專利，今文家也沒有免疫力。「儀刑文王，萬邦作孚」是拾

47 林紓《論古文之不宜廢》。《大公報》一九一七年二月八日。
48 林紓《文科大辭典・序》。《林琴南文集》，中國書店，一九八五年版。
49 胡適《林琴南先生的白話詩》。《胡適文集》（七），北京大學出版社，一九九八年版。
50 林紓《洪罕女郎傳・跋》。商務印書館，一九一三年版。
51 胡適《寄陳獨秀》。《新青年》第三卷第三號，一九一七年五月一日。

古人牙慧，「自由民主，憲政共和」就不是拾洋人牙慧了嗎？周作人曾公開宣稱，中國小說要有進步，出路就在於「真心的先去模仿別人」，[52]這和「久之亦能效仿」，本質上並無不同。古文家對古人不明其所以然，今文家對今人（洋人）又何嘗明其所以然呢？無非都是各取所需，為我所用罷了。

對林紓，胡適後來亦作過公允而冷靜的評論。他說：「平心而論，林紓用古文做翻譯小說的試驗，總算是很有成績的了……但這種成績終歸於失敗！這實在不是林紓一般人的錯處，乃是古文本身的毛病。古文是可以譯小說的，我是用古文譯過小說的人，故敢說這話。但古文究竟是已死的文字，無論你怎樣做得好，究竟只夠供少數人的賞玩，不能行遠，不能普及。」他以魯迅兄弟翻譯出版《域外小說集》為例，他們的翻譯水準，也算一流了，「但周氏兄弟辛辛苦苦譯的這部書，十年之中，只銷了二十一冊！這一件故事應該使我們覺悟了。用古文譯小說，固然也可以做到『信，達，雅』三個字——如周氏兄弟的小說——但所得終不償所失，究竟免不了最後的失敗。」[53]

對林紓批評「學不新而唯詞之新」這種病症，胡適也一清二楚，他在另一篇文章中指出，中國人現在有一種毛病，除了引古人的話替自己辯護外，又多了一樣引洋人的話。「例如你引霍布林來駁我，我便拿盧騷來駁你；甲引哈蒲浩來辯護自由主義，乙便海智爾來辯護君主政權，丙又引柏拉圖來辯護賢人政治。卻不知道霍布林有霍布林的時勢，盧騷有盧騷的時勢，哈蒲浩、海智爾、柏拉圖又各有他們不同的境遇時代」，根本不能胡亂地套用在中國目前的情況上。

> 〔胡適說〕至於（用）那些合我脾胃的西洋哲人，來駁那些不合我脾胃的西洋哲人，全不管這些哲人和那些哲人是否可以相提並論，是否於中國今日的問題可以引證的理由——這不是奴性的邏輯嗎？[54]

林紓與胡適，不謀同辭，卻一針見血，指出了中國文化精英的一個死症。舊派言必稱孔孟，新派言必稱盧梭，其實兩者無本質區別，都是沒有了「自我」。而新文化運動，恰恰就是要打破這奴性邏輯，把這個湮沒了幾千年「自我」重新發掘出來，讓它煥發光芒。

怎麼發掘呢？是用言必稱盧梭，去反對言必稱孔孟嗎？用「新典主義」去反對古典主義嗎？用一個極端去反對另一個極端，最後得到的是什麼呢？這是新青年們必須面對的一個問題。胡適在給陳獨秀的信中說：「甚願國中人士能平心靜氣與吾輩同力研究此問題！討論既熟，是非自明。吾輩已張革命之旗，雖不容退縮，然亦決不敢以吾輩所主張為必是而不容他人之匡正也。」然陳獨秀在覆信時，卻斬釘截鐵地說：

> 鄙意容納異議，自由討論，固為學術發達之原則；獨至改良中國文學，當以白話為文學正宗之說，其是非甚明，必不容反對者有討論之餘地，必以吾輩所主張者為絕對之是，

52 周作人《日本近三十年小說之發達》。《新青年》第五卷第一號，一九一八年七月十五日。

53 胡適《五十年來中國之文學》。《胡適文集》（三），北京大學出版社，一九九八年版。

54 胡適《旅京雜記》。《新青年》第四卷第三號，一九一八年三月十五日。

而不容他人之匡正也。[55]

這就是「革命」與「學術」的區別所在了。

胡適雖然高張革命之旗，但潛意識裏，還是把白話與文言之爭，視作學術之爭，大家不妨坐下討論討論，研究研究，而陳獨秀一出場，就擺出二元對立、一元絕對的姿態，替天行道的姿態，「不容反對者有討論之餘地」。這種心態，和易白沙批評孔子「講學不許問難，易演成思想專制之弊」，辭異義同，最終還是會回到「思想專制」的老路上去。因此，幾年後陳獨秀宣稱要「從政治上、教育上，施行嚴格的干涉主義」，「早日造成一個名稱其實的『開明專制』之局面」，[56]也是意料中的結果了。

這是新青年們要面對的另一個悖論。陳獨秀認為，不作過情的攻擊，不足以摧毀這二千多年的堡壘。胡適笑曰：「這樣武斷的態度，真是一個老革命黨的口氣。我們一年多的文學討論的結果，得着了這樣一個堅強的革命家做宣傳者，做推行者，不久就成為一個有力的大運動了。」[57]

事實上，和前輩康、梁、章諸公不同，這一代知識分子發起的啟蒙運動，並不是文化精英小圈子裏的解放運動，而是指向中國人的國民性。這才是本質所在。後來胡適總結這段歷史時，也悟出了這個道理。他說：白話文並不是文化精英們「大發慈悲心，哀念小百姓無知無識，故降格做點通俗文章給他們看。但這些『人上人』自己仍舊應該努力模仿漢、魏、唐、宋的文章。這個文學革命便不同了；他們說，古文死了二千年了，他的不肖子孫瞞住大家，不肯替他發喪舉哀；現在我們來替他正式發訃文，報告天下『古文死了！死了兩千年了！你們愛舉哀的，請舉哀罷！愛慶祝的，也請慶祝罷！』」[58]

胡適承認自己的歷史癖太深，態度太和平了，「七分證據不能說八分話」，若照他這個態度做去，文學革命至少還須經過十年的討論與嘗試，所以他不配作革命的事業。而陳獨秀的勇氣，恰好補救這個太持重的缺點。文學革命的進行，急先鋒是陳獨秀。

一九一七年三月，章太炎聯合了幾個中國人和日本人，在上海發起成立亞洲古學會，發表公開演說稱：「近者歐戰發生，自相荼毒，慘酷無倫，益證泰西道德問題掃地以盡，而東方高尚之風化，優美之學識，固自有不可滅者。」[59]鑒於亞洲各國宗教雖殊，然以道德為根本，則頗屬一致，所以古學會要成為「全洲思想界聯絡之一大樞紐」。

這種動輒以「黃種人」、「亞細亞人」相號召的大話，人們也聽得多了，耳朵起繭，未必當真，但章太炎在中國有一大批追隨者，他的學術成就，以及「七被追捕，三下牢獄」的光榮革命歷史，不是林紓可以比擬的，連袁世凱都憚他三分，搞帝制時要先把他關起來，免得他亂放

55 陳獨秀《答胡適》。《新青年》第三卷第三號，一九一七年五月一日。
56 陳獨秀《中國式的無政府主義》。《新青年》第九卷第一號，一九二一年五月。
57 胡適《逼上梁山》。《胡適文集》（一），北京大學出版社，一九九八年版。
58 胡適《五十年來中國之文學》。《胡適文集》（三），北京大學出版社，一九九八年版。
59《時報》一九一七年三月五日。

炮。芸芸「暴得大名」的年輕人，不少還是他學生的學生呢。

柳亞子早年曾師從蔡元培、章太炎。章太炎也看不起桐城派，他是魏晉派的。對胡適提倡「文學革命」，柳氏雖不以為然，也不屑理會，但後來得知「自命新人」的胡適，不僅對南社橫加批評，還明剃其師章太炎的眉毛，不禁怒從心起，立即撰文反擊。他說：「彼倡文學革命，文學革命非不可倡，而彼之所言，殊不了了。所作白話詩，直是笑話。中國文學含有一種美的性質，縱他日世界大同，通行『愛斯不難讀』（即 Esperanto，世界語），中文、中語盡在淘汰之列，而文學猶必佔有美術中一科，與希臘、羅馬古文頡頏，何必改頭換面，為非驢非馬之惡劇耶？」[60]

不久前，胡適在《新青年》上發表了八首白話詩，率先打破傳統格律，採用自然音節和自由句式，揭開了中國現代白話詩歌的第一章。柳亞子顯然看過這些作品，他挖苦胡適的白話詩「直是笑話」、「非驢非馬」的「惡劇」，但他捍衛古詩文的理由，並非覺得古詩文有強盛的生命力，而是為中文死亡之後，給考古學家留一份原始的記錄而已。他似乎擔心後世的考古學家搞不清哪些是正宗的古詩文，哪些是胡適之流的「惡劇」。

柳亞子意猶未盡，幾天後，在報紙上繼續批評胡適：

> 《新青年》陳獨秀弟亦相識，所撰非孔諸篇，先得我心。至論文學革命，則未免為胡適所賣。弟謂文學革命，所革當在理想，不在形式。形式宜舊，理想宜新，兩言盡之矣。又詩文本同源異流，白話文便於說理論事，殆不可少；第亦宜簡潔，毋傷支離。若白話詩，

則斷斷不能通。

最後，這位現代的「小旋風柴進」（柳氏自命）反唇相譏：「若胡適者，所謂畫虎不成反類犬，寧足道哉！寧足道哉！」[61]雖然不足道，但他還是忍不住要道。兩個月後，他在一篇文章中，又把胡適扯出來抨擊一番，他說：「去歲以來，始有美國留學生胡適，昌言文學革命，謂以白話易文言，殆欲舉二千年來優美高尚之文學而盡廢之，其願力不可謂不宏，然所創白話詩，以僕視之，殊俳優無當之用。」[62]

「殆欲舉二千年來優美高尚之文學而盡廢之」，這個罪名不可謂不大矣。而此時此刻，「畫虎不成反類犬」的胡適，已在歸國途中。五月二十二日，胡適完成了哥倫比亞大學的博士學位考試，隨即與在美國的朋友一一道別。縱然此地風光好，還有思家一片心，他既已在國內開了一場戰爭，就只能有進無退了。

六月九日，胡適束裝就道，踏上了風濤萬里的回國之程。儘管當時國內警電紛飛，他悲觀地預感到自己從事建設的困難。舟次日本橫濱時，國內發生了張勳復辟。胡適更加強烈地感覺到，中國的問題，不是制度的問題，而是文化的問題。傳統文化把中國人都變成守舊狂了。

胡適近鄉情怯，以摘抄柳亞子的文章打發時間。洪憲帝制才去，張勳復辟又來，令他對柳

60 上海《民國日報》一九一七年四月二十三日。
61 上海《民國日報》一九一七年四月二十七日。
62 上海《民國日報》一九一七年七月六日。

亞子的「形式宜舊」，深惡痛絕。他在日記中點評說：「此書未免有憤憤之氣。其言曰：『形式宜舊，理想宜新。』理想宜新，是也。形式宜舊，則不成理論。若果如此說，則南社諸君何不作《清廟》、《生民》之詩，而乃作『近體』之詩與更『近體』之詞乎？」[63]不過，直到兩年後，他才對柳亞子以及南社諸君——當然也包括梅光迪、任叔永等人——作公開的回應。

［胡適寫道］甚至於南社的柳亞子也要高談文學革命。但是他們的文學革命論只提出一種空蕩蕩的目的，不能有一種具體進行的計劃。他們都說文學革命決不是形式上的革命，決不是文言白話的問題。等到人問他們所主張的革命「大道」是什麼，他們可回答不出來了。這種沒有設想計劃的革命——無論是政治的是文學的——決不能發生什麼效果。[64]

陳獨秀知道胡適回國，不由得精神大振。國內的「選學妖孽，桐城謬種」，還有許多旁支庶出，宗親至戚，枝蔓叢生，勢力十分雄大。陳獨秀雖有殺神殺佛的銳氣，但自家陣營，來來去去，就那麼三五丁人，顯得勢單力薄，為了把舊勢力徹底打下去，他急於擴張自己這邊的力量。胡適回來得正是時候。

蔡元培從《新青年》上，對胡適已有大概的了解。他稱讚說：「那時候因《新青年》上文學革命的鼓吹，而我們認識留美的胡適之君，他回國後，即請到北大任（哲學）教授。胡君真是『舊學邃密』而且『新知深沉』的一個人。」[65]從此北大就有了「三隻兔子」，蔡元培生於同治元年丁卯，是老兔子，陳獨秀生於光緒五年己卯，是中兔子，現在又添一隻生於光緒十七年辛卯的小兔子胡適，聲勢陡然壯了不少。

七月十日，胡適終於抵達上海。汪孟鄒在法租界外灘碼頭迎接他。胡適在上海小住了十幾天，了解國內的出版界情況，逛了多家書局，發現這七年來，簡直沒有兩三部以上可看的書，實在是一件令人沮喪的事情，「我幾乎要羞死了。」胡適歎息道，「到了上海，看了出版界的孤陋，教育界的沉寂，我方才知道張勳的復辟乃是極自然的現象，我方才打定二十年不談政治的決心，要想在思想文藝上替中國政治建築一個革新的基礎。」[66]

他離開上海後，回績溪省親。江南的山水，依舊是那麼柔和、溫潤、傷感而繾綣。胡適在家裏待到八月下旬，才與母親依依惜別，從績溪赴京，向着那個新文化大本營的北大進發了。

63 胡適《留學日記》。商務印書館，一九四八年版。

64 胡適《嘗試集．自序》。《胡適文集》（九），北京大學出版社，一九九八年版。

65 蔡元培《我在北京大學的經歷》。《東方雜誌》第三十一卷第一號，一九三四年一月一日。

66 胡適《我的歧路》。《胡適文集》（三），北京大學出版社，一九九八年版。

八方風雨會中央

自從蔡元培執掌北大以後，北京漸漸成為全國新文化的中心。易白沙的《孔子平議》在《青年雜誌》上發表後，引起了遠在四川成都的一個怪人的留意。這人名叫吳虞，時年四十四歲。他童年曾師從經學大師吳伯竭，經史子集，無不爛熟。戊戌變法之後，開始轉求新學，是成都最早鼓吹新文化的人。

吳虞與父親的關係，一直形同水火，曾被父親趕出家門，導致他的兒子因缺醫少藥而死亡。此事令他對父親恨之入骨，日記中屢斥其父為「魔頭」，甚至憤而悲歎「余祖宗何不幸而有此子孫也」[67]。一九一〇年，由於家產糾紛，他被父親告上衙門，最後官府雖判他父親敗訴，但吳虞卻成了當地赫赫有名的「忤逆子」，受到「社會賢達」們猛烈抨擊，指他「無君無父」、「非理非法」、「忤逆倫常」、「大逆不道」。

吳虞為了自辯，寫了一篇《家庭苦趣》，在各個學堂散發，此舉大大激怒了當地舊派勢力，罵他外揚家醜，是「投界豺虎，豺虎不食；投界有北，有北不受」的士林敗類、名教罪人，永遠驅逐出四川教育界。

一九一六年十二月，吳虞在看到易白沙的《孔子平議》後，大有共鳴，於是投書陳獨秀，毛遂自薦，寫過哪些文章，哪些文章遭到官府查禁，哪些文章報紙不敢刊登，章士釗對他的詩文如何評價等等。顯然是一份要加入新學陣營的投名狀。

陳獨秀當然無任歡迎，叫吳虞把全部文章寄來，分載《青年》、《甲寅》，「嘉惠後學，誠盛事也」。對於在四川幾淪為喪家之犬的吳虞來說，陳獨秀的招攬，簡直與及時雨宋江搭救柴大官人出枯井無異。他的文章隨即在《新青年》上陸續發表。

陳獨秀在日本認識的李大釗，已於一九一六年夏天回國，當時袁世凱已死，一度被政府封閉的《甲寅》雜誌，在章太炎的慫恿下，章士釗也萌發了「中興之意」。李大釗與高一涵在北京協助章士釗辦《甲寅》日刊。陳獨秀力邀李、高二人加盟。

錢玄同向陳獨秀推薦魯迅，說此人文采不錯，在日本編過兩本《域外小說集》。陳獨秀是韓信點兵，多多益善。他託錢玄同把《新青年》送給魯迅，希望他投稿。但魯迅看過以後，心如止水。據他觀察，《新青年》「彷彿不特沒有人來贊同，並且也還沒有人來反對」。「他們許是感到寂寞了」，所以才來找他捧場。他對錢玄同說了一段很著名的話：

> 假如一間鐵屋子，是絕無窗戶而萬難破毀的，裏面有許多熟睡的人們，不久都要悶死了，然而是從昏睡入死滅，並不感到就死的悲哀。現在你大嚷起來，驚起了較為清醒的幾個人，使這不幸的少數者來受無可挽救的臨終的苦楚，你倒以為對得起他們麼？

魯迅的意思很明顯：睡着是死，醒來也是死；不掙扎是死，掙扎也是死。這鐵屋子根本就

67 《吳虞日記》。四川人民出版社，一九八六年版。

是不可能打破的。為什麼打不破？如果這鐵屋子是孔夫子造的，一定可以打破；如果是四書五經造的，那也一定可以打破。唯有當這鐵屋子是無緣無故和無邊無沿時，它才有可能立於打不破之地。

魯迅無疑認為這鐵屋子不僅僅是文化的黑暗，更是人性的黑暗，是人心的黑暗。所以他才會有「置身毫無邊際的荒原，無可措手」的感覺。

關於「鐵屋子」的比喻，恒被後人反覆引用，但問題是——

當真有這麼一間鐵屋子存在嗎？

這個大嚷的人，是在屋裏，還是在屋外？

如果他在屋外，他是怎麼到屋外的？他是聖人嗎？是上帝嗎？

如果他在屋裏，他怎麼知道屋子外面一定比屋子裏面好呢？既然這鐵屋子是「絕無窗戶而萬難破毀的」，他又怎麼知道有一個「外面」存在呢？

屋裏與屋外的界線在哪裏？由誰來劃定？怎麼劃定？

當時錢玄同的回答是：「然而幾個人既然起來，你不能說決沒有毀壞這鐵屋的希望。」[68]這是革命者的口吻了。革命者通常會有一種救世情結，搭救人類，乃義不容辭的天職，他們不會思前想後，只要認準了方向，便一味向前衝。

做了五年京官的魯迅，多少沾了一點衙門陰氣，目光與心態，顯得蒼老與灰暗，與其說是一位現代知識分子，不如說傳統的士大夫色彩更濃。這與陳獨秀憧憬的「如初春，如朝日，如百卉之萌動」的新青年形象，本來風馬牛不相及，他自稱是「思想太黑暗」的「死的隨便黨」，習慣於站在舞臺深處最黑暗的角落裏，冷眼相看，錢玄同給他起了個「貓頭鷹」的外號，傳神之至。

魯迅對現實不抱希望，沒有什麼東西可以令他的神經興奮起來，看到一絲光亮。他不相信靠《新青年》上幾篇文章，就可以把鐵屋子打破。他把雜誌轉寄給紹興的弟弟周作人，並引用了教育部同事許壽裳的一句話：「這裏邊頗有些謬論，可以一駁。」

魯迅和許壽裳都是蔡元培的同鄉，又都是蔡氏在教育部的老下屬，當蔡氏招賢納士時，他們一起推薦了周作人到北大教希臘文學史與古英文課，蔡元培欣然同意。周作人對北上似乎沒有太多的激情。四月，他從春江水暖的紹興，輾轉來到寒冷依舊的北京。在上海碼頭遇竊，更令他對北京之行蒙上陰影。

到京後，周作人與魯迅同住在半截胡同的紹興會館。兩兄弟聊起《新青年》時，周二先生的反應和周大先生一樣，「覺得沒有什麼謬，雖然也並不怎麼對」。他們暫時都沒有給《新青年》寫稿的興致。

因為是學期中段，不能開新課，周作人只能暫時在北大的國史編纂處當編纂，和兄長逛琉璃廠，拜訪朋友，吃飯飲茶，夜晚被叫春的貓吵得無法入眠，兩兄弟便搬凳子，操竹竿，爬到院牆頭上做「棒打鴛鴦」的事情。日子過得很平淡。有一回沈尹默去紹興會館看魯迅，碰巧有人在牆邊小便，他看見魯迅正用一彈弓聚精會神在射此人的生殖器官。

68 魯迅《吶喊．自序》。《魯迅全集》（一），人民文學出版社，一九八一年版。

錢玄同是紹興會館的常客。他給周氏兩兄弟送《新青年》，向他們約稿。據周作人回憶，當年的《新青年》，在他印象中，亦不過「是普通的刊物罷了，雖是由陳獨秀編輯，看不出什麼特色來」。[69]倒是他們經常在槐樹下的高談闊論，要比《新青年》激烈許多，從「非聖」、「逆倫」，說到去「東方化」，「用夷變夏」。錢玄同主張燒毀中國書和廢除漢字，魯迅也有同感，深信漢字不滅，中國必亡，認為中國不如改用德文，若辦不到，也要在漢文中多羼入外文字句。

一九一七年九月，北大新學期開學，「蓄濃髯，戴大絨帽，披馬夫式大衣，儼然一俄國英雄」（劉半農語）的周作人，正式到北大任文科教授，講授歐洲文學史。他把譯稿《陀思妥夫斯奇之小說》交給了錢玄同，算作第一次向《新青年》投稿。

另一位被陳獨秀看好的作者，是出身鴛鴦蝴蝶派的小說家劉半農，江蘇江陰人，生於一八九一年，原名壽彭，後改為「復」，號伴儂。他屬於沒受過嚴格傳統文化訓練的第一代文人，童年由父親開蒙，然後入小學、中學，接受的是新式教育。周作人形容他「不裝假，肯說話，不投機，不怕罵，一方面卻是天真爛漫，對什麼人都無惡意」。劉半農第一次在《新青年》上發表文章，是一九一六年十月一日第二卷第二號上的《靈霞館筆記》，還算不上是文學革命的作品。周作人說：「原是些極為普通的東西，但經過他的安排組織，卻成為很可誦讀的散文。」[70]

迨至一九一七年五月一日，劉半農在《新青年》三卷三號上，以一篇《我之文學改良觀》，正式加入到新文化運動的大合唱之中。他宣稱文學要改良，非破除迷信不可：「吾輩做事，當處處不忘有一個我。作文亦然。如不顧自己，只是學着古人，便是古人的子孫；如學今人，便是今人的奴隸。若欲不做他人之子孫與奴隸，非從破除迷信做起不可。」對於新舊兩派針鋒相對的文言與白話之爭，他主張：

> 文言、白話可暫處於對待的地位，何以故？曰，以二者各有所長、各有不相及處，未能偏廢故。胡（適）、陳（獨秀）二君之重視「白話為文學之正宗」，錢（玄同）君之稱「白話為文章之進化」。不佞固深信不疑，未嘗稍懷異議……今既認定白話為文學之正宗與文章之進化，則將來之期望，非做到「言文合一」或「廢文言而用白話」之地位不止。[71]

在學院派看來，劉半農有點花裏胡哨，文筆也流於輕薄，散發着上海小報記者的氣息，深為胡適等人所不屑，但陳獨秀對這位「頭大，眼有芒角，生氣勃勃」（周作人語）的年輕人，期望甚殷，只要去掉他身上的紅袖添香名士氣，可望成為衝鋒陷陣的勇將。

陳獨秀向蔡元培大力推薦劉半農，而蔡元培也從《新青年》上留意到此人了。一九一七年秋天，北大聘劉半農為法科預科教員。劉半農遂穿着魚皮鞋，一步跨進了中國的最高學府。從此，北大校園又添了一隻小兔子（他與胡適同屬兔）。為了表示與鴛鴦蝴蝶派一刀兩斷，他把帶有脂粉味的「伴儂」，改為「半農」。

九月十日，胡適到了秋風初起的北京。十二日，蔡元培在六味齋設宴為他洗塵。湯爾和、

---

69 周作人《知堂回想錄》。香港，三育圖書有限公司，一九八〇年版。

70 同上書。

71 劉半農《我之文學改良觀》。《新青年》第三卷第三號，一九一七年五月一日。

沈尹默、沈兼士、馬幼漁、錢玄同等人作陪。胡、錢二人神交已久，這時一壺濁酒喜相逢，不亦樂乎。

錢玄同在日記中，記錄了他接二連三去拜訪胡適（九月十四、十九、二十五日）的經過及談話內容。胡適的豐神韻度，把錢玄同的神魂都攝去了，兩人一見如故，暢談甚歡。胡適認為「古書偽者甚多」，主張「讀書貴能自擇，不可為古人所欺」，一番話好像搔着了錢玄同的癢處，不由得連聲叫好。

〔胡適在十九日的見面時說〕自漢至唐之儒學，以《孝經》為主，自宋至明之儒學，以《大學》為主。以《孝經》為主者，自天子以至庶人，均因我為我父之子，故不能不做好人，我之身但為我父之附屬品而已。此種學說，完全沒有個「我」。以《大學》為主，必先誠意、正心、修身，而後能齊家、治國、平天下，此乃以「我」為主者，故陸、王之學均能以「我」為主。如陸九淵所言，我雖不識一字，亦須堂堂做一個人是也。

從時間上，把儒學分為漢唐儒學與宋明儒學，雖是老生常談，但從內容上分成「《孝經》儒學」與「《大學》儒學」，以此作為這兩大階段儒學的根本區別，在正統儒學看來，則未免有野狐之嫌。何況，胡適似乎把個人主義的「我」、自由主義的「我」，與宋明理學的「我」扯上血緣關係，難怪錢玄同聽了，大讚「此說可謂極精」。72

由此以觀，這批滿口「煙士披里純」、「愛斯不難讀」的新學諸子，其實在骨子裏，也還是

「三分洋貨，七分傳統」。如果認真考究他們的思想譜系，傳統的縱向傳承，遠多於洋貨的橫向移植，和他們在文化上的許多對頭，其實同出一源。

對此，他們絕不肯承認，而且還故意用過激的言辭姿態，遮掩自己的出身；有的人則含含糊糊、半推半就地承認，胡適自稱對傳統文化是在「疑古」與「辨偽」的前提下接受的，即為此類。後來胡適提出「整理國故，再造文明」的口號，到晚年埋頭鑽研《水經注》，不能說他是新文化運動的「逃將」，而實實在在是文化基因的自然歸宿。

錢玄同被胡適的才華迷住了，胡適說什麼，都好像綸音佛語一般，左一句「此說極是」，右一句「此意吾極以為然」。胡適說他準備編一本《白話文典》，錢玄同大表贊成，逢人說項。他們着手設計新式的標點符號，準備向教育部提出推行議案。胡適還說服了他的老鄉汪孟鄒，為亞東圖書館訂下一個重新出版標點本中國小說名著的大計劃。

沙場秋點兵，圍繞着《新青年》的隊伍，已略見規模。在北京有陳獨秀、錢玄同、胡適、劉半農、高一涵、沈尹默、李大釗、魯迅、周作人等，在外地則有易白沙、吳虞等。而在他們的對面，北大校內的舊學人物如辜鴻銘、梁漱溟、劉師培、陳漢章、黃侃、林損、馬敘倫等，校外的林紓等，陣容亦堂堂可觀。陳獨秀所呼喚的四十二生大炮，已經架起來了，炮彈也上膛了。但這時，《新青年》卻偏偏因財務問題，維持不下去。

72《錢玄同日記》。福建教育出版社，二〇〇二年版。

在眾多史家筆下，《新青年》的誕生，直似「太陽初出光赫赫，千山萬山如火發」，新文化運動從此雲騰水湧。其實，《新青年》的銷量少得可憐，一九一六年底，偌大一個成都，只銷五份，全盛時亦不過三十份左右。一九一七年在全國的總印數（包括大量免費贈送）在內，每期約一萬五六千份（據梁啟超一九一二年辦《庸言報》時說，印一萬份僅不虧，沒啥賺頭）。主要讀者，以知識精英的圈子為主，對新文化的爭論，亦只是在這個小圈子裏鬧騰，即使在杭州這樣的東部城市，一九一八年之前，對新文化注意的人也不多。73

《新青年》仍然只是幾個知識精英圈子裏的事，在社會上影響有限，距離一個「運動」尚遠。一九一七年底，群益書社提出停止出版。對陳獨秀來說，真是一個晴天霹靂。

在「二千人之社會」中試驗民主自由

北大，是一所大學，也是一個小社會。蔡元培執掌北大以後，把它作為一個小型的公共社會來治理。辜鴻銘曾說過一句很有名的話，他說「蔡元培是北大的皇帝」。而梁漱溟對蔡氏的評論，也別有意味，他說蔡元培好比漢高祖，他不必要自己東征西討，卻能收合一般英雄，共圖大事。

不過，蔡元培這個「北大皇帝漢高祖」，實行的卻是「虛君共和」（教授的合議制），雖然他是學校的最高行政首腦，但學校的最高權力機構不是校長室，而是評議會。一九一七年七月，張勳復辟，蔡元培一度請辭北大校長職，校內匕鬯不驚，運作如常，全賴評議會的維持。

據沈尹默記述：

> 評議會會員由全體教授互舉，約每五人中舉一人。當時教授共八十餘人（講師、助教一百五十餘人不在內），舉評議員十七人，校長為評議長。凡校中章程規律（如開女禁），

73 在杭州浙江第一師範讀書的施存統，一九一九年給《新潮》雜誌的信說：「就是『文學革命』一塊招牌……《新青年》雖早已在那裏鼓吹，注意的人還不多。」（《新潮》第二卷第二號，一九一九年十二月）

均須評議會通過。文、理、法、預四科教授都有代表參加評議會，大家都很興奮。74

評議會是校內的「立法機構」，地位與「國會」相類似。一九一八年頒佈的《國立北京大學評議會規則》規定，評議會的職權範圍：甲、各學科之設立與廢止；乙、講座之種類；丙、大學內部規則；丁、關於學生風紀事項；戊、審查大學院生成績及請授學位者之合格與否；己、教育總長及校長諮詢事件；庚、凡關於高等教育事項將建議於教育總長者，皆由評議會討論決定。

評議會是北大首創的。「凡是學校的大事，都得經過評議會，」哲學系教授馬敘倫說，「尤其是聘任教授和預算兩項。聘任教授有一個聘任委員會，經過委員會審查，評議會通過，校長也無法干涉。教授治校的精神就在這裏。表面看來，校長只有『無為而治』，什麼權力好像都被剝削了，但是，北大在連續幾年風波動盪裏面，能夠不被吞沒，全靠了他，後來北京師大也仿行。」75

每個學科又設有教授會。所有教員，無論其為研究科、本科、預科的教授、講師、外國教員，都為會員。本部教授會負責討論議決關於改善本部教授方法、本部教科書之採擇事宜。本部學科之增設及廢止、應用書籍及儀器之添置，亦須由本部教授會參與討論決定。

在蔡元培的宣導下，五花八門的學會，也從平靜的漢花園內紛紛冒出，一派萬紫千紅。諸如新聞研究會（蔡元培親任會長）、哲學研究會、平民教育講演團、地質研究會、國民雜誌社、新潮社、國故月刊社、孔子研究會、雄辯會、數理學會、閱書報社、書法研究社、畫法研究社、技擊會、音樂研究會等（其中有些學會是一九一九年五四運動之後才出現的，然亦可歸入蔡氏治校期間），學生們指點江山，論議英發，十分熱鬧，為校內的「民間社會」添上精彩一筆。

顧頡剛回憶：「學校成立了各種學會（最有名的有『少年中國學會』，由李大釗、鄧中夏主持）、社團（如『新潮社』等）、研究會（如『馬克思主義研究會』、『新聞研究會』、『書法研究會』、『畫法研究會』等），還有『靜坐會』等體育組織。」[76]許德珩也說：「他（蔡氏）發起了很多學會、研究會，從各種學科的研究會，到戲劇討論會，象棋俱樂部，無所不包，應有盡有。這樣就把學生的精神和愛好引導到學術研究和正當的文娛活動上來了。」[77]

這些「民間組織」，不限於「正當的文娛活動」，更在於激發起學生研討學問、關心時事、關心天下的熱情。一九一七年底創辦《北京大學日刊》，校長的講話、學校的文告在上面刊登，許多社團活動廣告也在上面刊登。「除了《北京大學日刊》每天出版外，還有在宿舍的影壁上、牆上，隨時出現的海報、佈告等，有人發出什麼號召，就有人響應；說開會，就有人去。開會的地點，大些的會，在飯廳開的時候多，要說話的，站在板凳上就說起來。甚至在廁所裏開闢『廁刊』，互相辯難。」[78]

74 沈尹默《我和北大》。《文史資料選輯》第六十一輯，一九七九年。
75 馬敘倫《我在六十歲以前》。生活書店，一九四七年版。
76 顧頡剛《蔡元培先生與五四運動》。北京《文史資料選輯》一九七九年第九期。
77 許德珩《回憶蔡元培先生》。《人民日報》一九八〇年三月四日。
78 楊晦《五四運動與北京大學》。《光輝的五四》，中國青年出版社，一九五九年版。

文、理、法各科幾乎每週都舉辦學術講座，由專家、教授主講，學生可以質疑問難；教授與教授之間，也可以互打對臺，學術氣氛十分濃厚。這種風氣一直持續到一九三〇年代，成為那一代學人最具亮色的記憶。胡適與梁漱溟互打「哲學對臺」的故事，則恒為北大人所津津樂道。

胡適在北大講「中國古代哲學史」。講義是自己編寫的。在他之前，這門課由陳漢章講，老夫子講了一年，才從伏羲講到洪範九疇。當胡適走上講臺時，許多學生都心存疑問，不知這位年僅二十七歲，風度翩翩的留美學生，怎麼講五行八政皇極庶徵五福六極。詎料，他一開口，便把那些半是神話半是政史的東西，統統拋開不講，直接從周宣王「胡說」起（胡適名言：「有『子曰』、『詩云』，難道就不允許有『胡說』？『胡適說』就是『胡說』嘛！」）。顧頡剛是他班上的學生，據顧氏記述：

> 許多同學都這樣懷疑，我也不能免俗。他（胡適）來了，他不管以前的課業，重編講義。開頭一章，是「中國哲學結胎的時代」。用《詩經》作時代的說明，丟開唐、虞、夏、商，徑從周宣王以後講起。這一改，把我們一般人充滿着三皇五帝的腦筋，驟然作一個重大的打擊，駭得一堂中舌撟而不能下。許多同學都不以為然，只因班中沒有激烈分子，還沒有鬧風潮。我聽了幾堂，聽出一個道理來了。[79]

顧頡剛，生於一八九三年，蘇州人。入北大時報的是理科，後來讀不下去，才改為文科，他受章太炎影響極大，卻常常在自己的書本上署名「上炎」，意思當然不是「上呼吸道炎」，而是要超越章太炎之上。他覺得胡適在課堂上講課，「有眼光，有膽量，有斷制」，很合自己口味，都是他想說而不知道該怎麼說的。興奮之餘，他把同住一宿舍的國文門同學傅斯年拉去旁聽。

傅斯年，字孟真，生於一八九六年，老家是「科目鼎新，賢士輩出」的山東聊城，與歷史上有名的伊尹、孫臏、魯仲連、程昱是同鄉。學問上，傅斯年是章太炎的崇拜者，深受黃侃、陳漢章、劉師培諸師器重，恒被視為章氏學派的傳人。

章太炎在中國知識界影響力之巨，實在令人驚歎，無論新派舊派、革命派保皇派、維新派激進派、老中青年、大中小學，到處都有他的門生與崇拜者，擡頭不見低頭見。然而歲月如飛刀，刀刀催人老，當新文化崛起時，四十八歲的章太炎，雖然年富力強，但學術的黃金年代已逝，思想上，垂垂老矣。

胡適為他的學術做了一個訃聞：「章炳麟的古文學是五十年來的第一作家，這是無可疑的。但他的成績只夠替古文學做一個很光榮的下場，仍舊不能救古文學的必死之症，仍舊不能做到那『取千年朽蠹之餘，反之正則』的盛業。他的弟子也不少，但他的文章卻沒有傳人。有一個黃侃學得他的一點形式，但沒有他那『先豫之以學』的內容，故終究只成了一種假古董。章炳麟的文學，我們不能不說他及身而絕了。」[80]果然，衣缽傳到黃侃之後，連他的高足傅斯年也要背叛師門了。

79 顧頡剛《古史辨自序》。中華書局，二〇〇六年版。

80 胡適《五十年來中國之文學》。《胡適文集》（三），北京大學出版社，一九九八年版。

據胡適說，當時學生們拉傅斯年去聽他的課，是因為傅氏在同學中已有一定的威信（甚至有學生稱其為「孔子以後的第一人」，風頭可見一斑），曾經率領學生把一位不學無術的老師轟走。他們讓他去鑒定一下，要不要把這個企圖「絞斷中國哲學史」的傢伙也照樣轟走。

傅斯年聽了以後，卻很滿意地說：「這個人書雖然讀得不多，但他走的這一條路是對的。你們不能鬧。」於是大家就安靜下來了。

傅斯年這個鐵桿的「黃門侍郎」（黃侃的愛徒），搖身一變，從此成為鐵桿的「胡說弟子」。他的轉變之快，連陳獨秀也不禁生疑：這山東胖子該不是黃侃派來的細作吧？胡適後來感慨地說：「我這個二十幾歲的留學生，在北京大學教書，面對着一班思想成熟的學生，沒有引起風波。過了十幾年以後，才曉得是孟真暗地裏做了我的保護人。」[81]

這一年，顧頡剛二十四歲，傅斯年二十一歲，從年齡上看，與胡適是同一代人，但就文化史而言，已分屬不同世代了。新生代的文化傳人，開始在北京大學登場了。

陳漢章曾狠狠地挖苦胡適：「只看他的講義的名稱，就知道他不通。哲學史本來就是哲學的大綱，說中國哲學史大綱，豈不成了大綱的大綱了嗎？」黃侃也看不起胡適，胡適在哲學史上，十分推崇墨子，黃侃便當着胡適的面大罵：「現在講墨學的人，都是些混帳王八！便是適之的尊翁，也是混帳王八！」

胡適大怒，質問黃侃何以無端辱及他的父親。

黃侃笑曰：「墨子兼愛，是無父也。你今有父，何足以談論墨學？我不是罵你，聊試之耳。」弄得胡適哭笑不得。

但陳漢章、黃侃等人的嘲笑，並沒有令學生們聽課的熱情稍減，甚至連外校學生，也慕名前來旁聽，課室擠不下，只好改在第二院的大教室裏上課。

梁漱溟也是教哲學的，他的課題是《東西文化及其哲學》。由於來聽他課的學生太多，原來的課室容納不下，也要換成第二院的大講堂。梁氏是土頭土腦的墨子形象，大講西方文化與哲學；胡氏是喝足了洋墨水的杜威形象，講的卻是中國哲學。兩人在樓上樓下同時開講，打起了哲學對臺，但同樣是聽者如堵，人頭擠擠。

胡適認為，「歐洲民族在這三百年中，受了環境的逼迫，趕上了幾步，在征服環境的方面的成績比較其餘各民族確是大的多多。這也不是奇事：本來賽跑最怕趕上，趕上一步之後，先到的局面已成。但賽跑爭先，雖然只有一個人得第一，落後的人，雖不能搶第一，而慢慢走去終也有到目的地的時候。現在全世界大通了，當初鞭策歐洲人的環境和問題現在又來鞭策我們了。將來中國和印度的科學化與民治化，是無可疑的。」[82]

但梁漱溟卻認為，中國文化與西方文化，根本不是落後與先進的問題，而是大路朝天，各走一邊。如果沒有西方文化的介入，照中國原來的路子，再走一百年也不會發明飛機。他說：「中國人不是同西方人走一條路線，因為走的慢，比人家慢了幾十里路。若是同一路線而少走些路，那麼，慢慢的走，終究有一天趕的上。若是各自走到別的路線上去，別一方向上去，那

81 胡適《傅孟真先生的思想》。《胡適言論集》（甲編），臺灣，華國出版社，一九五三年版。

82 胡適《讀梁漱溟先生的〈東西文化及其哲學〉》。《胡適文集》（三），北京大學出版社，一九九八年版。

麼，無論走好久，也不會走到那西方人所達到的地點上去的！」[83]

晚年梁漱溟，被譽為「中國最後一個大儒」，他的這個觀點，至死沒變。但他相信，中國人同西洋人接觸之後，也可以科學化，也可以民治化。他預言全世界西方化之後，還可以再回到中國化。中西文化究竟是先進與落後之別，還是不同路向之別，恐怕再爭一百年也不會有定論，但梁漱溟的說法，對當時的中國人，至少是一種心理安慰，西方文化固然要學，但不必取謙卑仰望的姿態，這樣學也學得心情舒暢一點。

然新派人士有一特點，就是無法擺脫強烈的自我憎惡情緒，看不慣中國人在文化上的自信和自尊，總覺得那是導致中國落後的根源，恨不得將其一鼓掃蕩殆盡。胡適譏諷梁漱溟連電影院都沒進去過，怎麼可以講東西文化？豈不同「持管」、「捫燭」一樣可笑嗎？梁漱溟則批評胡適不懂何為哲學，不過是個學而不思，思而不學的傢伙。

兩人的對臺，打來打去，唾沫橫飛，在學生中都那麼受歡迎。他們鬥得愈激烈，學生們的收益就愈大。

胡適洋洋十餘萬字的《中國哲學史大綱》，經過整理，由蔡元培作序，一九一八年在上海商務印書館出版了。這是中國第一部用白話文寫的，採用了新式標點符號的學術著作。在內容上，完全打破「訓詁古書」的老套套，以闡述自己的觀點為主，自己的話作為正文，用大字頂格寫下來，引用古人的話，則用小字低一格寫下來，以彰顯自己的觀點。這一切，在當時都是破天荒的。

蔡元培沒有理會陳漢章的嘲笑，在序中對胡適大加讚揚與鼓勵：「我只盼望適之先生努力進行，由上古而中古，而近世，編成一部完全的《中國哲學史大綱》。我們三千年來一半斷爛、一半龐雜的哲學界，理出一個頭緒來，給我們一種研究本國哲學史的門徑，那真是我們的幸福了。」[84]

不過，胡適的哲學史只出了上卷，再沒出下卷了。當時有人斷言他寫不出下卷，因為他不懂佛學。他的《白話文學史》，也是只有上卷沒下卷。黃侃後來在課堂上調侃說：「昔日謝靈運為秘書監，今日胡適可謂著作監矣。」學生們問什麼叫「著作監」？黃侃說：「監者，太監也。太監者，下面沒有了也。」學生們哄堂大笑。

北大教授講課，一向很歡迎別人去旁聽，不管你是不是這個班上的學生，甚至不問你是不是北大的學生。不然，胡、梁二人的課，也不會有一二百人的盛況。學生與先生之間互相析辯駁難，也是尋常之事。

有一回錢玄同在課堂上講廣東音韻，課後被廣東籍學生質疑，寫信指出他所講的廣東音韻有錯。在下一堂課時，錢玄同便向學生公開承認，這位廣東同學對廣東音韻的解釋是正確的，他不是廣東人，對廣東音韻一知半解，並表示很感謝這位同學糾正了他的紕漏。這一類的美談，在北大不勝枚舉。

83 梁漱溟《東西文化及其哲學》。商務印書館，二〇〇四年版。
84 蔡元培《中國哲學史大綱．序》。商務印書館，一九一九年版。

北大成了全國思想界、學術界的地標，甚至把遠在南方的新青年也吸引來了。在湖南省立第一師範學校畢業的毛澤東，承認深受《新青年》的影響，「我當時非常佩服胡適和陳獨秀的文章。有一段時間他們代替了梁啟超和康有為，成為我的楷模。」一九一八年八月，毛澤東偕同蕭子升、張昆弟、李維漢、羅章龍等二十四名青年，扛着被服書卷，投奔北大而來。毛澤東由李大釗安排在北大圖書館當一名助理員。他說，從此，「我對政治的興趣越來越大，思想也越來越激進。」[85]

曾在蔡元培時代當過北大總務長，後來又是北大校長的蔣夢麟，對當時北大熱烈而自由的學術氛圍，有一個令人悠然神往的描述：

> 保守派、維新派和激進派都同樣有機會爭一日之短長。背後拖着長辮，心理眷戀帝制的老先生與思想激進的新人物並坐討論，同席笑謔。教室裏，座談會上，社交場合裏，到處討論着知識、文化、家庭、社會關係，和政治制度等等問題。
>
> 這情形很像中國先秦時代，或者古希臘蘇格拉底和阿里斯多德時代的重演。蔡先生就是中國的老哲人蘇格拉底，同時，如果不是全國到處有同情他的人，蔡先生也很可能遭遇蘇格拉底同樣的命運。[86]

經過一年的改革，北大內部的各種組織漸臻完善。消費公社和學生銀行建立起來了。著名的沙灘紅樓也蓋起來了，新圖書部開張了。蔡元培在北大作一個「社會與國家平衡」的實驗（尚未達至「社會強於國家」），北大的面貌果然煥然一新，往日萎靡不振的校風，被掃蕩一空，新鮮的、活潑的、充滿激情的空氣彌漫校園。

顧頡剛說：「北京大學的變化影響到了北京其他一些高等院校。如北高師、女師、法政專門、俄文專修、高工、高農等，也仿效北大的樣子，成立了一些社團組織，有時還和北大合搞一些活動。」[87]蔡元培改造北大的意義，恒不限於北大，而是把整個北京的文化界、知識界，從辛亥革命後國事日非、不勝其弊的挫敗感中，重新啟動起來。

蔡元培在一九一七年有一個備受爭議的主張：「以美育代宗教」。他認為宗教的真正功能，恒在於慰藉感情，然無論何種宗教，又都具有「擴張己教攻擊異教」的褊狹性，使感情受到激刺和污染，反不如美育的感情純正。美育優勝之處在於：「一、美育是自由的，而宗教是強制的；二、美育是進步的，而宗教是保守的；三、美育是普及的，而宗教是有界的。」[88]因此，從專尚陶養感情之術而言，「則莫如捨宗教而易以純粹之美育」。人的精神，寄身於美育之內，亦如有宗教的寄託，藏焉息焉，修焉遊焉。

然則中國從來沒有一種把全體中國人凝結起來的宗教，道教、佛教、回教、基督教都不是。

85 《毛澤東一九三六年同斯諾的談話》。人民出版社，一九七九年版。
86 蔣夢麟《西潮．新潮》。嶽麓書社，二〇〇〇年版。
87 顧頡剛《蔡元培先生與五四運動》。北京《文史資料選輯》一九七九年第九期。
88 蔡元培《以美育代宗教》。《現代學生》第一卷第三期，一九三〇年十二月。

自古以來，中華民族是靠歷史凝聚的，崇拜祖宗，崇敬古聖先賢，強調慎終追遠，承前啟後。歷史就是中國人的宗教，遍佈鄉村的祠堂，供奉着祖宗神位和族譜，其功能，恒與教堂相類。

孔子對三代之治的頌揚，是宗教意義上的頌揚；孟子說「人皆可以為堯舜」，王陽明說「個個心有仲尼」，與佛教的「人人心中有佛」、「人人可以成佛」，也是宗教意義上的相通。康有為致力於建立孔教，章太炎主張六經皆史，爭來爭去，核心都是一個「宗教」問題。

蔡元培以美育代宗教，立意雖好，但已脫離了宗教的真正意義，所以註定是行不通的。但他把美育作為陶養感情之所，使人有高尚純潔的習慣，也是一種進德的途徑。進德才是目的，美育不過是方法。一九一八年一月，蔡元培又提出了組織「進德會」的設想。進德會的宗旨，與安那其主義有密切的關係。

一九〇五年，一批中國留學生，在歐洲學到了安那其主義的真經之後，為躬行實踐，在法國搞起了進德會。安那其（Anarchism，希臘原文為 without a ruler，可譯為「無統治者」）主義，通常翻譯成無政府主義，據後世論者云，希臘原文應為「無統治者」。不是籠統地反對政府，而是反對「侵害個人自由的統治者」。

辜鴻銘把它譯作「無王黨」，並推演出結論：「中國現在無王，所以人人都是安那其。」辜氏這話，有深意焉，可見安那其在中國勢力之大。安那其者是積極的革命分子，崇拜個人自由，抱取個人犧牲的精神，在革命初期，不惜採用謀殺手段（弱者反抗強者不得已的手段），所以蔡元培也參加過暗殺團。

民初中國的安那其運動，分為二支，一支是巴黎的吳稚暉、李石曾、蔡元培等，另一支是華南的劉師復、梁冰弦等。他們的理念，蓋有五焉：一、期達一個理想的，沒有「侵害個人自由，權威性組織」的社會。二、認為人的本性是善良的，所以這個理想社會不是烏托邦，而是可以存在於現世的。三、反對國家主義，認為它引致戰爭，為政治家利用以愚民，所以在理想的社會中，國界必須廢除。四、實踐自由、平等、博愛與克魯泡特金的互助論。五、崇尚個人道德操守。

如果把上述理念具體到中國的現實，則還可以舉出：反對種族主義，反對國家至上，反對軍閥；反對剝蝕人權的買賣婚姻，主張自由戀愛；強調個人自由，大眾平等，社會有組織沒有階級；反對帝國主義和國界壁壘，促進世界大同；反對麻醉性的宗教，集中人類智慧，充實物理世界等等。

民國元年，安那其們把進德會帶回國內，在上海、廣州又搞起了六不會、心社、晦鳴學舍、社會改良會一類組織，揭起蒲魯東的社會革命、克魯泡特金的互助論大旗，與澆薄的世風相抗衡，期以保持共和國民的人格，為新社會立範，漸達於大道為公之盛。他們所奉行的道德信條，包括不食肉、不吸煙、不飲酒、不用僕役、不乘轎及人力車、不婚姻、不置妾、不狎妓、不稱族姓、不做官吏、不作議員、不入政黨、不作海陸軍人、不奉宗教等。

「二次革命」後，因政治局勢變化劇烈，進德會會員各奔東西。蔡元培出國遊學，一九一六年回國時，「見夫教育、實業各界，凡嶄然現頭角者，幾無不以嫖、賭為應酬之具，心竊傷之。比抵北京，此風尤甚。」他痛心地說：「尤可駭者，往昔昏濁之世，必有一部分之清流與敝俗奮鬥，如東漢之黨人、南宋之道學、明季之東林，風雨如晦，雞鳴不已。而今則眾濁獨清之士，亦且踽踽獨行，不敢集同志以矯末俗，洵千古未有之現狀也。」

不理解安那其，就無法理解蔡元培的辦校理念，無法理解蔡元培時代的北大，為什麼是這樣而不是那樣。在安那其主義的人生思想中，改造國民性，要從本上、始上着手，也即要從自身着手，從小處着手，他們的口號是：「無地球以外的別個！又無他生來世的另一個！要做好就在這一個上做到好！要改良世界就在本街坊內改良！」所以，搞過暗殺的蔡元培，就轉而從北大內開始改良了。從北大內改良，也即從北大人的身上開始改良了。

蔡元培曾在南洋公學同學會和譯學館校友會中，提議以嫖、賭、娶妾三戒編入會章，但應者寥寥。「既承乏北京大學，常欲以南洋同學會、譯學館校友會所提議而未行者，試之於此二千人之社會。」

進德會之等第如左：

甲種會員　不嫖、不賭、不娶妾。

乙種會員　於前三戒外，加不作官吏、不作議員二戒。

丙種會員　於前五戒外，又加不吸煙、不飲酒、不食肉三戒。

入會之條件：

一、題名手冊，並注明願為某種會員。

二、凡題名入會之人，次第佈諸日刊。

三、本會不咎既往，傳曰人誰無過，過而能改，善莫大焉。袁了凡曰，從前種種譬如昨日死，後種種譬如今日生。凡本會會員入會以前之行為，本會均不過問（如已娶之妾亦聽之）。同會諸人均不得引以為口實，惟入會以後，於所認定之戒律有犯着，罰之。

四、本會俟成立以後，當公定罰章，並舉糾察員若干人執行之。

蔡元培解釋：「會中戒律，如嫖、賭、娶妾三事，無中外，無新舊，莫不認為不德，懸為厲禁，誰曰不然。官吏、議員二戒，在普通社會或以為疑，而大學則當然有此（法科畢業生例外）。」[89]北大進德會的戒條，與當年上海進德會，一脈相承，基本上反映了安那其主義的信條。

蔡元培臨風而呼，全校回應。一九一八年五月二十八日，北大進德會成立，教員入會者七十餘人，職員九十餘人，學生三百餘人，會員（含本校教職員與學生）共計四百六十一人。其中，陳獨秀、李大釗等甲種會員三百三十二人；蔡元培等乙種會員一百零五人；丙種會員二十四人。陳獨秀以一百五十二票、蔡元培二百一十二票、章士釗一百一十一票、王寵惠八十一票、沈尹默、劉師培各三十一票被選為進德會評議員；李大釗以六十一票被選為進德會糾察員。

雖然蔡元培曾說，入法學者，非為做官；入商科者，非為致富，但眾所周知，法科是為官場培養第三梯隊的。當時的北大法科學生陶希聖說：「『不作官』的戒條有很大影響。蔡先生來了之後，所謂『不作官』，把做學問的學術和從政的做官分開，而所謂做官，就是當時北京的政客和官僚的那種官。當時北大學生與政客和軍閥，在蔡先生的教導下分家了。也可以說北京

89 蔡元培《北大進德會旨趣書》。《北京大學日刊》第四十九號，一九一八年一月十九日。

大學這一風氣的改變，把當時北洋軍閥和政客的社會基礎給打壞了。這是很重要的一件事。」[90]陶希聖後來官至國民黨中央宣傳部副部長、立法委員。

蔡元培的許多舉措，都可以看出鮮明的安那其印記，評議會即含有建立分權式機構的意義；提倡學術自由，反對權威性的觀點；刻意與政府保持距離，不斷以辭職表達對政府的不滿和施加壓力；鼓勵老師與學生平等交流，研究學問，把大學變成一個沒有壓迫性的，非威權性的思想自由園地；在文化方面，批評孔子、解放女權、提倡白話文、推行世界語等等。無一不是安那其的主張。

後人咸稱，北大是新文化運動的策源地。但如果沒有蔡元培，北大不可能成為新文化運動的策源地；如果蔡元培不是一個安那其，北大也不會是這個樣子，能不能成為新文化運動的策源地，還是個疑問呢。新文化運動與安那其，有太多血緣關係，無法抹殺。後來那些為新文化運動大唱讚歌的人，卻往往忽略了安那其，或者故意避而不談，甚至還要踹上幾腳，罵上幾句。豈不可歎！

90 陶希聖《蔡先生任北大校長對近代中國發生的巨大影響》。臺灣，《傳記文學》第三十一卷第二期，一九七七年八月。

第三章

新舊文化的「雙簧戲」

林紓被無辜拖下水

一九一七年冬天，群益書社以印數太少，經濟負擔太重為由，決定停止出版《新青年》，經陳獨秀奔走努力之後，書社勉強答應繼續出版，但雜誌必須進行改革。從一九一八年一月復刊開始，《新青年》改為同人刊物，編務不再由陳獨秀一人承擔，改為採取集議制。

胡適說：「民國七年（一九一八）一月，（新青年）重新出版，歸北京大學教授陳獨秀、錢玄同、沈尹默、李大釗、劉復（半農）、胡適六人輪流編輯。這一年的（新青年）（四卷五卷）完全用白話做文章。」[1]

據其他人的回憶，編輯中還有高一涵。魯迅、周作人曾一度掛名，但只是周邊的「二級同人」，一般不參與具體編輯工作，「只是遇着興廢的重要關頭，才會被邀列席罷了」。[2]雜誌對外聲明：「本誌自第四卷第一號起，投稿章程，業已取消。所有撰譯，悉由編輯部同人，公同擔任，不另購稿。」[3]

當時胡適不在北京，正在家鄉奉高堂之命，與只見過照片的小腳妻子，嘉禮初成，新婚燕爾。他是回到北京後才加入《新青年》編輯部的。

雜誌銷路不廣，令陳獨秀大感頭痛。一手獨拍，雖疾無聲，他們雖然四面出擊，向舊派人物挑釁搦戰，都得不到什麼回應，偶有回應，亦多為不溫不火，像林紓的《論古文之不宜廢》，看得胡適火氣都消了。陳獨秀抖起丈八蛇矛，大呼「不容匡正」，但林紓卻來個「吾不語焉」。所以劉半農歎曰：「自從提倡新文學以來，頗以不能聽見反抗的言論為憾。」[4]

做傳媒，不怕人捧場，不怕人踢館，最怕無聲無息的冷場。幾個大教授一合計，乾脆一不做二不休，演一齣「雙簧戲」。沒人罵就自己罵，沒炒作題材就自造題材。就像搞學生辯論會似的，一人演正方，一人演反方，互打擂臺。這種事讓錢玄同與劉半農搭幫做最合適，他們一個偏激，一個活潑，本來就是一對活寶，劉半農開玩笑說：「我們兩個寶貝是一見面就要擡杠的，真是有生之年，即擡杠之日。」

於是，在《新青年》四卷三號上，錢玄同化名「王敬軒」，以讀者身份，致函雜誌，以一種潑婦罵街的姿態，指名道姓，從胡適的新詩開始罵起，一直罵到「辛亥國變以還，紀綱掃地，名教淪胥，率獸食人，人將相食，有識之士，童焉心傷」：

> 惟貴報又大倡文學革命之論，權輿於二卷之末，三卷中乃大放厥詞，幾於無冊無之。四卷一號更以白話行文，且用種種奇形怪狀之鈎挑以代圈點。貴報諸子，工於媚外，惟強是從，常謂西洋文明勝於中國。中國宜亟起效法。此等鈎挑，想亦是效法西洋文明之一。

1 胡適《五十年來中國之文學》。《胡適文集》（三），北京大學出版社，一九九八年版。
2 周作人《知堂回想錄》。香港，三育圖書有限公司，一九八〇年版。
3 《本誌編輯部啟事》。《新青年》第四卷第三號，一九一八年三月十五日。
4 劉半農《覆王敬軒書》。《新青年》第四卷第三號，一九一八年三月十五日。

文章故意把林紓捧到九天之上：「林先生所譯小說，無慮百種，不特譯筆雅健，即所定書名，亦往往斟酌盡善盡美，如云吟邊燕語，云香鈎情眼，此可謂有句皆香，無字不豔。香鈎情眼之名，若依貴報所主張，殆必改為革履情眼而後可，試問尚復求何說話。」[5]按照「敵人的朋友必是敵人」的分類法，既然王敬軒讚美林紓，那林紓就是新文化的敵人，「反擊」林紓就有了理由了。

真是足不出戶，禍從天降，林紓莫名其妙被拖進了這趟渾水中。就在同一期，劉半農以記者身份，撰長文反駁「王敬軒」，繼續拿林紓尋開心，嬉笑怒罵，尖酸刻薄。劉半農譏笑林紓翻譯的外國原著，大部分是沒有價值的東西，真正的好著作，他沒有選，或沒有那個水準去選。他輕蔑地說：「若要用文學的眼光去評論他，那就要說句老實話：便是林先生的著作，由『無慮百種』進而為『無慮千種』，還是半點兒文學的意味也沒有！」

不過，在批完林紓之後，劉半農還是陳述了一些新文學的主張：

> 文字這樣東西，以適於實用為唯一要義，並不是專講美觀的陳設品。我們中國的文字，語尾不能變化，調轉又不靈便，要把這種極簡單的文字，應付今後的科學世界之種種實用，已覺左以右絀，萬分為難。推求其故，總是單音字的製作不好。
>
> ……
>
> 文字是一種表達思想學術的符號，是世界的公器，並沒有國籍，也決不能彼此互分界線——這話太高了，恐怕先生更不明白——所以作文的時候，但求行文之便與不便，適

當之與不適當，不能限定只用那一種文字。

文章最後的話，愈說愈難聽了：「先生既不喜新，似乎在舊學上，功夫還缺乏一點。倘能用上十年功，到《新青年》出到第二十四卷的時候，再寫書信來與記者談談，記者一定『颳目相看』！否則記者等就要把『不學無術、頑固胡鬧』八個字送給先生『生為考語，死為墓銘』！」[6]

二月初，胡適回到北京。他覺得這種自己與自己辯論的做法，未免過於遊戲，不是正人君子所為。但魯迅認為唱唱雙簧戲，也無傷大雅，矯枉不忌過正；只要能打倒敵人，嬉笑怒罵，皆成文章。

沈尹默後來「爆內幕」說：胡適因為對這件事不滿，提出要把這個雜誌編輯歸他自己去編，不許劉半農與聞，惹起了魯迅弟兄的憤慨，他們說：《新青年》如果歸胡適一人包辦，我們就不投稿。沈氏出頭對胡適說：「你不能包辦，萬不得已時，仍舊由獨秀收回去辦倒可以。」胡適只好聽從勸告，「沒有能夠達到他想拿去包辦的目的」。[7]

這段「逸聞」，後來被胡適斥為「全篇扯謊」。胡適在日記中寫道：「這人是一個小人，但這

5 《給新青年編者的一封信》。《新青年》第四卷第三號，一九一八年三月十五日。
6 劉半農《覆王敬軒書》。《新青年》第四卷第三號，一九一八年三月十五日。
7 沈尹默《胡適這個人》。香港《大公報》一九五一年十二月二日。

樣下流的扯謊倒是罕見的！」[8]事實上，《新青年》採用同人制兩個月，剛剛出現良好勢頭，而胡適又才從家鄉回來，以他的性格，根本不可能在這時提出推翻同人制，自己包辦《新青年》的。

不久，《新青年》收到一封署名「崇拜王敬軒先生者」的讀者來信，聲稱：「讀《新青年》，見奇怪之言論，每欲通信辯駁，而苦於詞不達意，今見王敬軒先生所論，不禁浮一大白。王先生之崇論宏議，鄙人極為佩服，貴誌記者對於王君議論，肆口侮罵，自由討論學理，固應如是乎！」陳獨秀在覆信中，闡述了《新青年》的原則立場：

本誌自發刊以來，對於反對之言論，非不歡迎；而答詞之敬慢，略分三等：立論精到，足以正社論之失者，記者理應虛心受教。其次則是非未定者，苟反對者能言之成理，記者雖未敢苟同，亦必尊重討論學理之自由虛心請益。其不屑與辯者，則為世界學者業已公同辯明之常識，妄人尚復閉眼胡說，則唯有痛罵之一法。討論學理之自由，乃神聖自由也；倘對於毫無學理毫無常識之妄言，而濫用此神聖自由，致是非不明，真理隱晦，是曰「學願」；「學願」者，真理之賊也。[9]

讀者不免要問，既然是「毫無學理毫無常識之妄言」，為什麼還要登在雜誌上呢？把一些毫無討論價值的東西放到雜誌裏，然後痛罵一番，豈不連這痛罵也是毫無價值的嗎？豈不是浪費讀者的金錢與時間嗎？讀者為什麼要掏錢買一些毫無價值的垃圾呢？

劉半農的輕薄文筆，也頗招物議。《新青年》收到一位姓戴的讀者來信批評：「『通信』（《新青年》的欄目）既以辯論為宗，則非辯論之言，自當一切吐棄；乃諸君好議論人長短，妄是非正法，胡言亂語，時見於字裏行間，其去宗旨遠矣。諸君此種行為，已屢屢矣；而以四卷三號半農君覆王敬軒君之言，則尤為狂妄。」

雙簧戲的目的，是要為新文化運動創造一個象徵性事件，讓它成為公眾話題。現在，可以說達到了。陳獨秀滿心歡喜。錢玄同在覆信中，先以冷嘲熱諷的語氣，請這位戴先生先讀讀陳獨秀在《新青年》四卷六號上的答辯辭，即所謂「答詞之敬慢，略分三等」，對於「妄人」的「閉眼胡說」，「則惟有痛罵之一法」。然後尖銳反問：「來書中如『胡言亂語』、『狂妄』、『肆無忌憚』、『狂徒』、『顏之厚矣』諸語，是否不算罵人？幸有以教我！」[10]

《留美學生季報》也發表了汪懋祖來信（《新青年》加以轉載），對《新青年》終日以罵人為能事，深表不滿，批評《新青年》文章，流於「村嫗潑罵」。「文也者，含有無上美感之作用，貴報方事革新而大闡揚之，開卷一讀，乃如村嫗潑罵，似不容人以討論者，其何以折服人心，此雖異乎文學之文；而貴報固以提倡新文學自任者，似不宜以『妖孽』『惡魔』等名詞輸入青年之腦筋，以長其暴戾之習也。」

胡適負責回答汪函。他的措辭，比錢氏溫和、冷靜，因為他本身也是一個反對以吵架代替

8 《胡適日記全編》（八）。安徽教育出版社，二〇〇一年版。
9 陳獨秀《答崇拜王敬軒者》。《新青年》第四卷六號，一九一八年六月。
10 戴主一、錢玄同《駁王敬軒君信之反動》。《新青年》第五卷第一號，一九一八年七月。

討論，以罵人代替說理的人。他說：

> 此種評言，具見足下之愛本報，故肯進此忠言。從前我在美國時，也曾寫信與獨秀先生，提及此理。那時獨秀先生答書說文學革命一事，是「天經地義」，不容更有異議。我如今想來，這話似乎太偏執了。我主張歡迎反對的言論，並非我不信文學革命是「天經地義」，我若不信這是「天經地義」，我也不來提倡了。但是人類的見解有個先後遲早的區別，我們深信這是「天經地義」了，旁人還不信這是「天經地義」。我們有我們的「天經地義」，他們有他們的「天經地義」。輿論家的手段，全在用明白的文學，充足的理由，誠懇的精神，要使那些反對我們的人不能不取消他們的「天經地義」，來信仰我們的「天經地義」。所以本報將來的政策，主張儘管趨於極端，議論定須平心靜氣。一切有理由的反對，本報一定歡迎，決不致「不容人以討論」。[11]

聽起來好像有指桑罵槐的味道。尤其最後一句，簡直就是公開否定陳獨秀「不容匡正」的主張了。不過，胡適的「改造」，最終目的仍是要取消異見，使之「皈依我佛」，而不是視多元多維的思想並存是一種自然生態。這還不算真正的自由主義，但至少在路徑上，與陳獨秀、錢玄同等人，各行其道，已有了距離。胡適決不認同演雙簧戲這種舉動，要與舊學鬥爭，就要堂堂正正地辯論。

學術自由，終於還是難自由

這時，胡適找到一個堂堂正正的辯論對手了。

這人叫張厚載，又名張繆子，筆名聊止、聊公等。生於一八九五年，江蘇青浦（今上海）人，是林紓在正志中學任教時的學生，現在北京大學法科政治系讀書，也是《神州日報》的通訊記者。他在一九一八年初夏向《新青年》投了一篇《新文學及中國舊戲》。他贊成文學改良，主張一切詩文，都須自由進化到一定的範圍之內，然「凡一事物之改革，必以漸，不以驟；改革過於偏激，反失社會之信仰，所謂『欲速則不達』，亦即此意。改良文學，是何等事，決無一走即到之理。」

針對錢玄同在《新青年》上稱舊戲劇裏「戲子打臉之離奇，舞臺設備之幼稚，無一足以動人感情」一語，張厚載提出了不同意見，他認為「戲子之打臉，皆有一定之臉譜，『昆曲』中分別尤精，隱寓褒貶之義，未可以『離奇』二字一概抹殺之。總之，中國戲曲，其劣點固甚多；然其本來面目，亦確自有其真精神。」

戲曲的改良，在中國討論了很多年，早在一九〇二年，梁啟超就致力於此。一九〇三年，

11 汪懋祖、胡適《讀新青年》。《新青年》第五卷第一號，一九一八年七月。

南社的陳去病高揭起戲曲改良的旗號，得到汪笑儂、孫菊仙、熊文通等戲劇界人士的響應。不過，他們的改良都是集中在內容上，像新青年同人，從形式上全盤否定，甚至要封閉戲院，倒是前所未有。

張厚載的來信，刊登在四卷六號上。客觀而論，這封信還算言之成理，沒有挑釁之意，但《新青年》同人，幾乎是「一聲炮響，三軍盡出」，胡適、錢玄同、劉半農、陳獨秀都在同期雜誌上作了答辯，其原因有二，一是張厚載反駁了錢玄同，按照二分法，不為同志，即為敵人。二是張厚載為林紓學生，替老師頂缸，也屬分內之事，攻擊他，對林紓可收敲山震虎之效。

錢玄同嘲笑說：「朱熹做《綱目》，學孔老爹的筆削《春秋》，已為通人所譏訕；舊戲索性把這種陽秋筆法畫到臉上來了，這真和張家豬肆記卍形於豬鬣，李家馬坊烙圓印於馬蹄一樣的辦法。哈哈！此即所謂中國舊戲之『真精神』乎？」

他這番嘲諷，恰恰暴露了一個自相矛盾的問題。

新文學既以通俗為號召，不避俗字俗詞，不避坊間語言，目的是讓平民百姓都看得懂，錢玄同自己就主張「寧失之俗，勿失之文」。那臉譜是「俗」還是「文」呢？張家豬肆、李家馬坊的用具是「俗」還是「文」呢？為什麼對平民百姓都看得懂的臉譜，卻偏偏不能容忍？「和張家豬肆記卍形於豬鬣，李家馬坊烙圓印於馬蹄一樣」，難道不正是新文學追求的目標之一嗎？詩文要俗，戲劇就不能俗了？

陳獨秀的反駁，立足點在於「中國不如西洋」，因為中國戲與西洋戲不同，所以中國戲就該打倒。陳氏宣稱：「尊論中國劇，根本謬點，乃在純然回於方隅，未能曠觀域外也。劇之為物，所以見重歐洲者，以其為文學美術科學之結晶耳。吾國之劇，在文學上，美術上，科學上，果有絲毫價值邪？」陳氏斷言，中國戲劇無非是「助長淫殺心理」，「暴露我國人野蠻暴戾之真相」而已，當然是要全盤否定。

胡適試圖擺出說理姿態，從邏輯上，論證文學的進步，其實就是一個不斷突破舊範式的過程。他首先肯定張厚載「以評戲見稱於時，為研究通俗文學之一人，其贊成本社改良文學之主張，固意中事」，然後指出：

> 來書兩言詩文須「自由變化於一定範圍之中」，試問自由變化於一定範圍之「外」，又有何不可？又何嘗不是自然的進化耶？來書首段言中國文學變遷，自三代之文以至於梁任公之「新文體」，此豈皆「一定範圍之中」之變化耶？吾輩正以為文學之為物，但有「自由變化」而無「一定範圍」，故倡為文學改革之論，正欲打破此「一定範圍」耳。[12]

但錢玄同覺得胡適太過溫吞水了，「我與適之的意見卻有點反對」。他對劉半農說，「我們做《新青年》的文章，是給純潔的青年看的，決不求此輩『贊成』。」他甚至直斥舊戲臉譜是「實與一班非作奴才不可的遺老要保存辮子，不拿女人當人的賤丈夫要保存小腳同是一種心理」。[13]

胡適卻不理會，繼續溫吞水，與一個真實的張厚載辯論，「總比憑空閉戶造出一個王敬軒」

12 張厚載、錢玄同、陳獨秀、胡適信函，均見《新青年》第四卷第六號，一九一八年六月十五日。

13 錢玄同《寄劉半農》。《新青年》第五卷第二號，一九一八年八月十五日。

要有價值得多。何況，只許造一個虛假的王敬軒出來，不許找個真實的張厚載做文章，未免太不公了。他邀請張厚載不妨把中國舊戲的好處，寫成一篇文章，在《新青年》上刊登，預備大家討論討論。

錢玄同見說不服胡適，甚至還要在《新青年》上繼續刊登「遺老」和「賤丈夫」們的文章，不禁大感惱怒，竟激動至要脫離《新青年》。胡適致函錢氏：「至於老兄以為若我看得起張謬子，老兄便要脫離《新青年》，也未免太生氣了。我以為這個人也受了多數日報文字和少年得意的流毒，故我頗想挽救他，使他轉為吾輩所用。若他真不可救，我也只好聽他，也決不痛罵他的。」最後這句話，也可以理解為胡適對「學術多元」的肯定，而不是非要把異見消滅不可。

錢玄同的宗旨，恰好相反，他是要掃滅異見，決不與之周旋的。他奉勸胡適：「老兄的思想，我原是很佩服的，然而我卻有一點不以為然之處，即對於千年積腐的舊社會，未免太同他周旋了。平日對外的議論，很該旗幟鮮明，不必和那些腐臭的人士周旋。」

胡適答覆：「我所有的主張，目的並不在於『主張』，乃在『實行這主張』，故我不屑『立異以為高』。我立『異』，並不『以為高』，我要人知道我為什麼要『立異』，換言之，我『立異』的目的在於使人『同』於『我的異』。」最後不冷不熱地奉還一句，「老兄說：『你無論如何敷衍他們，他們還是狠罵你』。老兄似乎疑心我的『與他們周旋』是要想『免罵』的，這句話是老兄的失言，庶不駁回了。」[14]

胡適天生有「盎格羅撒克遜紳士」風度，交流學問，諄諄後喻，絕不恃勢凌人，他的學生羅家倫曾寫詩讚美：「你永遠說你心上要說的話，可是你永不給人家困惱；因為你任何的批評，裏面帶着無限的同情。」[15]胡適的性格，但開風氣不為師。與張厚載的爭論，堅持以理服人，在好為天下師的《新青年》同人中，顯然是一個另類。

張厚載沒跳起來，新青年們先自跳起來了；張厚載還沒被駁倒，新青年們內部已先自打起架來了。後世論者嘗言：「『王敬軒』來信發表後，真的引來了一批反對者。值得注意的是，當真的反對者出來辯駁時，《新青年》同人卻表現出無法容忍的態度。」[16]這種以思想專制反對專制思想的「革命」，何嘗不是一齣更大的新舊文化「雙簧戲」呢？殊令人扼腕一歎。

當年十月，輪到胡適當值編輯，他便在《新青年》五卷四號上，發表了張厚載的文章《我的中國舊戲觀》。同時他約請傅斯年寫了《戲劇改良各面觀》、《再論戲劇改良》兩篇文章，還有歐陽予倩《予之戲劇改良觀》、宋春舫的《近世名戲百種目》，列舉了百種西洋名戲，作為中國新戲的範本。胡適自己則寫了一篇《文學進化觀念與戲劇改良》。把這一期的《新青年》做成了一個戲劇改良專號。

魯迅作為《新青年》半個同人，對這場爭論，他是居高臨下，冷眼旁觀，宣稱對「不負責任的隨口批評，沒有常識的問難」，根本不屑搭理，既不必去罵他，也不與他討論，「例如見鬼，求仙，打臉之類，明明白白全是毫無常識的事情，《新青年》卻還和他們反覆辯論，對他們說『二五得一十』的道理，這功夫豈不可惜，這事業豈不可憐。」

14 錢玄同、胡適的通信，均見《胡適來往書信選》（上），中華書局，一九七九年版。
15 羅永芳《胡適與羅家倫》。臺灣，《華美族研究集刊》，二〇〇三年第六期。
16 王奇生《新文化是如何「運動」起來的》。《近代史研究》，二〇〇七年第一期。

然而，既存在質疑與辯論，就說明不是人皆公認的「常識」。全盤否定舊戲，在張厚載們看來，也可以說是明明白白毫無常識的事情。大家各說各話，黃河哪得澄清日。所以魯迅不屑於爭論，他常常批評中國人不乏看客，但看客也有很多種，有麻木不仁的看客，有故意攪渾水的看客，有幸災樂禍的看客，也有不屑搭理的看客。

「耶穌說，見車要翻了，扶他一下。Nietzsche 說，見車要翻了，推他一下。」魯迅告誡人們，「我自然是贊成耶穌的話；但以為倘若不願你扶，便不必硬扶，聽他罷了。此後能夠不翻，固然很好；倘若終於翻倒，然後再來切切實實的幫他擡。」[17]但「舊戲曲」這輛車，雖然沒有說不願別人扶，但依然不肯去扶，而要用力推他一下了。

魯迅說「不必硬扶，聽他罷了」，與胡適說「若他真不可救，我也只好聽他」，聽起來差不多，其實卻不是一回事。胡適是要救人，魯迅是要救世。兩人的思想、性格、處世方式，都截然不同，他們居然可以成為「新青年同人」，實在是歷史的大潮，在漲退之間，把他們沖到一塊的結果。魯迅曾對陳獨秀與胡適有一段評論：

其時最惹我注意的是陳獨秀和胡適之。假如將韜略比作一間倉庫罷，獨秀先生的是外面豎一面大旗，大書道：「內皆武器，來者小心！」但那門卻開着的，裏面有幾支槍，幾把刀，一目了然，用不着提防。適之先生的是緊緊的關着門，門上粘一條小紙條道：「內無武器，請勿疑慮。」這自然可以是真的，但有些人——至少是我這樣的人——有時總不免要側着頭想一想。半農卻是令人不覺其有「武庫」的一個人，所以我佩服陳胡，卻親近半農。18

魯迅當然不會說到自己的「韜略」，習慣於「以最壞的惡意來推測中國人」的魯迅，對這個社會充滿戒心，在房子的四周陳列着各式武器，豎一面大旗，大書道：「內外皆武器，來者小心！」而那門是緊閉着的。

在魯迅的各種比喻中，他自己始終是抽離於這個整體的，他在鐵屋子的外面，也在車子外面，是讓人們繼續昏睡，還是吵醒他們？是扶一扶車子，還是推一下它？都由這個外在於整體的「我」來決定。

魯迅屬於見車要翻了——或者竟還沒有要翻，只是被認定要翻——就要使勁推翻它的那批「真正的猛士」。對企圖阻止他推的人，魯迅的性格，是「『以眼還眼以牙還牙』，或者以半牙，以兩牙還一牙」（魯迅語）的，一個都不寬恕，哪怕上窮碧落下黃泉，也要窮追猛打，至死方休。

17 魯迅《渡河與引路》。《魯迅全集》（七），人民文學出版社，一九八一年版。
18 魯迅《憶劉半農君》。《魯迅全集》（六），人民文學出版社，一九八一年版。

「用石條壓駝背」

然而，車子是不是真的要翻，不同的人，從不同的角度看去，卻往往有不同的結論，原本就沒有什麼絕對的標準。比如儒學這輛車，有人說它要翻了，有人說再過一萬年它也不會翻。說它會翻的人奮力去推它，說它不會翻的人拚命去護它，雙方都不肯妥協，就要拔刀相見了。儒學本身的學統意義，反而不再重要了。在新青年看來，不僅儒學要推翻，甚至連記載儒學的中文（漢文與漢字），也罪該萬死。

自鴉片戰爭以後，相當多的中國知識分子中，形成了一種自我厭惡，甚至自我憎恨的集體想像。錢玄同在一九一八年四月，提出了他推翻漢文的宣言：「欲使中國不亡，欲使中國民族為二十世紀文明之民族，必以廢孔學、滅道教為根本之解決；而廢記載孔門學說及道教妖言之漢文，尤為根本解決之根本解決。」原因何在？錢氏指出：

> 儒家以外之學，自漢即被罷黜；二千年來所謂學問，所謂道德，所謂政治，無非推衍孔二先生一家之學說。所謂「四庫全書」者，除晚周幾部非儒家的子書外，其餘則十分之八都是教忠教孝之書：「經」不待論；所謂「史」者，不是大民賊的家譜，就是小民賊殺人放火的賬簿，——如所謂「平定什麼方略」之類，——「子」、「集」的書，大多數都是些

「王道聖功」、「文以載道」的妄談。還有那十分之二，更荒謬絕倫：說什麼「關帝顯聖」、「純陽降壇」、「九天玄女」、「黎山老母」的鬼話；其尤甚者，則有「嬰兒姹女」、「丹田泥丸宮」等說，發揮那原人時代「生殖器崇拜」的思想。所以二千年來用漢字寫的書籍，無論那一部，打開一看，不到半頁，必有發昏做夢的話。此等書籍，若使知識正確，頭腦清晰的人看了，自然不至墮其玄中；若今初學之童子讀之，必終身蒙其大害而不可救藥。

欲祛除三綱五倫之奴隸道德，當然以廢孔學為唯一之辦法；欲祛除妖精鬼怪，煉丹畫符的野蠻思想，當然以剿滅道教——是道士的道，不是老、莊的道，——為唯一之辦法。欲廢孔學，欲剿滅道教，惟有將中國書籍一概束之高閣之一法。何以故？因中國書籍，千分之九百九十九都是這兩類之書故；中國文字，自來即專用於發揮孔門學說，及道教妖言故。[19]

這是釜底抽薪之計。既然幾千年的中國歷史上，每頁都寫滿了「仁義道德」，那麼，把「仁義道德」這幾個漢字剷除了，子孫後代再也不認識它們了，連教書先生也不認得了，這仁義道德不就沒有存身之所了嗎？在錢玄同看來，漢字就像一條船，載着三墳、五典、八索、九丘這些垃圾，與其費勁地逐一清掃垃圾，不如索性把船鑿沉，狗死狗虱死，一了百了。

魯迅對中國的古書，儘管自己看了很多，但也沒有好感，覺得年輕人沒必要去讀。他有一

19　錢玄同、陳獨秀、胡適《中國今後之文字問題》。《新青年》第四卷第四號，一九一八年四月十五日。

段話，與他的「鐵屋子」同樣著名，魯迅說：「中國書雖有勸人入世的話，也多是僵屍的樂觀；外國書即使是頹唐和厭世的，但卻是活人的頹唐和厭世。我以為要少——或者竟不——看中國書，多看外國書。」[20]既然中國書不必看，漢文當然也就沒有存在的必要了；既然外國書必須看，那外文就一定要推廣了。魯迅建議用德文取代漢文，陳獨秀提議用法文，更多的人認為，漢文的替代物，就是「愛斯不難讀」的世界語。

世界語是《新青年》上一個長盛不衰的熱門話題。最早是一個叫「T.M.Cheng」的讀者投書雜誌，提倡學習世界語，陳獨秀在回信中肯定地說：「世界語為今日人類必要之事業」，在世界語未能普及之前，可以先學習法文，蓋法文與世界語文法相近。[21]

一場關於「人類必要之事業」的論戰，遂由此鳴鑼開幕。

首先由錢玄同與陳獨秀做開場白。陳獨秀說，對將來是用世界語，還是拼音，或法文取代漢文，無可無不可，只要能取代漢文就行。從步驟上說，可以「先廢漢文（文言文），且存漢語（白話文），而改用羅馬字母（拼音）書之」。

但錢玄同不贊成以法文代替世界語，他堅信各國犧牲自己的國語，推行世界語，乃世界大同的標誌。既然如此，何不一步到位，直接採用「文法簡賅，發音整齊，語根精良」的世界語？儘管他自承「於外國文，只略略認得幾個日本假名，至於用 ABCD 組合的文字，簡直沒有學過」，[22]但這並不妨礙他把「ABCD」視作中國文化的救星。他認為當前的上上之策，就是在中國的學校裏，立即以世界語取代英語教學。陳獨秀被他說服了，並且想像「吾國教育界果能一致行此新理想，當使歐美人震驚失措」。[23]不過，為什麼中國人推行世界語，歐美人就會「震驚失措」，陳獨秀倒沒有說明。

兩人在《新青年》上一唱一和，原指望新文化陣營一呼百應，造成聲勢，掀起一輪文字革命的高潮，詎料最先起來唱反調的，竟是《新青年》同人陶孟和。

陶孟和，原名履恭，祖籍浙江紹興，一八八七年十一月五日生於天津。曾在英國倫敦大學經濟政治學院攻讀社會學和經濟學，一九一三年獲經濟學博士學位。一九一四年進入北大，執教社會學。他是《新青年》的編輯之一。編輯部裏只有他與胡適是留學英美的，兩人的觀點往往比較接近。從一九一七年至一九二〇年，陶孟和在《新青年》上發表了十餘篇文章，其中便包括他對世界語的質疑文章。

他指出錢玄同把世界大同與世界語等同起來，從根本上已經錯了。「世界主義是一事，而世界語又是一事，二者未必為同問題。」世界大同只是利益上的相同，而不是民族特性（包括語言）的消滅。他尖銳指出，以世界語取代漢語的主張，實際上是一種語言的專制，與罷黜百家的文化專制，同出一轍。[24]

以思想專制反對專制思想，始終是新青年們一個無法解決的悖論。

20 魯迅《青年必讀書》。《魯迅全集》（三），人民文學出版社，一九八一年版。
21 陳獨秀《覆 T.M.Cheng》。《新青年》第二卷第三號，一九一六年十一月一日。
22 錢玄同《區聲白、陶履恭信跋》。《新青年》第五卷第二號，一九一八年八月十五日。
23 陳獨秀《覆錢玄同》。《新青年》第三卷第四號，一九一七年六月一日。
24 陶孟和《致陳獨秀》。《新青年》第三卷第六號，一九一七年八月一日。

陶氏的文章，招來北大世界語的師生以及各地安那其的反駁。雙方情緒愈來愈激動，免不了都鬧起閒氣來了。魯迅認為世界語能不能獨尊，那是以後的事情；以後的事情以後再說，現在沒必要討論。新青年陣營分成了兩大派，陳獨秀、魯迅、周作人和安那其主義者為一派，胡適、陶孟和、朱我農、任叔永等人為一派。雙方的筆墨官司，從北大一直打到太平洋彼岸。

陶孟和在他負責編輯的《新青年》四卷四號上，組織了一組「論世界語」的通信，他嘲笑世界語是「垂死的假言語」，鼓吹世界語是「賣藥者未有不誇讚其藥之靈驗者」，並斬釘截鐵地斷言：「絕對的不信世界語可以通用。不信世界語與世界統一有因果關係。不信世界語為人類之語言。」[25]

胡適主張改革文字，宜循序作階段式前進。他說：「獨秀先生主張『先廢漢文，且存漢語，而改用羅馬字母書之』的辦法，我極贊成。凡事有個進行次序。我以為中國將來應該有拼音的文字。但是文言中單音太多，決不能變成拼音文字。所以必須先用白話文字來代文言的文字；然後把白話的文字變成拼音的文字。至於將來中國的拼音字母是否即用羅馬字母，這另是一個問題，我是言語學的門外漢，不配說話了。」[26]

他一方面贊成「先廢漢文，且存漢語」，一方面又說自己「不懂語言學，不配說話」，曲曲折折，其實是想強調「凡事要循序漸進」的觀點：

> 中國文字問題，我本不配開口，但我仔細想來，總覺得這件事不是簡單的事，須有十二分的耐性，十二分的細心，方才可望稍稍找得出一個頭緒來。若此時想「抄近路」，

無論那條「近路」是世界語，還是英文，不但斷斷辦不到，還恐怕挑起許多無謂之紛爭，反把這問題的真相弄糊塗了。[27]

胡適批評錢玄同「抄近路」，明眼人一看即明。為胡適撰寫年譜的胡頌平記述，胡適對世界語問題，「始終守中立態度。到了（一九一八年）八月七日，才勸那幾位文戰團體中的人，可以宣告『討論終止』了。錢玄同在附言裏說，『適之先生對 Esperanto 也是不贊成的，所以不願大家爭辯此事。』」[28]

但火頭已經點着了，一時間還不易熄滅。遠在美國的任叔永致函胡適，把錢玄同大大挖苦了一番：「我想錢先生要廢漢文的意思，不是僅為漢文不好，是因漢文所載的東西不好，所以要把他拉雜摧燒了，廓而清之。我想這卻不是根本的辦法。吾國的歷史，文字，思想，無論如何昏亂，總是這一種不長進的民族造成功了留下來的。此種昏亂種子，不但存在文字歷史上，且存在現在及將來子孫的心腦中。所以我敢大膽宣言，若要中國好，除非把中國人種先行滅絕！可惜主張廢漢文漢語的，雖然走於極端，尚是未達一間呢！」

任氏進而又補上一句說：「一面講改良文學，一面講廢滅漢文，是否自相矛盾？既要廢滅不

25 陶孟和《答孫國璋》。《新青年》第四卷第四號，一九一八年四月十五日。
26 錢玄同、陳獨秀、胡適《中國今後之文字問題》。《新青年》第四卷第四號，一九一八年四月十五日。
27 胡適《致錢玄同》。《中國現代文藝資料叢刊》第五輯，一九八〇年。
28 胡頌平《胡適之先生年譜長編》。臺灣，聯經出版事業有限公司，一九八四年版。

用，又用力去改良不用的對象。我們四川有句俗話說，『你要沒有事做，不如洗煤炭去罷』。」[29]

在日本的朱我農（即後來的交通大學校長）也加入了論戰。他對推行世界語，較陶孟和反對得更為激烈、徹底。陶氏說世界語是「垂死的假言語」，朱氏則直斥其為「已死的私造文字」。他斷然表示，世界語沒有口頭語言作為根基，所以是不能進化的死文字；靠幾個人私造一種文字來取代日常語言是白日做夢。

> 「朱我農致函胡適說」陳錢兩先生稱為「人類之語言」的語言，究竟是世上能有的，還是不能有的麼？這個問題，現在尚不能解決；因為這是將來的語言，不能據現在幾個人的理想測度得準的。但是據現在的事實看起來，這語言是現在沒有的，所以兩先生所說的「人類之語言」，只能算作一個虛擬的名稱，不是實有的事物。

人類有沒有世界大同那一天，本來就是一個假設；說世界大同之日人類就一定會獨尊世界語，更是假設中的假設了，與假設世界大同之日人們穿什麼衣服一樣無稽。「能否實行，和以後實行時的秩序是否如此，還得實地研究，光這幾句空話是不可靠的。」[30]朱我農從邏輯上否定世界語的必然性。胡適在覆信中承認：「我對於世界語和 Esperanto 兩個問題，雖然不曾加入《新青年》裏的討論，但我心裏是很贊成陶孟和先生的議論的。」[31]

胡適希望爭論告一段落。錢玄同也同意休戰，這種左手與右手打架的事，實在和洗煤炭一樣沒勁，他聲稱今後只和贊成者討論，「若如陶孟和和朱我農兩君及老兄（胡適）之根本推翻

Esperanto 者，甚或不承認將來人類應有公用的語言文字者，則不復置辯。」[32]在錢氏看來，胡適並不是什麼中立者，而是主張根本推翻 Esperanto 的人。這在他們之間，埋下了一根刺。

29 任叔永《致胡適》。《新青年》第五卷第二號，一九一八年八月十五日。

30 朱我農《致胡適》。《新青年》第五卷第四號，一九一八年十月十五日。

31 胡適《跋朱我農來信》。《新青年》第五卷第四號，一九一八年十月十五日。

32 錢玄同《致胡適》。《新青年》第五卷第四號，一九一八年十月十五日。

《本誌罪案之答辯書》的烈士情結

錢玄同的廢除漢文主張，引起各方責難，最尖銳的批評，來自新青年陣營，這很令人洩氣。陳獨秀形容當時社會上，「大驚小怪，八面非難，那舊人物是不用說了，就是咶咶叫的青年學生，也把《新青年》看作一種邪說，怪物，離經叛道的異端，非聖無法的叛逆。」「他們所非難本誌的，無非是破壞孔教，破壞禮法，破壞國粹，破壞貞節，破壞舊倫理（忠、孝、節），破壞舊藝術（中國戲），破壞舊宗教（鬼神），破壞舊文學，破壞舊政治（特權人治），這幾條罪案。」

一九一九年元旦剛過，陳獨秀就以《本誌罪案之答辯書》一文，正式打出民主與科學這兩面旗，他宣稱：「本誌同人本來無罪，只因為擁護那德莫克拉西（Democracy）和賽因斯（Science）兩位先生，才犯了這幾條滔天的大罪，要擁護那德先生，便不得不反對孔教、禮法、貞節、舊倫理、舊政治；要擁護那賽先生，便不得不反對舊藝術、舊宗教；要擁護德先生又要擁護賽先生，便不得不反對國粹和舊文學。大家平心細想，本誌除了擁護德、賽兩先生之外，還有別項罪案沒有呢？若是沒有，請你們不用專門非難本誌，要有氣力有膽量來反對德、賽兩先生，才算是好漢，才算是根本的辦法。」

〔陳獨秀替錢玄同申辯〕社會上最反對的，是錢玄同先生廢漢文的主張。錢先生是中國文字音韻學的專家，豈不知道語言文字自然進化的道理？（我以為只有這一個理由可以反對錢先生。）他只因為自古以來漢文的書籍，幾乎每本每頁每行，都帶着反對德、賽兩先生的臭味；又碰着許多老少漢學大家，開口一個國粹，閉口一個古說，不啻聲明漢學是德、賽兩先生天造地設的對頭；他憤極了才發出這種激切的議論，像錢先生這種「用石條壓駝背」的醫法，本誌同人多半是不大贊成的。但是社會上有一班人，因此怒罵他，譏笑他，卻不肯發表意思和他辯駁，這又是什麼道理呢？難道你們能斷定漢文是永遠沒有廢去的日子嗎？33

《新青年》主張文學革命，受到舊勢力的非難，乃意料中事，但這種非難究竟嚴重到什麼程度？他們是否面臨八面非難、烏雲壓城的局面？如果是，何以劉半農卻說「自從提倡新文學以來，頗以不能聽見反抗的言論為憾」呢？

魯迅在一九二七年回顧這段歷史時說：「在中國，剛剛提起文學革新，就有反動了。不過白話文卻漸漸風行起來，不大受阻礙。這是怎麼一回事呢？就因為當時又有錢玄同先生提倡廢除漢字，用羅馬字母來替代。這本也不過是一種文字革新，很平常的，但被不喜歡改革的中國人聽見，就大不得了了，於是便放過了比較的平和的文學革命，而竭力來罵錢玄同。白話乘了這

33 陳獨秀《本誌罪案之答辯書》。《新青年》第六卷第一號，一九一九年一月十五日。

一個機會，居然減去了許多敵人，反而沒有阻礙，能夠流行了。」[34]

在胡適看來，中國的白話文，已具備了上升為國語的條件，加上《新青年》「有意的提倡」，沒有經過什麼大風浪，便得以「輕輕俏俏地成功」了。胡適分析說，「近代中國文學革命之所以比較容易成功」，原因之一，是「那時的反對派實在太差了」。[35]

北大國文教授中，不乏堅持文言文者，黃侃即其中之一。有一回他對學生解釋文言文的優越時，舉例說：「如胡適的太太死了，他的家人電報必云：『你的太太死了！趕快回來啊！』長達十一字之多，如用文言文則僅需『妻喪速回』四字即可，只電報費就可省三分之二。」這種調侃雖然很刻薄、過癮，卻沒有說服力。中國人常以佔些「我是你老子」之類的嘴上便宜為樂，堂堂章太炎弟子，不能免俗，要用這種方式來保衛文言文，果然「太差了」，怪不得白話文可以勢如破竹。

胡適當時沒有回應，事隔多年以後，他也以其人之道，反證白話文比文言文優越。他在課堂上對學生們說：行政院邀請他去做官，他決定不去，請學生們用文言文代他編寫一則覆電，看看究竟是白話文省字，還是文言文省字。最後他挑出一份字數最少的電稿：「才學疏淺，恐難勝任，不堪從命。」胡適說，這份寫得確實簡練，僅用了十二個字。但我的白話電報卻只用了五個字：「幹不了，謝謝。」

公說公有理，婆說婆有理，黃、胡二人舉的例子，都可以成立，正好說明文言、白話各有長短。有古文基礎的人，寫起白話文來，往往比沒有古文基礎的，略高一籌，這也是一個事實。兩者本來可以取長補短，更上層樓，但白話文與文言文之爭，從一開始，就帶有強烈的政治含義，意識形態上的意義，遠遠大於語言本身的意義。《本誌罪案之答辯書》一文，便是一種意識形態的表達。

一九一八至一九一九年間，真正站出來對新文化作正面反擊的，只有以林紓為代表的幾位老先生，滿嘴之乎者也焉矣哉，他們的反對，無非是寫兩篇文章，畫幾幅漫畫，醜化一下對手，唱唱反調，《新青年》還巴不得他們唱反調呢，否則太寂寞了。但以文論戰，他們遠不是新青年們的對手。林紓一介文人，沒有權力做靠山，根本不構成什麼實質的障礙，所以胡適說他「太差了」。

相反，白話文不僅有一群精力旺盛、鋒芒畢露的青年支撐着，很快也得到官方的認可，與由官方主持的國語讀音統一運動合流，形成不可逆轉之勢。胡適曾綜述其發展過程：

> 民國元年，教育部召集了一個讀音統一會，討論讀音統一的問題。讀音統一會議定了三十九個「注音字母」。這一副字母，本來不過用來注音，「以代反切之用」的。當初的宗旨，全在統一漢文的讀音。並不曾想到白話上去，也不曾有多大的奢望。七年十一月，教育部把這副字母正式頒佈了。八年四月，教育部重新頒佈注音字母的新次序（吳敬恒定的）。八年九月，《國音字典》出版。這個時候，國語的運動已快成熟了。國語教育的需要已是公認的了；所以當日「代反切之用」的注音字母。到這時候就不知不覺的變成國語運

34 魯迅《無聲的中國》。《魯迅全集》（四），人民文學出版社，一九八一年版。

35 《胡適口述自傳》。華東師範大學出版社，一九九三年版。

動的一部分了。就變成中華民國的國語字母了。

民國九年十年（一九二〇——一九二一），白話公然叫做國語了。反對的聲浪雖然不曾完全消滅，但始終沒有一種「持之有故，言之成理」的反對論。36

北京政府在一九二〇年向各省發佈訓令，要求凡國民學校一二年級，先改國文為語體文（白話文）。已審定的文言教科書，將分期作廢，包括國語在內的各科教科書，改用語體文。胡適稱「這個命令是幾十年來第一件大事。它的影響和結果，我們現在很難預先計算。但我們可以說：這一道命令把中國教育的革新至少提早了二十年。」37

劉半農、魯迅、胡適異口同聲，說出了一個事實，當時不僅白話文的推廣，沒有遇到什麼阻礙，就能夠流行起來了，而且整個文學革命運動，也沒有多少反對的聲音。胡適說是因為反對力量太過不堪一擊；而魯迅則說，是因為大家都忙着罵錢玄同去了。

那罵錢玄同的力量又有多大呢？

罵錢玄同，主要是罵他廢漢文，不光舊學人士罵，新學人士也罵。想像之中，錢玄同一定遭遇排山倒海的攻擊。但實際情況並非如此，在民國初年的世界語爭論上，支持的力量遠比反對的力量大得多。

安那其在中國風頭正盛，從蔡元培、吳稚暉、李石曾這些重量級的老牌安那其，到區聲白、黃凌霜這些年輕安那其，大江南北，無處不有。安那其是世界語最積極的推動者，不僅創辦了《世界語讀本》、《國際人民》、《華星》、《人道週報》、《人群》、《社會世界》、《天聲》、《綠波》

等一系列雜誌，還在全國最高學府的北大開設世界語選修課，連普通校役也組織夜校學習；蔡元培、吳稚暉等人又籌建「中國世界語學院」。連新青年同人，也大多支持錢玄同，令胡適雖然心裏不贊成以世界語取代漢語，也有點欲言又止，不敢公開反對，而要以中立姿態示人了。

文學革命的幾大戰役，標點符號的陣地是站穩了，白話詩文也輕易地取勝了，《新青年》從一九一八年五月的四卷五號開始，改用白話文。但還有一個重要目標沒有實現，那就是文字的橫排。

早在一九一七年五月，錢玄同就向《新青年》同人提出漢語編輯與印刷的「左行橫迤」問題，大家同聲附和。錢玄同拜訪魯迅時，興高采烈地告訴他，《新青年》將要改成橫行印刷了。周氏兄弟也很支持。但最終卻沒有實現，不是因為反對勢力太大，而是一旦改為橫排，雜誌成本將會大大增加，《新青年》負擔不起。這個原因，導致有些人退卻了。一九一八年十一月二十六日，錢玄同在致《新青年》同人信中，失望地寫道：

> 上月獨秀兄提出《新青年》從六卷起改用橫行的話，我極端贊成。今見群益來信，說，「這麼一改，印刷工資的加多幾及一倍」；照此看來，大約改用橫行的辦法，一時或未必實行。我個人的意思，總希望慢慢的可以達到改橫行的目的。38

36 胡適《五十年來中國之文學》。《胡適文集》（三），北京大學出版社，一九九八年版。
37 胡適《國語講習所同學錄序》。《胡適教育論著選》，人民教育出版社，一九九四年版。
38 錢玄同《致〈新青年〉同人》。《錢玄同文集》（六），中國人民大學出版社，二〇〇〇年版。

梁啟超時代，說新文化是弱勢，舊文化是強勢，還說得過去，到北大的《新青年》時代，早已時移勢轉，強弱易位矣。

從某種意義上說，誇大《新青年》所受到的圍攻，不過是陳獨秀的一種策略。「愈受打壓就愈受歡迎」的讀者心理，古今皆然，為了爭取更多的同情，擴大雜誌的影響，陳獨秀甚至聳人聽聞地說：「一切政府的壓迫，社會的攻擊笑罵，就是斷頭流血，都不推辭。」[39]其實，那時新舊文化的鬥爭焦點，是白話文言與非孔尊孔之爭，打打筆墨官司而已，何至於「斷頭流血」呢？

新青年陣營要在大眾中塑造一種孤膽英雄的烈士形象，就非要造成十面埋伏，四面圍攻的印象不可。沒有圍攻，甚至不惜自己扮敵人來圍攻。實際上，在當時的文化界、思想界，是新文化圍攻舊文化，而不是舊文化圍攻新文化。至少在北大，新文化對舊文化節節進逼，有如泰山壓頂。舊學對新學既無招架之力，只好採取「惹不起還躲得起」的態度。梁漱溟曾描述當時北大的新舊對抗形勢：

陳獨秀頭腦明晰，筆鋒銳利，批判舊派觀點，如摧枯拉朽。《新青年》雜誌詰問舊派：孔子真精神是什麼？價值何在？舊派張口結舌。可是許多舊派先生竟不感苦惱，仍埋頭於舊學之中，彷彿彼此並不相礙。學生一如教師，也分新舊……雖然我對新思潮莫逆於心，而且我既非新派，又不屬舊派，面對新舊之爭，似盡可仍埋首於佛學研究，可是我卻感到壓迫之嚴重，以為此問題不可忽略而且急切。[40]

「壓迫之嚴重」，一語道盡了舊學人士在北大的處境。那麼，來自「政府的壓迫」是否存在？這種壓迫，在中國是從來都存在的。但這時候來自北洋政府的壓迫，並不僅僅針對新學陣營，而是針對整個知識界，整個文化界。中國的統治者一向不喜歡知識分子議政參政，但客觀而論，北洋政府對學術自由、思想自由、言論自由、出版自由，還是十分寬鬆的。一旦出現壓迫，文化界的新舊兩派，往往也互相支持、聲援。曾在北大就讀的作家臺靜農回憶：「中文系新舊對立，只是文言白話之爭。如反軍閥統治，要求科學與民主，中文系新舊人物，似乎沒有什麼歧見。」[41]

對白話文、世界語的討論，政府不僅沒有加以壓迫，相反，還在一九二〇年用一道行政命令，把他們的白話文革命勝利，提前了二十年（胡適語）。

新文化遇到的正面攻擊，雖然不太激烈，但舊文化在現實中根深蒂固，已經滲透到中國人的大腦細胞中了，舊的思維模式、價值標準、行為規範，幾已成為中國人生理的一部分，無時無刻不左右着人們的一言一行、一舉一動。白話文不過是一件翻領大西裝，它可以穿在自由平等的身上，也可以穿在綱常名教的身上。這才是新文化最大的難題。事實證明，後來用白話文宣揚舊文化、舊道德、舊政治的，大有人在。

39 陳獨秀《本誌罪案之答辯書》。《新青年》第六卷第一號，一九一九年一月十五日。
40 梁漱溟《我生有涯願無盡——梁漱溟自述文錄》。中國人民大學出版社，二〇〇四年版。
41 臺靜農《早期三十年的教學生活》。臺灣，洪範書店，一九八八年版。

「用石條壓駝背」的方法，顯然得不償失。錢玄同廢除漢字、燒毀古書、全數封閉舊戲曲的種種偏激主張，後人恒以其「出於渴望世界大同的美好願望」，「為驚醒國人，不得不矯枉過直」，加以寬容曲諒。

然而，每個民族都有自己的文化傳統，包括語言、飲食、冠服、住宅、舟車、用具、藝術、信仰、道德、風俗等等，為千百年來所形成，是一個民族的人性、人格與人文的綜合體現。如果把歷史全盤否定，把傳統文化全盤推倒，等於把這個民族生存的基礎摧毀了，這個民族也就全然解體了。所以，「欲亡其國，必先亡其史」，對中國而言，亡史，等於亡其宗教，亡其精神所託。

經過辯論之後，錢玄同也心知肚明，廢除漢字，此路不通，於是他另外提出兩個過渡方案，一是實行羅馬字母拼音，一是簡化漢字筆劃。這兩個主張，倒漸漸為部分國人所接受。可見改良只要得法，循序漸進，慢慢磨合，又何至於「搬一張桌子都要流血」（魯迅語）呢？經由錢玄同、劉半農、趙元任、黎錦熙、汪怡、林語堂組成的「數人會」積極推動，一九二六年，「國語羅馬字」（拼音符號第二式）由教育部國語統一籌備會公佈，一九二八年由教育部以部令正式頒佈。

思想的閘門已被打開，獲得了空前的解放，人們開始重新審視中國的歷史、文化了，開始重新審視世界了，這才是最重要的。新文化運動的啟蒙作用，自有它的歷史意義，既不會因為舊勢力的激烈反抗而變得更偉大，也不會因為沒遇到舊勢力的激烈反抗就有所失色，更不會因為參與者日後的變化而被抹殺。

誰是孩子？誰有資格去救孩子？

《新青年》受到最激烈非難的，並不是文學革命，而是倫理革命。

陳獨秀在一九一六年已經斷言：「儒者三綱之說，為吾倫理政治之大原，共貫同條，莫可偏廢。三綱之根本義，階級制度是也。所謂名教，所謂禮教，皆以擁護此別尊卑明貴賤制度者也。近世西洋之道德政治，乃以自由平等獨立之說為大原，與階級制度極端相反。此東西文明之一大分水嶺也。」陳獨秀斷言，要實行共和立憲制度，就必須打破綱常階級制。兩者絕對沒有並行的餘地。他宣稱：

> 倫理的覺悟，為吾人最後覺悟之最後覺悟。42

倫理革命，「非孔」是一個總題目，下面還分許多章節，從「天、地、君、親、師」一路顛覆過來。什麼三綱五常、三從四德，什麼父慈子孝、夫唱婦隨，什麼禮儀三百、威儀三千，統統在橫掃之列。

自從易白沙發表《孔子平議》之後，新青年們開始指名道姓批判孔儒，喊出了「打倒孔家

42 陳獨秀《吾人最後之覺悟》。《青年雜誌》第一卷第六號，一九一六年二月十五日。

店」的口號。陳獨秀撰寫了一系列「非孔」文章，如《憲法與孔教》、《孔子之道與現代生活》、《再論孔子問題》、《舊思想與國體問題》等等，對舊文化、舊倫理發起猛烈攻擊。

另一員非孔猛將是四川的吳虞，主攻「非孝」、「非禮」，曾寫下《家族制度為專制主義之根據論》、《說孝》、《道家法家均反對舊道德說》等文章。他的拿手好戲就是引用道、法諸家之矛，攻儒家之盾，老子說「六親不和，有孝慈。國家昏亂，有忠臣」，吳虞就說「六親苟和，孝慈無用」，推而論之，國家強盛時就沒有忠臣。這種強詞奪理，把舊學人士嗆得說不出話來。胡適稱讚他是「四川只手打孔家店的老英雄」。

「老英雄」對新文化，其實沒有多少了解，他以道反儒，不過用一件古董去否定另一件古董，終究是反不出一種新文化的。他因為與父親翻臉，被趕出家門，心懷怨恨，適逢新文化運動，他那些罵家庭、罵孝道的言論，正好應節順時，才成就了一番虛名而已。吳虞自己就是典型的家庭專制主義者，當他面對女兒時，自己所痛罵過的那些「魔頭」特質，就從骨子裏一一爆發出來了。以致錢玄同後來斥他沒有身體力行自己的反儒主張，不過是孔家店裏的老伙計。

在非孔的陣營中，魯迅那支筆，比吳虞尖銳辛辣得多。一九一八年十月，當《新青年》改為同人刊物以後，魯迅也獲邀參加編輯會議，算是參與了編輯工作，成了「獨秀輩」的半個同人了。錢玄同再三請魯迅為《新青年》寫稿，其殷殷之意，直如當年陳獨秀望胡適的稿子，由「甚於望歲」，而至於「大旱望雲霓」了。

四月，魯迅終於把他的第一篇白話小說——《狂人日記》寫好了，清明節晚上，交給了到訪的錢玄同與劉半農。錢、劉二人一讀之下，不禁兩眼放光。這真是一篇精彩絕倫的作品。第二天，他們把稿子送到編輯所，陳獨秀也連連拍案稱絕。隨即在《新青年》四卷五號上發表出來。據稱，這是中國現代文學史上第一篇白話小說。[43]而「魯迅」這個筆名，也隨着狂人在月色全無的夜晚出現，第一次與讀者見面了。

這篇四千七百餘字的小說，字字風霜，其中的許多經典句子，幾十年來，被人們不斷反覆引用，被專家學者不斷解讀，被課堂上的學生不斷朗誦着，早已家喻戶曉。比如：

凡事總須研究，才會明白。古來時常吃人，我也還記得，可是不甚清楚。我翻開歷史一查，這歷史沒有年代，歪歪斜斜的每葉上都寫着「仁義道德」幾個字。我橫豎睡不着，仔細看了半夜，才從字縫裏看出字來，滿本都寫着兩個字是「吃人」！

屋裏面全是黑沉沉的。橫樑和椽子都在頭上發抖；抖了一會，就大起來，堆在我身上。萬分沉重，動彈不得；他的意思是要我死。我曉得他的沉重是假的，便掙扎出來，出了一身汗。可是偏要說，

「你們立刻改了，從真心改起！你們要曉得將來是容不得吃人的人，……」

沒有吃過人的孩子，或者還有？

救救孩子……[44]

43 據夏志清在《新文學初期作家及其作品選錄》（《現代文學》復刊號，時報文化出版事業有限公司，一九七九年）裏考證，最早一篇現代白話小說是陳衡哲的《一日》，發表於一九一七年六月的《留美學生季報》新四卷夏季卷第二號上。

44 魯迅《狂人日記》。《魯迅全集》（一），人民文學出版社，一九八一年版。

魯迅自我評價，這部小說「算是顯示了『文學革命』的實績，又因那時的認為『表現的深切和格式的特別』，頗激動了一部分青年讀者的心」。魯迅又挑明：「《狂人日記》意在暴露家族制度和禮教的弊害」。45

作者本人的說法，恒為後人評論《狂人日記》最直接的依據。這篇小說一直被賦予了批判封建家族制度和禮教（仁義道德）的「吃人」本質，表現了現代人最初的覺醒意識的意義。這是流行最廣的一種解讀方式。

另一種解讀，認為魯迅所說的吃人，是指貨真價實的吃人肉。吳虞就是這樣理解的。他寫了一篇《吃人與禮教》的讀後感，列舉了歷史上許多真實的吃人事例，證明凡是「講道德、說仁義的人，時機一到，他就直接間接的都會吃起人肉來了」，即使沒吃，但想吃的心，總未必打掃得乾淨。46

還有論者說，既然吃人是不分朝代，不分階級，無人不吃，無時不吃的普遍現象，那麼，這篇小說的鋒芒所向，當已超越倫理的範疇，而直指人性的惡劣本質。這種本質，魯迅用十六個字概括，就是「獅子似的兇心，兔子的怯弱，狐狸的狡猾」。

道德也罷，人性也罷，精神上的殘殺也罷，真的吃人肉也罷，難免都會產生一種疑問：那些狼子村的人，為什麼不乾脆把狂人吃掉，而要「鬼鬼祟祟，想法子遮掩，不敢直截下手」呢？他們究竟害怕什麼？是什麼阻礙了他們在光天化日之下公然吃人？

是官府嗎？不是；是法律嗎？也不是。恰恰是仁義道德成了他們公然吃人的障礙。人性的惡劣本質，如果沒有仁義道德的約束，狼子村的人，恐怕早就變成一群如假包換的「海乙那」（鬣狗）了！

仁義道德在這裏起着什麼作用？是幫助人吃人，還是阻止人吃人？魯迅所觸及的是歷史的本質，還是人性的本質？狂人是舊世界的犧牲品，還是新世界的創造者？

一千個觀眾眼中就有一千個哈姆雷特。魯迅的《狂人日記》，註定也會有無數種解讀方式。正如魯迅這個人，在歷史上，也將註定會成為一個說不完的話題。

年輕的傅斯年，便從這灰暗的小說中，讀出了一片大光明來：「文化的進步，都由於有若干狂人，不問能不能，不管大家願不願，一個人去闢不經人跡的路。最初大家笑他，厭他，恨他，一會兒便要驚怪他，佩服他，終結還是愛他，像神明一般的待他。所以我敢決然斷定，瘋子是烏托邦的發明家，未來社會的製造者。」他甚至興高采烈地招呼大家：「帶着孩子，跟着瘋子——向光明走去。」[47]好像去春遊似的。

但光明究竟在哪裏呢？怎麼才走得去？連魯迅自己也不清楚。

「救救孩子」這句振聾發聵的吶喊，經狂人喊出來後，新文化運動取而用之，高揭起人道主義的大旗。但在魯迅看來，所有人（不分男女老幼）都是吃人的，孩子被娘老子教壞了，也是要吃人的。人道在哪裏？

「沒有吃過人的孩子，或者還有？」不知道。

「將來是容不得吃人的人」，為什麼容不得？不知道。

45 魯迅《〈中國新文學大系〉小說二集序》。《魯迅全集》（六），人民文學出版社，一九八一年版。

46 吳虞《吃人與禮教》。《新青年》第六卷第六號，一九一九年十一月一日。

47 傅斯年《一段瘋話》。《新潮》第一卷第四號，一九一九年四月。

「救救孩子！」誰有資格去救孩子？不知道。怎麼救？也不知道。

胡適說我們還不配讀經，我們配去救孩子嗎？

改造國民劣根性其實是一個偽命題。誰敢說自己已經去掉劣根性了，有足夠的資格去改造別人了？真正要「救救」的，不是孩子，而是這個社會，這個國家，這個制度。孩子是不是聖賢不要緊，關鍵是要確立一種連「海乙那」也不敢吃人的制度。只談改造國民性，不談改造政治，很容易為統治者說「這樣的國民還不配享受更好的制度」留下空間。然而，「救救孩子」這口號，自從被這一代文化革命者奉為義不容辭的天職之後，遂由魯迅筆下一個餘音嫋嫋的省略號，變成一串串驚人的感嘆號了。

後來魯迅又寫了《孔乙己》（一九一九年）、《藥》（一九一九年）、《明天》（一九二〇年）、《一件小事》（一九二〇年）、《頭髮的故事》（一九二〇年）、《風波》（一九二〇年）、《故鄉》（一九二一年）、《阿Q正傳》（一九二一年）等一系列小說，在當時的歷史背景下看，篇篇都是傑作，其光芒不僅覆蓋了《新青年》圈子，且在他的同時代，幾亦無人可及。

陳獨秀把魯迅的小說奉為「上上乘小說」，佩服得五體投地。胡適在新文化運動退潮的一九二二年，猶衷心稱讚：「這一年多的小說月報已成了一個提倡『創作』的小說的重要機關，內中也曾有幾篇很好的創作。但成績最大的卻是託名『魯迅』的。他的短篇小說從四年前的《狂人日記》到最近的《阿Q正傳》，雖然不多，差不多沒有不好的。」[48]

隨着時移勢易，魯迅被愈捧愈高，頭上的光環愈來愈耀眼，幾乎到了「千古一人」的高度。一生蔑視偶像的魯迅，終於也免不了被後人奉為偶像。

胡適為獨立人格吶喊

新派陣營要救救孩子，舊派陣營何嘗不要？

新舊兩派，各走極端，今天尊孔讀經，明天打孔家店；一會兒是「肫肫其仁，淵淵其淵」，一會兒又是「時光老人滴答滴答滴答滴答」；這個說「百善孝為先」，那個卻說「萬惡孝為首」。在當時固有驚世駭俗的效果，但可憐嗷嗷待救的孩子們，就在這拔河式的角力中，忽焉驅東，忽焉逐西，被掇弄得暈頭轉向了。

胡適的弟子唐德剛歎息：「胡適之先生他們當年搞『革命』，非過正，不能矯枉，原是可以理解的。加之他們又都是一批高高在上的『決策人』，原不知『民間疾苦』。在他們大旗之下受教育的孩子們將來是『福』是『禍』，不是他們可以想像出來的。」[49]所謂救救孩子，最後卻往往是為了救自己而犧牲了孩子。這也是革命者們始料所不及的。

不過，唐德剛把革命的高帽戴到老師頭上，卻不太合適。胡適謙謙君子，哪有搞革命的雄心？別說政治革命，就連搞白話文，他也不敢自稱革命，而要說是「文學改良」。後來得到陳

48 胡適《五十年來中國之文學》。《胡適文集》（三），北京大學出版社，一九九八年版。

49 《胡適口述自傳．唐德剛注釋》。華東師範大學出版社，一九九三年版。

獨秀的四十二生大炮聲援，才敢小心翼翼地寫了一篇《建設的文學革命論》（發表在一九一八年四月《新青年》四卷四號上），「革命」的前面，加上「建設的」三個字，以消除火藥味。

胡適對中國舊家庭、舊道德破壞人的個性，看得一清二楚，但他有一句名言：「吾於家庭之事，則從東方人；於社會國家政治之見解，則從西方人。」[50]言下之意，文化傳播的過程，不是黑白分明，你死我活的，而是一個不斷與本土文化互相交融、互相涵化，優勢雜交的過程。國外好的東西要引進，傳統中好的東西也要保留。

胡適也主張批判舊倫理，但不像吳虞因為與父親搞不好關係，就非禮非孝，搞起「打倒家庭」的革命。胡適對母親非常孝順，甚至在婚姻問題上，也順從母親的意願，娶了一位他並不怎麼喜歡的半文盲小腳女人，還執子之手，與子偕老。這在以戀愛自由、婚姻自由為時髦的時代，一個大名鼎鼎的留洋新派人物，竟出於孝道維持一樁沒有愛情的包辦婚姻，豈非咄咄怪事？

胡適一九一九年所寫的小說《一個問題》中，可以視作他對這樁婚姻的悲觀預言。小說主人公的婚姻由老師包辦，婚後生兒育女，為了謀生苦苦掙扎，不僅身體垮了，年輕時的激情與創造力也消磨殆盡，一生就這麼毀了。他借小說主人公之口，茫然發問：「人生在世，究竟是為什麼呢？」

胡適並不認為自己有資格去解放這位女性。解放婦女的前提，是要自己先解放了的，如果連自己都沒解放，如何去解放別人？這是胡適與魯迅的不同之處，魯迅是相信自己在鐵屋之外，在要倒的車子外面的，他的責任是去扶一下車子，或推一下車子。但胡適卻很清楚，自己還遠遠沒有解放，又如何去解放別人？

他甚至很可能暗中希望妻子逃婚、私奔、出走、背叛，成為一個獨立的新女性。他在結婚兩年後寫過一個劇本，讚揚一位與男友私奔的女性。但他的希望落空了，他與小腳妻子的婚姻，以缺乏激情的形式，一直持續到生命的盡頭。

胡適認為在婚姻不自由之國，斷沒有愛情可言；夫妻間若沒有愛情恩意，即沒有貞操可言。然而，他一九一七年給未婚妻的一首詩中寫道：「豈不愛自由？此意無人曉；情願不自由，也是自由了。」[51]反映出他內心的種種矛盾，互相交戰，苦悶至極。不過，婚姻也為胡適帶來一些意外收穫，他因此而贏得了守舊人士的好感，使他在新舊兩邊都有朋友。

胡適對個人自由、個性解放、家庭倫理、婚姻制度、女性主義等問題的思考，集中反映在一九一八年六月由他主編的《新青年》四卷六號「易卜生專號」裏。他在《易卜生主義》一文中說：

> 人生的大病根，在於不肯睜開眼睛來看世間的真實現狀。明明是男盜女娼的社會，我們偏說是聖賢禮儀之邦；明明是髒官、污官的政治，我們偏要歌功頌德；明明是不可救藥的大病，我們偏說一點病都沒有！卻不知道：若要病好，須先認有病；若要政治好，須先

50 胡適《容忍遷就，各行其是》。《不思量自難忘》，安徽教育出版社，二〇〇一年版。

51 胡適《病中得冬秀書》。《嘗試集》，安徽教育出版社，二〇〇六年版。

認現今的政治實在不好；若要改良社會，須先知道現今的社會實在是男盜女娼的社會！

所有人都渾渾噩噩地過日子，如豬處溷不覺其臭，社會與國家，斷無一線生機。胡適認為，「社會最大的罪惡莫過於摧折個人的個性」，而發展個人的個性，須要有兩個條件，第一，須使個人有自由意志。第二，須使個人擔干係、負責任。

他決然宣稱：「自治的社會，共和的國家，只是要個人有自由選擇之權，還要個人對於自己所行所為都負責任。若不如此，決不能造出自己獨立的人格。社會、國家沒有自由獨立的人格，如同酒裏少了酒麴，麵包裏少了酵，人身上少了腦筋，那種社會、國家決沒有改良進步的希望。」

> 社會、國家是時刻變遷的，所以不能指定那一種方法是救世的良藥。十年前用補藥，十年後或者須用洩藥了；十年前用涼藥，十年後或者須用熱藥了。況且各地的社會、國家都不相同，適用於日本的藥，未必完全適用於中國；適用於德國的藥，未必適用於美國。只有康有為那種「聖人」，還想用他們的「戊戌政策」來救戊午的中國；只有辜鴻銘那班怪物，還想用二千年前的「尊王大義」來施行於二十世紀的中國。易卜生是聰明人，他知道世上沒有「包醫百病」的仙方，也沒有「施諸四海而皆準、推之百世而不悖」的真理。要使社會、國家健康，唯有靠「無數永不知足、永不滿意、敢說老實話攻擊社會腐敗情形」

的人，甘願冒着「國民公敵」的罪名，「時刻與罪惡分子、齷齪分子宣戰」。[52]胡適的這篇文章，被稱為個性解放的宣言。

對孔家店的態度，胡適的立場，與其他新青年也不盡一致。胡適覺得孔家店固然要打的，但不贊成全盤打倒；魯迅把批孔視作對中國國民性的批判；而陳獨秀則把孔家店作為腐朽政治權威的基礎來拆除。而胡適更關注的是，「我們怎樣才能以最有效的方式吸收現代文化，使它能同我們的固有文化相一致、協調和繼續發展」；如何「在新舊文化內在調和的新的基礎上建立我們自己的科學和哲學」。[53]

胡適決不相信世上有什麼包醫百病的良藥，也沒有放之四海而皆準的真理。但陳獨秀、李大釗卻堅信是有的，路漫漫其修遠兮吾將上下而求索。文學革命、倫理革命，最終都是為政治革命廓清道路的。

在新文化諸子中，李大釗是最早和最徹底地接受蘇維埃革命的，在中國率先喊出「打倒全世界資本的階級」的激烈口號。他的外表，有一張溫和的圓臉，天庭飽滿，三陽紅潤，他沒有在歐美大學鍍過金，在北大同人中，被視為出身寒微的「樊噲」之輩，但他的性格卻敦厚淳樸，陳獨秀覺得他「像個教私塾的人」，魯迅覺得他「有些儒雅，有些樸質，也有些凡俗，所以既

52 胡適《易卜生主義》。《新青年》第四卷第六號，一九一八年六月十五日。

53 胡適《先秦名學史》。學林出版社，一九八三年版。

像文士，也像官吏，又有些像商人」。這與他的北大圖書館主任身份，十分相配。

李大釗生長於北方，在新青年陣營中，與大部分江南人性情與思想都有相當差別。陳獨秀稱讚他「誠如日月之經天，江河之行地，光明磊落，肝膽照人」。李大釗是不遺餘力的政治革命「吹鼓手」。那個時代，馬神廟的學者名流，人人奢談主義，以致魯迅一聽「主義者」三個字就厭煩，但李大釗是第一個清楚地領悟到「主義」的政治動員作用，也是有意識把提出鮮明的政治口號，作為鼓動民眾手段的第一人。

陳獨秀、李大釗似乎已意識到，用新文化運動來救救孩子，未免汲深綆短，有意另闢蹊徑。傅斯年說：

> 獨秀當年最受人攻擊者，是他的倫理改革論，在南在北都受了無數的攻擊、誹謗及誣衊。我覺得獨秀對中國革命最大的貢獻正在這裏。因為新的政治決不能建設在舊的倫理之上。支援封建時代社會組織之道德，決不適用於民權時代，愛宗親過於愛國者，決不是現代的國民。而復辟與拜孔，家族主義與專制政治之相為因果，是不能否認的事實。獨秀看出徒然的政治革命必是虎頭蛇尾的，所以才有這樣探本的主張。54

五四運動的預演

《新青年》的同人中，曾經有一個共識，就是二十年內只談文化，不談政治。這個主張是胡適提出來的，凸現了新文化運動的思想啟蒙色彩，而不是一場社會革命運動。胡適希望扮演一個自由知識分子角色，而不要像他的前輩梁啟超那樣，在知識分子與政客之間，來回搖擺，身份模糊不清。

［胡適說］那時我有一個主張，認為我們要替將來中國奠定非政治的文化基礎，自己應有一種禁約：不談政治，不參加政治，不與現實政治發生關係，專從文學和思想兩方面着手，做一個純粹的思想文化運動。所以我從那個時候起二十年不談政治，不幹政治，這是我自己的禁約。55

胡適的這個主張，後來成了他「反對革命」的一條罪狀。雖然談不談政治，純屬個人自由，蘿蔔青菜，各有所愛，但在二分法盛行的年代，不革命就是反革命。

54 傅斯年《陳獨秀案》。《傅斯年全集》（四），湖南教育出版社，二〇〇三年版。

55 胡適《在臺北市報業公會歡迎會上講演錄》。《胡適言論集》（乙編），臺灣，華國出版社，一九五三年版。

最初新青年同人大家約好不談政治，可是，後來陳獨秀要談，這也是他的自由。陳獨秀說：「本誌社員中有多數人向來主張絕對不談政治，我偶然發點關於政治的議論，他們都不以為然。但我終不肯取消我的意見，所以常常勸慰慈、一涵兩先生做關於政治的文章。」漸漸地，李大釗、高一涵他們都開始大談特談政治了。陳獨秀認為這是不可避免的：「你談政治也罷，不談政治也罷，除非逃在深山人跡絕對不到的地方，政治總會尋找你的。」56

一九一七年的俄國十月革命，使這幾位北大教授和學生的政治熱情更加高漲，比以往任何時候都更想談政治了。

一九一八年的夏天，發生中國留日學生集體回國事件。這時因為中國留學生反對中日軍事協定，在舉行示威活動時，遭受日本警察毆辱，三千多人輟學返國，組織救國團。

又一個激動人心的五月來臨了。五月二十日晚，北大學生在北大西齋飯廳開全體學生大會，留日歸國學生代表上臺講述他們的遭遇。大家對政府的賣國雖然義憤填膺，卻又無可奈何。

在一片沉悶氣氛中，北大學生羅家倫突然推開人群，跳到臺上大呼：「這個事體，徒然氣憤也沒有用處，我們如果是有膽量的，明天便結隊到新華門圍總統府去，逼馮國璋（總統）取消成約，若是他用軍警干涉，我們要抱有流血之決心！」

大家轟然回應，平靜的校園從此不復平靜。正如陳獨秀所說，政治找上門來了。

五月二十一日，北京學生二千餘人，齊集新華門前，向政府請願，要求廢除此一協定，呼籲開國民大會，抵制日貨。出發前，工專學生夏秀峰用刀子割破手指，寫下「此條約取消之日，為我輩生還之時」的血書，以激勵同學奮勇前進。

蔡元培是不贊成學生搞政治的，他曾坦言：「我對於學生運動素有一種成見，以為學生在學校裏面，應以求學為最大目的，不應有何等政治組織。其有年在二十歲以上、對於政治有特殊興趣者，可以個人資格，參加政治團體，不必牽涉學校。」他竭力勸止學生請願，但學生不聽，還是上新華門去了。蔡元培說：「當北大學生出發時，我曾力阻他們，而他們一定要參加，我因此引咎辭職，經慰留而罷。」[57]

這是學生運動的啟程炮。羅家倫宣稱：「這是學生運動的第一次，也是學生反對帝國主義和軍閥勾結而有所表示的第一次，這是五四運動的先聲……有了這件事做引子，再加上所謂新文化運動和文學革命，五四運動的產生，幾乎是事有必至。」[58]

請願風波平息之後，政治的空氣卻迅速彌漫北大。六月，李大釗、王光祈等人，發起組織少年中國學會（一九一九年七月一日正式成立），許德珩說：

> 李大釗同志和王光祈是這個學會的發起人。會員最後發展到一百零八人，主要有下列幾種人：一、嚮往蘇聯十月革命的一些人；二、因反對日本侵佔山東而歸國的一小部分留日學生；三、從事愛國運動的國內各學校少數學生。就我記憶所及，如毛澤東、惲代英、鄧中夏、楊賢江、高君宇、李達（鶴鳴）、黃日葵、繆伯英、蔡和森、趙世炎、張聞天、

---

56 陳獨秀《談政治》。《新青年》第八卷第一號，一九二〇年九月一日。

57 蔡元培《我在五四運動時的回憶》。《中國學生》第三卷第九期，一九三六年十月二十三日。

58 羅家倫《蔡元培時代的北京大學與五四運動》。臺灣，《傳記文學》第五十四卷第五期，一九七八年五月。

沈澤民等同志都參加了這個組織，而且他們當中有好些都是起領導作用的。參加的人還有楊鍾健、許德珩、章廷謙（號川島），以及周炳琳、孟壽椿、周太玄等。後來墮落成為反動的國家主義分子青年黨的曾琦、左舜生、李璜、余家菊等也混進了這個組織。還有參加新潮社的新詩人康白情，陝西文人鄭伯奇等。這個學會的宗旨是「本科學的精神為社會活動，以創造少年中國」，還有四條信約：一、奮鬥；二、實踐；三、堅忍；四、儉樸。[59]

凡是有宗教信仰的人、納妾的人、做官的人，均不能成為會員。這個學會，名義上是學術團體，實際上是政治團體。一旦成為政治團體，有些人就變成是「混進來」的了。

陳獨秀斷定非得以階級鬥爭為手段，對社會從根本上加以改造，無法徹底解決中國積弊。胡適雖不以為然，但人各有志，也無可奈何。

一九一八年十月，胡適與陳獨秀聯名發表一封公開信，指出：「舊文學，舊政治，舊倫理，本是一家眷屬，固不得去此而取彼；欲謀改革，乃畏阻力而牽就之，此東方人之思想，此改革數十年而毫無進步之最大原因也。」[60]等於承認，文學革命、倫理革命，與政治革命，是沒辦法分開的。不能單搞文學、倫理，而不搞政治。

十一月十一日，第一次世界大戰結束，美國總統威爾遜曾提出所謂的「十四點原則」，其中包括：杜絕秘密外交，簽訂公開和約；確保平時和戰時海上航行的絕對自由；取消一切經濟壁壘，建立貿易平等條件；裁減軍備；建立旨在國家不分大小、相互保證政治獨立和領土完整的國際聯盟等等。一種嶄新的國際關係，似乎已破蛹而出；一個充滿公義、正義的新世界，似乎已展現它的偉大曙光。許多中國人都由衷歡呼：「威爾遜是個大好人！」傅斯年自豪地說，他可以把威爾遜的「十四條」一字不漏地背誦下來。

自鴉片戰爭以來，中國人幾乎每戰必敗，這回中國雖然沒有派一個兵到歐洲戰場，但好歹「站對了隊」，成了勝利國，整個中國都興奮得發狂了。徐世昌總統下令全國放假三天，讓大家去狂歡。

北京六萬民眾在太和殿前聚集，舉行了盛大的慶祝遊行。在許德珩的記憶之中，「一九一八年十月到一九一九年四月，這一期間學生們真是興奮得要瘋狂了。庚子（一九〇〇年）義和團運動的時候，對德國屈服賠罪而建立在北京東單牌樓最恥辱的『克林德碑』也拆除了，改建為『公理戰勝』的牌樓，豎立到中央公園去了（現在的中山公園。解放後改為『保衛和平』牌樓）。」[61]

蔡元培和陳獨秀、胡適、陶孟和、馬寅初、陳啟修、丁文江等學者，在天安門前的露天講堂，一連做了三天演說。蔡氏宣稱協約國的勝利，有四大意義，一是黑暗的強權論消滅，光明的互助論發展；二是陰謀派消滅，正義派發展；三是武斷主義消滅，平民主義發展；四是黑暗的種族偏見消滅，大同主義發展。他以安那其主義的目光去看待這場戰爭，因此，他樂觀地預言「協

59 許德珩《五四運動六十週年》。《文史資料選輯》第六十一輯，一九七九年版。
60 胡適、陳獨秀《論〈新青年〉之主張》。《新青年》第五卷第四號，一九一八年十月十五日。
61 許德珩《五四運動六十週年》。《文史資料選輯》第六十一輯，一九七九年版。

約國佔了勝利，定要把國際間一切不平等的黑暗主義都消滅了，別用光明主義來代他」。[62]

李大釗在《新青年》上發表《Bolshevism 的勝利》，他認為歐洲戰爭與我們是無關的，俄國革命的勝利，才是新世界降臨的轉折點。無政府主義者認為十月革命是安那其主義的勝利，馬克思主義者認為是社會主義的勝利，民粹主義者認為是庶民的勝利。

李大釗說：「我們這些和世界變局沒有很大關係似的國民，也得強顏取媚：拿人家的歡笑當自己的歡笑；把人家的光榮做自己的光榮。學界舉行提燈。政界舉行祝典。參戰年餘未出一兵的將軍，也去閱兵，威風凜凜的耀武。」這一切都是過眼雲煙，只有庶民的勝利，才是真正偉大的勝利，他大聲預言：「試看將來的寰球，必是赤旗的世界！」[63]

新文化諸子紛紛發表文章，紀念戰爭的結束。他們普遍地對未來表現出極大的期望，甚至認為這是法治主義的勝利，獨裁主義的失敗。他們根據自己的願望，為這場戰爭賦予了許多五光十色的意義。自由、民主、科學、民權一類口號，也隨着戰爭的結束，被推到了三萬五千尺高空，光照寰宇。

如果說，新文化運動是為辛亥革命補上理論的一課，那麼，它便不可避免地要承擔起為新的政治權威作詮釋的使命。陳獨秀、李大釗這些新文化鬥士，幾乎都是懷着急切的救世之心，對他們來說，民主與科學，究竟是一回事，還是兩回事？亦難分難解。民主都是科學的，科學的必然是民主的。易言之，西方文化即民主與科學。

陳獨秀在《新文化運動是什麼》一文中，把「新的科學、宗教、道德、文學、美術、音樂等運動」統攝於新文化運動之下，但沒有提及「民主」，這並不是他無心之失，把兩輪車變成了獨輪車，在他看來，「新的」就是「民主的」，新文化運動就是用民主的新精神，去創造「新的科學、宗教、道德、文學、美術、音樂等運動」。

什麼是科學？陳獨秀說：「科學有廣狹二義：狹義的是指自然科學而言，廣義的是指社會科學而言。社會科學是拿自然科學的方法用在一切社會人事的學問上，像社會學、倫理學、歷史學、法律學、經濟學等，凡用自然科學方法來研究、說明的都算是科學；這乃是科學最大的效用。」[64]他們引進西方文化，與其說是為了啟蒙人心，解放個性，不如說是為了直接利用來改造社會。

陳獨秀就曾幻想，德先生和賽先生「可以救治中國政治上、道德上、學術上、思想上一切的黑暗」。[65]這樣一來，德先生和賽先生最終被升格為「德菩薩」和「賽菩薩」，也就在所難免了。胡適說：

> 這三十年來，有一個名詞在國內幾乎做到了無上尊嚴的地位；無論懂與不懂的人，無論守舊和維新的人，都不敢公然對他表示輕視或戲侮的態度。那個名詞就是「科學」……

62 蔡元培《在慶祝協約國勝利大會上的演說詞》。《北京大學日刊》一九一八年十一月二十七日。
63 李大釗《Bolshevism 的勝利》。《新青年》第五卷第五號，一九一八年十一月十五日。
64 陳獨秀《新文化運動是什麼》。《新青年》第七卷第五號，一九二〇年四月一日。
65 陳獨秀《本誌罪案之答辯書》。《新青年》第六卷第一號，一九一九年一月十五日。

> 自從中國講變法維新以來，沒有一個自命為新人物的人敢公然譭謗「科學」的。[66]

新人物固然不會譭謗科學，舊人物同樣也用不着譭謗科學，因為科學一旦升格為菩薩之後，中國就再也沒有不科學的東西了，人人都學會說自己是最科學的，你有科學宇宙觀，我有科學人生觀；你「用科學的方法研究科學」，我掌握了「科學的真理」——彷彿還有不科學的真理似的。這世間沒有什麼不可以冠上科學的桂冕了。

正如民主在中國一旦升格為菩薩，也就成了一個可以把任何東西裝進去的大籮筐，孟子的「民貴君輕」是 Democracy，墨子的「兼相愛、交相利」是 Democracy，民粹主義也是 Democracy，蘇俄式的「工人統治」，也是一種新的 Democracy。李大釗曾說：「現代生活的種種方面，都帶着 Democracy 的顏色，都沿着 Democracy 的軌轍。政治上有他，經濟上也有他；社會上有他，倫理上也有他；教育上有他，宗教上也有他；乃至文學上、藝術上，凡在人類生活中佔一部位的東西，靡有不受他支配的。簡單一句話，Democracy 就是現代唯一的權威，現在的時代就是 Democracy 的時代。」[67]

李大釗的民主觀，基本上來自盧梭式的「人民主權」論。所謂人民主權，乃排斥個人權利，一切恒以「公意」為依歸。但公意不是通過一人一票來反映。李大釗說：「多數取決之制，乃今日施行民治之方法，民治之精神，不在是也。蓋各個意志之總計，與普遍意志（general will）全然不同。為此辨者，莫如盧梭。彼以普遍意志，為公我之意志；各個意志之總計，為私我之意志。普遍意志所由發生者，乃因其利益之屬於公同普遍，非單由於發表之票數。反之，各個意志之總計，則以私利為的，其實為單獨意志之湊合，非為普遍意志之一致。」[68]公意是一種很抽象籠統的東西，易言之，少數人有可能是公意的代表，而多數人亦有可能只是私意的湊合，不能代表公意。

這是陳獨秀、李大釗在「五四」之前，所提倡的一種民主科學觀。

據有心人統計，《新青年》從一九一五年九月十五日創刊，至一九二六年七月停刊，共出版六十三冊，其中直接談論科學問題的文章，只有兩篇譯作，六篇原創；研究民主的文章，只有三篇譯作。[69]這不是陳獨秀、李大釗有口無心，而是在他們的理解中，民主與科學幾乎是無所不包的。前期，認為一切西方文化都是民主與科學的；到後期，接受了馬克思主義，則認為蘇俄革命才是真正的民主與科學。所以，胡適批評陳獨秀對「科學」與「民主」的定義，不甚了了。

胡適代表了新青年同人中的另一種觀點。胡適奉杜威學說為圭臬，他認為，「民主」是一種生活方式，是一種習慣性的行為。「科學」則是一種思想和知識的法則。

民主作為一種生活方式，其核心價值是：承認人人各有價值，人人都可以自由發展。作為一種制度的民主，就是要保障個人的自由，使他不受政治暴力的摧殘，不受群眾壓力的壓迫。少數服從多數，但多數不能抹殺少數，不能不尊重少數，更不能壓迫少數，毀滅少數。所謂科

66 胡適《科學與人生觀．序》。遼寧教育出版社，一九九八年版。
67 李大釗《勞動教育問題》。《李大釗文集》（上），人民出版社，一九八四年版。
68 李大釗《強力與自由政治》。《李大釗文集》（上），人民出版社，一九八四年版。
69 張濤《〈新青年〉研究》。《歷史檔案》一九九三年第一期。

學的精神，就是尊重事實，尋找證據，證據走到哪兒去，我們就跟到哪兒去，決不被別人牽着鼻子走。科學的法則用八個字概括，就是：大膽假設，小心求證。

這兩種民主觀、科學觀，一接觸到中國的實際問題，必然出現分歧，一個要革命，一個要改良；一個要畢其功於一役，一個要點點滴滴的改變。分道揚鑣，也就是遲早之事了。

《新青年》的「打孔家店」，在第二、三卷上，打得十分賣力，聲勢逼人，以後就漸漸轉移火力了。傅斯年後來談到《新青年》的變化：「獨秀在《新青年》八卷以前對社會主義的傾向全沒有具體化，但《新青年》自第六卷（即一九一九年初）起漸注重社會問題，到第七卷的下半（即一九二〇年夏）便顯然看出馬克思主義的傾向了。」[70]

一九一八年冬，陳獨秀決定創辦一份「專談政治」的小報——《每週評論》。這是一張用白話文談時局政治，兼及思想文藝的四版報紙。在籌備期間，胡適因為母親去世，回鄉奔喪去了。這時候，胡適與陳獨秀、李大釗他們之間，已漸漸貌合神離。

十一月二十七日，陳獨秀、李大釗、高一涵、高承元、張申府、周作人，在文科學長辦公室，召集《每週評論》創刊會議。大家公推陳獨秀為書記及編輯，其他人為撰述。發行所設在騾馬市米市胡同七十九號安徽涇縣會館，編輯所在沙灘北京大學新樓文科學長辦公室。參加者每人交五元大洋，做開辦經費。

十二月二十二日，第一號《每週評論》新鮮出爐。陳獨秀親撰發刊詞：「自從德國打了敗仗，『公理戰勝強權』，這句話幾乎成了人人的口頭禪。列位要曉得什麼是公理，什麼是強權呢？簡單說起來，凡合乎平等自由的，就是公理，倚仗自家強力，侵害他人平等自由的，就是強權。」他慷慨陳詞：「我們發行這《每週評論》的宗旨，也就是『主張公理，反對強權』八個大字，只希望以後強權不戰勝公理，便是人類萬歲！本報萬歲！」[71]

若干年後，胡適回顧往事時感歎：「《每週評論》十二月二十二日出版，它的發刊詞使我們看出那個狂熱的樂觀時代的大影響。」[72]創刊號刊登了陳獨秀的發刊詞與四則「隨感錄」、王光祈的社論《國際社會之改造》、蔡元培的《勞工神聖》、梁啟超的《歐戰結局之教訓》，還有胡適的一首新詩——《奔喪到家》。

《奔喪到家》擺在這裏是個「例外」，不僅與「專談政治」的《每週評論》不和諧，即便在《新青年》上，它所抒發對家庭、對母親的款款深情，與當時高唱入雲的「倫理革命」，也顯得格格不入。據說，創刊號的稿件，因為要模糊警察廳的注意，登了許多不痛不癢的文章，高一涵看後失望說，盡是些迂腐的議論！

但胡適這時已無暇在意這些了。這個冬天對他來說寒徹骨髓，一種灰色的悲哀色調彌漫天地。胡適匆匆收拾行裝，回鄉奔喪前夕，有兩位北大學生踏着薄薄的雪塵找上門來，鄭重其事地對他說：「我們今天過來，一則送先生起身；二則呢，適之先生向來提倡改良禮俗，現在不幸遭大喪，我們很盼望先生能把舊禮大大的改革一番。」傅斯年也寫信給胡適，勸他以理性制服

70 傅斯年《陳獨秀案》。《傅斯年全集》（四），湖南教育出版社，二〇〇三年版。

71 陳獨秀《〈每週評論〉發刊詞》。《每週評論》第一號，一九一八年十二月二十二日。

72 胡適《紀念五四》。《獨立評論》第一百四十九期，一九三五年五月四日。

感情，節哀節禮，不殉世俗。

孩子們終於出場了。

胡適對學生表示了感謝，他是信奉實驗主義的，改良須一點一滴從自身做起，回家以後，果然，「從發訃聞起一直到受吊、祭禮、出殯、安葬為止，所有虛偽的、說謊的、迷信的、野蠻的、無意識的種種喪禮陋俗，都給革除了」。[73] 按傳統丁母憂要喪服三年，但胡適半年後就把衣袖上的黑紗摘下來了。有人問他行的是什麼禮，胡適回答說是《易傳》上說的太古時代「喪期無數」的古禮，那些打算以傳統禮數責難胡適的人，倒也啞口無言。

《新青年》在北大掀起了一股「新旋風」，學生每期都爭相傳閱。每一篇文章都吸引着大家，從課堂到宿舍，從操場到飯廳，到處可以聽到學生的熱烈討論。大家把漢花園北大一院的國文教員休息室叫做「群言堂」，把紅樓一樓的圖書部主任室叫做「飽無堂」——這是學生們開玩笑起的「雅號」，前者取群居終日言不及義之意，以南方學生居多；後者取飽食終日無所用心之意，以北方學生居多——這兩個地方，常常是「小朋滿座」，聚議盈庭。

大家無拘無束，沒有輩分與親疏，自由討論各種各樣的問題。「這兩個房子裏面，當時確是充滿學術自由的空氣。大家都是持一種處士橫議的態度。談天的時候，也沒有時間的觀念。有時候從飽無堂出來，走到群言堂，或者從群言堂出來走到飽無堂，總以討論盡興為止。」羅家倫追憶，「當時的文學革命可以說是從這兩個地方討論出來的，對於舊社會制度和舊思想的抨擊也產生於這兩個地方。」[74]

傅斯年和他的前輩章太炎、梁啟超一樣，一旦認定了新文化、新思想，便毫不猶豫地背叛了師門。他幾乎天天往《新青年》雜誌跑，最初陳獨秀還擔心他是黃侃等守舊派的臥底，後來讀了他的文章，才確信他就是自己千呼萬喚的那種「新鮮活潑」的青年。

傅斯年的性格，火急火燎，勇於任事，他喜歡《新青年》，就想加入它的隊列。一九一八年十月二十一日，周作人在日記中記述：「玄同說明年起分編《新青年》，凡陳、胡、陶、李、高、錢、二沈、劉、周、陳（百）、傅十二人云。」[75]即陳獨秀、胡適、陶孟和、李大釗、高一涵、錢玄同、沈尹默、沈兼士、劉半農、周作人、陳百年、傅斯年。可見在《新青年》內部，已把傅氏視作同人了。

傅斯年天生具有領袖氣質，還沒進入《新青年》圈子時，《新青年》就像一個閃閃發亮的殿堂，等他進入了，又被另一個更具光芒的夢想所吸引了——自己辦一份雜誌。

「因為學生必須有自動的生活，辦有組織的事件，然後所學所想不至枉費了。」傅斯年說，「而且雜誌是最有趣味，最於學業有補助的事，最有益的自動生活。再就我們自己的脾氣上着想，我們將來的生活，總離不了教育界和出版界，那麼，我們曷不在當學生的時候，練習一回呢。」

傅斯年隨即和徐彥之（子俊）、顧頡剛、潘介泉、羅家倫（志希）等幾個學生朋友商量，

73 胡適《我對於喪禮的改革》。《新青年》第六卷第六號，一九一九年十一月一日。
74 羅家倫《蔡元培時代的北京大學與五四運動》。臺灣，《傳記文學》第五十四卷第五期，一九七八年五月。
75 《周作人日記》。大象出版社，一九九八年版。

徐彥之主張說幹就幹：「不成功也沒什麼不可以。」於是他們帶着遊戲的心態，把這當作未來的一種職業實習，開始着手籌備。他們作了一個預算，由徐彥之找陳獨秀協商，看校方能否在經費上資助一下。陳獨秀很爽快地答應：「只要你們有辦的決心，和長久支持的志願，經濟方面，可以由學校擔負。」學長的支持，令學生們大受鼓舞。他們邀請胡適做他們的顧問。

為什麼是胡適而不是其他人呢？

胡適與傅斯年、羅家倫等青年學生，年齡接近、思想接近，交往十分密切，羅家倫說，他與傅斯年的深交，就是從胡適家開始的，「那時我們常去（胡家），先則客客氣氣的請教受益，後來竟成為討論爭辯肆言無忌的地方。適之先生甚驚異孟真中國學問之博與精，和他一接受以科學方法整理舊學以後的創獲之多與深。適之先生常是很謙虛地說，他初進北大做教授的時候，常常提心吊膽，加倍用功，因為他發現許多學生的學問比他強。」[76]胡適待人接物的謙遜、寬容，令學生對他甚有好感。

羅家倫對新青年同人，分別有一個評價：陳獨秀是一個很激烈的人，好作驚人之語，聰明遠過於學問；錢玄同新知識很少卻滿口說新東西，像瘋子一樣；劉半農為人輕薄；沈尹默過於深沉；陶孟和的中文太差；胡適為人謙恭，小心翼翼，對學問頗下過苦功，他的白話詩也很適合一般人口味。[77]更重要的是，傅斯年聽過他的課以後，對他佩服得五體投地。

「傅斯年回憶」最先和羅志希、康白情兩位研究辦法，其後有十多位同學加入，對這事都很有興味。胡適之先生做我們的顧問，我們很受他些指導。十月十三日，開第一次預備會，決定我們要辦什麼樣的雜誌，不使他雜亂無章，不使他有課藝性質，定他的原素是：

（一）批評的精神；

（二）科學的主義；

（三）革新的文詞。

子俊要把英文的名字定做 The Renaissance，同時志希要定他的中文名字做《新潮》，兩個名詞恰好可以互譯。十一月十九日，開第二次會，把職員舉妥，着手預備稿件。李守常（大釗）先生把圖書館的一個房間撥給了新潮社用。李辛白先生幫助我們把印刷發行等事佈置妥協。本年（一九一九年）十一月一日第一號出世了。[78]

新潮社的內部分工，傅斯年是主任編輯，羅家倫是編輯，楊振聲是書記，參加工作的還有徐彥之、康白情、俞平伯諸人。他們開預備會時，胡適還在北京。但新潮社成立（十二月三日）和《新潮》正式出版時，他回老家辦喪事去了，十一月上旬才回到北京。他對這本由「孩子們」辦的雜誌喜愛有加，覺得「精采充足，確是一支有力的生力軍」。

新潮社和《新潮》雜誌的誕生，發出了一個強烈信號，一直被師輩們視為拯救對象的新生代，終於閃亮登場了。昨天「救救孩子」的呼聲猶在耳畔，但現在孩子們卻要用自己的聲音，

76 羅家倫《元氣淋漓的傅孟真》。《諤諤之士——名人筆下的傅斯年、傅斯年筆下的名人》，東方出版中心，一九九九年版。

77 羅家倫《蔡元培時代的北京大學與五四運動》。臺灣，《傳記文學》第五十四卷第五期，一九七八年五月。

78 傅斯年《〈新潮〉之回顧與前瞻》。《新潮》第二卷第一號，一九一九年九月。

來救救那些在舊文化中沉浮掙扎的中老年們了。曾經在大學當「偷聽生」的山西作家高長虹，後來大聲疾呼：「不再吃人的老人或者還有？救救老人!!!」

傅斯年宣稱：「在我們籌備第一號出版的時候，只有有五卷壽命的《新青年》和方出世的《每週評論》，是我們的同道。」羅家倫對《新潮》的宗旨，有更清晰的表述：

> 我們主張文學主要的任務，是人生的表現與批評，應當着重從這個方面去使文學美化和深切化，所以我們力持要發揚人的文學，而對非人的與反人性的文學。我們主張學術思想的解放，打開已往傳統的束縛，用科學的方法來整理國故。我們推廣這種主張到傳統的社會制度方面，而對固有的家族制度和社會習慣加以批評。我們甚至於主張當時最駭人聽聞的婦女解放。《新潮》的政治彩色不濃，可是我們堅決主張民主，反封建，反侵略。我們主張我們民族的獨立與自決。總而言之，我們深信時至今日，我們應當與自決。總而言之，我們深信時至今日，我們應當重定價值標準，在人的本位上，以科學的方法和哲學的態度，來把我們固有的文化，分別的重新估價。在三十年前的中國，這一切的一切，是何等的離經叛道，警世駭俗。我們主張的輪廓，大致與《新青年》主張的範圍，相差無幾。其實我們天天與《新青年》主持者相接觸，自然彼此之間都有思想的交流和互相的影響。不過，從當時的一般人看來，彷彿《新潮》的來勢更猛一點，引起青年們的同情更多一點。[79]

《新潮》第一卷第一號，繼承了《新青年》的文學革命、倫理革命旗號，傅斯年喊出家庭是萬惡之源的驚世駭俗口號。在這本一百五十頁厚的雜誌裏，共發表了二十一篇文章，其中十四篇出自傅斯年和羅家倫二人之手。在學生和老師中引起轟動，人人爭閱，最初只印了一千冊，不到十天便脫銷，後來連續加印幾次，總銷量達一萬三千冊（後來每期維持在一萬五千冊左右）。「最初大家辦這個雜誌的時候，還抱着好玩的心理，」羅家倫說，「等到社會看重了，銷數一多，大家一方面有一種高興的心理，一方面有一種害怕的心理。因為害怕，所以研究的空氣愈加緊張。」

據說這本雜誌還驚動了國家最高首領，一位遺老把雜誌拿去給徐世昌總統看，大罵近代的青年思想至此，那還得了，要求總統加以干涉。據羅家倫記述：「於是徐世昌拿這本《新潮》交給傅增湘，傅示意於蔡孑民，要他辭退了兩個教員，開除了兩個學生，就是當時所謂四兇，這兩個是《新青年》的編輯，兩個是《新潮》的編輯。」[80]

是徐世昌授意傅增湘開除「四兇」，還是傅自作主張，迄未見確鑿的史料為證，錢玄同在日記中記了這麼一件事：

一月五日，錢氏和沈士遠、沈尹默及教育部秘書徐森玉四人，在中興茶樓吃晚飯，徐森玉談到「有人為大學革新求徐世昌來干涉，有改換學長整頓文科之說」。卻又沒有提及事情是否因《新潮》而起，亦不清楚所謂「改換學長整頓文科之說」，究竟是「有人」向徐世昌提出的，

79 羅家倫《元氣淋漓的傅孟真》。《諤諤之士——名人筆下的傅斯年、傅斯年筆下的名人》，東方出版中心，一九九九年版。

80 羅家倫《蔡元培時代的北京大學與五四運動》。臺灣，《傳記文學》第五十四卷第五期，一九七八年五月。

還是出諸徐世昌自己之口。

這個謠言，倏起倏滅。到一月十一日，錢玄同在日記中寫道：「尹默來，知『整頓大學』之說已歸消滅。獨秀已照常辦事了。」[81]前後不到一個星期，謠言不攻自破。

自號「退耕老人」的徐世昌，是前清皇族內閣的協理大臣，滿肚子舊學問，一腦子舊倫理，他的母親劉氏又是桐城派劉大櫆的後人，新文化諸子罵「桐城謬種」，他內心當然不爽。但他既沒有派軍警抓人，也沒有下令《新青年》或《新潮》停刊。你要出版，還讓你繼續出版；你要罵人，還讓你繼續罵人。只是讓教育總長傅增湘去給蔡元培提個醒。

傅增湘是四川江安人，也是一位學界景仰的大學者，大藏書家，並非官僚出身。他的名字因與太平天國女狀元、東殿尚書傅善祥音諧，被魯迅戲稱為「女官首領」。傅氏在三月二十六日寫給蔡元培的信中，並沒有提及「四兇」，只是擔心北大的新舊兩派的對立，「倘稍逾學術範圍，將益啟學派新舊之爭，此則不能不引為隱憂耳」。

蔡元培委婉地回覆他：「大學相容並包之旨，實為國學發展之資。正賴大德如公，為之消弭局外失實之言。元培亦必勉勵諸生，為學問之競進，不為逾越軌物之行也。」[82]但局外失實之言，並未消弭，後來又發生參議員提出查辦蔡元培、彈劾傅增湘的議案，結果都是不了了之，不能不說是政府對學界的回護。

然而，北大校方資助《新潮》，在校內卻引起不少非議。最令旁人妒忌的，是校方出資給《新潮》，對其他刊物不公平。教授評議會討論後，決定對校內所有刊物一律只墊款前三期。

這樣一來，從第四期開始，《新潮》就可能斷炊了。「我們當時若託一家書店包辦發行，賠賺不管，若《新青年》託『群益』的辦法，一定可成」，但傅斯年等人不願接受校外的私人支持，於是寫信給評議會，說明情況。傅斯年說：「評議會了解《新潮》的情形，又知道方案在後，學校答應我們的在先，就把原定的辦法維持住了。」[83]

一本沒有名家支撐，靠幾個初出茅廬的學生搞起來的雜誌，甫一問世，就有這樣的成績，實在是一個異數。與當年《新青年》創刊時慘澹經營的狀況相比，中國的思想界，已跨越了不同的世代。胡適也承認：「這份《新潮》月刊表現得甚為特出，編寫俱佳。互比之下，我們教授們所辦的《新青年》編排和內容，實在相形見絀。」[84]

在《新青年》與《新潮》的互相唱和下，北大更加熱鬧了。羅家倫興奮地指出：「這股偉大的思潮，在許多方面很像是十八世紀後期由法國開始，以後彌漫到全歐的『啟明運動』。（這個運動，英文名叫 Enlightenment，意為啟明。而德文稱為 Aufkläрung，帶有廓清的意義，似更恰當。）」[85]

Enlightenment，翻譯成中文，就是中國近代史上一個最激動人心的詞彙：啟蒙運動。

81《錢玄同日記》。福建教育出版社，二〇〇二年版。
82《為了忘卻的紀念》，經濟日報出版社，一九九八年版。
83 傅斯年《〈新潮〉之回顧與前瞻》。《新潮》第二卷第一號，一九一九年九月。
84 羅久芳《胡適與羅家倫》。臺灣，《華美族研究集刊》二〇〇三年第六期。
85 羅家倫《元氣淋漓的傅孟真》。《羅家倫先生文存》（十），臺灣，中國國民黨中央委員會黨史委員會，一九八九年版。

兩軍對壘，鳴鼓而攻

自從《新潮》創刊以後，北大內新舊兩派的生態平衡，便被打破了，新派由於有學生的上場，明顯佔了上風。劉師培、黃侃等舊派教員的弟子們，難免氣憤不平，也想辦一份雜誌，與傅斯年、羅家倫他們唱唱對臺。

臘月小寒前後，俞士鎮、薛祥綏、楊湜生、張煊等一班學生，着手籌劃成立一個以「昌明中國故有之學術」為宗旨的社團和辦一份雜誌。

老師們紛紛表示支持，學生們的勁頭更足了，隨即向蔡元培校長提出。蔡氏同意由校方先墊三百元開辦，以後雜誌賺了錢再償還。一月二十六日，星期天，北京飄着鵝毛大雪。劉師培家中熱氣騰騰。有志於保護國粹的師生，相聚一堂，宣告「國故社」成立。劉師培、黃侃出任《國故》雜誌總編輯，陳漢章、馬敘倫、康寶忠、吳梅、黃節、屠孝寔、林損、陳鍾凡任特別編輯，張煊、薛祥綏、俞士鎮、許本裕等學生任編輯。

舊派教員通常是喜歡埋頭研究學問的，對新派師生的搖旗吶喊，雖然看不慣，但除了在課堂上罵幾句，出口悶氣之外，也沒什麼正面的衝突。劉師培說，通群經才能治一經。沒通群經不敢吭聲，通了群經不屑吭聲。所以他們極少寫文章辯駁，文章都是千古事，豈可亂下筆？嚴復說過一段話，頗能代表他們的心理：「優者自存，劣者自敗，雖千陳獨秀，萬胡適、錢玄同，豈能劫持其柄？則亦如春鳥秋蟲，聽其自鳴自止可耳。林琴南輩與之較論，亦可笑也。」[86]現在，卻被年輕學子們推到對陣的前沿了。三月十八日《公言報》載文：

國立北京大學自蔡孑民任校長後，氣象為之一變，尤以文科為甚。文科學長陳獨秀氏，以新派首領自居，平昔主張新文學甚力。教員中與陳氏沆瀣一氣者，有胡適、錢玄同、劉半農、沈尹默等……顧同時與之對峙者，有舊文學一派。舊派中以劉師培氏為之首。其他如黃侃、馬敍倫等，則與劉氏結合，互為聲援者也……蓋學生中固亦分舊新兩派，而各主其師說者。二派雜誌，旗鼓相當，互相爭辯，當然有裨於文化；第不言忘其辯論之範圍，純任意氣，各以惡聲相報復耳。[87]

彷彿兩派人物，已擂鼓出戰。原本無意應戰的舊學人士，惹了一身膻。劉師培趕緊致函《公言報》澄清：「讀十八日貴報《北京學界思潮變遷》一則，多與事實不符。鄙人雖主大學講席，然抱疾歲餘，閉關謝客，於校中教員素鮮接洽，安有結合之事？又《國故》月刊由文科學員發起，雖以保存國粹為宗旨，亦非與《新潮》諸雜誌互相爭辯也。祈即查照更正，是為至荷！」[88]

86 嚴復《與熊純如書》。《嚴復集》（三），中華書局一九八六年版。
87 《公言報》一九一九年三月十八日。
88 劉師培《致公言報函》。《北京大學日刊》一九一九年三月二十四日。

學養深厚的師長，對這類爭論，避之若浼，打頭陣的幾個學生，無論學識、文筆，與傅斯年、羅家倫、顧頡剛這些人，都不是同一檔次，蔣夢麟形容傅、羅二人手中的筆，「好像公孫大娘舞劍似的，光芒四照」，所謂「旗鼓相當」，欺人之談。

新青年同人希望在社會造成一種印象，彷彿有一個「保守的反對集團」存在，時時向新文化進攻。人們果然也相信了，幾十年後寫歷史，仍然對什麼「守舊派集團」、「保守派陣營」，津津樂道。其實，以新青年同人的自覺結合，倒很有「集團」的意味；而舊學方面，無論是有形還是無形的集團，都不存在。他們之間也沒有什麼聯盟，更沒有勾結官府，北大內的老一輩舊學耆宿，在一片「打孔家店」的口號聲中，雖然憋了一肚子悶氣，但卻完全是一盤散沙，根本沒有什麼「集團」、「陣營」可言。

梁漱溟有一段客觀評語：「新派刊物名《新潮》，宣傳科學精神與民主思想，內容充實而有生氣。傾向於舊學的學生辦有刊物名《國故》，卻只是示人以一堆陳舊古董，根本無力與新派對壘。」[89]羅家倫也說：「當時對於新文學的抵抗力不外三種，一種是林琴南派，一種是東南大學的胡先驌和他所辦的《學衡》雜誌，一種是北京大學內部的《國故》雜誌。但是綜合起來，抵抗力還是很薄弱的。」[90]

但新青年的「集團」，不過是眾多文人「小圈子」中的一個。《國民》雜誌是由北大學生段錫朋、易克嶷、高君宇、許德珩、張國燾等人主辦，聘請《京報》總編輯邵飄萍作顧問，李大釗為指導老師。這本雜誌採用文言文，被新潮社視為「國故派」的同黨，屬於另一個小圈子。而李大釗是新青年同人，居然去做他們的指導老師，似乎也表明了，所謂「集團」、「陣營」，並沒有很清晰的分疆劃界。

《新潮》看不起《國故》，《國民》看不起《國故》，也看不起《新潮》、《新青年》，而《國故》則看不起《新青年》，更看不起《新潮》和《國民》。新潮社的楊振聲說：「大家除了唇舌相譏，筆鋒相對外，上班時冤家相見，分外眼明，大有不能兩立之勢。甚至有的懷裏還揣着小刀子。」[91]聽起來，事態很嚴重，大有白刀子進紅刀子出的危險，但到底誰揣着小刀子上學？誰想捅對方一刀？楊振聲沒有明說，後人只能瞎猜。

周作人綜述雙方力量的對比：「（舊學方面）教員中只有黃季剛（侃）在課堂內外對學生罵罵而已，向不執筆，劉申叔（師培）寫些文章，也只談舊學，卻未罵人。《新青年》上寫文章的都是教員，積極的取攻勢，猛厲無比。」[92]因此，一些年輕人就沉不住氣了，要替他們舊派的師長出頭了。

在舊戲討論上與新學陣營幹了一仗的張厚載，一九一九年二月，在《神州日報》上發表了兩篇「半谷通訊」，說陳獨秀、胡適、錢玄同、劉半農、陶孟和等人，因思想過激，受政府干預而辭職，並聞陳獨秀「已往天津，態度亦頗消極」云云。不久又發表通訊，稱北大文科學長陳獨秀有辭職之說，當記者向校長蔡元培查問此事時，蔡氏對陳學長辭職，並無否認之表示云云。

89 梁漱溟《我生有涯願無盡——梁漱溟自述文錄》。中國人民大學出版社，二〇〇四年版。
90 羅家倫《蔡元培時代的北京大學與五四運動》。臺灣，《傳記文學》第五十四卷第五期，一九七八年五月。
91 楊振聲《回憶「五四」》。《人民文學》一九五四年第五期，一九五四年五月。
92 周作人《紅樓內外》。《子曰叢刊》第四、五輯，一九四八年十月、十二月。

> 「胡適說」大學內部的反對分子也出了一個《國故》，一個《國民》，都是擁護古文學的。校外的反對黨竟想利用安福部的武人政客來壓制這種新運動。八年（一九一九年）二三月間，外間謠言四起，有的說教育部出來干涉了，有的說陳、胡、錢等已被驅逐出京了。這種謠言雖大半不確，但很可以代表反對黨心理上的願望。[93]

二月十五日，《新青年》編輯部發表啟事：「近來外面的人往往把《新青年》和北京大學混為一談，因此發生種種無謂的謠言。現在我們特別聲明：《新青年》編輯和做文章的人雖然有幾個在大學做教員，但是這個雜誌完全是私人的組織；我們的議論完全歸我們自己負責，和北京大學毫不相干。」[94]

當時北大內外，確實是謠言滿天飛，新青年同人風頭太勁，樹大招風，這在中國社會，見怪不怪。張厚載的「半谷通訊」，雖屬捕風捉影，但也不完全是面壁虛構，在北大裏，相關的「風」與「影」，甚囂塵上。但由於他是林紓的學生，兩人過從甚密，新學陣營馬上打蛇隨棍上，認定這些謠言，都是林紓與張厚載「背地裏勾結」造出來的。林紓曾經在正志學校任教，正志學校是皖系軍閥徐樹錚（時任西北籌邊使兼西北邊防軍總司令）所創辦的，於是又推論出林紓造謠的目的，是要借軍閥的刺刀來殺人。

最有力「證據」，就是林紓所寫的兩篇諷刺小說《荊生》和《妖夢》，被張厚載送到上海《新申報》，發表在「蠡叟叢談」專欄上。

林紓本來無意捲入論戰，但目睹國學淪夷，擔心中國歷史文化從此澌滅，內心的痛苦卻又與日俱增，不能挺身而出，以一人之是抗天下之非，則對不起所讀的聖賢書。這是知識分子面對現實時的矛盾心理。《荊生》與《妖夢》，便是在這種心情煎熬之下，圖一時洩憤之作。他自我解嘲，「蠡叟」的意思，就是「性既迂腐，又老而不死之人也」。

《荊生》在二月十七、十八兩日連載。小說寫了三個書生：皖人田其美（影射陳獨秀）；浙人金心異（影射錢玄同）；新歸自美洲的狄莫（影射胡適）。三人聚於北京陶然亭畔，飲酒歌呼，放言高論，掊孔孟，毀倫常，廢文字以白話行之。忽然一聲巨響，隔壁的「偉丈夫」荊生，踰足越過破壁，大罵三人「以禽獸之言，亂吾清聽」。

> 田生尚欲抗辯，偉丈夫駢二指按其首，腦痛如被錐刺；更以足踐狄莫，狄腰痛欲斷。金生短視，丈夫取其眼鏡擲之，則怕死如蝟，泥首不已。丈夫笑曰，「爾之發狂似李贄，直人間之怪物。今日吾當以香水沐吾手足，不應觸爾背天反常禽獸之軀幹。爾可鼠竄下山，勿污吾簡……留爾以俟鬼誅。」

林紓慨歎：「如此混濁世界，亦但有田生、狄生足以自豪耳！安有荊生？」[95]這個「偉丈夫」

93 胡適《五十年來中國之文學》。《胡適文集》（三），北京大學出版社，一九九八年版。

94 《新青年》第六卷第二號，一九一九年二月十五日。

95 林紓《荊生》。《新申報》一九一九年二月十八日。

顯然是虛構的，充其量，不過是他自己早年「少年任俠」的化身，但新青年們一下子抓住了這個把柄，指責林紓是寄希望於徐樹錚出面，以武力消滅新文化人士。他們很清楚，只要把林紓和權力綁在一起，他作為一個知識分子的聲名，就徹底完蛋了。

在三月八日的第十二期《每週評論》上，全文轉載《荊生》，並加按語：「甚至於有人想借用武人政治威權來禁壓這種鼓吹。前幾天上海新申報上登出一篇古文家林紓的夢想小說就是代表這種武力壓制的政策的。」

徐樹錚的兒子徐道鄰，後來在撰寫父親年譜時也說：「林先生很希望能運用政治上的力量來打擊新思潮人物。他當時有題名《荊生》的一篇小說，就是暗示他這個意思……小說的用意雖然很明白，（徐）先生卻並沒有什麼反應。」[96] 徐樹錚當然不會有什麼反應，小說本來就不是寫給他看的。

徐樹錚與林紓的關係，也非一天兩天了，小徐對林紓一向執禮甚恭，言必稱「琴南師」，袁世凱搞帝制時，小徐利用師生名分，勸林紓出任總統府高等顧問，又要委他為參政。林紓斷然拒絕，小徐走馬燈似的進出林家大門，費盡口舌，但林紓始終不改口：「我堅決不去！要麼，你就把我的頭砍去，我的腳決不踏進中華門（袁世凱辦公地點）一步。」

林紓真要徐樹錚出面，盡可以直接寫信給他，或親自登門，用得着在報紙上發表小說去「暗示」什麼嗎？難道他指望這位徐總司令讀了小說以後，就領兵去鎮壓北大？這種想像力，未免太過豐富了。

然而，直到今天，仍有不少史家一口咬定：無論當時武人政客是否直接干涉了北大的學術之爭，但林紓等人事實上是擁有權力背景的。這不僅因為徐樹錚是林的學生，更主要是林的思想與北京政權之思想要求很吻合。

思想與當局吻合，就等於擁有了權力背景，這種推論很可怕。如果引車賣漿之徒的思想正巧與當局吻合，那引車賣漿之徒也擁有權力的背景了；如果思想與美國吻合，就擁有美國的權力背景了；與蘇俄吻合，就等於領了莫斯科的盧布了。「權力背景」的邏輯，可以殺人於無形，事實上，在中國的政治遊戲中，已經殺人無算了。

但這種無限上綱的推論，竟成了青史上的終審定讞，連胡適在晚年也說：「那時甚至有人要想用暴力或迫害「來阻止新文學的流行」，但是也無濟於事。」[97]顯然說的還是林紓與徐樹錚這件事。在學術界、思想界使用暴力或迫害，是一項極嚴重的指控，但胡適卻沒有具體列出使用「暴力或迫害」的證據，「大膽假設」有了，「小心求證」尚缺。

《妖夢》寫得比《荊生》更加粗鄙不堪，而且把蔡元培也寫入文中。內容大致描寫陝西人鄭思康夢遊陰曹地府，見到一所「白話學堂」，門外一聯云：「白話通神，紅樓夢，水滸，真不可思議；古文討厭，歐陽修，韓愈，是什麼東西。」二門上額有「斃孔堂」大匾，亦有一聯云：「禽獸真自由，要這倫常何用；仁義太壞事，須從根本打消」。主持這學堂的鬼中三傑為：「校長元

96 徐道鄰《民國徐又錚先生樹錚年譜》。臺灣，商務印書館，一九八一年版。
97 《胡適口述自傳》。華東師範大學出版社，一九九三年版。

緒，教務長田恒，副教務長秦二世」，分別影射蔡元培、陳獨秀、胡適。所謂「謙謙一書生」的「元緒」，即朱熹注《論語》時所說的：「蔡，大龜也」。最後請出「羅睺阿修羅王」，吃掉了這幾個「無五倫之禽獸」，「食已大下，積糞如邱，臭不可近」。[98]

小說送出後，林紓收到蔡元培的一函，略謂：有趙體孟先生想出版明遺老劉應秋先生遺著，求蔡氏介紹梁啟超、章太炎、林紓諸先生為品題。面對蔡元培的雅量，林紓頓時覺得有點慚愧，急忙叫張厚載追回《妖夢》，不要發表。但已經晚了。

張厚載匆匆致函蔡元培道歉，代師受過。函稱：「《新申報》所登林琴南先生小說稿，悉由鄙處轉寄，近更有《妖夢》一篇攻擊陳胡兩先生，並有牽涉先生之處，稿發後而林先生來函，謂先生已乞彼為劉應秋先生文集作序，《妖夢》一篇，當可勿登。但稿已寄至上海，殊難中止，不日即可登出。倘有瀆犯先生之語，務乞先生歸罪於生，先生大度包容，對於林先生遊戲筆墨，當亦不甚介意也。」[99]承擔責任之餘，也想用「大度包容」、「遊戲筆墨」這些話堵住蔡元培的嘴，讓他不好做出太激烈的反應。

嗚呼林紓，「作個翻譯真絕代，何苦犯賤寫小說」，迎風撒尿，弄得自己一身臊。在文學史上，被罵得狗血淋頭，也是咎由自取了。三月十九日，《新申報》把小說刊登出來了。胡適看了，亦不禁搖頭歎息，覺得這兩篇小說「太齷齪了」，「把當時的衛道先生們的心理和盤托出」。[100]這種醜化詆毀手法，對林紓來說，有污清譽，得不償失。

新青年諸子的反擊，依然是集中火力，攻其「倚靠權勢」與「暗地造謠」兩點。三月十日，胡適致函「北大日刊」闢謠：「這兩個星期以來，外面發一種謠言，說文科陳學長及胡適等四人，被政府干涉，驅逐出校，並有逮捕的話，並說陳學長已逃至天津。這個謠言愈傳愈遠，竟由北京電傳到上海各報，惹起了許多人的注意。這事乃是全無根據的謠言。」[101]新青年陣營接二連三發表闢謠聲明，使人彷彿真的置身於「駭機一發，浮謗如川」的風口浪尖之上。其實，除了張厚載那兩篇「半谷通訊」之外，還有什麼謠言？陳獨秀在《關於北京大學的謠言》一文中，詳盡引用了京、滬各報有關謠言的報導：

上海《時事新報》說道：「今以出版物之關係，而國立之大學教員被驅逐，則思想自由何在？學說自由何在？以堂堂一國學術精華所萃之學府，無端遭此侮辱，吾不違為陳、胡諸君惜，吾不禁為吾國學術前途危。願全國學界對於此事速加以確實調查，而謀取以對付之方法，毋使莊嚴神聖之教育機關，永被此暗無天日之虐待也。」

上海《中華新報》說道：「北京大學教授陳獨秀等創文學革命之論，那般老腐敗怕威信失墜，飯碗打破，遂拚命為軌道外的反對，利用他狗屁不值人家一錢的權力，要想用『驅逐』二字嚇人。這本來是他們的人格問題，真不值污我這枝筆。」

《中華新報》又說道：「北京非首善之區乎？大學校非所謂神聖之學府乎？今之當局者

98 林紓《妖夢》。《新申報》一九一九年三月十九日。

99 蔡元培《覆張謬子君書．附錄》。《蔡子民先生言行錄》，臺灣，文海出版社有限公司，一九七三年影印版。

100 胡適《五十年來中國之文學》。《胡適文集》（三），北京大學出版社，一九九八年版。

101《北京大學日刊》第三百二十八號，一九一九年三月十日。

非以文治號召中外者乎？其待士也如此。嗚呼！我有以知其前途矣。」《中華新報》又說道：「自此事之起，輿論界及一般新教育界，當然義憤之極，以為這是辱沒了學者，四君等當然不能受此奇恥。惟記者以為究竟是誰的恥辱？與其曰受者之恥辱，毋寧曰施者之恥辱，與其曰四君等之恥辱，毋寧曰中國全體民族之恥辱。」

上海《民國日報》說道：「自蔡孑民君長北京大學而後，殘清腐敗，始掃地以盡，而其出版品如《新青年》《新潮》等，尤於舉世簡陋自封之中，獨開中國學術思想之新紀元。舉國學者，方奔赴弗遑，作同聲之應，以相發揮光大，培國家之大本，立學術之宏基，不圖發軔方始，主其事者之數人，竟為惡政治勢力所擯，而遂棄此大學以去也。」

北京《晨報》說道：「思想自由，講學自由，尤屬神聖不可侵犯之事，安得以強力遏抑？稍文明之國家，當不至有此怪謬之事實。故連日每有所聞，未敢據以登載。嗣經詳細調查，知此說實絕無影響。不過因頑舊者流，疾視新派，又不能光明磊落在學理上相為辯爭，故造此流言，聊且快意而已。」

北京《國民公報》說道：「今日之新思想，實有一種不可過抑之潛勢力。必欲逆此勢力而與之抗，徒然增一番新舊之衝突而已。昧者不察，對於新者，嫉之若仇。果使舊思想在今日有可以存之理由，記者亦將是認之，而無如其否也。記者往常讀書，常懷一疑問，即孔、孟之言，何以不許人有是否於其間？昔日之帝王實以是術愚民，今而後非其時矣。」

所有文章，全是力挺新青年陣營的，與其說是「關於北京大學的謠言」，不如說是「新勢力利用『關於北京大學的謠言』對舊勢力的萬炮齊轟」。

陳獨秀指出，造謠者是「可憐的國故黨」，他輕蔑地說：「中國人有『倚靠權勢』『暗地造謠』兩種惡根性。對待反對派，決不拿出自己的知識本領來正正堂堂的爭辯，總喜歡用『倚靠權勢』『暗地造謠』兩種武器。民國八年以來的政象，除了這兩種惡根性流行以外，還有別樣正當的政治活動嗎？此次迷頑可憐的國故黨，對於大學創造謠言，也就是這兩種惡根性的表現。」那麼，誰是國故黨？陳獨秀回答：「這班國故黨中，現在我們知道的，只有《新申報》裏『荊生』的著者林琴南和《神州日報》的通信記者張厚載兩人。」[102]

鬧得滿天星斗，原來就是這手無縛雞之力的師徒倆。

《荊生》說不上是造謠之作，頂多扣上一頂「倚靠權勢」的帽子。「暗地造謠」者，只有兩篇「半谷通訊」而已。何以就造出如此大的風波來呢？從以往《新青年》的辦刊手法來看，「四面樹敵」是他們擴大影響的策略。從錢玄同、劉半農的雙簧戲，到舊戲討論，到陳獨秀聲言不怕「斷頭流血」的「本誌罪案」，《新青年》從來是不怕敵人多，就怕沒敵人。張厚載造了他們的謠，恰恰是他們求之不得的，雖然張厚載只不過是一個小小的學生，但不把這個題目鋪張揚厲，做足做透，那真是對不起張厚載了。從刊物行銷的角度去看，這樣做，也無可厚非。

在《妖夢》見報的同時，《公言報》又發表了林紓的《致蔡鶴卿書》，以向蔡氏求教的名義，公開質問新青年們：以前說停科舉，廢八股，剪辮子，放天足，逐滿人，整軍備，中國就可以

102 陳獨秀《關於北京大學的謠言》。《每週評論》第十三號，一九一九年三月十六日。

強大，現在都做到了，也沒見中國強大。於是又說要覆孔孟、鏟倫常。「因童子之羸困，不求良醫，乃追責其二親之有隱瘵，逐之，而童子可以日就肥澤，有是理耶？」林紓宣稱，他翻譯了一百二十多種外國書，凡一千二百萬言，從未見過有鼓吹違忤五常之語，新學諸子的叛親蔑倫主張，究竟是從西洋文化中學來的，還是從別的旁門歪道學來的？[103]

蔡元培對《妖夢》的「遊戲筆墨」，固可以「大度包容」，不予理睬，但對林紓正兒八經的公開信，則不能視若無睹了。他在《公言報》上做了公開答覆，義正詞嚴，反駁了林紓對北大「覆孔孟，鏟倫常」和「盡廢古書，行用土語為文字」的兩項指責，他再次宣示自己的辦學主張：

弟在大學，則有兩種主張如下：

一、對於學說，仿世界各大學通例，循「思想自由」原則，取相容並包主義，與公所提出之「圓通廣大」四字，頗不相背也。無論為何種學派，苟其言之成理，持之有故，尚不達自然淘汰之運命者，雖彼此相反，而悉聽其自由發展。此義已於《月刊》之發刊詞言之，抄奉一覽。

二、對於教員，以學詣為主。在校講授，以無背於第一種之主張為界限。其在校外之言動，悉聽自由，本校從不過問，亦不能代負責任。例如復辟主義，民國所排斥也，本校教員中，有拖長辮而持復辟論者，以其所授為英國文學，與政治無涉，則聽之。籌安會之發起人，清議所指為罪人者也，本校教員中有其人，以其所授為古代文學，與政治無涉，則聽之。嫖、賭、娶妾等事，本校進德會所戒也，教員中間有喜作側豔之詩詞，以納妾、狎妓為韻事，以賭為消遣者，苟其功課不荒，並不誘學生而與之墮落，則姑聽之。夫人才至為難得，若求全責備，則學校殆難成立。且公私之間，自存天然界限，譬如公曾譯有《茶花女》、《迦茵小傳》、《紅礁畫槳錄》等小說，而亦曾在各學校講授古文及倫理學，使有人詆公為以此等小說體裁講文學，以狎妓，奸通，爭有婦之夫講倫理者，寧值一笑歟？然則革新一派，即偶有過激之論，苟於校課無涉，亦何必強以其責任歸之於學校耶？[104]

對張厚載，蔡元培的批評溫和而嚴厲：「在兄與林君有師生之誼，宜愛護林君。兄為本校學生，宜愛護母校。林君作此等小說，意在毀壞本校名譽，兄徇林君之意而發佈之，於兄愛護母校之心，安乎，否乎？僕平生不喜作謾罵語，輕薄語，以為受者無傷，而施者實為失德。林君詈僕，僕將哀矜之不暇，而又何憾焉？唯兄反諸愛護本師之心，安乎，否乎？往者不可追，望此後注意。」[105]

蔡函最後一句的用意，似乎對張厚載只作蒲鞭之罰，沒有暗示將會有更嚴厲的處分，但新青年陣營群情大憤，非要把張厚載開除出校不可。周作人回憶：「後來林琴南的攻勢愈加來得猛烈了，大有憑藉了段祺瑞一派的勢力來干涉北大的形勢（那篇《荊生》裏便很有明顯的表

103 林紓《致蔡鶴卿書》。《公言報》一九一九年三月十八日。
104 蔡元培《致公言報並答林琴南君函》。《蔡子民先生言行錄》，臺灣，文海出版社有限公司，一九七三年影印版。
105 蔡元培《覆張謬子君書》。《蔡子民先生言行錄》，臺灣，文海出版社有限公司，一九七三年影印版。

示……）張繆子也有在內策應之嫌疑，於是學校方面下了斷然的處置，將他除名。」[106]

周作人臧否人物，喜用春秋筆法。這段回憶，先把林紓與段祺瑞掛上鈎，再牽藤引葛，說張厚載是內應，「透露校內消息，給林琴南做點情報」。其實，北大的事務原是很透明的，並沒有什麼秘密情報可言，更何況張厚載不過是一普通學生，他知道什麼機密？他策應個啥？就算他把校內的事情告訴林紓，又能怎麼樣呢？魯迅不是一樣從周作人處得到許多北大的消息？但通過林紓再把管道溝通到段祺瑞那兒，張厚載這熱衷舊戲曲的學生，就儼然有了官廳密探的味道了。

但「官廳密探」這種理由，荒誕不經，拿不上臺面服眾。北大評議會最終以「在滬報通訊，損壞校譽」為由，開除張厚載學籍。這比捏造一個「官廳密探」更糟糕，等於公開以言論入罪了。蔡元培時代的北大，從不輕易開除學生，況且張厚載還有三個月就要畢業了，他也慌了神，連忙找蔡元培求情。蔡氏讓他去找評議會。他又去找評議會負責人胡適，胡適又讓他找校長，只要校長要刀下留人，誰不給幾分薄面？

不過，蔡氏尊重評議會，不願干預。據張厚載自述，當時「本班全體同學替他請願；不行。甚至於教育總長傅沅叔替他寫信，也不行……特請他所擔任通訊的《新申報》出為辯白，列舉所作通訊篇目，證明沒有一個字足以構成『破壞校譽』之罪，結果仍不能免除處分。蔡校長給了他一紙成績證明書，叫他去天津北洋大學轉學，仍可在本學期畢業。」[107]

三月三十一日的《北京大學日刊》，終於登出一則「本校佈告」：「學生張厚載屢次通信於京滬各報，傳播無根據之謠言，損壞本校名譽，依大學規程第六章第四十六條第一項，令其退學。此佈。」張厚載經此打擊，不禁心灰意懶，索性輟學了。

林紓對此深感內疚，他一方面在報紙上公開道歉，承認自己罵人不對，一方面撰文勸勉張厚載「臨窗讀孔孟之書」，「無所戚戚於其中也」。林紓一個大名鼎鼎的讀書人，以六十七歲高齡，向社會公開認錯，這種勇氣，不是一般人能及。一月以後，他在《公言報》上發表一篇文章：

> 予乞食長安，蟄伏二十年，而忍其飢寒，無孟韓之道力，而甘為其難。名曰衛道，若蚊蚋之負泰山，固知其事之不我幹也，憾吾者將爭起而吾彈也。然萬戶皆鼾，而吾獨作晨雞焉；萬夫皆屏，吾獨悠悠當虎蹊焉！七十之年，去死已近。為牛則羸，胡角之礪？為馬則駑，胡蹄之鐵？然而哀哀父母，吾不嘗為之子耶？巍巍聖言，吾不嘗為之徒耶？苟能俯而聽之，存此一線倫紀於宇宙之間，吾甘斷吾頭，而付諸樊於期之函。裂吾胸，為安金藏之，剖其心肝。黃天后土，是臨是鑒！子之掖我，豈我之慚？[108]

讀起來，和陳獨秀不怕「斷頭流血」的《本誌罪案之答辯書》，有異曲同工之效。平心而論，錢玄同罵「選學妖孽，桐城謬種」，傷人之深，不亞於「荊生、妖夢」。林紓從心平氣和的《論古文之不宜廢》，到惡言穢語的《荊生》、《妖夢》，他的火氣，也是一步步被挑起來的，也正是新青年們希望看到的。

106 周作人《紅樓內外》。《子曰叢刊》第四輯，一九四八年十月。
107 張繆子《歌舞春秋》。廣益書局，一九五一年版。
108 林紓《腐解》。《公言報》一九一九年四月五日。

魯迅後來屢把林紓（琴南）呼為「禽男」，則完全是模仿《荊生》、《妖夢》的手法，以醜化對醜化，以詆毀易詆毀了。拿姓名的諧音、字義醜化對手，中國人似乎偏愛此道，林紓不能免俗，魯迅更個中老手，他把傅增湘叫做女官公，稱蔣夢麟為茭白（蔣字古義為茭白），胡適是新月博士（胡字拆開為古月，與新月對，譏胡適與新月派），生動傳神，入木三分。但錢玄同、魯迅他們罵了也就罵了，在文學史上，其「戰士」的形象只有更添光彩，何嘗受過一絲損傷呢？

當時社會上對北大，確實有不少風言風語。其中最為小報所津津樂道的，是陳獨秀狎妓、打場（即與別人爭妓而生糾紛），挖傷了某妓下體這一軼聞。無論任何時代，這種色香味俱全的八卦新聞，都是大眾低級趣味的最佳調料，因此傳得沸沸揚揚。

陳獨秀這回是披了蝨子襖，扯纏不清，百口莫辯了。蔡元培在致林紓的公開信中，特別聲明：「教員中間有喜作側豔之詩詞，以納妾、狎妓為韻事，以賭為消遣者，苟其功課不荒，並不誘學生而與之墮落，則姑聽之」，就是為陳獨秀辯護。

紅袖添香、狎妓冶遊，在中國文人傳統中，雖然不算什麼醜行，但爭風呷醋、大打出手，則從來也不是什麼美德。陳獨秀在北京有狎妓行為，似乎是坐實了，連最維護他的胡適也都承認。後人的辯解，多集中於兩點：一是陳氏沒有因爭妓打架而挖傷妓女的下體；二是關於陳氏狎妓的傳聞，是守舊派對新文化運動的攻擊。

周作人在回憶錄中說，「北京御用報紙經常攻擊仲甫，以彼不謹細行，常作狹斜（邪）之遊，故報上記載時加渲染，說某日因爭風抓傷某妓下部，欲以激起輿論，因北大那時有進德會不嫖不賭不娶妾之禁約也。」[109]所謂御用報紙，不是官府御用，而是守舊派御用。

胡適也就此事致函湯爾和說：「我並不主張大學教授不妨嫖妓，我也不主張政治領袖不妨嫖妓，我覺得一切在社會上有領袖地位的人都是西洋所謂『公人』（Public men），都應該注意他們自己的行為，因為他們自己的私行為也許可以發生公眾的影響。但我也不贊成任何人利用某人的私行為來做攻擊他的武器。」[110]

其實，陳獨秀有沒有挖傷某妓下體，無關宏旨。關鍵在於作為一位公眾人物，私行為與公行為，是否真的可以分開？同樣，批評陳獨秀狎妓行為的輿論，恒不必問來自舊派還是新派，只消問公眾人物是否需要輿論的監督？如果公眾人物的私行為確實有懈可擊，是否因為他是公眾人物而獲得豁免？答案是不言自明的。況且，風月場所，並不是自家的臥房，本身就是一個公眾地方，怎麼能以「私行為」搪塞過去呢？從胡適對此事的反應來看，他的自由主義，在袒護朋友之際，便顯出火候不夠。

針對《神州日報》說「蔡氏對陳學長辭職，並無否認之表示」，三月十九日，蔡元培發表《致神州日報函》，為陳獨秀「辭職」等事，公開闢謠，稱陳學長並無辭職之事；暑假後文理擬合併，不設學長，而設一教務長以統轄教務，曾由學長及教授主任會議定，經評議會通過，陳學長也參加了會議。但這未能遏制謠言的傳播，反而愈傳愈兇。

三月二十六日夜晚，蔡元培、湯爾和、馬敍倫、沈尹默等人，在湯氏寓所開會，商討怎樣

---

109 周作人《知堂回想錄》。香港，三育圖書有限公司，一九八〇年版。

110 胡適《致湯爾和》。《胡適來往書信選》（中），中華書局，一九七九年版。

應付社會上對陳獨秀私德的攻擊。這一夜空氣寒冷，室內的氣氛也降到冰點。會議一直開到深夜十二時，意見仍未能一致。

蔡元培覺得不應該向輿論壓力屈服，犧牲一個難得的人才，但湯爾和力主驅逐陳獨秀，以保全北大聲譽，馬、沈二人都支持湯氏，形成三比一的形勢。據陳獨秀的親屬後來講述：「會上湯爾和、沈尹默極力主張不能留陳獨秀，蔡元培校長原要挽留的，然湯爾和等極力引用小報上的種種誹言，聲稱此為堂堂高等學府所不能容。蔡不得已，乃廢文、理科學長制，設教務長，統由教授會領導，陳獨秀仍為教授。這明明是針對陳獨秀的一招，湯、沈、馬知道這樣陳獨秀定會憤然離去的。」[111]

蔡元培曾批評，北大是一個不自由的大學，北大提倡新文化、新思想，「教育部來干涉了，國務院來干涉了，甚而什麼參議院也來干涉了」。[112]但這些干涉，是一般性的言論，還是強制性的行政命令？是政府的正式表態，還是某些政客的私人意見？政府究竟是如何施加壓力？這些壓力與陳獨秀被免文科學長，有無直接關係？仍須有具體證據，具體分析，「有一分證據說一分話」，不應含糊籠統。中國雖無民主之實，卻還有民主之形，政府、議員、坊間，各持己見，吵吵鬧鬧，本屬平常事，動輒提升到政治迫害的高度，實際也是一種「不容匡正」的專制表現。

湯、沈、馬出於什麼動機非要趕陳獨秀走不可，歷史上並無定論。是秉承政府的旨意，做了政府的臥底？還是與新舊文化之爭有關？或者僅僅是浙江人排擠安徽人，搞同鄉小圈子的把戲（湯、沈、馬三人都是浙江人）？只能留待證據來說話了。

蔡元培沒有屈從於政府的壓力，卻屈從於幾位教授的壓力，似乎內部的壓力，較外部壓力大得多。周作人後來說：「校內評議會多半是『正人君子』之流，所以任憑陳氏之辭職，於是拔去了眼中釘，反動派乃大慶勝利了。」[113]言下之意，湯、沈、馬都是「反動派」陣營中人了。

胡適強烈反對處分陳獨秀，但他無緣參加三月二十六日晚的會議。多年以後，他還耿耿於懷。一九三五年，他和湯爾和通信時，再次重提舊事：

三月二十六日夜之會上，蔡先生不願於那時去獨秀，先生力言其私德太壞，彼時蔡先生還是進德會的提倡者，故頗為尊議所動。我當時所詫怪者，當時小報所記，道路所傳，都是無稽之談，而學界領袖乃視為事實，視為鐵證，豈不可怪？嫖妓是獨秀與浮筠（即當時的北大理科學長夏浮筠）都幹的事，而「挖傷某妓之下體」是誰見來？及今思之，豈值一噱？當時外人借私行為攻擊獨秀，明明是攻擊北大的新思潮的幾個領袖的一種手段，而先生們亦不能把私行為與公行為分開，適墮奸人術中了。——當時我頗疑心尹默等幾個反覆小人造成一個攻擊獨秀的局面，而先生不察，就做了他們的「發言人」了。

四月八日，蔡元培召集文理科教授會議，決定提前實行文理科教務處組織法。文理科統由教授會領導，教授會主任由文理科主要教授輪流擔任。這樣，陳獨秀的文科學長，就是無形取

111 吳孟明《陳獨秀和他的北大情結》。《我的父輩與北京大學》，北京大學出版社，二〇〇六年版。
112 蔡元培《不肯再任北大校長宣言》。《蔡元培全集》（三），中華書局，一九八四年版。
113 周作人《知堂回想錄》。香港，三育圖書有限公司，一九八〇年版。

消，而不是被辭退，為他保留了顏面。

陳獨秀對北大充滿怨憤，已有離開的念頭。沈尹默自知無法再與陳獨秀合作，也以眼疾為由，自動退出《新青年》。甚至有人想另辦一份新雜誌（《新中國》）。從李大釗致胡適的一封信中，可看出當時《新青年》內部的矛盾，已昭然若揭。李大釗說：「聽說《新青年》同人中，也多不願我們做《新中國》。既是同人不很贊成，外面又有種種傳說，不辦也好。我的意思，你與《新青年》有不可分的關係，以後我們決心把《新青年》、《新潮》和《每週評論》的人結合起來，為文學革新的奮鬥。在這團體中，固然也有許多主張不盡相同，可是要再想找一個團結像這樣顏色相同的，恐怕不大容易了。」[114]

李大釗是好好先生，人前人後，儘量補罅葺漏，但新青年陣營的分裂，卻已無可彌合。對中國日後的發展，產生深遠影響。十六年以後，胡適在談到三月二十六日那天晚上的會議，仍有無限的欷歔與感慨。他說：「獨秀因此離開北大，以後中國共產黨的創立及後來國中思想的『左傾』，《新青年》的分化，北大自由主義者的變弱，皆起於此夜之會。獨秀在北大，頗受我與孟和的影響，故不十分『左傾』。獨秀離開北大之後，漸漸脫離自由主義的立場，就更『左』傾了。此夜之會……不但決定北大的命運，實開後來十餘年的政治與思想的分野。此會之重要，也許不是這十六年的短歷史所能論定。」[115]

而歷史，往往就是被這樣一些偶然的因素改寫。

114 李大釗《致胡適》，《李大釗文集》（下），人民出版社，一九八四年版。

115 胡適《致湯爾和》。《胡適來往書信選》（中），中華書局，一九七九年版。

下篇

救亡

第四章

外爭主權，內除國賊

從巴黎傳來的噩耗

一九一八年十一月十一日，第一次世界大戰結束，德國戰敗。一九一九年一月十八日，協約國將在法國巴黎召開和平會議，中國也領到了一張入場券。國內許多有識之士都期待，巴黎和會將是中國在國際上翻身的一個重要機會。

一九一八年十二月二十九日，梁啟超率領軍事家蔣方震、政治學家張君勱、外交家劉崇傑、經濟學家徐新六、科學家丁文江，以及負責後勤的楊鼎甫等七人，組成一個非官方考察團，前往巴黎，以觀察員身份，就近為參加巴黎和會的中國代表團提供諮詢顧問和援助。

梁啟超退出政壇後，沒有歸隱林泉，而是轉向學術研究和文化教育，他談及自己遊歷歐洲的目的：「第一件是想自己求一點學問，而且看看這空前絕後的歷史劇怎樣收場，拓一拓眼界。第二件也因為正在做正義人道的外交夢，以為這次和會真是要把全世界不合理的國際關係根本改造，立個永久和平的基礎，想拿私人資格將我們的冤苦向世界輿論申訴申訴，也算盡一二國民責任。」[1]

梁啟超對推動民間社會的成長，貢獻良多。他行前向總統徐世昌建議，成立一個以前外交總長汪大燮為委員長，進步黨領袖、前司法總長林長民為理事長，包括熊希齡、陸宗輿、孫寶琦、李盛鐸、王寵惠等十四人為委員的外交委員會，專責研究與巴黎和會相關的外交事務。據在外交委員會內擔任事務員的葉景莘講述：

外交委員會成立後，汪、熊二人即聯合提出對巴黎和會的提案。共五大綱，首列破除勢力範圍，分目為收回租借地和鐵路附屬地、統一管理鐵路、撤銷外國郵電機關。其他大綱為取消領事裁判權、關稅自主、撤退外國軍隊、停付庚子賠款。梁啟超出國前，亦來會與汪、熊、林、王等討論了這個提案，以便在外接洽。提案經委員會開會討論審查，於一九一九年一月六日一致決議通過，由汪、林二人親呈徐世昌，奉命交院發。次日由林長民親交代總理錢能訓，於八日電致各專使，正在陸徵祥抵法之日。十八日和會開幕。但以後我們才知道國務院電專使只將這個提案作為希望條件。[2]

梁啟超在北京又拜會了各國駐華公使，遊說他們的同情與支持。日本駐華代理公使勞澤曾宴請梁氏，問他對山東問題的看法，梁氏斬釘截鐵地回答：中國是對德宣戰國，中德條約自當廢止，中國理應收回其在山東權益，日本在山東繼承德國權利之說，沒有任何根據。「中日親善的口頭禪已講了好些年了，」梁氏說，「我以為要親善就今日是個機會，我很盼日本當局要了解中國國民心理，不然恐怕往後連這點口頭禪也拉倒了。」[3]

1 梁啟超《歐遊心影錄．新大陸遊記》。人民出版社，二〇〇六年版。
2 葉景莘《巴黎和會期間我國拒簽和約運動的見聞》。《中華文史資料文庫．政治軍事編》（二），中國文史出版社，一九九六年版。
3 梁啟超《歐遊心影錄．新大陸遊記》。人民出版社，二〇〇六年版。

梁啟超早已預見到日本鬼蜮多端，一定會花樣百出，迫使中國政府讓步。為了給政府撐腰，他認為有必要在官方的外交委員會之外，再組織一個民間的團體。葉景莘說：「外交委員會成立時，我們早已感覺到政府的親日傾向，就組織了一個國民外交協會，以備與外交委員會互相呼應。」[4]外交委員會是官方組織，國民外交協會是非官方組織，有些活動官方不宜出面，則由民間出面。兩者內外配合，互相支持。

由國民外交後援會、財政金融學會、和平期成會、蘭社、戰後外交研究會、京師總商會、政治學社、國際研究社等組織，共同發起成立一個各團體的聯合組織。在臺前幕後，合縱連橫，促成此事的林長民，是梁啟超的摯友。

一九一九年一月二十六日，彤雲密佈，朔風漸急。六大團體代表聚集在北京石虎胡同七號，共同決定成立國民外交協會。二月三日，開第一次常會，作出四項決定：一、彼此互約有始終不懈能作中堅之決心；二、本會決定應有會長或理事為之表率；三、商定宣言書與最要條目通電之意見，推定藍公武、梁秋水兩會員起草；四、推定魏阜甌、梁秋水、張展雲、李道衡等接洽商集經費問題。當天，與會代表便以「國民外交協會及各省省議會、商會、教育會」名義，致電巴黎的顧維鈞、王正廷專使，對他們作「聲援贊助」。

二月十六日，國民外交協會在北京正式成立，推舉熊希齡、汪大燮、梁啟超、林長民、范源濂、蔡元培、王寵惠、嚴修、張謇、莊蘊寬十人為理事[5]，會員百餘人，全是社會知名人士，其中熊、汪、梁、林、范等都是研究系的人士。協會的宗旨為：一、促進國際聯盟之實行；二、撤廢勢力範圍並訂定實行方法；三、廢棄一切平等條約及以威迫利誘或秘密締結之條約、合同及其他國際文件；四、定期撤去領事裁判權；五、力爭關稅自由；六、取消庚子賠款餘額；七、收回租界地域，改為公共通商。

協會在全國許多大城市，都設有分會。這是中國第一個由多個民間團體聯合組成的具有全國性質的國民外交組織。他們不斷以通電形式，向社會宣傳上述七項外交主張，擴大影響，還組織社會名流，舉辦各種演講會。其目的在於動員全體國民「群策群力，再接再厲，於外交請願皆有一致堅決之態度」。[6]

一九一九年一月二十一日，徐世昌總統特委外交總長陸徵祥、駐美公使顧維鈞、駐英公使施肇基、駐意公使魏宸組，以及由南方護法政府委派的參議院副議長王正廷五人為全權代表，參加巴黎和會。由於代表團人數甚少，力量單薄，因此，民間對梁啟超寄予頗高期望，希望他能夠「化私為公」，協助政府在國際舞臺上，為中國爭取合理的權益。

在中國五人代表團中，首席代表陸徵祥，上海人，生於一八七一年，一九一二年民國成立之初，出任外交總長，中國政府的現代外交體制，由其一手創立。顧維鈞，中國新一代的年輕外交官，一八八八年生於上海，一九〇四年留學美國，在哥倫比亞大學主修國際法和外交。學

4 葉景莘《巴黎和會期間我國拒簽和約運動的見聞》。《中華文史資料文庫．政治軍事編》（二），中國文史出版社，一九九六年版。

5 許冠亭在《試論五四前後的國民外交協會》一文中稱，協會只有七名理事，蔡元培、梁啟超、汪大燮不是理事。然葉景莘在《巴黎和會期間我國拒簽和約運動的見聞》中稱梁氏為理事之一。

6 《晨報》一九一九年三月一日。

成回國後，曾擔任袁世凱的英文秘書，後來進入外交部任職。

行前，徐世昌召集會議討論方針。段祺瑞當年是力主中國參戰的第一人，這時儼然以功臣自居，他認為此次參戰，宣佈過遲，不宜提過多要求。只要能收回德奧租界，取消其在中國的權益，並提議撤銷庚子條約駐兵一條，以及修訂海關稅則，就很不錯了。至於青島問題，日本一再聲言交還中國，諒不至食言。

然而，日本偏偏食言了，段氏以為不成問題的青島問題，後來偏成為一個無法逾越的大問題。

在巴黎和會上，中國提出七項要求：廢除勢力範圍；撤退外國軍隊、巡警；裁撤外國郵局及有線無線電報機關；撤銷領事裁判權；歸還租借地；歸還租界；關稅自由。大致上，還是梁啟超出國前與外交委員會商定的那些要求。其中包括，把德國在一八九八年利用不平等條約，強佔的山東青島權益（包括租借地及路礦權、鐵路警察權等附屬權利），歸還中國。

一九一九年一月二十七日，巴黎和會召開最高會議（即美、英、法、意、日所組成之十人會議）討論山東問題，中國代表顧維鈞、王正廷被邀列席，日代表牧野伸顯要求無條件繼承德國在山東權利，他一開場就打出了一張令中國代表相顧失色的牌：原來早在一九一七年二月，英、法、意三國已經和日本簽訂密約，保證在戰後支持日本獲得德國戰前在山東及各島嶼的領土權。一直對中國表示同情的美國，也啞口無言了。顧維鈞起而反對，指出此問題須先由中國陳述理由，再行討論。

一月二十八日，顧氏在十人會議上，不用講稿，即席陳詞，長達半小時，解釋中國直接收回山東權利的理由，並表示願將中日密約公開。所謂中日密約，指一九一八年九月，段祺瑞曾以犧牲山東權益為交換條件，與日本簽訂了二千萬日元的秘密借款合同。該密約規定，日本有權在山東築路，有權駐軍青島、濟南。當時駐日公使章宗祥在換文中有「中國政府對於日本政府右列之提議，欣然同意」的字樣。根據此規定，日本不僅繼承了原德國在山東之所得，而且有過之而無不及。

這個密約成為和會上日本強佔中國山東的藉口。中國代表稱，「二十一條」是在日本武力脅迫下簽的，應視為無效；一九一八年的密約是「二十一條」的後續，當然也是無效的。但日本則稱，密約是中國參戰以後簽的，不能說是受了脅迫，而且既然「欣然同意」，就證明不是在武力脅迫之下簽的了，當然應該有效。

二月二日，農曆大年初二，日本公使小幡趁中國人都在過年，向中國外交次長陳籙提出，中國代表在巴黎和會發言反對日本，全失友誼，要求電令其不得宣佈中日密約，並改變態度，凡所主張，非經日本同意不得提出和會，否則日將取消去年九月參戰借款合同，索還已付的三百萬，並以將取相當行動為恫嚇。坊間甚至哄傳，日方要求中國撤換顧維鈞、王正廷二位專使。

研究系再次挺身而出。二月五日，和平期成會主席熊希齡密電在上海舉行南北和談的雙方代表，提議共同要求政府公開中日密約：「弟擬請雙方各代表，目前將內政口口（暫緩）商議。以此次外交為第一問題，趕開臨時緊急會議，聯電政府，速照陸使（陸徵祥）等所請，概將密約宣佈。」[7]在熊氏的推動下，南方總代表唐紹儀致電徐世昌要求：「中日一切秘密條約得由我

7《一九一九年南北議和資料》。中華書局，一九六二年版。

國全權代表隨時提出，訴之萬國公論。」8

由於有民間及各政團黨派的積極參與，當巴黎和會召開時，外交問題，已受到國內、國外（留學生與華僑）輿論廣泛而高度的關注，政府的一言一行，都在輿論的嚴密監督之下。由研究系所控制的《晨報》，每天都刊登大量有關和會的新聞、函電。沒有這種強大的輿論力量，單靠北京大學的學生，是搞不出一個五四運動來的。

梁啟超一行，輾轉旅途，二月十八日才抵達巴黎。與此同時，國內各黨派政團的觀察員，紛紛匯聚巴黎。各界人士給中國代表團的函電，如雪片飛來，出謀劃策，各抒讜論，甚至連康有為也不甘寂寞地致函代表團，建議爭取廢除庚子賠款、收回膠州灣等租借地、廢除「二十一條」、改訂關稅、收回治外法權等等。

顧維鈞說：「他們是專為來觀察和會向代表團獻計獻策的。其中有許多是各政黨的首腦人物。如國民黨的汪精衛先生、張靜江先生、李石曾先生及該黨其他要人；有與國民黨對立而與北京政府合作的研究系領袖梁啟超；有所謂交通系的領導人；也有民本社的代表……這些政黨領袖看來大都認為中國將在此案中獲勝。同時，根據代表團所收到的賀電來判斷，獲勝的看法在國內肯定也很普遍。」9

然而，這種樂觀沒有維持多久，和會形勢便發生對中國的逆轉。日本的要求得到英、法的支持，美國雖同情中國，但口惠而實不至。當日本以退出和會相威脅時，亦轉而支持日本。他們對中國表示，不是我不想幫你們，而是你們自己和日本簽下這麼一個密約，讓我想幫也沒辦法幫。中國陷於完全孤立的處境。

梁啟超第一次聽說有中日密約這回事，直如雷電劈腦，五內俱焚，從巴黎十萬火急，致電外交委員會汪大燮、林長民，通報此事，並嚴詞質問政府：「本去年九月間，德軍重敗，政府究用何意，乃於此時對日換文訂約以自縛！」聚九州之鐵，鑄成的大錯，亦莫過於此。梁氏沉痛呼籲：「尚乞政府勿再授人口實。不然千載一時良會，不啻為一二訂約人所敗壞，實堪惋惜。」[10]

汪大燮、林長民接電後也炸了廟，立即委託梁啟超為協會代表，向巴黎和會請願，力爭山東主權。上海洋貨商業公會、出口公會、江蘇省教育會等團體，紛紛致電北京政府，請拒絕日本公使二月二日的無理要求。自此，民間的聲音，漸漸從市井坊間，突破惡濁的政治空氣，上達廟堂。

自山東問題交涉發生後，中國始而提出直接歸還，但無人回應，只好退而求其次，對美國提出五國共管亦表同意，僅要求日本以文字聲明將來交還山東。然所有妥協方案，均為日本所拒絕。

三四月間，上海報界接到王正廷的電報，內稱「吾國人中有因私利而讓步者，其事與商人違法貶賣者無異，此實賣國之徒也。所望全國輿論對於該賣國賊群起而攻之，然後我輩在此乃

8《唐紹儀發電稿》。《近代史資料》總五十一號，中國社會科學出版社，一九八三年版。
9《顧維鈞回憶錄》（一）。中華書局，一九八三年版。
10 丁文江、趙豐田《梁啟超年譜長編》。上海人民出版社，一九八三年版。

能有討論取消該條件之餘地」。電報沒有明言賣國賊是誰，以致國內猜測紛紜，竟然有人懷疑到梁啟超頭上。

上海商團致電梁啟超，警告他：「惟人言可畏，難免嫌疑，為君計，請速離歐回國，方少辨明心跡，特此忠告，勿再留連。」並向政府舉報梁氏「干預和議，傾軋專使，難保不受某國運動」。

當時中國南北分裂，南方的護法政府、非常國會，乃以國民黨系為主，國民黨與研究系，是國會中的一對老冤家。這時，南方的非常國會也趁機起哄，利用外患，挑起黨爭。四月五日，廣州國會開兩院聯合會，議決：一、由兩院函請軍政府，立即下令通緝梁啟超，並將其在籍財產沒收，另由軍政府要求法公使引渡；二、要求北京政府法辦梁氏；三、由兩院全體成員通電全國及除日使以外之各國駐京公使、駐廣州領事，申明梁氏在巴黎賣國活動，為全國人民所共棄；四、以兩院全體名義電巴黎和會中國代表，請嚴斥梁氏，並聲明兩院決定為其後援。廣州國會全體成員通電全國，宣佈梁啟超賣國罪狀。

一場莫須有的鬧劇，大轟大嗡地上演。前方打仗，後方內訌，歷來如此。攻擊梁啟超的人叫囂不已，挺梁的人也不甘示弱，國民外交協會、國際聯盟同志會、蔡元培、王寵惠、范源濂等社會名流，先後發表通電，為梁氏辯誣。蔡、王、范三人的聯名通電稱：「梁赴歐後，迭次來電報告並主張山東為國家保衛主權，語至激昂，聞其著書演說極動各國觀聽，何至有此無根之謠？願我國人熟察，不可自相驚擾。」11

四月八日，張謇、熊希齡、林長民、王寵惠、范源濂、莊蘊寬致電梁啟超，給他打氣、鼓勁：「此次巴黎和會，為正義人道昌明之會，尤吾國生存發展之機。我公鼓吹輿論，扶助日多，凡我國人，同深傾慕……俾達目的，則我四萬萬同胞受賜於先生者，實無涯矣。」[12]不久，梁啟超致電國民外交協會，強烈譴責去年九月的中日借款密約，呼籲儘快廢除這一密約。謠言遂應聲而破。

但王正廷所指的賣國賊究竟是誰？卻仍屬啞謎。中國代表團內，除了要面對強大的「外患」，也有無數的「內憂」。和會一開始，代表團就因排名問題，鬧出了許多風波。王正廷要排在顧維鈞前面，北京政府要他排在顧氏後面。排名問題又牽涉到國內南北和談的問題，更加複雜。

陸徵祥以身體欠佳，不太理事，一度不辭而別，躲到瑞士。顧維鈞在他的回憶錄中說，王正廷甚至造謠說他與交通總長曹汝霖的女兒訂婚，《字林西報》據此發表了兩整版文章，指顧氏與北京的親日派聯姻，令這位中國代表團中的強硬派，備受困擾。因此，王正廷口中的賣國賊，是確有其人？還是為推卸交涉失敗責任而虛構出來的？抑或是出於窩裏鬥而砌詞誣指？不得而知。

不過，既然王正廷說有賣國賊從中搗亂，國內的輿論便像探照燈一樣，孜孜不倦地搜索着這個暗藏的賣國賊。千目千手，慢慢集注於袁世凱時代的「二十一條」、段祺瑞時代的中日密約經手人——交通總長曹汝霖（曾主持對日借款）、駐日公使章宗祥（與日本簽訂《山東善後協定》的經手人）、中華匯業銀行（向日本借款經辦銀行）總理陸宗輿身上。他們都被輿論打

11 蔡曉舟、楊景工編《五四》。《五四愛國運動》（上），中國社會科學出版社，一九七九年版。

12 丁文江、趙豐田《梁啟超年譜長編》。上海人民出版社，一九八三年版。

上了親日派的烙印，「欲維持此等戕國條約以便其私圖者，非此一種人更有誰耶！」

四月十一日，章宗祥從日本返國，在東京車站被三百多名憤怒的中國留日學生包圍痛罵，學生們大叫「賣國賊」，把一面面寫着「賣國賊」、「礦山鐵道盡斷送外人」、「禍國」等字樣的白旗，投擲到他的汽車上，竟像下雪一樣把汽車覆蓋了。章宗祥的夫人嚇得抱頭而哭。陳獨秀在國內聞訊，幸災樂禍地嘲笑說：「其實章宗祥他很有『笑罵由他笑罵』的度量，只苦了他的夫人。留學生何忍這樣惡作劇！」[13]

北京，山雨欲來風滿樓

巴黎和會已到了最後時刻。

隨着美國的立場轉變，中國唯一的指望也沒有了，在和會上解決山東問題的希望，愈來愈渺茫了。四月三十日，五國會議對山東問題作出最後裁決，在巴黎和約中，將山東問題從中國問題中單列出來，成為一個單獨的問題。

山東問題共有三項條款，即第一百五十六條：德國將按照一八九八年三月六日與中國所訂條約，及關於山東省之其他條件所獲得之一切權利、所有權名義及特權，其中關於膠州領土、鐵路、礦產及海底電線為尤要，放棄以與日本。

所有在青島至濟南鐵路之德國權利，其中包含支路、連同無論何種附屬財產、車站、工廠、鐵路設備及車輛、礦產、開礦所用之設備及材料，並一切附屬之權利及特權，均為日本獲得並繼續為其所有。

自青島至上海及自青島至煙臺之德國國有海底電線，連同一切附屬之權利、特權及所有權，亦為日本獲得，並繼續為其所有，各項負擔概行免除。

13 陳獨秀《苦了章宗祥的夫人》。《每週評論》，一九一九年四月二十七日。

第一百五十七條：在膠州領土內之德國國有動產及不動產，並關於該領土德國因直接或間接負擔費用，實施工程或改良而得以要求之一切權利，均為日本獲得，並繼續為其所有，各項負擔概行免除。

第一百五十八條：德國應將關於膠州領土內之民政、軍政、財政、司法或其他各項檔案、登記冊、地圖、地契及各種文件，無論存放何處，自本條約實行起三個月內移交日本。

在同樣期間內，德國應將關於以上兩條內所指各項權利，所有權名義或特權之一切條約、協議或契約通告日本。

以上三條款中，都沒有列明日本須將山東交還中國的字樣。當晚，中國代表召開緊急會議，顧維鈞、王正廷都主張退出和會抗議。但經過討論，認為中國是弱國，即使退出，對大局亦無甚影響。只好連夜起草抗議書，派專使送達和會。

但一切抗議，終歸無效。五月一日，英國代表以和會所定解決山東問題辦法通知中國代表。至此，中國在山東問題上的交涉完全失敗。陸徵祥向北京政府報告失敗的消息，並主張有條件地簽字（即「保留簽字」），也就是在和約內注明中國對山東問題條款不予承認的保留意見，中國才能簽字。這是中國的最後底線。

五月三日，陸、王、施、顧、魏五位全權代表聯名致電北京政府，以「力竭智窮，負國辱命」，請求辭職。國務院隨即覆電，一律挽留。陸徵祥晚年總結出一句名言：「弱國無公義，弱國無外交。」痛哉斯言！

從歷史的角度看，美國在巴黎和會上對中國的傷害，甚至比日本還要深。日本是中國的大敵，這是毋庸置疑的，但美國總統威爾遜的「十四條」，一度令中國人相信世界是有公義的，美國也曾信誓旦旦地表示要支援中國，但事實證明，在利益面前，無公義、公理可言，只惜蒼生望一場。北大學生楊晦挖苦說：「威爾遜發明了一個數學公式：十四等於零。」[14]

美國駐華公使保羅．S．芮恩施擔心，「這種（對美國）普遍失望的情緒可能會激變為一種反美情緒。」[15]他的擔心很快就被證實了。一九一九年以後，整個中國知識界對美國的好感一落千丈，開始轉向蘇俄。共產主義運動能夠在一九二〇年代風靡中國，實在是拜美國在巴黎和會上的背信棄義所賜。梁啟超憤怒指出：

擦擦眼睛一看，他們真幹得好事，拿部歷史一比，恰好和一百年前的維也納會議迢迢相對，後先輝映。維也納會議由幾個大國鬼鬼祟祟的將萬事決定，把許多小國犧牲了，供他們利益交換，這回還不是照樣嗎？維也納會議過後有個俄普奧三國同盟，這回有個英法美三國同盟。維也納會議後，大家都紅頭漲臉的來辦法國革命的防堵，這回又有個俄國過激派供他們依樣畫葫蘆的材料。[16]

噩耗傳出，最先行動起來的，是以梁啟超為首的一班研究系人士。梁氏在獲悉交涉失敗的

14 楊晦《五四運動與北京大學》。《光輝的五四》，中國青年出版社，一九五九年版。

15 保羅．S．芮恩施《一個美國外交官使華記》。商務印書館，一九八二年版。

16 梁啟超《歐遊心影錄．新大陸遊記》。人民出版社，二〇〇六年版。

消息之後，火速馳電國民外交協會，建議在國內發動不簽字運動，聲援中國代表團：「對德國事，聞將以青島直接交還，因日使力爭，結果英、法為所動，吾若認此，不啻加繩自縛，請警告政府及國民嚴責各全權，萬勿署名，以示決心。」[17]

外交委員會決定不能簽約，汪大燮、林長民將致專使拒簽電稿親呈徐世昌，由國務院拍發。同時，國民外交協會也宣稱，如果巴黎和會不能採納中國主張，即請政府撤回代表，並通告全國，定於五月七日在北京中央公園召開國民大會：

> 巴黎和會，關於山東問題，消息極緊。查日本所藉口之民國四年五月廿一日（款）之約，係以威力脅迫。又民國七年九月關係膠濟鐵路之換文，順濟、高條鐵路之草約，並非正式訂定。我國民決不認為有效。本會定於本月七日之廿一款簽字之國恥紀念日，在北京中央公園開國民大會，正式宣言並要求政府訓令專使堅持，如不能爭回國權，寧送（退）出和會，不得簽字。望各地方、各團體同日開會，以示舉國一致，並希鑒示。[18]

整個北京，處在山雨欲來風滿樓的緊張空氣中。

那些曾經站立在潮流尖端的新文化先驅們，這時也面臨一個何去何從的問題。國家興亡，匹夫有責。是繼續研究他們的倫理革命、文學革命，還是投向這個「外爭主權，內除國賊」的政治革命、民族革命？

三四月間，一批歐美留學生在清華園開了三天會，討論對國家政治前途的意見。與會者組織了一個「政治主張起草委員會」，負責起草一份政治綱領。有人問：「假如政府不睬我們的主張，仍舊這樣腐敗下去，我們又怎麼辦？」大家默然不知所對，這時，蔡元培緩緩起立，神色凝重地說：「將來總有一日實在黑暗的太不像樣了，一班稍有人心，稍為自愛的人實在忍無可忍了，只好拋棄各人的官位差使，相率離開北京政府，北京政府也就要倒了。」[19]他已作出了自己的抉擇：對政府實行不合作主義。

陳獨秀也作出了他的抉擇。被北大從學長之位擼下來後，他毫不氣餒，寫了大量短小精悍的「隨感錄」，除了一如既往地批判舊綱常名教之外，國內的親日派和日本也成了他猛烈攻擊的目標。《日本人可以在中國隨便拿人嗎？》、《陸宗輿到底是哪國的人？》、《四大金剛》、《世界第一惡人》、《苦了章宗祥的夫人》等一系列文章，尖酸辛辣，他那支筆桿子，左右開火，比毛瑟槍還厲害。

《新青年》的六卷五號輪到李大釗負責，原定五月出版，李大釗決定把它編成一個「馬克思研究專號」。同時，他也在《晨報》副刊當編輯，五月一日推出一輯「勞動節專號」，他正為組織這兩個專號的稿件而忙碌。胡適當時不在北京。杜威博士與夫人到中國訪問，五月一日抵達

17　《晨報》一九一九年五月二日。

18　《北京國民外交協會為青島問題定五七召開國民大會電》。《五四愛國運動檔案資料》，中國社會科學出版社，一九八〇年版。

19　胡適《蔡元培以辭職為抗議》。《努力週報》第三十八期，一九二三年一月二十一日。

上海。胡適四月底便到上海候駕。五月二日，胡適應江蘇省教育會邀請，在上海作關於實驗主義的演講。而魯迅在北京半截胡同的生活，依然沉悶如故，他在五月一日前後的日記中寫道：

（四月）二十九日 晴。收東京堂寄雜誌一本。午後大風。往浙江興業銀行存泉。往留黎廠買《定國寺碑》一枚，有額，券一元五角。又《王氏殘石》一枚，雜專拓片八枚，共券二元。

（五月）一日 雨。午後大風。往日郵局寄泉百並與二弟婦信。晚晴。得沈尹默信。

二日 晴。午後寄尹默信。下午同壽山至辟才胡同看地。[20]

師輩們還沒真正走出書齋，而北大的學生們已經開始行動了。他們一直關注着巴黎和會的消息，早在四月間，一些學生已經湊了幾百塊錢，打電報給巴黎的中國代表，要求他們堅持到底；並向全國通電，反對因為日本壓迫而撤換本國專使。當國民外交協會決定五月七日召開國民大會時，學生們馬上決定參加。但他們也擔心會連累北大，所以，羅家倫說，「當時我們有一種非正式的成議，要在五月七日國恥紀念日，由北大學生在天安門外率領一班群眾暴動，因為這樣一來，北大的責任可以減輕。」[21]他沒有解釋「群眾暴動」的含義，從上下文揣測，只是指一種示威性的群眾騷動，還沒到「流血革命」的程度。但無論如何，他們已決心走上街頭了。

五月二日，林長民在《晨報》上發表署名文章，慘痛疾呼：「膠州亡矣，山東亡矣，國不國矣！」他發出號召：「國亡無日，願合四萬萬眾誓死圖之！」[22]日本竟因這篇文章，向北洋政府提出外交抗議，要求警告林氏，並加以取締。

林長民憤然辭去在外交委員會中的職務。國民外交協會的八名代表，與總統府秘書長見面，嚴正指出：「山東問題實為此次外交一大關鍵。今既有此噩耗，最要之對待方法惟有請政府電訓專使勿予署名為第一着，因不署名尚有可研究種種辦法，若一署名則已成鐵案，不啻自戕，毫無解除之餘地。」[23]

然而，國民外交協會還在總統府內慷慨陳詞，又有一種謠言，從政府內部傳出，據說國務院已有密電給巴黎專使，指示他們在和約上簽字。

> [葉景莘說]院裏電報處一個林長民的同鄉當晚潛去報告他。三日侵晨，汪、林到會，汪命即刻結束會務，並自草自繕辭呈送徐處而去。我將檔案整理了，親自送交外交部條約司長錢泰接收。林密電梁啟超並請他通知巴黎中國留學生，他另又通知國民外交協會囑發電反對。我回會收拾雜務後，打了一個英文電與上海復旦公學李登輝校長，說「政府主

20 魯迅《己未日記》。《魯迅全集》（十四），人民文學出版社，一九八一年版。
21 羅家倫《蔡元培時代的北京大學與五四運動》。臺灣，《傳記文學》第五十四卷第五期，一九七八年五月。
22 《晨報》一九一九年五月二日。
23 《晨報》一九一九年五月三日。

簽，我們在此已盡其所能反對，請上海回應」，這個電的署名是隨便寫了三個英文字母。這個電文曾經登在英文大陸報面頁第二行一個方格裏，日期不記得了。傍晚我到汪處報告，汪問還有什麼辦法可想。我說：「北大學生本要遊行，何不去告蔡先生。」汪即坐馬車從東單二條東口趕到東堂子胡同西口蔡宅。[24]

一場震撼歷史的大風暴，由此平地而起，瞬間席捲大江南北。

國務院究竟有無致電陸徵祥，指示他們簽約？是要求他們有保留地簽字，還是無保留地簽字？據當時在外交委員會中任職的梁敬錞說：「政府方面，初令陸外長向大會聲明，對於三國決定草案，不能滿意。旋令專使在保留山東條款之條件下，簽字和約（五月十三日）。迨知保留不能辦到，則曾經一度，密令專使簽字（五月二十三日）。嗣因國內風潮激烈，又令專使相機辦理。」[25]

由此可知，簽字與否，在五月初，似乎還不算最急迫的問題，按顧維鈞的說法，「從整個五月，一直到六月上旬，中國代表團都在全力以赴敦促修改（和約中關於山東問題的）方案」。顧氏亦指出，直到六月二十六日之前，「代表團所接訓令一直為『簽字』」，「從未收到北京關於拒簽的任何指示」。[26]

研究系一直緊盯着政府的舉動。外交問題最終釀成了一個轟轟烈烈的五四運動，林長民出力最多，有論者甚至稱：「在革命史上有名之『五四運動』遂由林氏一人造成。」[27]這雖然是誇大其詞，但研究系為五四運動發動時最有力的推手，亦為抹殺不去的事實。

按葉景莘的回憶，汪大燮是五月三日晚上把所謂的「內閣密令」告訴蔡元培的，蔡氏當晚九時，找了幾個學生代表在他家裏開會，決定把五月七日的集會提前到五月四日舉行。但這段記憶顯然有誤，如果汪大燮確實有去通知蔡氏的話，也應該在五月二日晚。因為五月三日白天，關於巴黎和會上交涉失敗的噩耗，已經傳遍北京了。提前舉行大遊行的決定，不大可能在蔡元培家裏作出，因為蔡氏是不贊成學生遊行的。

許德珩證實，汪大燮向蔡元培透露消息的時間，是五月二日：「最初，這個消息（山東問題交涉失敗）是林長民（一說是汪大燮）告訴蔡先生的，蔡先生馬上透露給我，於是國民雜誌社的各校代表，於一九一九年五月二日晚間召開緊急會議。」[28]不過，許德珩在另一篇文章中，卻說這個會是五月二日下午開的：「五月二日，我從蔡校長那裏聽到了這個晴天霹靂的消息，便約集參加在國民雜誌社的各校學生代表，當天下午在北大西齋飯廳召開了一個緊急會議，討論辦法。」[29]

那麼，這個會究竟是下午開，還是晚上開？

24 葉景莘《巴黎和會期間我國拒簽和約運動的見聞》。《中華文史資料文庫．政治軍事編》（二），中國文史出版社，一九九六年版。
25 梁敬錞《我所知道的五四運動》。臺灣，《傳記文學》第八卷第五期，一九六六年。
26 《顧維鈞回憶錄》（一）。中華書局，一九八三年版。
27 吳虬《北洋派之起源及崩潰》。《近代稗海》（六），四川人民出版社，一九八七年版。
28 許德珩《回憶蔡元培先生》。《人民日報》一九八〇年三月四日。
29 許德珩《五四運動六十週年》。《文史資料選輯》第六十一輯，一九七九年版。

據當時還是北大學生的張國燾回憶，是在當晚開，但只是循例舉行的社務會議，並非專門為討論山東問題而開的，「參加者是原有的十多個社員，議程也只是討論雜誌的出版事務」。會上大家不約而同談到山東問題，愈談愈激憤，當張國燾提議，由國民雜誌社發起，約集北京各校同學舉行一次示威遊行時，大家轟然回應。於是，會後由國民雜誌社通告北大全體同學，於次日晚七時在北大法科第三院禮堂開學生大會，並邀請高師、工專、農專、法專等學校的代表參加。[30]

另據北大學生何思源回憶，「五月二日（他沒有說明是白天還是晚上），蔡元培在北京大學飯廳召集學生班長和代表一百餘人開會。他講述了巴黎和會上帝國主義互相勾結，犧牲中國主權的情況，指出這是國家存亡的關鍵時刻，號召大家奮起救國。」[31]何思源說他當時是學生班長，參加了這個會，並親聆蔡氏演說。代表們決定翌日召開全校學生大會，並約北京十三間中等以上學校代表參加。

這個會，與許德珩召集的國民雜誌社的會議，顯然不是同一個會。那天北大究竟開了幾個相關的會？有哪些人參加了？關於第二天舉行各校學生會議的決定，是在哪個會上作出的？各家說法不一，言人人殊。事實上，那天許多學生團體，都紛紛召集自己的會議，商討抗議辦法。

這些大大小小的會議，有些是公開的，有些是地下的。少年中國學會、愛國會、國民雜誌社三個團體的少數成員，大約二十餘人——據高師學生俞勁回憶，大部分是湖南人和江西人，有匡日休、夏秀峰、易克嶷、熊夢飛等——曾秘密碰頭，討論如何暗殺賣國賊，如何舉行暴動。[32]匡日休的回憶錄中，對他們之間的秘密討論，有詳細的記述：

五月三日那一夜，某校的工學會開全體會議，由會員提議討論「對於中日的示威運動，本會應取何種態度？」大多數主張採用激烈的手段去對付那幾個仰日本軍閥的鼻息，作國內軍閥的走狗，並且慣以構成南北戰爭以快私意的曹、陸、章，就決定次日聯絡各學校的激烈分子，伴大隊遊行至曹、章、陸等的住宅時候，實行大暴動，並一面派會員先將曹、章、陸等住宅的門牌號數調查明白，以便直接行動。於是五月四日早晨凡在校主張激烈的分子就由這個工學會的代表實地聯絡的結果，暗中已心心相印了。[33]

最後決定派人密查曹汝霖、章宗祥、陸宗輿的行蹤。夏秀峰也證實，最初的計劃，是打算在五月七日的國民大會上，「請曹汝霖等出席受質詢時，將曹等當場打死一兩個，以快人心」；但現在學生們決定五月四日遊行，「一定會把賣國賊嚇住，再不敢於五月七日到中央公園去出席會議。他們原來的計劃，須提前於今天執行，到哪一個賣國賊的家裏去（因此時還不知道一定是到曹汝霖家裏去），就在哪裏動手，能打倒一個賣國賊，就是好的。」[34]

這些來自各校的激烈分子，都把克魯泡特金的名言「一次暴動勝於數千百萬冊書報」奉

30 張國燾《我的回憶》（一）。東方出版社，一九九一年版。
31 何思源《五四運動回憶》。《北京文史資料》第四輯，一九八二年版。
32 俞勁《對火燒趙家樓的一點回憶》。《五四運動回憶錄》（續），中國社會科學出版社，一九七九年版。
33 匡互生《五四運動紀實》。《五四愛國運動》（上），中國社會科學出版社，一九七九年版。
34 夏明鋼《五四運動親歷記》。《中華文史資料文庫．政治軍事編》（二），中國文史出版社，一九九六年版。

為座右銘。他們已做好明天早上站着走出校門，晚上躺着擡回學校的準備，有的人甚至寫好遺書，安排好身後事了。

在經過近四年的啟蒙運動薰陶後，這一代的年輕人，還是回到了辛亥革命前那種草莽英雄、暴力革命的起點上。

中國的啟蒙運動，與歐洲的啟蒙運動，有一個根本差異，即歐洲的啟蒙運動立足於「理性主義」之上，而中國的啟蒙運動立足於「民族問題」之上。中國的啟蒙先驅者，不少人對啟蒙運動最重要內容之一的「社會契約」理論，有着完全不同的理解，他們認定民主就是群眾的專制，就是革命的暴力，甚至像蔡元培這樣的哲人，也口口聲聲說自己是手槍與炸彈歷練出來的。

匡日休說：「當時在北京讀書的學生，大多數是滿清末年和民國初年的中小學的學生。凡滿清末年一切革命烈士所有的俠烈行為和偉大事跡，這時候的中小學的學生都留了一種很深的印象。」[35]因此，當國家有事時，他們便直接模仿起這些烈士前輩了。

其結果，中國歷史上，便出現了「民主革命」這一特殊的名詞組合。兩個看似相反的東西，組合在一起，會創造出怎樣的一種奇跡呢？

今夜無人入睡

五月三日，一個晴朗、大風的星期六。

許德珩和北大預科學生黃日葵到北女師串聯。據羅家倫所說，這天《京報》主筆邵飄萍到北大，向學生報告山東問題已經失敗。學生情緒激動。下午一時，北大校園內張貼通告，召集北京十三間中等以上學校學生代表，當晚在北河沿法科第三院開臨時會議。

十三家學校，計有：北大、清華、高等師範、中國大學、朝陽法學院、工業專門學校、農業專門學校、法政專門學校、醫藥專門學校、商業專門學校、匯文學校（燕大前身）、高師附中、鐵路管理學校，共有一千多名代表到會。

最初由邵飄萍報告，以後由許德珩等一班人慷慨激昂的演說，還有一個劉仁靜（他現在是共產黨中很重要的人物），當時還不過十八歲，帶了一把小刀，要在大會場上自殺。還有一位，要斷指寫血書的，於是當場主持的幾個人，不能維持我們以前決定的五七發難的成議，當場議決在第二天（即五月四日）聯合各學校發動，並且當場在北大學生中推出

35 匡互生《五四運動紀實》。《五四愛國運動》（上），中國社會科學出版社，一九七九年版。

二十個委員負責召集。

當晚成立了由二十名委員組成的幹事會，下面分成總務、演講、國貨維持等股。傅斯年、羅家倫、段錫朋、許德珩、方豪、康白情等人，都在幹事會的二十名成員之中，幾乎由《新潮》與《國民》平分秋色。羅家倫自豪地說：「這兩個雜誌，所以也可以說是五四運動的基礎。」[36] 但這兩個雜誌在五四運動之前，並不咬弦。《新潮》是白話文雜誌，以啟蒙為職志，而《國民》是文言文雜誌，以救亡為理想。兩者對新文化運動的態度，南轅北轍，《國民》不僅反感《新潮》，也不以《新青年》為然。許德珩直言，「五四」以前他們與傅斯年不對頭，「五四」以後才統一起來。他們對陳獨秀的態度，也是在「五四」以後，陳獨秀贊成學生運動，才逐漸好轉。[37]

由於新潮社的骨幹人物，這天都到清華大學參觀去了，晚上九時許才回校，所以沒有趕上法科第三院的會議。這次會議由《國民》唱主角，會議主席是北大法科四年級學生廖書倉（但張國燾說是北大學生易克嶷），《國民》特別編輯員黃日葵、孟壽椿做記錄。學生丁肇青、謝紹敏、張國燾、易克嶷、許德珩、夏秀峰等人在會上發言。除了丁肇青外，其他人全是《國民》成員。

謝紹敏當場咬破手指，在衣襟上寫下「還我青島」四個血字，會場上爆發了一陣暴風雨般的萬歲聲和鼓掌聲，預示着中國的問題，最終是要用血來解決的。

大會共議決辦法四條：一、聯合各界一致力爭；二、通電巴黎專使，堅持和約上不簽字；三、通電全國各省市於五月七日國恥紀念日舉行群眾遊行示威運動；四、定於五月四日（星期日）齊集天安門舉行學界大示威。[38]

具體時間是五月四日下午一時正。

新潮社的同學從清華回來時，會議已開到了尾聲。羅家倫着急地埋怨許德珩，我們說好在五月七日發動，現在改了期，不是要把北大斷送了嗎？但既然已經這麼定了，他表示堅決支持，並馬上在上面簽了字。氣氛如火如荼。

晚上十一點多，各校代表陸續回校準備，沒走的人仍不肯散去，繼續聚集演說。這時一位山東學生登臺發言，他說，斷送國土主權，實曹賊等賣國的結果，章宗祥回國時，留學生高舉賣國賊之旗以送之，世人稱快。我們對於曹賊，為什麼不能用同樣方法一洩胸中之憤呢！與會者紛紛拍掌吶喊，以示支持。於是決定明天遊行到公使館表達意見後，到帽兒胡同的曹宅一行。學生們連夜做了三千多面旗子。

許德珩回憶說，那天晚上的北京十三校會議，推舉他起草宣言。他筆酣墨飽，一揮而就，當場就把《北京學生界宣言》寫好了，「西齋的同學一夜沒睡，用竹竿做旗子，長的做上大

36 羅家倫《蔡元培時代的北京大學與五四運動》。臺灣，《傳記文學》第五十四卷第五期，一九七八年五月。
37 許德珩《回憶國民雜誌社》。《五四時期的社團》（二），三聯書店，一九七九年版。
38 許德珩《五四運動六十週年》。《文史資料選輯》第六十一輯，一九七九年版。

旗子，短的做上小旗。我於宣言寫好後把自己的白布床單撕成條幅，書寫標語，一直搞到天亮。」[39]宣言是用半文半白的文字寫的，全文如下：

嗚呼國民！我最親最愛最敬佩最有血性之同胞！我等含冤受辱，忍痛被垢，於日本人之密約危險，以及朝夕企禱之山東問題，青島歸還問題，今已有由五國公管，降而為中日直接交涉之提議矣。噩耗傳來，黯天無色。夫和議正開，我等所希望所慶祝者，豈不曰世界上有正義、有人道、有公理。歸還青島，取消中日密約，軍事協定，以及其他不平等之條約，公理也，即正義也。背公理而逞強權，將我之土地由五國公管，儕我於戰敗國如德奧之列，非公理，非正義也。今又顯然背棄，山東問題，由我與日本直接交涉。夫日本，虎狼也，既能以一紙空文，竊掠我二十一條之美利，則我與之交涉，簡言之，是斷送耳，是亡青島耳，是亡山東耳。夫山東北扼燕晉，南拱鄂寧，當京漢、津浦兩路之沖，實南北咽喉關鍵。山東亡，是中國亡矣。我同胞處此大地，有此山河，豈能目睹此強暴之欺凌我、壓迫我、奴隸我、牛馬我，而不作萬死一生之呼救乎？法之於亞魯撤、勞連兩州也，曰：「不得之，毋寧死。」（意之於亞得利亞海峽之小地也，曰：「不得之，毋寧死。」）朝鮮之謀獨立也，曰：「不獨立，毋寧死。」夫至於國家存亡，土地割裂，問題吃緊之時，而其民猶不能下一大決心，作最後之憤救者，則是二十世紀之賤種，無可語於人類者矣。我同胞有不忍於奴隸牛馬之痛苦，極欲奔救之者乎？則開國民大會，露天演講，通電堅持，為今日之要着。至有甘心賣國，肆意通奸者，則最後之對付，手槍炸彈是賴矣。危機一發，幸共圖之！[40]

宣言公開以「手槍炸彈」相威脅，放在任何國家，都將被視為觸犯刑律的言論。然而，以清末革命志士為榜樣的青年，認為這是他們的神聖天職。這份宣言當晚似乎沒有送去印刷，作為明天遊行的傳單。羅家倫說，五四遊行時的宣言傳單，是他起草的，而且是當天唯一的印刷品。不過他的說法，前後也有不一致之處。他在《蔡元培時代的北京大學與五四運動》一文中是這樣說的：

當夜（五月三日）十一點鐘的時候，各代表在北大開了一個預備會議，當場舉出了三個總代表，一個是我，一個是江紹原，一個是張廷濟，並且當時推我寫了一個五四運動宣言，由狄君武送到北京大學印刷所去印了五萬份，第二天的早上，我們還預備了一個英文的備忘錄，送給各國使館。[41]

但在另一篇文章中，他卻是這樣說的：

民國八年五月四日上午十點鐘，我方從城外高等師範學校回到漢花園北京大學新潮

39 許德珩《五四運動六十週年》。《文史資料選輯》第六十一輯，一九七九年版。
40 許德珩《北京學生界宣言》。《五四愛國運動》（上），中國社會科學出版社，一九七九年版。
41 羅家倫《蔡元培時代的北京大學與五四運動》。臺灣，《傳記文學》第五十四卷第五期，一九七八年五月。

社，同學狄福鼎（君武）推門進來，說是今天的運動，不可以沒有宣言，北京八校同學推北大起草，北大同學命我執筆。我見時間迫促，不容推辭，乃站着靠在一張長桌旁邊，寫成此文，交君武立送李辛白先生所辦的老百姓印刷所印刷五萬張；結果到下午一時，只印成二萬張分散。此文雖由我執筆，但是寫時所凝結的卻是大家的願望和熱情。這是五四那天惟一的印刷品。

羅家倫在兩篇文章中都提到的狄君武，是一位「一天到晚咿咿唔唔在做中國小品文學，以斗方名士自命」（羅家倫語）的學生，並非新文化同人，但在五月初，他成了最活躍的學生領袖之一。可見在國家、民族大義面前，新舊兩派的學生都已站到一起了。

除了狄君武，另一位被提及的李辛白，是北大出版部的主任。可以肯定，羅家倫兩處所說的是同一篇宣言，但寫的時間與地點，都不相同。羅家倫起草的是白話文宣言，字數不及許德珩的一半，全文如下：

現在日本在國際和會，要求併吞青島，管理山東一切權利，就要成功了。他們的外交，大勝利了。我們的外交，大失敗了。山東大勢一去，就是破壞中國的領土。中國的領土破壞，中國就要亡了。所以我們學界，今天排隊到各公使館去，要求各國出來維持公理。務望全國農工商各界，一律起來，設法開國民大會，外爭主權，內除國賊。中國存亡，在此一舉。42

今與全國同胞立下兩個信條：

一、中國的土地，可以征服，而不可以斷送。

二、中國的人民，可以殺戮，而不可以低頭。

國亡了，同胞們起來呀！

羅家倫不愧倚馬之才，文不加點，一氣呵成。許、羅二人的宣言一對比，羅氏的文筆，無論其氣勢或氣概，都更具有鼓動性，因為它是用白話文寫的，喊出「外爭主權，內除國賊」這樣一個朗朗上口，擲地有聲的口號，形成扣人心弦的強烈效果。口號具有強大的動員力，能夠創造出一個好的口號，行動就已成功一半了。

五月三日夜晚，北京各大中學校內，燈火通明。學生都在緊張地準備着。北大書法研究會和畫法研究會的同學，一個個手不停揮，忙着在旗子上書寫口號：「還我青島」、「收回山東權利」、「拒絕在巴黎和會上簽字」、「寧為玉碎，勿為瓦全」、「賣國賊宜處死刑」、「章宗祥曹汝霖賣國賊」等等。

對這些年輕人來說，這是一個終生難忘的不眠之夜。

42　羅家倫《五四運動宣言》。《羅家倫先生文存》（一），臺灣，中國國民黨中央委員會黨史委員會，一九八九年版。

五月四日那一天

一九一九年五月四日，星期日。

魯迅用一個字記錄了這天北京的天氣：「曇」——濃雲密佈。柳絮在天空中飛舞。胡同裏的香椿樹悄悄地綠了，洋槐花已開始綻放。

在前一天晚上的會議上，議決行動時間為五月四日下午一時。但後來有不少人回憶說，示威活動，實際上從早上就開始了。北大學生方豪說：「於一九一九年的五月四日上午八時，在北京的天安門前聚集了一萬左右的大專學生和部分中學生。」[43]俞勁也說：「一九一九年五月四日上午十時左右，各校學生約六七千人，在天安門前集會，每人手執小旗，上面寫着『打倒賣國賊，收回山東權利』等標語。」[44]許德珩的回憶錄是這麼寫的：「一九一九年五月四日早晨，北京各校學生按計劃在天安門廣場集會，約計有三千餘人。那天到天安門最早的是高師、滙文兩校。」[45]

但更多的回憶材料都說，天安門前的示威活動，是從下午才開始。上午九時，各中等以上學校代表在堂子胡同法政專門學校開會，討論下午的遊行路線，決定從天安門出中華門，先到東交民巷，向美、英、法、意四國使館陳述青島必須歸還中國的意見，促請他們電告各國政府。然後轉入崇文門大街、東長安街，前往趙家樓曹汝霖住宅，將旗幟投入曹宅，以表達憤怒。傅斯年被推舉為行動委員會主席，由他正式宣佈，下午一時在天安門廣場集合，前往東交民巷進行和平的示威抗議。

但參加者來自不同的學校、不同的團體，傅斯年並不完全掌握他們的情況。事實上，他們當中不少人已下了決心，必要時以暴力進行抗議。

下午一時，天安門廣場上，聚集着愈來愈多的學生，而且不斷有學生隊伍開來加入，北大學生在上午十時提前吃飯，飯後在馬神廟二院大講堂前集合，按班級排隊，約一千人（幾乎佔了北大全校學生的一半），列隊前往天安門廣場。教育部派了官員到北大，希望阻止學生外出。蔡元培在校門口攔住同學們，勸他們不要上街遊行。

蔡氏神色凝重地說：示威遊行並不能扭轉時局，北大因提倡學術自由，頗為守舊人物和政府所厭惡，被視為鼓吹異端邪說的洪水猛獸。現在同學們再出校遊行，如果鬧出事來，予人以口實，這個慘澹經營，植根未固的北大，將要首先受到摧殘了。他說同學們有什麼要求，他可以代表同學們向政府提出來。

易克嶷挺身而出，向蔡校長說明學生上街遊行的理由，請校長不要阻攔。隊伍中響起了一片噓聲，張國燾擠到前面說：「示威遊行勢在必行，校長事先本不知道，現在不必再管，請校長回辦公室去罷。」幾個學生一擁而上，把蔡氏半請半推地擁走。其實蔡氏也只是盡校長的本分，

43　方豪《回憶在北京參加五四運動》。《金華（市）文史資料》第二輯，一九八六年版。

44　俞勁《對火燒趙家樓的一點回憶》。《五四運動回憶錄》（續），中國社會科學出版社，一九七九年版。

45　許德珩《五四運動六十週年》。《文史資料選輯》第六十一輯，一九七九年版。

做做樣子而已，並非認真阻攔學生。他後來自述其態度是「不去阻止他們了」。[46]於是，隊伍立即像開閘的洪水一樣，一瀉而出了。

學生沿着北池子向天安門廣場前進，隊伍高揭起謝紹敏那件寫着「還我青島」血字的衣服開路，一種「風蕭蕭兮易水寒」的悲壯氣氛籠罩現場。走在前面的同學舉着一副挽聯：「賣國求榮，早知曹瞞遺種碑無字；傾心媚外，不期章惇餘孽死有頭」——「賣國賊曹汝霖、陸宗輿、章宗祥遺臭千古」。後面的學生不斷高呼口號，向圍觀的路人派發傳單。市民夾道歡迎，鼓掌助威。

由於出校時耽擱了一會兒，北大成了最後一支到達廣場的學生隊伍。這時，廣場上已人如潮湧，各式各樣的旗幟迎風飄揚。太陽從雲層後透露出來，有如蒼天之眼，俯瞰着這動盪不安的大地。人們一看到北大隊伍到達，歡呼聲、口號聲、鼓掌聲，把廣場的氣氛推到了沸點。

北京步軍統領李長泰、警察總監吳炳湘，都趕到了廣場，勸學生立即散去。學生以噓聲作為回答。教育部的官員告訴學生，他們無法通過使館區，建議學生返回學校，改推代表向政府和各國公使館交涉。李長泰說：「有話盡對我說，不必如此招搖。」學生叫嚷：我們不信任當官的人！

學生代表向前對李長泰說：「我們今天到公使館，不過是表現我們愛國的意思，一切的行動定要謹慎，老前輩可以放心的。」現場學生已經等得不耐煩了，紛紛催促啟程。李長泰取下眼鏡，認真讀了傳單，囑咐學生：「那麼，任憑你們走麼。可是，千萬必要謹慎，別弄起國際交涉來了。」說完，跳上汽車，絕塵而去。

羅家倫、江紹原、張廷濟三名總代表，因為要準備一些文件，一時十分才趕到廣場。學生隨即整隊出發，在傅斯年帶領下，打着兩面巨大的五色國旗，浩浩蕩蕩向東交民巷前進。遊行隊伍整齊，氣氛嚴肅，受到狂熱氣氛的感染，所有人都忘記了恐懼，成了凜凜正氣滿心間的勇士。

忽然一陣大風，吹得漫天塵土。學生在風中用力舉着旗幟，繼續前行。在東交民巷口，他們被巡捕攔住，不准通行。這時學生還是相當克制，相當守秩序，他們派羅家倫、江紹原二人為代表（另一說為段錫朋、羅家倫、許德珩、狄君武四人），到美國公使館遞交說帖。說帖指出：

> 一九一五年五月七日二十一條中日協約，乃日本乘大戰之際，以武力脅迫我政府強制而成，吾中國國民誓不承認之。青島山東一切德國利益，乃德國以暴力奪去，而吾人之所日思取還者。具以對德宣戰故，斷不承認日本或其他任何國繼承之。如不直接交還中國，則東亞和平與世界永久和平，均不能得確切之保證。[47]

當天美國公使去了西山休息，由參贊出來接見學生，他接了說帖，講了些同情的話。學生們又轉去其他國家的使館，遞交說帖。但因為是星期天，大部分公使都不在。後來有人感歎，如果學生得到各國公使的接見，有機會向國際社會表達意見，也許就不會發生火燒趙家樓的事件了。就遊行組織者而言，確實如此，但就少數激進學生而言，他們是揣着火柴而來，趙家樓是非燒不可的。

46 蔡元培《我在五四運動時的回憶》。《中國學生》第三卷第九期，一九三六年十月二十三日。

47 龔振黃編《青島潮》。《五四愛國運動》（上），中國社會科學出版社，一九七九年版。

因沿途受到巡捕的阻攔，成了學生情緒憤激的發酵劑。但他們並不打算在使館區鬧事，有人高喊：「到外交部去！」也有人高喊：「到賣國賊的家去！」「我們去除國賊吧！」聲浪此起彼伏，一呼百應。傅斯年勸大家冷靜，但沒有人能夠冷靜下來，傅斯年只好扛起大旗，領着隊伍離開東交民巷，經御河橋、東單牌樓，往趙家樓的曹汝霖住宅去了。

四月從日本回國的章宗祥，在天津逗留了一段時間，住在曹汝霖的私邸裏，陸宗輿又專程赴津與他會面，四月三十日，章氏到了北京。他在這敏感時刻回國，引起諸多猜測，有人說他即將取代陸徵祥擔任巴黎和會的中國首席代表，也有人說他準備接替曹汝霖出任外交總長。

五月四日這天，徐世昌在總統府設午宴為章氏洗塵，內閣總理錢能訓、曹汝霖、陸宗輿等人作陪。觥籌交錯間，忽聞警察總監吳炳湘來電話，天安門外有學生聚集，指巴黎和會失敗，攻擊曹、章、陸諸位，請諸位暫留總統府，不要回家。

曹汝霖對學生的抗議，並不在意，認為小泥鰍翻不起大浪。據曹汝霖回憶，當時徐世昌對錢能訓說：「打電話令吳總監妥速解散，不許學生遊行。」錢能訓即用電話向吳炳湘傳達總統指示。過了一會兒，錢能訓又電問吳炳湘：「現在怎樣了？」吳說正在勸說不許遊行，但學生增加到約有二千人了。

又等了一會兒，錢氏又電問吳總監：「解散了沒有？」

吳氏回答：「人多嘴雜，頗不易為，恐他們定要遊行示威。」

錢氏說：「請你多偏勞。」

不久，吳炳湘來電話說，他正在勸說解散之時，衛戍司令段芝貴忽然要出兵彈壓。「如果段芝貴出兵，即由他去辦，我不問了。」

錢氏隨即打電話給段芝貴：「這是地方上的事，不到出兵時候不必出隊伍，由吳總監去辦，請你不必過問。」不久，段芝貴來電話說，照吳總監辦法，不能了事，非派隊伍出來，嚇唬嚇唬他們不可。吳炳湘也來電話說：「段芝貴如定要派兵，我即將警察撤回，以後事情，由他負責吧，我不管了。」

錢能訓只好兩面協調，一面勸吳總監妥速解散學生，一面勸段司令不要出兵，地方上事，應由警察負責，不必派兵彈壓。段芝貴則說，照吳總監辦法，不但不能解散學生遊行，恐事情擴大更麻煩。雙方各執一詞，爭辯不已。[48]

據許多親歷者的回憶，在學生遊行時，警察的態度還算溫和，而曹汝霖也證實，當時執勤警察奉了對學生要「文明對待」的命令，所以連警棍都沒帶。但段芝貴是段祺瑞的心腹大將，人稱段祺瑞為「老段」，段芝貴為「小段」，乃皖系軍閥的首領之一。這些軍人雖然沒有收復山東權益的本事，但鎮壓學生的本事還是有的。幸虧徐世昌頭腦還算清醒，不允許軍隊介入。

公府的酒席散了以後，章宗祥沒有回家，而是隨着曹汝霖去了曹府。這真是「天堂有路你不去，地獄無門闖進來」。趙家樓離外交部很近，東起北總布胡同，西至寶珠子胡同，南鄰小

48 曹汝霖《一生之回憶》。香港，南奥出版社，一九六六年版。

羊宜賓胡同，據說是明代隆慶朝文淵閣大學士趙貞吉的故居。

陸軍部航空司長丁士源與日本新聞記者中江丑吉也趕到趙家樓。丁氏告訴曹氏：學生已往使館去了，似無來本宅之意。且庭外已有警察，即使來時亦能充分保護，勒令解散。於是，他們都放心安坐，飲茶聊天。其實，這時學生的隊伍正往趙家樓開來。

沒過多久，街上漸漸傳來人群的呼喊聲，由遠而近，由弱而強，滾滾而來，大有怒潮排壑之勢。曹氏諸人才意識到大事不妙，匆匆關門閉戶，不敢做聲。這時，數以千計的學生已從南小街湧入大羊宜賓胡同，開始他們誤認了另一座大院是曹府，紛紛把白旗扔到瓦面上，一名警察走來提醒學生，離此不遠的那座有寬敞大綠門的才是曹府。學生們經警察指點，蜂擁到曹府前。

［許德珩記述］隊伍到達趙家樓時，已是下午兩點多鐘。數百名軍警早把胡同口封住了，隊伍不得進去。我們於是變計，向軍警和和氣氣的講明來意說：「我們是愛國學生，來這裏是找曹總長談談國事，交換意見，要他愛中國。我們學生手無寸鐵，你們也是中國人，難道你們不愛中國嗎？」我們做了很多說服教育工作，果然有效，軍警讓我們進了胡同。可是曹汝霖的住宅朱門緊閉，怎麼辦呢？我們還是用說服軍警的辦法，包圍他們。我們進一步用三四個人包圍一個軍警的方式，向他們說服，幾乎等於繳械。[49]

許德珩說保護趙家樓的軍警有數百人，曹汝霖沒說有軍人，只說有三四十名徒手的警察；

而羅家倫卻說在曹府「門口站着一大隊荷槍實彈的警察」，也沒提及有軍人；北大學生范雲所看到的情況是：「曹家的大門關得緊緊的，門外站着四個拿槍的警察。」

北京工專學生尹明德說，軍警是在曹府大門內：「曹宅早有準備，前後門都緊閉，內有一百多名軍警保衛。」他看到的軍警是有武器的，但對學生「也不敢干涉制止，持槍直立，呆若木偶」；另有時人所編《五四》一書則說「（曹汝霖）卒於三時頃偕章宗祥同歸趙家樓私宅，並囑吳炳湘派警察二百名至其家保護」，但警察對學生「皆束手不理」。[50]

比較一致的說法是，警察對學生頗為同情，對阻攔學生不太賣力。如果換了是小段的北洋軍隊，豈容你幾個學生娃「說服教育」、「包圍繳械」？早已機關槍伺候、刺刀見紅了。幾年後的「三．一八」，在執政府門前，他們就是這麼幹的。

警察一時間想不出阻擋學生的辦法，只好用石塊堵塞曹府大門。「頃刻之間，吶喊之聲，越來越近。有頃，見白旗一簇一簇在牆外出現。」曹汝霖所述現場氣氛，緊張刺激，有如電影一樣，「父親囑咐我躲避，但我家房子的建築是一排平列的西式房，無處可躲。正在這時，忽有一石朝我父親飛擲過來。幸虧丫環用身子一擋，打中了她的背脊，腫痛了好幾天。若打中我的病父，就不堪設想了。我趕緊扶我父親進屋。我於倉猝間，避入一間小屋（箱子間）。章宗祥由

49 許德珩《五四運動六十週年》。《文史資料選輯》第六十一輯，一九七九年版。

50 參見曹汝霖《一生之回憶》、羅家倫《蔡元培時代的北京大學與五四運動》、范雲《五四那天》、尹明德《北京五四運動回憶》及蔡曉舟、楊景工編《五四》等文章。

僕人引到地下鍋爐房（此房小而黑）。」51

學生開始衝擊大門，但沒衝開，正準備離去，忽然有五名學生爬上圍牆，打爛了一扇窗戶，鑽進院裏。這完全出乎總指揮傅斯年的預計，激進學生預謀的「大暴動」，終於把火藥點燃了。示威活動開始失控。

這五名學生的英勇行為，遂成了五四運動由和平示威，演變為暴力示威的轉折點。而這五名學生的身份，也一直成為眾說紛紜的話題。綜合各家說法，他們有可能是：北大理學院的蔡鎮瀛、北高師學生匡日休（互生）、傅斯年的弟弟傅斯岩、易克嶷、江紹原、高等工業學校一姓水的學生等人。

對學生進入曹府的過程，參與者俞劲有生動的描述：

> 這時突然有領隊某君（參加五四前夕秘密會人員之一，湖南人，高師數理部學生，曾習武術，膂力過人），奮不顧身，縱步跳上右邊小窗戶，隨即有好幾個警察死死的拉住他的腿往下拽，領隊的學生們看到後，有的就用盡力氣去掰開警察的手，堅持不下。另有一部分人就痛哭流涕地向他們演說：賣國賊如何賣國，中國如何危險等，警察們終於被感動而放鬆了手。某君頭向裏面一望，內部還有數十名武裝警察，正槍口對着他。接着某君向這些警察演說，警察大概也由於良心發現，不敢開槍，改變了瞄準的姿態。某君便不顧一切地跳下去，迅速而機警的把大門開了，於是大隊學生蜂擁而入。52

俞勁所說的湖南人領隊某君，即匡日休。當他們從破毀的窗戶「滾入曹汝霖的住宅」後，看見院內有十幾個全副武裝的衛兵，「已被外面的呼聲鼓掌聲震駭，並且受了跳進去的同學的勇猛的感動，已喪失了用武的膽量和能力，只得取下上好的利刀，退出裝好的子彈，讓繼續跳進去的五個同學從內面把那緊閉重鎖的後門打開！後門打開之後，如鯽如鱗的群眾就一擁而入」。[53]

取下刺刀、退出子彈這些細節，是否確有其事，還是一種文學描寫，殊難判斷。但他有一個與眾不同的說法，即他們不是從前門，而是從後門進入曹府的。學生到處搜查曹汝霖不獲，遂搗毀了許多傢俱和瓷器以洩憤。

據范雲說：「有人在汽車房裏找到一桶汽油，大家喊着『燒掉這個賊窩』。汽油潑在小火爐上，當時火就燒起來了。」[54]但更多人的說法是，縱火者是匡日休，而且是有備而來的。北大學生蕭勞說：「我行至曹家門外，看見穿着長衫的兩個學生，在身邊取出一隻洋鐵偏壺，內裝煤油，低聲說『放火』。然後進入四合院內北房，將地毯揭起，折疊在方桌上面，潑上煤油，便用火柴燃着，霎時濃煙冒起。我跟在他們後面，親眼看見。大家認得他倆是北京高等師範的學

51 曹汝霖《一生之回憶》。香港，南奧出版社，一九六六年版。
52 俞勁《對火燒趙家樓的一點回憶》。《五四運動回憶錄》（續），中國社會科學出版社，一九七九年版。
53 匡互生《五四運動紀實》。《五四愛國運動》（上），中國社會科學出版社，一九七九年版。
54 范雲《五四那天》。《人民日報》一九五七年五月四日。

生。」[55]如果他沒看錯，那縱火者的煤油是從外面帶進來的。

羅家倫在曹宅內也看見，「有兩個學生，自身上掏出許多自來火來，如果他們事前沒有這個意思，為什麼要在身上帶來這許多自來火呢？」

當匡日休準備放火燒屋時，北大學生段錫朋大驚失色，連忙跑來阻止：「我負不了責任！」匡日休回答：「誰要你負責任！你也確實負不了責任。」說完，順手就把寢室內的蚊帳扯下來，劃火點燃了。

火光和黑煙頓時沖天而起。曹汝霖半身不遂的父親、妻妾和傭人，紛紛奪門而逃。學生沒有為難他們，都讓他們走了。章宗祥聽見着火，被迫從鍋爐房逃出，卻被學生逮住，見他西裝革履，以為是曹汝霖，便圍上來用磚頭、鐵棍痛打一頓。中江丑吉拚命護着他，也被學生打得七葷八素。羅家倫講述他目睹的事情經過：

> 章宗祥比較老實，他和那個日本人一道躲在一個小房間裏，群眾跑進去的時候，日本人還掩護着他，於是大家知道他是一個要人。群眾便把他們圍起來了。不久一個北大的校工進來，他說自己是認識章宗祥的，並且說這就是章宗祥，於是大家便動手打起來，打了一頓，忽然有人說「打錯了」。大家便一哄而散，於是這個日本人和曹家的傭人，便把章宗祥擡出去，停在一間雜貨店裏面，這個日本人也去了，於是群眾中忽然有人叫「剛才並沒有打錯」，大家便去找章宗祥，在他後門雜貨店中找着了。當時這個日本人還掩護着他，群眾們便用雜貨店中雞蛋來丟這個日本人，重新把章宗祥拖進曹宅來，拆散了一張鐵床，

拿鐵床的棍子來打，所以當時章宗祥確是遍體鱗傷，大家以為他已經死過去了。[56]

打過章宗祥後，學生因怕出人命事情鬧大了，都跑出門，四散而去。羅家倫、傅斯年、匡日休等學生領袖，夾在人群中跑出曹府。這時救火車和水夫都趕來了，忙着撲滅大火；大批憲兵和遊緝隊也趕來了，警察吹起了淒厲的警笛。到處是尖叫聲、雜沓的腳步聲、憧憧的身影，煙霧彌漫的胡同，在夕陽中混亂不堪。

一位記者被這種驚心動魄的群眾場面震撼了，他寫道：「吾人驟聞是種消息，幾疑法蘭西革命史所記載恐怖時代一般亂民之暴動，及路透電所報告布爾札維克黨人在俄國各地之騷擾，又發見於吾華首都。」[57]這位敏感的記者，已經嗅到「革命」的火藥味了。由於發生闖私宅、縱火與毆打官員一連串事件，事態迅速惡化，原本對學生態度友好的警察，也不得不採取鎮壓行動了。

軍警旋即在東交民巷宣佈戒嚴，在趙家樓也開始捕人了。走在後面的易克嶷、許德珩、江紹原、楊振聲等三十二名學生被抓，軍警把他們兩人一組捆綁起來，用板車押往步軍統領衙門。易克嶷沿途大呼：「二十年後又是一條英雄好漢！」

吳炳湘也趕到趙家樓，親自向曹汝霖道歉，並把他們全家護送到六國飯店。曹府的火被撲

55 蕭勞《火燒趙家樓的片斷回憶》。《中華文史資料文庫．政治軍事編》（二），中國文史出版社，一九九六年版。
56 羅家倫《蔡元培時代的北京大學與五四運動》。臺灣，《傳記文學》第五十四卷第五期，一九七八年五月。
57 《公言報》一九一九年五月五日。

滅了，但東院一排西式房已燒成瓦礫，只剩下門房及西院一小部分中式建築尚存。章宗祥身受數十處傷，腦部受到震盪，然並無生命危險。

被捕學生當晚關押在步軍統領衙門的監房裏，不許走動，不許交談。許德珩描述囚室的環境：「極其擁擠骯髒，只有一個大炕，東西兩邊各擺着一個大尿桶，臭氣滿屋。每半小時還要聽他們的命令擡一下頭，翻一個身，以證明『犯人』還活着。」這位壯懷激烈的年輕人，作了兩首詩以表心意，其中一首云：

為雪心頭恨，而今作楚囚。
被拘三十二，無一怕殺頭。
痛毆賣國賊，火燒趙家樓。
鋤奸不惜死，來把中國救。[58]

以愛國的名義

被捕學生在黑暗的囚室裏等候着天明。

他們的命運，令許多人徹夜難眠。北京各校的同學都在開會，討論營救被捕同學的辦法；曹汝霖在六國飯店開會，和幕僚們商議應付他個人危機的辦法；內閣總理錢能訓也在自己的官邸召開閣員會議，研究如何處理學運。

對五月四日那天學生與警察的表現，歷來有不同的評價。年輕而激情的學生，參與政治示威活動，大致上，有兩種不同的心態，一種是立志要演繹宋代太學生伏闕上書，請求抗金的現代版；另一種則自視為聶政操琴、荊軻獻圖、魯仲連蹈海的傳人，誓以一己之性命，求社會正義的伸張。

從天安門廣場的集會，到東交民巷的請願，由一群現代太學生領導，表現出高度的文明，足以垂範後世。而後來火燒趙家樓與毆打章宗祥，則是俠士登場，少數學生不惜以身犯禁，製造驚世駭俗的事端，甚至以犧牲個人來喚醒民眾。他們相信只要目的是正義的，無論採取任何手段，都足以名垂青史。

58 許德珩《五四運動六十週年》。《文史資料選輯》第六十一輯，一九七九年版。

社會輿論幾乎是一面倒地同情支援學生，指責警察抓學生是「殘暴」、「野蠻」、「專制」。在一場中華民族大覺醒的運動中，個別人的過激行為是對是錯？曹、陸、章等人是否真有賣國？似乎都是微不足道的，誠如梁敬錞所說：「私人是非，乃至政治生命，都不過是意識覺醒中的微波，或怒火中的燃料而已，不足影響這運動在歷史上之評價與地位。」59

學生的愛國主張，以及他們不畏犧牲，不畏強權，堅持和平、理性地表達訴求，完全是正當的、正義的，理所當然會贏得社會的欽佩和支援。然而，當個別學生不顧指揮者的勸阻，開始縱火、毆人時，警察到底應該怎麼做，才符合法治社會的要求呢？這是一道考驗政府政治智慧和執政能力的難題。

從五月四日的情況看，警察還算克制，沒有過分使用暴力，學生集會遊行時，警察沒有強行阻止，甚至在學生闖入曹府後也沒有馬上抓人，只是當事情發展至縱火和打傷人（當時以為打死了人）以後，才開始抓捕和驅散學生。

當被捕學生從步軍統領衙門移送警察廳後，待遇大為改善，警察總監吳炳湘親自慰勞學生，給他們換了較寬敞的囚室，允許他們走動與交談，還贈送報紙給他們了解外面的情況；伙食標準按警察廳科員例，每人每餐約一毛有零，吃飯時共分五桌，每桌六七人；允許外面的同學探視，也允許裏面的同學託寄信外出。

由此可見，警方的處理方式，並沒有太多可指責的地方，以一個文明國度對待政治抗議活動和政治犯的標準來看，至少算是合格的。

總統和內閣對事件的反應，也沒有頭腦發昏，馬上訴諸白色恐怖，所謂「解散大學、嚴懲學生」等等，只不過是某些人的意見，並不代表政府，政府也沒採納。徐世昌最初想拿學潮做籌碼，打壓段祺瑞的氣焰，所以對學生頗為寬容，坊間甚至有一種傳說，把五四運動說成是徐世昌與林長民攜手搞出來的，「徐世昌為幕後政戰總司令，林長民為臨時前敵總指揮，徐意在對段示威，林意在對段洩憤，徐、林各有隱情，倒段目標同」。[60]

徐世昌和段祺瑞都是北洋老人，但段祺瑞自恃敉平張勳復辟，有再造共和之功；又主張中國參戰，使中國成為戰勝國，忝列巴黎和會，功高蓋世，氣焰熏天，把個退耕老人壓得透不過氣來。徐世昌討厭段祺瑞是實，但說他為了「對段示威」而搞出個五四運動來，則未免荒誕不經了。

作為政府，它首先要考慮的是「利弊」，而不是「是非」。學生首先考慮的是「是非」，而不是「利弊」。大家在不同的位置，考慮問題自會有不同的立場與視角。

雙方領導者的局量、器識、策略，對事態發展，起着至關重要的作用，但如果把視野再擴大一點，拉開歷史的距離來看，辛亥革命把舊有的價值和倫理秩序瓦解了，卻沒有建立起一種新的、為社會所接受的價值與倫理秩序，則為五四運動最根本的催化劑。政府的失敗，不是外交的失敗，而是道德的失敗。政府也是這種政治環境的犧牲品。這次學生運動，既有可能成為中國「光榮革命」的序幕，也有可能成為「攻打巴士底獄」的前奏，這就要看朝野雙方如何博

59 梁敬錞《我所知道的五四運動》。臺灣，《傳記文學》第八卷第五期，一九六六年。

60 吳虯《北洋派之起源及崩潰》。《近代稗海》（六），四川人民出版社，一九八七年版。

弈了。

身為北大教師的梁漱溟認為，即使學生的目的是正義的，也不能作為侵害他人自由的理由。他在《國民公報》上撰文說：「我願意學生事件付法庭辦理，願意檢廳去提起公訴，審廳去審理判罪，學生去遵判服罪。」因為，「在道理上講，打傷人是現行犯，是無可諱的。縱然曹、章罪大惡極，在罪名未成立時，他仍有他的自由，我們縱然是愛國急公的行為，也不能侵犯他，加暴行於他。縱然是國民公眾的舉動，也不能橫行，不管不顧。絕不能說我們所作的都對，就犯法也可以使得。」[61]

梁漱溟的言論，遭到社會輿論的猛烈批評。幾乎所有批評者都認為：學生是愛國的，法律不能懲罰愛國；學生運動是群眾運動，群眾運動難免過火。《每週評論》上一篇署名知非（藍公武的筆名）的文章，直言不諱：「梁君說無論什麼人，有他的自由，不許他人侵犯，這話本來極是。可是侵犯人的，要是出於群眾的行動，那就不能這樣的說法了。法國在歐戰初起的時候有個極有名的社會黨領袖，因為主張平和，給群眾打死，後來並沒有發生法律上的問題。這種事情實例不知有多少。」[62]也就是說，只要是出於群眾運動，即使殺人，亦屬無罪。

這種主流觀點的一個基本依據，恒認為五四運動為政治事件，不是法律事件。學者周策縱在他的專著中指出：「當時多數中國人至少認為這個問題是政治的、道德的，而不是法律上的問題。」[63]這種觀點必須建立在這樣一個前提下：政治問題可以不用法律解決。政治是超越法律的。當年宋教仁遇刺身亡後，孫文就是以這個觀點，發動了「二次革命」。

「司法歸司法，政治歸政治」，雖是現代法治社會的基本原則，但絕不是說兩者互不相干，司法是絕對高於政治的，政治不能干預司法，但司法則要規範政治。

然中國是一個倫理之國。對梁漱溟的批判，一直持續到當代。一九八〇年代出版的《中華民國史》，仍作如是析論：「梁漱溟的論點，試圖脫離五四運動爆發的政治背景，孤立地從法紀的角度看待這一事件，實質上站到了人民運動的對立面，說出了反動當局不便說、不敢說的話。」[64]那麼，人們就應該弄清楚，五四運動到底擁有怎樣一個可以令法律失效的政治背景呢？一言蔽之，就是愛國的群眾運動。在這個堂皇的名義之下，一切個人自由、綱紀法制，都是無足輕重的，誰敢對「人民運動」說個不字，誰就是人民的敵人。

在中國江湖文化中，這種觀念源遠流長；而新文化運動，又只強調「民主」與「科學」，沒有把「自由」、「法制」的理念，同時張揚起來，這對中國的政治轉型，造成極其深遠的影響，事實上，也為一九二〇年代鋪天蓋地而來的國民革命，定下了「群眾絕對主權」的基調。後來關於農民運動是否痞子運動，是糟得很，還是好得很的爭論，也就是梁漱溟與藍公武爭論的延續。再往後幾十年裏，群眾運動作為一種革命模式，在中國愈演愈烈，則更是五四運動這顆種子結出的必然之果。

政府似乎低估了學潮，以為只是一起孤立的事件。因此，政府在一開始忙着封鎖消息，切

61 梁漱溟《論學生事件》。《每週評論》第二十二號，一九一九年五月十八日。
62 知非《評梁漱溟君之學生事件論》。《每週評論》第二十二號，一九一九年五月十八日。
63 周策縱《五四運動史》。嶽麓書社，一九九九年版。
64《中華民國史》第二編第二卷。中華書局，一九八七年版。

斷北京與外國的無線電聯繫，希望事態不再擴大。在錢宅的會議上，竟有人提議解散北大，教育總長傅增湘堅決反對。又有人提議至少要罷免蔡元培北大校長職，傅氏仍然反對。雙方爭論不休，錢能訓氣急敗壞地問傅氏：「你說蔡鶴卿（元培）校長地位不能動搖，假如蔡鶴卿死了怎麼辦？」

在政府中，徐世昌對學運，是傾向於溫和處理的，而以段祺瑞為首的軍方，則力主嚴厲鎮壓，包括解散學校、更換校長。段芝貴甚至揚言，寧可十年不要學校，也不可一日容此學風。儘管被拘捕的學生不一定就是縱火和毆打官員的人，但政府依然決定把他們移送法庭審判，以收殺雞儆猴的作用。

在這種令人窒息的低氣壓下，各種蜚短流長，在校園裏不脛而走，有人說章宗祥已經死了，學生背了殺人的罪名；有人說被捕學生在警察廳遭到嚴刑拷打；有人說他們會被判處死刑。大家都沒經歷過這種大風浪，一時間茫然不知所措，都等着學生領袖們決定下一步的行動安排。羅家倫說：「當時各學校的中心，自然是北京大學，至於北大主持這個運動的軀幹，要算是新潮社及國民雜誌社裏面的人。」[65]和所有的群眾運動一樣，一批學生領袖，已在風浪中自然形成，受眾星所拱了。

羅家倫從趙家樓回到北大東齋（第一宿舍）後，筋疲力盡，倒頭便睡，睡到黃昏六點爬起來，又再投入活動。晚飯後，北大派出了一批代表，到各學校聯絡，準備在第二天，全北京的高等以上學校，一律罷課。羅家倫負責連夜到各報館去解釋今天發生的事情。他馬不停蹄地跑了十幾家主要報館。當他拖着疲乏的步履返回北大時，已是凌晨三點多了。夜幕下的古都，一片死寂。

當晚，北大學生聚集在第三院開會，商討營救被捕同學的辦法。有人擔心地說，校長可能會因這次事件辭職，大家都憤然表示，如果校長辭職，我們就全體解散。室內燈火通明，卻一片愁雲慘霧。這時，蔡元培趕到了會場，有的學生見到校長，竟號啕大哭起來。蔡元培登上講臺，和顏悅色地對大家說：「你們今天所做的事情我全知道了，我寄以相當的同情。」

話音剛落，全堂歡聲雷動。

「我是全校之主，」蔡元培說，「我自當盡營救學生之責。關於善後處理事宜也由我辦理，只希望你們聽我一句話就好了。請大家從明日起照常上課。」

據北大學生曹建說，對校長的意見，「大家一致表示聽從」。[66]但學生楊晦卻說，「這次大會表現了青年學生們的愛國主義的情緒，已經集中在對賣國政府的痛恨上。議決：各校同盟罷課。」[67]

65 羅家倫《蔡元培時代的北京大學與五四運動》。臺灣，《傳記文學》第五十四卷第五期，一九七八年五月。
66 曹建《蔡孑民先生的風骨》。《為了忘卻的紀念》，經濟日報出版社，一九九八年版。
67 楊晦《五四運動與北京大學》。《光輝的五四》，中國青年出版社，一九五九年版。

「殺君馬者道旁兒」

五月五日，星期一。北京蘇醒了。

北大校園內，人人都在談論今天的罷課。當時有一個流行說法：「罷不罷，看北大。」如果北大罷課，北京其他學校都會跟進。現在，北大的課是罷定了，因此，從早上開始，全北京專門以上的學校，也一律罷課了。高等師範開始不贊成，擔心一罷課，同學們就會星散，無法召集。但到了下午，也開始加入罷課行列了。

學生們宣佈罷課的理由是：「各校學生既痛外交之失敗，復憤同學之被拘，更有何心研究學問？此罷課之第一理由也。青島問題當以死力爭，被拘同學亟宜營救，全體奔走，日無暇晷，學雖至寶，勢難兼顧，此罷課之理由二也。」68

然則，這時的罷課，乃各校學生自行決定，並沒有統一的組織領導。上午九時，各校代表齊集北大一院第三十六課堂開會，議決：派北大同學方豪率領各校請願代表，向各校校長、教育總長和大總統請願釋放被捕學生，不達目的，決不上課。另派劉兆琠等同學去謁見警察總監吳炳湘，了解被捕同學的情況。

下午三時，北京十四所專門以上學校的校長，在北大開會。他們接獲教育部指令，要求查明為首滋事學生，一律開除。校長們紛起反對，他們認為，這是多數市民的運動，不能讓被捕的少數學生負責；如果當局認為這是學校的運動，也應當由各校校長負責。他們決定派代表到警察廳要求釋放學生，如警廳不允，就去教育部；教育部不允就去總統府，總之不釋放學生，誓不終止。當推蔡元培（北大）、陳寶泉（高等師範）、金邦正（農業專門）、洪熔（工業專門）、湯爾和（醫學專門）、姚憾（中國大學）、劉抱願（法政專門，時校長王家駒在外未歸，校務由教務長劉抱願代理）為代表，前往警察廳交涉。

吳炳湘告訴他們，這次捕人是出於院令，要放人也須院令。於是一群校長蹐蹐踉踉，又轉去教育部，部裏職員說，傅總長已決定辭職，今天沒有到部辦公。他們只好又去總統府、國務院，但都吃了閉門羹。

與此同時，來自北京各校的三千多名學生，正在北大法科開會。由段錫朋主持，首先報告上午各校代表會議，議決：由各校聯合上書大總統懲辦曹汝霖、章宗祥、陸宗輿；各校一律罷課至被捕同學回校為止；宣言中外、通電全國教育會、商會，請其一致行動；電請上海和平會議主持公理；電請中國巴黎和會專使對青島問題死力抗爭，萬勿簽字。

國會議員符定一登臺演講，對學生大表同情，並十分支持學生的主張，願效犬馬之勞云云。方豪報告上午請願過程，由於專門以上學校的校長都在開會，所以未能到教育部請願。劉兆瑸報告謁見吳炳湘的結果，並宣讀了被捕學生託他們帶出來的一封信。

隨後，羅家倫也向大家報告與報界、商界接洽的情形。商界對學生極為同情，定於明日開緊

68　蔡曉舟、楊景工編《五四》。《五四愛國運動》（上），中國社會科學出版社，一九七九年版。

急大會商議方法。而報界亦希望各界一齊努力，並希望學界組織總機關，電報不能外發，報界可以代勞，總機關內部須有一新聞團，專責傳佈新聞於各界，又建議學生派代表到上海接洽各界。

警官學校的代表上臺，又展示一件「殺賣國賊」的血書，令會場氣氛再度燃燒起來。段錫朋號召大家，如果被拘同學不能放回，最後手段就是聯絡各校學生到地方廳自首，決不能使少數同學負全體之責。大會宣佈五月七日全北京中等以上學校總罷課。

大會一個最重要的議題，就是成立北京中等以上學校學生聯合會。大家熱情高漲，公推北大和高師的代表起草組織章程。但在推舉學生會主席時，發生了一件不愉快的事情。據羅家倫記述：「大家本來要推傅斯年做臨時主席，忽然有一個浙江籍的學生姓陶的，打了傅斯年一拳，這一拳就把傅斯年打得不幹，自此以後，五四運動和傅斯年便不發生關係了。因為他是一個以感情用事的人，一拳被打萬念俱灰了。我當時因為在各處接洽的事太多，所以不願意做會場上固定的事，經大家一想再想，最後推出段錫朋來，由他做北大學生會的代表，結果就是北京學生聯合會的主席。」69

究竟因什麼問題發生爭吵，以至於動手，羅家倫沒說。但蔣夢麟有一篇文章，可作為此事的注腳，蔣氏寫道：「我識孟真遠在一九一九年，他是五四運動領袖之一，當時有人要毀掉他，造了一個謠言，說他受某煙草公司的津貼。某煙草公司有日本股份，當時全國反日，所以奸人造這個謠言。我在上海看見報上載這個消息，我就寫信去安慰他。」70

似乎就是這件事情，令傅氏與學運領導層發生隔閡，以至於心灰意冷。但更重要的原因，則是傅氏對政治的厭惡。他在「五四」發生四個月後，寫文章說：「在中國是斷不能以政治改政治的，而對於政治關心，有時不免是極無效果，極笨的事。我們同社中有這見解的人很多。我雖心量褊狹，不過尚不至於對於一切政治上的事件，深惡痛絕！然而，以一個人的脾胃和見解的緣故，不特自己要以教書匠終其身，就是看見別人作良善的政治活動的，也屢起反感。」[71]故也可以說，傅斯年之脫離學運，是他遠離政治的一種自覺行動。

最後大會推舉段錫朋為學生會主席，方豪為副主席。羅家倫形容段錫朋：「他總是穿一件藍竹布大衫，扇一把大摺扇，開口就是我們廬陵歐陽公的文章氣節，所以大家都當他有幾分迂氣，哪知道被選舉出來以後，他處理事務非常靈敏，運用群眾，大有特長，於是段錫朋的名氣陡然間聞於全北京。」[72]

學生聯合會「以盡學生天職謀國家之福利為宗旨」，其組織架構，由評議部與幹事部組成。評議部由各校各選派兩名代表參加，設正副評議長各一人，每週日舉行一次常委會，負責決定學生聯合會的方針和決議。幹事部由各學校的學生社團選出代表組成，分總務、庶務、會計、文書、新聞、交際六股。學生聯合會的經費，由與會各學校學生分籌之。大家當場發動捐款，籌集了幾千元經費。

大會通過了致徐世昌總統書，略云：

69 羅家倫《蔡元培時代的北京大學與五四運動》。臺灣，《傳記文學》第五十四卷第五期，一九七八年五月。
70 蔣夢麟《憶孟真》。臺灣，《中央日報》一九五〇年十二月三十一日。
71 傅斯年《〈新潮〉之回顧與前瞻》。《新潮》第二卷第一號，一九一九年九月。
72 羅家倫《蔡元培時代的北京大學與五四運動》。臺灣，《傳記文學》第五十四卷第五期，一九七八年五月。

山東問題，關係國家存亡，誰人不知。日人利用我南北和議不協，以對待朝鮮手段，利用李完用其人，隱為操縱。於歐洲和會提出強硬之主張，豈僅目無公理，直為亡國導線。我等與其坐而待斃，如朝鮮今日之現象，萬劫千億而不能復，孰若乘一息尚存之時，及早喚醒賣國之賊，以謀挽救。此昨日遊街大會所由來也。

章宗祥、曹汝霖服官歷年，無非媚日，國外華僑及國內輿論，無日不指摘唾罵。而青島問題彼輩陰謀更盛，高徐、濟順之路約，直斷送主權於日人之手。章曹賣國之罪，非由一日。學生等欲喚醒賣國賊，發現天良，有所覺悟，致有五月四日之事。

學生等均係赤手，為萬目所共見。乃警廳竟下令逮捕至三十餘人之多。學生誠無狀，但此次之事，乃為萬餘學生與市民之愛國熱忱所激發。撫心自問，實可告無罪於國人。如有譴責，萬餘人願分擔之，斷不能以全體所為之事，使三十餘人獨受羈押之累。[73]

北京各界都被事態震驚了，商會、農會、旅京魯省同鄉、山東籍議員等團體及人士，紛紛開會，通電各省，請各地一致行動，為山東問題做後援。國民外交協會召開特別會議，派代表向政府請求釋放學生。五月五日，汪大燮致函徐世昌，勸其儘快釋放學生。當晚，汪大燮又與林長民、王寵惠聯名致函警察廳，請求保釋學生。其函稱：

竊本月四日，北京各校學生，為外交問題，奔走呼號。聚眾之下，致釀事變。當時喧擾場中，學生被捕者三十餘人，未必即為肇事之人。大燮等特先呈懇交保釋放，以後如須審問，即由大燮等擔保送案不誤。群情激動，事變更不可知，為此迫切直陳，即乞准保。國民幸甚。[74]

五月六日，北京總商會決定會員一律拒絕購買日貨，並提出斷絕與日本一切工商業關係的倡議，要求政府嚴懲賣國賊和暴虐官吏。北京鼎沸了。連一向閉門讀書的女學生，也手挽着手走上街頭了。

學生們的情緒，至為激昂，受着一種「國家者我們的國家」的崇高理想鼓舞，誓要以熱血報效國家。一向閉門讀書的女學生，受着這種氣氛的感染，也按捺不住，要和男學生一道走上了街頭。在北京協和女校就讀的著名作家冰心，在《回憶五四》一文中，描寫得活靈活現：

學生們個個興奮緊張，一聽到有什麼緊急消息，就紛紛丟下書本湧出課堂，誰也阻擋不住！我們三五成群地揮舞着旗幟，在街頭宣傳，沿門沿戶地進入商店，對着懷疑而又熱情的臉，講着人民必須一致起來，反對日本帝國主義的侵略壓迫，反對軍閥政府的賣國行為的大道理。我們也三三兩兩抱着大撲滿，在大風揚塵之中荒漠黯舊的天安門前，攔住過往的洋車，請求大家捐助幾個銅子，幫我們援救慰問那些被捕的愛國學生。我們大隊大隊

73 龔振黃編《青島潮》。《五四愛國運動》（上），中國社會科學出版社，一九七九年版。
74 同上書。

地去參加北京法庭對於被捕學生的審問，我們開始用白話文寫着各種形式的反帝反封建的文章，在各種報刊上發表。[75]

針對政府對外封鎖消息，學生把關於五月四日事件的真相，通過某些外國機構，傳到天津租界，再從天津傳到上海，從上海傳遍全國其他城市和外國。政府的封鎖，只維持幾個小時就被衝破了。

事實證明，採取封鎖消息捂蓋子的辦法，是最愚蠢的，而且全無作用。蔣夢麟說他五月五日早上在上海的報紙已經讀到來自北京的消息了。內容大致為：「北京學生遊行示威反對簽訂凡爾賽和約。三親日要員曹汝霖、陸宗輿、章宗祥遭學生圍毆。曹汝霖住宅被焚，數千人於大隊憲警監視下拘留於大學第三院。群眾領袖被捕，下落不明。」（蔣氏似乎把五月四日的事件與六月三日的事件混為一談了，當為記憶之誤。）[76]

全國各地的抗議電報，像潮水一樣湧向北京。

上海南洋公學、復旦大學、聖約翰大學等三十餘校學生電請北京政府速釋被捕學生。天津學生也有相同要求。上海報界公會電請北京政府勿漠視輿論，望立釋學生。上海商業公團、中華學界聯合會、江蘇省教育會、留日學生救國團等紛電北京政府，嚴懲曹汝霖等，釋放被捕學生，並電巴黎中國專使，堅持山東權利，萬勿簽字和約。在上海的南北和談總代表也分別致電徐世昌，表示同情學生。這些來自地方和民間的聲音，對政府構成了重大壓力，迫使它不敢草率從事。

北京專門以上學校校長繼續在北大開會，會後再次到教育部請求釋放學生。傅增湘雖已遞交辭呈，但仍允向錢能訓疏通。接着，大家又去警察廳，向吳炳湘強烈表示，如果今晚還不能釋放學生，各校秩序，都將難以維持。吳氏代表政府答覆，只要學生取消明天（五月七日）的大罷課，被捕學生就可釋放。校長們問他有什麼保證，吳氏發誓說：「如果復課而不放學生，我吳炳湘便是你們終身的兒子。」

當天，交通總長曹汝霖、幣制局總裁陸宗輿呈請辭職。徐世昌一方面對曹、陸二人「濃情溫語，再三慰留」，另一方面又頒佈嚴厲的命令：

本月四日，北京大學等校學生，糾眾集會、縱火傷人一案。方事之始，曾傳令京師警察廳，調派警隊，妥為防護。乃未能即時制止，以致釀成縱火傷人情事。迨經警察總監吳炳湘親往指揮，始行逮捕解散。該總監事前調度失宜，殊屬疏誤。所派出之警察人員，防範無方，有負職守。着即由該總監查明職名，呈候懲戒。首都重地，中外具瞻，秩序安寧，至關重要。該總監職責所在，務當督率所屬，切實防弭，以保公安。倘再有借名糾眾，擾亂秩序，不服彈壓者，着即依法逮捕懲辦，勿再疏弛。此令。[77]

這道總統令，一經頒佈，輿論譁然，群情愈加洶湧，恒指為「袒庇曹章，不恤甘犯眾怒，

75 冰心《回憶五四》。《人民文學》一九五九年第五期。
76 蔣夢麟《西潮．新潮》。嶽麓書社，二〇〇〇年版。
77 龔振黃編《青島潮》。《五四愛國運動》（上），中國社會科學出版社，一九七九年版。

欲置愛國學生於死地，摧殘士氣」云云，其實只要細心研讀，不難看出政府希望大事化小，小事化了的心態。它沒有指責學生，反而指責警察；沒說要懲辦學生，反而說要懲戒警察。但在眾聲喧嘩之下，沒有人可以理性地思考，「借名糾眾，擾亂秩序，不服彈壓者，着即依法逮捕懲辦」這類措詞，立即引起了強烈的反感和反彈。

晚上，蔡元培回到北大，馬上把羅家倫、方豪等學生領袖找來商量，以取消明天的罷課，換取警察廳釋放被捕學生。學生領袖們為難地說：「昨天才決議罷課，明天便要復課，乃是辦不到的，我們也負不起這個責任。」但羅家倫倒是同意取消罷課，他說：「現在如果盡讓同學們關在裏面，也不成事，況且我們這一次有放火及毆傷等重大情節，章宗祥還沒有離危險境界，有兩天沒有大小便，醫生說他命在旦夕了。適巧政府又捉去我們幾個人，用這幾個人去抵命，也是沒有辦法的事。」

他問校長們：「若是我們明天復課，他們不放人，怎樣辦？」

校長們說：「我們可以用生命人格為擔保，而且吳炳湘也曾發誓過『如果復課而不放學生，我吳炳湘便是你們終身的兒子。』」

羅家倫覺得應該答應政府的條件。但其他學生領袖都反對，認為未經學生聯合會的討論，這樣答應下來乃是越權。羅家倫說：「現在為減少被捕同學之危險，這件事非如此辦不可，我們只有從權辦理了。」

［羅家倫記述］當夜我們分成五隊，去通知全體同學，明天復課，除每個宿舍派一隊

外，其他兩隊，是負責通知宿舍附近公寓裏面的同學的。大家出發時候，已經是十二點鐘，同學們完全睡着了，一個一個房間敲起門來，把睡熟的人叫醒了，告訴他們這件事，他們還不相信，還要費許多心血去解釋，解釋不明白的時候，還要受大家的責罵。半夜醒轉過來的人，相對講話，口中臭氣是最令人受不了的。這可以說是我在那一晚上特別記得深刻的一種感覺。幸而能得大多數同學之了解，謝謝大家對於我們還有最低限度的信任，所以第二天北京各大學亦先後復課了。[78]

五月七日上午十時左右，被捕學生全部釋放了（不是無罪釋放，而是保釋候審）。各學校出動六輛汽車，赴警察廳歡迎獲釋同學。被捕同學開始以青島問題還沒解決，不肯出獄，經吳炳湘再三勸告，始肯離去。

當汽車駛抵北大時，馬路兩旁的市民歡呼雷動，好像歡迎凱旋英雄一般。學生也鼓掌答謝，不停高呼「學生萬歲」、「還我青島」。《益世報》還以汽車環城散發號外，人們爭相傳閱，雀躍不止。漫天的陰霾，彷彿露出了一線陽光。許德珩是獲釋學生之一，他回憶當時的情景：

> 我們是在五月七日上午十一時許被釋放的。北大全體學生都在漢花園紅樓北面的廣場上等候我們的歸來。不知道從什麼地方借來了三輛小汽車，我們就是分別坐着這三輛小汽車回來的。廣場各放着五張方桌，我們被捕的北大同學大約十二三人，都站在方桌上和同

78 羅家倫《蔡元培時代的北京大學與五四運動》。臺灣，《傳記文學》第五十四卷第五期，一九七八年五月。

學們見面。蔡校長也在場。大家的情緒都萬分激動，被捕同學沒有一人說話，蔡元培校長講了幾句安慰並勉勵的話，大家激動得熱淚交流。有人說：「還是快去休息一下罷！」我們從桌上跳下來，走到紅樓返回各自的宿舍，接着就參加《五七週刊》的發行工作去了。因為五月七日是北洋軍閥簽訂二十一條條約的國恥紀念日。79

在這個國恥紀念日，國內國外發生了一連串事件，令人目不暇給。最引人注意的是，這天原是國民外交協會定下召開國民大會的日期，五月六日晚，警察廳冒名發出通知，稱大會已停止，勸大家勿空勞往返。七日當天，天安門及中央公園一帶，軍警林立，戒備森嚴，天安門東西兩側一二公里範圍交通斷絕，佈滿軍警、馬隊，從上午十時起公園停止對外開放。在中央公園門聚集演說的人群，很快被馬隊驅散。國民大會無法召開，大會組織者把會場臨時改到先農壇，又被警察驅散。最後改到京師總商會會所舉行，因為場地狹窄，只有兩百名代表與會。大會議決四項：一、宣佈取消一九一五年五月七日「二十一條」。二、膠州、青島應由德國直接交還我國。三、胺濟及順濟、高徐鐵路換文，認為無效。四、巴黎和會如不容我主張，我專使不得簽約。並計劃於十一日再開大會，如再遭官方禁阻，則派代表到濟南或南京，聯合各省召開國民大會。

另一件轟動的事件，發生在日本。四千多中國留學生，這天在東京召開國恥紀念大會，向各國駐日本公館遞交意見書。但遭到大批日本馬隊和武裝警察的鎮壓，雙方在街頭爆發激烈衝突，學生有一百多人受傷，其中二十九人重傷。日本警方逮捕了三十九人，第二天被保釋出來。但最令中國留學生憤怒的是，日本警方宣稱，這不是他們的錯，他們是受中國代理公使莊景珂和中國學生監督江庸所請。

在北京，北大學生郭欽光，這天因病去世。他是廣東文昌人，患有肺病，五四那天參加了示威遊行和火燒趙家樓，因為跑路太多，疲勞過度，病情惡化，吐血不止，五月七日在醫院去世。學生們這時正擔心章宗祥會和他們打官司，上了法庭，縱火打人，終究有點理虧，於是狄君武急中生智，想了個主意：不妨把郭欽光的死，說成是被曹家傭人打死的，也許可以抵消章宗祥的官司。大家一致叫好，結果郭欽光便被塑造成五四運動的烈士，受到全國各地隆重的追悼和公祭。羅家倫說：「郭君那一天因為走路過多，身體過勞而使肺病加重乃是確實的，這是我們應該同情他。但是把他造成五四的烈士，全國亦以烈士待之，多少未免有點滑稽。」[80]然當時作為一種鬥爭計策，亦無可厚非。

北京的空氣緊張而壓抑，為下一個高潮的爆發，積蓄着能量。

從五月四日開始，北京謠諑滿天，頻頻有人向蔡元培報告，政府方面「有焚燒大學、暗殺校長之計劃」。據說曹汝霖、章宗祥出三百萬買蔡元培的人頭。五月八日，北京忽然傳出一種驚人的消息，說軍隊正從廊房開入北京城，準備武力鎮壓學生。

79 許德珩《五四運動六十週年》。《文史資料選輯》第六十一輯，一九七九年版。

80 羅家倫《蔡元培時代的北京大學與五四運動》。臺灣，《傳記文學》第五十四卷第五期，一九七八年五月。

《青島潮》記載了這種謠言：「八日，更盛傳搗毀大學，有某上將已調廊房軍隊入都之說。」[81]這並非唯一的記載，正在中國訪問的杜威也有耳聞，他寫道：「（在蔡氏辭職之前，）各省紛紛謠傳中國軍閥為了打倒反對勢力而準備好要走屠殺的極端。謠傳甚至要來一次政變，以求永久穩固軍閥和親日派政府的把持。」[82]甚至有人說，軍隊已在景山上架設大炮，對準了北京大學的校園。一時間全城風聲鶴唳。

另一種傳言指政府已決定派馬其昶接替蔡元培為北大校長，並提出查辦教育當事和告誡學生兩項命令，傅增湘拒絕在命令上副署，三天之內，數上辭呈。但告誡學生一令，終於由錢能訓、朱琛（司法總長）、傅增湘副署發表，內稱：

> 學校之設，所以培養人材，為國家異日之用，在校各生，方在青年，質性未定，自當專心學業，豈宜干涉政治，擾及公安。所有當場逮捕滋事學生應即由該廳送交法庭依法辦理。至京師為首善之區，各校學風，亟應力求整飭，着該部查明此次滋事確情，呈候核辦，並隨時認真督察，切實牖導，務使各率訓誡，勉為成材，毋負國家作育英髦之意。[83]

一度緩和的形勢，陡然急轉直下。

蔡元培感到身心疲憊，他既是一位崇尚個人自由的安那其主義者，也是一位學者，他雖然很同情學生的愛國熱情，但一向認為大學是研究學問的地方，不是搞政治的地方，現在忽然被學生當成搞政治活動的靠山，被各學校校長奉為和政府打交道的領頭人，學生出了事向他求援，他不能不管；各校校長們要聯合行動，他也不能不參加；而政府也把他視為學運風潮的幕後操縱者。他身不由己地被推到了風口浪尖上，今天到教育部請願，明天到警察廳求情，這完全違背了蔡氏的性格與做人原則。

五月八日午後，又有人向蔡元培通風報信，說政府方面認為，只有蔡氏離開，風潮才能平息。如果蔡氏不去，法庭就要嚴辦被拘學生。蔡氏倒不怕有人要買他的腦袋，但是，「我恐若因此增加學生對於政府的糾紛，」蔡氏後來寫道，「我個人且將有運動學生保持地位的嫌疑，不可以不速去。」[84]同時，蔡氏也預見到學生經過這次風潮的洗禮，初嘗權力的滋味，將來更不會安於學習，他的辦學宗旨，將更難以貫徹。於是，他向政府遞交了辭呈。五月九日凌晨，留下了一張字條，悄然離去，甚至連他最親近的人，亦不知其何往。字條云：

> 我倦矣！「殺君馬者道旁兒」。「民亦勞止，汔可小休」。我欲小休矣。北京大學校長之職，已正式辭去；其他向有關係之各學校，各集會，自五月九日起，一切脫離關係。特此聲明，惟知我者諒之。[85]

81 龔振黃編《青島潮》。《五四愛國運動》（上），中國社會科學出版社，一九七九年版。
82 杜威《中國的學生革命》。引自周策縱《五四運動史》。嶽麓書社，一九九九年版。
83 《大總統嚴禁學生干政並將被捕學生送交法庭令》。《五四愛國運動檔案資料》，中國社會科學出版社，一九八〇年版。
84 蔡元培《我在五四運動時的回憶》。《中國學生》第三卷第九期，一九三六年十月二十三日。
85 《北京大學日刊》第三百七十四號，一九一九年五月九日。

「我倦矣！」這三個字，好像鐵錘撞擊着知識分子的心頭。多少失望、憤怒、悲哀、深重如山的憂勞和痛心疾首的抗議，盡在這三字之中。天亮以後，人們發現校長不見了，頓時群情惶惑，六神無主，許多人都認為，他一定是被政府逼迫出走的。字條中那些含義隱晦的字句，引起了諸多猜測。不少學生拿去向國文教師請教，那些老夫子平時門庭冷落，一時間門限為穿，也不禁飄飄然起來。

「殺君馬者道旁兒」一句出自《風俗通》，意思是一匹好馬跑得很快，但路邊的看客不停地鼓掌，馬主就不停地加速，結果把馬累死了。於是有人揣測，「君」是不是指政府？「馬」是不是指曹、陸、章諸人？「道旁兒」是不是指學生？

北大文科教授程演生在《北京大學日刊》發表了一封答覆學生的信，解釋這些典故的出處和含義。他說蔡氏以「馬」自況，本心只是擔心自己「溺身於害」，並無責怪學生的意思。至於「民亦勞止，汔可小休」則取自《毛詩．大雅．民勞》。蔡氏用此語的意思，民者，似為自指，他名為孑民。意為我已經很疲勞了，要好好休息一下。蔡元培後來對程演生的解讀，做了個按語，說前者「但取積勞致死一義，別無他意」，後者亦「但取勞則可休一義，別無他意」。[86]

實際上，蔡氏所說的「道旁兒」，並非單指學生，而是指整個社會輿情的氛圍，包括政府、社會、學生與其他學校的校長們，有意無意，合力把他置於舞臺中心，令他「人在江湖，身不由己」，最後只能像一匹肥馬，「馳驅不已，至於死」。這是蔡氏所不能忍耐的，「斂轡且歸去，吾畏路旁兒」（張士簡詩），於是，蔡氏毅然選擇了夤夜出走。但他又擔心字條會被學生們解讀出「他意」來，造成不良影響，於是五月十日從天津乘津浦車返鄉途中，又寫了一封公開信給學生，解釋說：

僕深信諸君本月四日之舉，純出於愛國之熱誠，僕亦國民之一，豈有不滿於諸君之理。惟在校言校，為國立大學校長者，當然引咎辭職。僕所以不於五日即提出辭呈者，以有少數學生被拘警署，不得不立於校長之地位以為之盡力也。今幸承教育總長、警察總監之主持，及他校校長之援助，被拘諸生，均經保釋。僕所能盡之責，止於此矣。如不辭職，更待何時？至一面提出辭呈，一面出京，且不以行蹤告人，所以避挽留之虛套，而促繼任者之早於發表，無他意也。北京大學之教授會，已有成效，教務處亦已組成，校長一人之去留，決無妨於校務。惟恐諸君或不見諒，以僕之去職，為有不滿於諸君之意，故特在途中匆促書此，以求諒於諸君。[87]

但這封信並沒有達到蔡氏的預期目的，反而令人們愈加相信，蔡氏是被政府逼走的，整個北京學界憤慨激怒的情緒，就像乾柴遇火一樣，瞬間點燃。各校約定，五月十一日全體一律「停課待罪」（後來又決定改期）。當晚十時，由北京二十八所學校派出的學生代表謁見傅增湘，商定三項辦法：一、請總統下令挽留；二、派司長到天津尋找蔡氏；三、通電上海，請蔡氏即日回任。各校也派代表到天津挽留蔡氏。「各校全體學生進退，以蔡君一人視之」。這恰恰是蔡氏要躲避的「道旁兒」，他怎麼可能因此回心轉意呢？

86 《北京大學日刊》第三百七十五號，一九一九年五月十日。
87 《北京大學日刊號外》一九一五年五月十一日。

學潮的擴大與升級

五月十日，保釋外出的學生接到檢察廳傳票，出席第一次預審。學生聲稱，他們是尊重總統命令，顧全蔡校長信譽而來。當檢廳長問誰是五月四日事件的主腦時，他們異口同聲回答：各人具有良心，誰能主使？預審草草結束。學生回校後，向檢察廳正式遞交了一份聲明，表示今後再不會到檢察廳應訊。

聲明指出：「曹章等賣國，罪不容誅。凡有血氣，罔不切齒。五月四日之事，乃為數千學生，萬餘商民之愛國天良所激發。論原因不得謂之犯罪，則結果安有所謂嫌疑。且使我國而果有法律之可言，則凡居檢察之職者，應當官而行，不畏強禦，檢察曹章等賣國各款，按照刑律一百零八條、一百零九條之罪，代表國家提起公訴，始足以服人心。乃曹章等賣國之罪，畏不檢舉，而偏出傳票傳訊學生？」聲明質問：如此執法不公，「所謂『法律』二字者，寧復有絲毫價值之可言！」

聲明最後宣稱：「如鈞廳認為有再訊之必要，嗣後不論其為傳票為拘票，請合傳十六校學生。德珩等亦當尾同到廳，靜候訊問，決不能單獨再受非法之提訊也。」[88]學生要求檢察廳如此這般，否則就抗傳不到。學生堅定地認為，他們所承擔的倫理義務，遠高於法律責任。不獨學生如此，法官亦同樣認為自己的倫理義務，遠高於法律責任。兩造都抱這種理念，法律也就形同虛設了。

在學生聯合會的指揮下，北京中等以上各校學生紛紛提出自行檢舉呈文，「依法自行投案，靜候處分」，以大規模的自首行動，凸顯司法的不公。這當然不是真正服從法律，而是要營造出反諷效果，帶有鮮明的示威性質，一旦付諸實行，勢必癱瘓司法系統。政府從來沒有應付這種場面的經驗，一時手忙腳亂，結果，所謂交法庭「依法辦理」，亦不了了之。學生與政府之間，火藥味已愈來愈濃了。

五月十日，北大教授會派出馬敍倫、馬寅初、李大釗、康寶忠、徐寶璜、王星拱、沈士遠等教授為代表，到教育部與傅增湘見面，請其設法挽留蔡氏。傅增湘表示，他也是非常誠懇地要挽留蔡校長的。大家詢問總統、總理的意見如何，傅氏沉默了一會兒回答：「總統、總理的意見，我未深知，所以我亦無從代為宣佈。」

下午，各校教職員在北大開會，大家對政府再三挽留曹汝霖、陸宗輿，而對蔡元培卻如此冷漠，深感憤怒和傷心，咸認為蔡氏能否挽回，決不僅是一校長的去留問題，而與教育及外交前途，均有關係。決定聯名上書政府，務請挽留。如果不能挽回蔡校長，他們將一致總辭職。

從蔡元培的性格與處事方式而論，他的辭職，當出於真誠。但置身於大時代的漩渦中心，往往被一股無形力量牽引着往前走，已無個人的自由意志可言。這股力量，恒來自蔡氏所說的「道旁兒」。

88　龔振黃編《青島潮》。《五四愛國運動》（上），中國社會科學出版社，一九七九年版。

道旁兒本身，也同樣受着一種集體無意識的力量牽引。匡日休對此有切身感受，他慨歎「這時候群眾的各個分子都沒有個性的存在，只是大家同樣唱着，同樣走着」89——同樣喊着口號，同樣挽留着蔡元培。當其時也，幾乎所有人都認定挽留蔡氏是天經地義的，沒有人會顧及蔡氏個人的真實意願與感受。

五月十一日，焦頭爛額的傅增湘，索性也步蔡元培後塵，留下辭呈，一走了之。教育部派人到西山和天津，但都不見蹤影。坊間哄傳政府對蔡、傅二人均無意挽留，擬以胡仁源接替北大校長，以田應璜接替教育總長。學生更加激憤，一致發起反對運動。下午，北京專門以上學校教職員聯合會正式成立，由康寶忠任會長，馬敘倫任秘書，派出九名代表與徐世昌、錢能訓會面，要求政府就以下問題明確表態：一、對於北京教育界的切實態度；二、善後辦法；三、對於挽留蔡氏的態度。

外交風潮已呈全面擴散之勢，不僅學界、商界捲入，政界、軍界內的不同派系，亦看準了這個機會，推波助瀾，欲動搖段祺瑞的皖系勢力。由外交引起的學潮，至此，已發展成政府高層內部的派別鬥爭了。政府要偏袒皖段，就要冒得罪其他勢力的風險，但要懲辦皖段，又沒這個膽量與實力，只能顧左右而言他。五月十二日，國務總理錢能訓也步了蔡、傅二人的後塵，向總統撂挑子。

政府陷入了嚴重的政治危機。

學生被捕後，學運領袖們對下一步該怎麼走，頗覺躊躇，學潮一度轉趨沉寂。然蔡元培的辭職，引起連鎖反應，成了刺激學潮再度升溫的重要因素。羅家倫說：「蔡先生去了以後，北京大學自然是第一個恐慌，為維持北京大學，北大學生不得不繼續鬧下去，而且不能不聯合旁的學校學生一同的鬧下去，於是五四運動又重新緊張起來了。」[90]這時的學運，已不僅僅是為了聲援青島問題，而是帶有自保的用意了。安福系的喉舌《公言報》亦公然質問：「與日本爭青島乎？抑為蔡元培等爭位置乎？」

為了給學運拓展新的空間，北京學生聯合會決定從五月十一日開始，組織十人講演團，開赴各處講演，把愛國的信息，傳播開去。高師在前門一帶，北大在內城，清華在西門，每組一二十人不等，手持「學生演說團」小白旗，分段遊行講演。演說內容，大抵是懲辦賣國賊、不買日貨、力爭青島等，並向市民散發各種傳單和地圖。不久，講演範圍擴展至昌平、南口、西郊等地。

五月十三日，北京高等專門學校的全體校長，全體向教育部具呈辭職。醫專校長湯爾和、工專校長洪鎔，即日離京遠去。學生聚集在北大開會，討論是否要舉行全體總罷課。會上眾說紛紜，未有定論。

五月十四日，徐世昌召集段祺瑞和全體閣員、安福國會的兩院議長，在公府舉行緊急會議，研究外交、南北和會和學潮問題。段祺瑞堅持對學生要採取強硬態度，並要求罷免傅增湘，態度咄咄逼人。徐世昌無奈，只好下令：

89 匡互生《五四運動紀實》。《五四愛國運動》（上），中國社會科學出版社，一九七九年版。
90 羅家倫《蔡元培時代的北京大學與五四運動》。臺灣，《傳記文學》第五十四卷第五期，一九七八年五月。

> 京師為根本重地，各友邦使節所在，尤應切實防衛，以期弭患銷萌。着由京畿警備總司令督同步軍統領、京師警察廳總監、軍警督察長、京兆尹等，一律認真防護，共維秩序。遇有糾眾滋事不服彈壓者，仍遵照前令，依法逮懲。其餘關於保衛治安事宜，均責成該總司令等，悉心調度，妥慎辦理。至各省區地方治安，該管督軍、省長、都統，責無旁貸，並着切實籌維，勿涉疏弛，是為至要。[91]

命令中提及的各治安單位，警察廳負責維持社會秩序，固無疑義，然步軍統領衙門的職責，主司城門啟閉和四鄉車捐，它何來權力處理學生遊行示威活動（雖然它的越權由來已久）？而京畿警備總司令則屬軍隊系統，總司令就是段芝貴。平時衛戍軍隊由陸軍部指撥，遇特殊情況時，則由陸軍部指派京師附近軍隊歸總司令調遣。這道命令，賦予軍隊彈壓逮懲示威民眾之權，這是一個非常危險的信號。五月十五日，政府在段祺瑞的壓力下，批准傅增湘辭職，委次長袁希濤代理總長。

五月十八日，北京十八家專門學校召開緊急會議，表達對政府的三大失望：一、政府未表示山東問題不簽字之明決態度，且勤於對內，無對外之決心。二、政府對於國賊極稱許，對於傅蔡諸公則相反，近且有離奇更換之主張，危及教育之基本。三、政府對於留東學生之被捕而不問，北京學生之呼號而不顧，反下令禁止學生集會言論及發行印刷品之自由，如臨大敵。全體學生忍無可忍，決定採取罷課的手段，作最後的要求及運動，望全國一致贊助。

會議向總統提出六項要求：一、巴黎和會不得簽字；二、懲辦國賊；三、挽回蔡、傅，打消田應璜長教育；四、收回警備令；五、交涉留日學生被捕事；六、維持南北和議。十八所學校一致決定：明日全體罷課。罷課期間，學生將從事以下工作：一、組織「北京護魯學生義勇隊」，以備國家不時之需；二、推行各校「平民教育講演團」，促使國人知道以國家為重；三、由各校自組「十人團」力維秩序，以舒國家內顧之憂；四、以暇時潛心經濟，俾勿負國家樹人之意。

五月十九日，星期一，北京下了一場雨。從上午開始，全北京二十六所中等以上學校的課室都空空蕩蕩，總罷課開始了。

這一個標誌性的轉折。以前學生的各種示威活動，都是以學校為單位的，直到這時，才真正第一次有組織地舉行全北京的總同盟罷課。其次，以前的學潮，都是學生聚集在一起，現在則相反，由聚而散，像水銀瀉地一樣，滲透到社會各個角落，在北京街頭演說的學生驟然激增，十九日那天有三四百人，二十日增至六七百人，二十一日多至上千人。警察疲於奔命，就像十個指頭按跳蚤，按得東來西又跳。

大批軍警日夜包圍着北大等學校，限制學生外出。儘管校方抗議，稱學校為國家永久作育人才之地，非政府隨意執行刑法之地，要求撤去包圍學校的軍警，但政府不為所動。北京學生聯合會主辦的《五七》日刊、《救國》、女子救亡會主辦的《女界鐘》，安那其主義者的刊物《進化雜誌》、《工人寶鑑》、《太平》、《民聲》，以及同情學潮的《北京晨報》、《京報》、《正義報》、

91《五四愛國運動檔案資料》，中國社會科學出版社，一九八〇年版。

《益世報》，均先後被查封，禁止出版。顯示出政府內部的強硬派，漸漸佔據了上風。

五月二十日晚上，北京各校教職員聯合會決議，反對更換北大校長，反對田應璜執掌教育。二十一日，罷課潮擴大到中學。第一中學、第二中學等各處中學亦一律罷課。北京簡直成了一個謠言世界。有人說，政府將以武力解散學生團體，強迫學生上課；也有人說，教育部準備提前放暑假；還有人傳言，北京第二中學已經被解散，高等工業學校也要被解散。「今天一個呈子，是某某等幾百幾十幾人歡迎胡仁源作大學校長。明天一個呈子，是某某等幾百幾十幾人請懲辦熊希齡、林長民等。後天又一個傳單，是北京大學本預各科一千三百五十八人『揭破教員之陰謀』。」[92]各種風言霧語，像病毒一樣傳遍京師。

氣氛愈來愈緊張，彷彿有一個巨大的陰影從天邊緩緩升起，向大地壓來，馬上就要合攏了。學生感到不寒而慄，政府也同樣感到不寒而慄。

二十一日，徐世昌撤了鎮壓學生不力的步軍統領李長泰職，換上陸軍第十三師師長王懷慶為京師步軍統領。當天上午，北大教職員在法科大禮堂開會，再次表達誓不承認田應璜長教育的決心，認為這是教育界的羞恥。

二十三日，陳寶泉等校長，以學潮擴大，無法挽回為由，第二度向教育部請辭。二十五日，教育部下令所有學校必須在三天內復課，不復課的就開除。但教職員們卻以全體名義，上呈總統和國務院，稱學校秩序自有職員維持，無須軍警入校干涉，如軍警再有此情，即認為是破壞教育機關。

民間的呼聲日益高漲，皖段軍閥的態度亦日益強硬，徐世昌如同三文治，日子甚不好過，但他的官僚本質，決定了他最終選擇犧牲民意，向軍閥屈服。五月二十五日，他頒佈了一道更為嚴厲的命令：

近日京師及外省各處，輒有集眾遊行、演說、散佈傳單情事。始因青島問題，發為激切言論。繼則群言氾濫，多軼範圍。而不逞之徒，復藉端構煽，淆惑人心。於地方治安，關係至巨。值此時局艱屯，國家為重。政府責任所在，對內則應悉心保衛，以期維持公共安寧；對外尤宜先事預防，不使發生意外紛擾。着責成京外該管文武長官剴切曉諭，嚴密稽察。如再有前項情事，務當悉力制止。其不服制止者，應即依法速辦，以遏亂萌。京師為首善之區，尤應注重。前已令飭該管長官等認真防弭，着即恪遵辦理。倘奉行不力，或有疏虞，職責攸歸，不能曲為寬假也。[93]

天子腳下，官方重兵把守，北京學生的活動空間，愈收愈窄，有如身陷暗黑牢房，只能跳到外線，衝出京畿警備司令部的勢力範圍，尋找社會各界和外地的支持，以求把「學潮」變成一種民眾的社會運動。這也是沒辦法中的辦法。於是，罷課以後，學生便頂着春天的風沙，分批秘密前往上海、天津、南京等城市。羅家倫說：

92 胡適《數目作怪》。《每週評論》第二十八號，一九一九年六月二十九日。
93 《大總統鎮壓反日運動令》。《五四愛國運動檔案資料》，中國社會科學出版社，一九八〇年版。

北京方面，學生運動已到了一籌莫展的地步，於是便遣派代表到上海去組織全國學生聯合會，第一批南下的就是段錫朋、陳劍翁、許德珩、黃日葵、祁大鵬（中國大學）、瞿世英（燕京大學）等。他們到了上海以後，就聯合上海及各省學生代表組織全國學生聯合會，到了五月底，各處的佈置已經有點頭緒了，於是我們在北京接到段錫朋的密電，說是可以相機發難。[94]

六月的怒吼

氣溫一天一天升高。熾熱的夏天來臨了。

北京五月四日發生的事情，是什麼時候傳到上海的呢？蔣夢麟說他是五月五日早上，通過報紙知道的，「當天下午，公共團體如教育會、商會、職業工會等紛紛致電北京政府，要求把那三位大員撤職，同時釋放被捕或被扣的學生。第二天一整天，全上海都焦急地等待着政府的答覆，但是杳無消息。於是全市學生開始罷課，提出與各團體相同的要求，同時開始進行街頭演說。」[95]

但在中國公學讀書的學生李玉階說，北京火燒趙家樓後幾個小時，復旦大學就接到消息了：「五月四日晚上北京學潮的專電到達上海，先是復旦大學教授們，立刻在校園內緊急鳴鐘，召集在校的全體學生，報告北京大學學生遊行示威，及毆打章宗祥，火燒趙家樓（曹汝霖住宅），並與警察衝突，被捕五十餘學生的詳細情形。當即決定連夜推派同學分赴上海各校聯繫報告，並請各校代表出席五日下午在復旦大學舉行的上海學生會籌備會議。」[96]

94 羅家倫《蔡元培時代的北京大學與五四運動》。臺灣，《傳記文學》第五十四卷第五期，一九七八年五月。

95 蔣夢麟《西潮．新潮》。嶽麓書社，二〇〇〇年版。

96 李玉階《上海學生響應五四愛國運動的經過》。共青團中央、全國學聯、中國社會科學院主辦《五四運動紀念館》，http://54.china1840-1949.net.cn。

在上海復旦大學讀書的學生朱仲華，則說復旦大學是五月五日晚上十時半，接到《民國日報》經理邵力子電話，才知道北京的情況的，因夜已深，電車停駛，於是請邵力子翌晨來校報告詳情。[97]另一位復旦學生張廷灝說，教授敲鐘是在五月五日晚上，他記得很清楚：「北京發生這一偉大運動後的第二天夜裏十二點鐘左右（據朱仲華回憶為五月六日晨），學校裏的大鐘忽然敲起亂鐘來了，敲個不停。全校同學在睡夢中驚醒過來，都莫名其妙。」[98]

幾分鐘後，北京的消息在上海傳開了。

五月六日上午，邵力子到了復旦，向學生報告了北京學生示威遊行，和北洋政府的鎮壓經過。最後，邵力子呼籲學生：「我們校裏的同學對國事比較關心，現在北京的同學，已有這種壯烈舉動，我相信本校同學必有所表示以回應北京同學。」會場上群情激憤，當場通過兩項決議：一、聯合上海各學校通電全國營救北京的被捕學生；二、從速組織上海學生聯合會。當晚，上海三十多所學校聯合致電北洋政府：

> 山東問題外交失敗，噩耗傳來，舉國震駭！吾民當戮力同心，為政府後援，力爭至最後之一日而後已。北京各校學生激於公憤，發生示威運動，凡我國民，咸表同情，若政府弁髦民意，濫肆權威，則吾人為保全全國青年神聖計，義不獨生，誓當前仆後繼以昭正義。上海各學校學生全體公電。[99]

五月七日，上海響應國民外交協會的號召，在公共體育場召開國民大會。大會由復旦學生代表何葆仁擔任主席，全場一致支持北京學生的愛國運動，要求嚴懲賣國賊、不得在巴黎和約上簽字、要求日本歸還青島和撤走膠濟鐵路沿線軍隊、廢除「二十一條」。

在上海陪同杜威的胡適，也大汗淋漓地擠在與會的人群之中，他說：「我要聽聽上海一班演說家，故擠到臺前，身上已是汗流遍體。我脫下馬褂，聽完演說，跟着大隊去遊街，從西門一直走到大東門，走得我一身衣服從裏衣濕透到夾袍子。」[100]

胡適曾慨然表示：「在變態的社會國家裏面，政府太卑鄙腐敗了，國民又沒有正式的糾正機關（如代表民意的國會之類），那時候干預政治的運動，一定是從青年的學生界發生的。」[101] 中國的學生界，有着東漢末年太學生、兩宋太學生、明末東林和復社、幾社的傳統。然而，胡適卻沒有料到，對青島問題的抗議活動，不僅迅速擴大為一次全國性的學生運動，而且導致民族主義的迅猛高漲，最終演變成一場社會革命。

商界與學界幾乎同時行動。從五月九日起，上海洋貨業宣佈一律停售日貨。商幫協會、紙業公會、錢業公會、北貨業、糖業、商業公團、南市商鋪、米業商會、煙酒業聯合會、麵粉公

97　朱仲華《五四運動在上海》。《五四運動回憶錄》（續），中國社會科學出版社，一九七九年版。
98　張廷灝《在上海參加五四運動的回憶》。《20世紀上海文史資料文庫》（一），上海書店出版社，一九九九年版。
99　同注97。
100　胡適《我對於喪禮的改革》。《新青年》第六卷第六號，一九一九年十一月一日。
101　胡適、蔣夢麟《我們對於學生的希望》。《晨報副刊》一九二〇年五月四日。

會、押店公會、雜糧公會、報關公會等紛紛召開同業大會，致函同業、報館和政府，呼籲抵制日貨，提倡國貨。

上海學界很快就成立了學生聯合會，作為學運的統一指揮機關。關於上海學生聯合會成立的時間，有多種說法。李玉階說，五月五日下午，五十餘所大學、中學的代表，假座復旦大學，召開籌備會議，決定各學校組織學生分會，推出代表組成上海學生聯合會。五月七日上午十時，上海學生聯合會在公共租界靜安寺路寰球學生會舉行成立大會。但這個時間，正是國民大會召開之時，大部分學生領袖都參加國民大會去了，李氏的回憶顯然有誤。據《青島潮》一書記載，是五月十一日成立。

五月十八日以後，上海學生與市民發起了一個以抵制日貨為宗旨的「搶帽運動」，從路人頭上搶走日產草帽並踏毀。當時日產草帽是相當普遍的一種日用品。其後，抵制日貨的行動，變成抵制日本人，黃包車夫拒絕日人乘車，遊樂場拒絕日人進場。

五月十九日，上海學生會舉行緊急會議，提出三項要求：一、政府收回批准傅增湘辭職的成命；二、就留日學生被日方粗暴鎮壓事，罷免駐日代理公使莊景珂，並對日本進行嚴重交涉；三、不得在巴黎和會上簽字。決定從五月二十二日開始全上海總罷課，非得學生會正式上課的通告，不得私自上課。經過蔣夢麟等教育界人士的斡旋，改為五月二十六日總罷課。

然而，罷課潮已經在全國蔓延開了。

北京的學生到達上海。經過商議後，北京學生會代表方豪、天津學生會代表楊興亞和上海學生會代表何葆仁，風塵僕僕，連袂南下，到南中國最大的城市廣州進行宣傳和組織工作。「到了廣州，」方豪在回憶文章中寫道，「召開了四次群眾大會，吸引了聽眾十餘萬人，所以不出三天，非但全體青年學生一致響應，連廣大的工商界也一致實行罷市、罷工。於是就以京、津、滬、粵四大都市為基幹，向北京的反動統治者，提出罷免曹、章、陸等賣國賊及拒簽巴黎和約的群眾要求。」[102]

五月二十日，九江學生罷課；二十三日，天津學生聯合會宣佈全體罷課，以援助北京學生；同日，濟南罷課；二十四日，唐山、保定罷課；二十六日，太原罷課。這天，上海公私立中等以上男女學校學生二萬餘人，在西門公共體育場集合，舉行宣誓儀式。學生向飄揚的國旗致敬，齊聲莊嚴地朗讀誓詞：「民國八年五月二十六日，上海男女各校學生二萬餘人，謹在中華民國國旗之下宣誓曰：吾人期合全國國民之能力，挽救危亡，死生以之，義不返顧，謹誓。」在一片驚天動地的「中華民國萬歲」、「學生聯合會萬歲」口號聲中，上海學生總罷課開始了。

五月二十八日，蘇州罷課；二十九日，杭州、南京罷課；三十日，福州罷課；三十一日，安慶、開封、寧波、無錫罷課；六月一日，武漢罷課；三日，南通、長沙罷課；五日，漳州罷課；六日，鎮江、武進罷課；九日，徐州罷課……這些都是實行總罷課的城市，還有許多地方是學校各自罷課的。短短半個月內，罷課潮席捲了全國兩百多個城市。

五月三十一日，上海八十二所學校，共十萬學生，在公共體育場開追悼郭欽光烈士大會。北大的代表楊健、許德珩、陳寶鍔，以及天津學生代表張揚先、南京學生代表郎寶鎏、留日學

102 方豪《回憶在北京參加五四運動》。《金華（市）文史資料》第二輯，一九八六年版。

生代表凌炳，均到會演說。氣氛悲壯而激越。六月一日，北京、天津、上海、南京等地學生代表，齊集上海學生聯合會，舉行非正式會議，提出成立全國學生聯合會的議題。

至此，局勢的發展，已到了羅家倫所說的，可以相機發難的時候了。

從五月底開始，北京學生紛紛組織演講團，走上街頭，向市民演講，推銷國貨。每天至少有兩三千人上街。六月一日，政府頒佈兩道命令，一道稱曹汝霖、章宗祥、陸宗輿任職期間，各能盡維持補救之力，國人不明真相，始有誤會。另一道指學生糾眾滋事，縱火傷人，擾及公安，應即日上課，不得藉端曠廢，致荒本業。這兩道命令，實際上是政府準備採取大規模鎮壓的先聲。

由於軍警加緊防範，驅趕和阻止學生演講，街頭的學生活動，一度幾近絕跡。大部分支持學生的報紙都被查禁了，露天演講也停止了，學生只在公園、茶館等地，推銷牙粉、肥皂、手巾、香水、紙煙之類的國貨，為學生會籌款。《每週評論》說：「轟轟烈烈的『五四運動』，幾幾乎『石沉大海』似的。」

然而，徐世昌的命令，把逐漸緩和的形勢，再次推向激化。六月二日，在東安市場推銷國貨的七名學生，突被軍警包圍逮捕。其中一人是北大學生會講演部長張國燾，據他說，這七人是因講演而被捕，並非因推銷國貨。

當晚，學生會召開緊急會議，決定從六月三日起恢復街頭演講，但只說提倡國貨的話，不說抵制日貨的話，以免授人以柄。每次派五十人去演講，如果這五十人被捕，就再派五十人去，如官廳逮捕其中一人，其他人就一起到官廳自首，聽候發落。如果今日遭逮捕，次日則加倍派人，直到所有學生被捕盡為止。

六月三日，農曆五月初六，星期二。

根據魯迅日記記錄，這天北京的天氣，「晴，下午曇，晚大風一陣後小雨」。然而，在陳獨秀的筆下，「民國八年六月三日，就是端午節的後一日，離學生的五四運動剛滿一個月，政府裏因為學生團又上街演說，下令派軍警嚴拿多人。這時候陡打大雷颳大風，黑雲遮天，灰塵滿目，對面不見人，是何等陰慘暗淡！」[103]《晨報》也有類似記載：「北京的天氣，忽然間大變起來，狂風怒號，烏雲密佈，繼之以打雷，閃電，下雨，一時天地如晦。」[104]

就在這神怒人憤，天呈異象之際，官廳緹騎四出，一發現學生演講，馬上逮捕。當天被捕學生人數，有說四十六人（方豪說），有說一百七十八人（北京學生會通電說），也有說多達四百多人（尹明德說）。被捕者之一的方豪說：

在一九一九年的六月三日，就發生了北京第二次大規模逮捕青年學生的血腥事件。一共逮捕了四十六名所謂各大專學校的激烈分子，而以北大的我、工專的夏君秀峰和法專的何君其偉三人為「主犯」，——彼時我擔任北京學聯會的主席，夏、何二君是工專和法專

103 陳獨秀《六月三日的北京》。《每週評論》第二十五號，一九一九年六月八日。
104 《晨報》一九一九年六月五日。

的出席代表。——於一九一九年六月三日下午在北大第一院舉行學聯會議散會時，在沙灘東口一齊被捕，同時被捕的還有其他各校代表四十人。被捕後我和夏、何分別隔離，關在首都衞戍司令部；其餘各校的代表們，則混合分禁在三個大統間。我就這樣被關了七個月零八天，至一九二〇年二月初旬才被釋放。105

後來的史家，恒將五月四日的逮捕行動，與六月三日的大逮捕，相提並論，視同一律，其實兩者大有分別。五月四日在趙家樓是因縱火傷人的刑事罪而捕人，六月三日（包括四日）是以街頭演說、抗議示威、罷課等罪名，也就是言論罪、思想罪、表達罪、行使憲法權利罪，抓捕學生。兩者性質完全不同。

白色恐怖終於來了。

然而，民不畏死，奈何以死懼之。到了六月四日，迎着軍警的刺刀，走上北京街頭演說的學生愈來愈多，他們抱定「田橫五百人同死」的決心，攜囊負橐，做好了入獄的準備。古老的帝國上空，到處回蕩着「犧牲自由和身體來救國的時間到了」的悲壯聲音。

［《每週評論》記述］四日上午十點鐘時候，各學生懷裏藏着白旗，上寫某校某隊講演團字樣，或五六人或十幾人不等，靜悄悄的出去，走到行人多的地方，就從懷中摸出白旗子，大聲疾呼的演說。這個時候街心的警察比平常增加好幾倍，又有穿灰衣的馬隊，背着槍，騎着馬，四處亂跑。遇到有人講演，不問他人多人少，放馬過去左衝右突也不知道踏

傷了幾多人。把聽的人衝散之後，便讓遊緝隊、保安隊把演說的學生兩人夾一人，送到北河沿法科大學裏邊監禁起來。106

被捕學生沿途大呼「抵制日貨」、「懲辦國賊」的口號，也有的學生號召「大家起來革命！」路邊的學生與市民流着眼淚，衝他們喊：「你們先去呀！」「我們就來呀！」氣氛凝重而淒婉。「真個把北京城圈裏鬧了成一個鬼哭神號的世界」（匡日休語）。

大學校舍竟然成了臨時監獄，大門貼上「第一學生拘留所」的字條。當晚，被捕學生多達一千一百五十人。法科校舍人滿為患，又把馬神廟的理科校舍改作第二拘留所。北京學生會向全國通電：「北京大學法科已被軍警佔據，作為臨時拘留所，拘囚被捕學生於內。校外駐紮兵棚二十，斷絕交通。軍警長官，對於學生，任意侮辱。手持國旗，軍警奪而毀之。講演校旗亦被撕擲。其堅持國旗與校旗者，多遭槍毆。受重傷者二人。」107

被捕學生在拘留所範圍內，行動還算自由，甚至可以踢足球。他們馬上在拘留所內組織起一個「被捕學生聯合會」，和外面的學生會一樣有評議部、幹事部，有庶務股、交際股之類的機構。

105 方豪《回憶在北京參加五四運動》。《金華（市）文史資料》第二輯，一九八六年版。
106 《每週評論》第二十五號，一九一九年六月八日。
107 詧盦《學界風潮紀》。《五四愛國運動》（上），中國社會科學出版社，一九七九年版。

前往拘留所慰問學生的各界人士，絡繹不絕。北京的基督徒邀請學生到他們的佈道壇去演講。梁啟超的弟弟梁啟雄受廣東同鄉之託，送了一千元給學生，但學生拒絕接受，並在報紙上刊登廣告，表示不接受一切金錢捐助。

六月四日下午，北京十五所女校的學生也衝出校園，到總統府請願。她們頂着狂風，排着整齊的隊列，據在場的女學生呂雲章記述，「女師師範部學生一律是淡灰裙、淡灰上衣，專修科學生則是藍布褂、黑裙子，後頭一律都梳一個髻；附中的學生也是淡灰裙、淡灰制服，頭上則是左右一邊梳一個小髻。隊伍從下午一時後陸續出發，到總統府前變換隊形排列站立，等代表們向軍警交涉……好幾個鐘頭之久，沒有一個人坐下休息。」

錢中慧、吳學恒、陶斌、趙翠蘭四名代表進入總統府後，沒見到徐世昌，只能向總統的秘書遞交了請願書，請他轉達。女學生提出四點要求：一、大學不能作為監獄，請從速釋放被捕學生。二、不應以對待土匪的辦法對待高尚的學生。三、以後不得命軍警干涉愛國學生的演說。四、對學生只能告誡，不能拘禁虐待。[108]女學生的行動，在中國這個極端保守的孔儒之邦，是破天荒的壯舉。

自傅增湘辭職躲到西山之後，袁希濤勉強支撐，亦已山窮水盡，無計可施，唯有效法蔡、傅，三度請辭，跳出這個煩惱場。四日，錢能訓召開內閣會議，安福國會議長王揖唐也參加了，他提議由傅岳棻接替袁氏。傅岳棻是湖北省武昌人，曾任山西大學堂監督，民國後任北洋政府國務院銓敘局僉事、參事，與安福系關係密切。錢能訓病急亂投醫，無論誰自稱有辦法解決學潮，他都一概照准了。嗣經閣議通過，任傅岳棻為教育次長，攝行部務。

傅氏提出兩項解決學潮辦法：一、請軍警當局撤去對付學生的軍警。二、由部與學校會同勸告學生回校，恢復原狀。錢氏忙不迭一口答應。傅氏再就商於各校長和教職員，大家也都贊成。於是，由教育部派兩名官員，會同各校長到北大法科斡旋。

這時胡適陪同杜威，已到了北京，他震驚地感到，北京大學——甚至整個北京——與他離開時，已是天上人間。「北河沿一帶，有陸軍第九師步兵一營和第十五團駐紮圍守。從東華門直到北大第三院，全是兵士帳棚。」[109]這簡直是對神聖的教育事業的褻瀆，打算二十年不談政治的胡適，也忍不住拍案而起。

劉半農執筆起草了《致本校全體教職員諸君函》，在校內徵集簽名，聲援學生。六月九日，胡適與陳大齊、沈士遠、劉半農等北大老師和羅家倫、狄君武等學生，一起到警察廳交涉釋放被捕學生。胡適又去探望被捕學生，他對外界表示，他們的待遇十分悲慘，缺少被褥和食物，受傷和生病的也得不到醫治，呼籲教員給學生送些麵包。周策縱後來說：「胡適對學生在學校拘留所的悲慘遭遇大概有點誇張。」但當時為了激起社會輿論對學生的關注，這種誇張是可以理解的。各校教員以私人名義，買了三千個饅頭送給學生。

與此同時，上海方面的緊張空氣，一天比一天加劇。自從罷課以後，學生不斷與商界聯

108 呂雲章《五四運動中的北京女學生》。共青團中央、全國學聯、中國社會科學院主辦《五四運動紀念館》，http://54.china1840-1949.net.cn。

109 胡適《五四的第二十八週年》。《胡適時論》（一），六藝書局，一九四八年版。

絡，尋求支持。到六月四日，北京鎮壓學生的消息傳來，上海市民的情緒，一發不可收拾，有如炸藥遇上了洋火，開始爆炸燃燒。學生湧上街頭演說，散發傳單，號召工商界支持學生的愛國行動。

上海是中國第一大商埠，商人給人的印象，一向是不問政治，唯利是圖。然而，六月五日，震驚全國的上海大罷市，卻在學生的鼓動下，突如其來地爆發了。最令人驚訝的是，這次罷市並非商會的統一行動，而是先由南市的中小商戶發起，所有店鋪一律關門，停止營業；鄰近法租界的商鋪也跟隨關門了，緊接着，法租界、公共租界的商鋪也起而效之。罷市潮就像倒了多米諾骨牌似的，從南市迅速向閘北蔓延。到中午時分，全市已經沒有一家商店開門做生意了。

罷市以後，人們忙着在店鋪外張貼「還我自治，還我學生」、「愛國自由，不受干涉」、「壓力無用」等標語；各團體紛紛致函、致電北京，要求罷免曹、陸、章三大員，釋放被捕學生。蔣夢麟描述：「成千上萬的人在街頭聚談觀望，交通幾乎阻塞。租界巡捕束手無策。男女童子軍代替巡捕在街頭維持秩序，指揮交通。由剪了短髮的女童子軍來維持人潮洶湧的大街的秩序。」對罷市並不十分熱心的上海總商會，發出緊急通告，告誡商戶：「此次商界罷市雖激於義憤，而一切舉動務求文明，勿釀意外。」

當天下午，上海學生會邀集社會各界名流，在總商會舉行會議，與會者包括上海工商界大亨虞洽卿、江蘇省教育會副會長黃炎培、蔣夢麟、張東蓀、葉楚傖等人，學生代表有段錫朋、許德珩、朱承詢。由何葆仁主持。會議以「上海商學工報聯合會」名義，發表對內宣言，表明其立場為：一、國賊不誅，誓不開市。二、純粹為對內的行為，對外概守相當的敬禮與友誼。三、尊重市場秩序，擁護法律之自由。四、輟業不效，則更求多數之應援，待公道之裁判。會議決定成立一個包括工、商、報、學界的全國性聯合機構，定名為「全國各界聯合會」。

罷市的多米諾骨牌，瞬間擴散至寧波、杭州、蘇州、松江、南京、揚州、鎮江、九江、武漢、天津、濟南等地。繼罷課、罷市之後，上海工人也發起了罷工運動。內外棉第三、四、五廠、日華紗廠、上海紗廠、商務印書館印刷工人、祥生船廠、船塢銅匠鐵匠、江南船塢、銅鐵機器工人、浦東和平鐵廠、銳利機器廠、札新機器廠、滬寧滬杭兩路機師工人、浦江各輪船水手、滬南商輪公司、南市電車、英美電車公司、華洋德律風公司接線生、中國電報局等，紛紛加入罷工行列。僅上海一隅，至少有四十三家工廠、公司和公用事業機構，捲入了罷工潮中。

六月五日，上海宣佈戒嚴。警察毆打演講學生，並拘捕百餘人。上海公共租界工部局禁止散發抵制日貨傳單。

> ［蔣夢麟說］幾天之內，罷課成為全國性的風潮。上海附近各城市的商店和商業機構全都關了門。上海是長江流域下游的商業中心。這個大都市的心臟停止跳動以後，附近各城市也就隨着癱瘓，停止活動，倒不一定對學生表同情。[110]

110 蔣夢麟《西潮．新潮》。嶽麓書社，二〇〇〇年版。

當時，由於受到廣州軍政府內桂系的排擠，孫文憤然辭去大元帥職務，離粵赴滬，居於上海法租界，潛心著述。五月四日以後，北京的消息陸續傳來，有黨人寫信詢問他的態度，他也無暇覆信，由旁人代覆：「中山先生同屬國民一分子，對諸君愛國熱忱，極表同情，當盡能力之所及以為諸君後盾……尚望諸君乘此時機，堅持不懈，再接再厲，喚醒國魂。」[111]

孫文在私下談話，對五四運動大加褒揚，但在報刊上，卻一直沒有公開發表支持言論。一位老同盟會員忍不住寫信給他，質問何以對青島問題，一言不發。「顧此次外交失敗，凡有血氣者，莫不奮起，乃我公噤不一語，以開國之偉人，效劉勝之寒蟬，真令人百思不解其故。蜚語傳來，謂我公與徐（世昌）、段（祺瑞）一鼻孔出氣，然耶？否耶？」孫文簡單地回答：「近日閉戶著書，不問外事。」[112]

五月二十日，孫文所撰《孫文學說》一書，在上海出版。本書的中心思想，就是「知難行易說」。對於革命的學說，「行之非艱，知之惟艱」。但就在孫文伏案著書之際，全國學生不僅已經「知」，而且已經「行」起來了；不僅學生行起來，連工人也行起來了。

當戴季陶告訴孫文：「就這次的現象看來，工人直接參加政治社會運動的事，已經開了幕」，孫文斷然回答：「中國現在不但工人沒有知識，連號稱知識階級裏面的人，也是一樣沒有知識。」言下之意，他們的「行」，並不是出於「知」，所以是危險的。他說：「我們要曉得，群眾的知識是很低的，要教訓群眾，指導群眾，或者是教訓指導知識很低的人，最要緊要替他們打算，不好一味拿自己做標本。這樣的去做工夫，方才有趣味，方才得到研究的益處，方才能夠感化多數的人。」[113]

羅家倫、張國燾、康白情、許德珩等學生領袖，曾拜訪孫文，希望得到他的鼓勵與支持。孫文則開始「教訓、指導」這些學生，和平抗議並不算「知」，只有武力革命才是真正的「行」。他說：「你們反抗北京政府的行動是很好的；你們的革命精神也是可佩服的。但你們無非寫文章、開大會、遊行請願、奔走呼號。你們最大的成績也不過是集合幾萬人示威遊行，罷課、罷工、罷市幾天而已。如果我現在給你們五百支槍，你們能找到五百個真正不怕死的學生托將起來，去打北京的那些敗類，才算是真正革命。」

滿腔熱情的學生，並不認同他的說法。許德珩回答：「孫先生也掌握過幾萬人的部隊，何以革命還是失敗了呢？新文化運動反對舊思想、舊勢力，在那裏艱苦奮鬥，學生們赤手空拳不顧生死的與北京政府抗爭，只因為沒有拿起槍來，就不算革命嗎？」學生「以『初生牛犢不怕虎』的精神和他（孫文）劇烈辯論三個鐘頭，而他始終娓娓不倦，越辯越起勁，硬是要說服我們！」[114]

各地聲援北京學生的浪潮，受到上海事態的刺激，迅速蔓延高漲。北京學生「一剎那間，個個悲歡交集、哀痛淋漓，而聲勢遂大振」（羅家倫語），態度愈加強硬，不肯向政府讓步。六月五日，有五千多學生向警方自動要求入獄。

111 孫文《覆陳明漢函》。《孫中山全集》（五），中華書局，一九八五年版。
112 孫文《批馬逢伯函》。《孫中山全集》（五），中華書局，一九八五年版。
113 孫文《與戴季陶談話》。《孫中山全集》（五），中華書局，一九八五年版。
114 羅家倫《五四的真精神》。《羅家倫先生文存》（一），臺灣，中國國民黨中央委員會黨史委員會，一九八九年版。

經過各方斡旋，大學外面的軍警，終於全部撤走。但被拘學生宣稱，政府無故逮捕，又無故撤退軍警，形同兒戲，為尊重法律和學生的人格起見，不得圓滿的結果，決不出拘留所。學生的心理，如羅家倫所說：「因為他們一出來要減少了天津及上海方面的緊張空氣。」

教育部派員苦勸學生出獄，學生不聽。徐世昌又派一名官員，偕教育部專門、普通兩司長，到拘留所向學生低聲下氣道歉，學生還是不理。「到了第二天，步兵統領衙門和警察所卻派人來道歉，他們才肯出來，還有拘禁在警察所和步兵衙門裏面的，他們請他們出來，而卻不肯，以後預備了汽車和爆竹送他們出獄，還是不肯。最後一個總務處長連連向他們作揖說：『各位先生已經成名了，趕快上車吧！』」[115]學生這才離開拘留所，在同學的夾道歡迎之下，踏着一片歡呼聲和軍樂聲，昂昂然返回各自的校園。

蔣夢麟為之感歎不已：「各地學生既然得到全國人士的同情與支持，不免因這次勝利而驕矜自喜。各學府與政府也從此無有寧日。北京學生獲得這次勝利以後，繼續煽動群眾，攻擊政府的腐敗以及他們認為束縛青年思想的舊傳統。」[116]

115 羅家倫《蔡元培時代的北京大學與五四運動》。臺灣，《傳記文學》第五十四卷第五期，一九七八年五月。
116 蔣夢麟《西潮．新潮》。嶽麓書社，二〇〇〇年版。

第五章

諸神的分手

出了研究室就進監獄

學潮爆發一個月以來，衝在最前線的，都是青年學生，而他們的師長輩，直接參與的不多，所扮演的角色，多半是學生與政府之間的斡旋者。蔡元培在九月復職時，對學生有一個講話，他說：「諸君經了許多艱難危險的境遇，我臥病在鄉，不能稍效斡旋維持之勞，實在抱歉得很。」[1]他並不贊成學生從事政治運動，但學生既然已經從事了，他也不會制止，蓋各人皆有自己選擇的自由，但他認為作為師長的職責，充其量，也就止於「效斡旋維持之勞」而已。

陳獨秀認為蔡元培的態度是消極的。他與李大釗對學生從事政治運動，不僅予以極大的同情，而且積極鼓勵。據高一涵說，李大釗參加了學生遊行，還生動地描述，當隊伍走到國務院門前，鐵門緊閉，門內架着機關槍，李大釗「憤怒異常，一個人跑出隊伍衝將上去」。[2]但有人質疑，既然鐵門緊閉着，怎麼看得見裏面架着機關槍？

一位「五四」親歷者說，李大釗當時「受了客觀條件的限制，無法像後來的『三一八』運動，親身參加在請願隊伍裏」[3]。一九五九年出版的《李大釗選集》附錄的《李大釗同志生平事略》，及李大釗哲嗣李葆華的回憶文章《懷念父親李大釗》，都沒提到他參加學生的遊行。不過，他對學潮的關心與支持，則是可以肯定的，學生天天往北大圖書館跑，那兒是學生討論問題的重要場所。

作為新文化主旗手的陳獨秀，雖然已請辭文科學長，但評議會還沒正式批准，他還是教授，北大讓他放一年長假避風頭。五月四日那天，據朱洪所著《陳獨秀與中國名人》一書說，「陳獨秀在家中寫文章，沒有上街遊行」[4]。他也沒有參加學生討論行動的會議。但他以筆為武器，一系列短小精悍的時評，「每發一論，辟易千人」（梁漱溟語），對學生無疑起着一種鼓舞和煽動的作用。

至於其他新青年同人，陶孟和三月受全國高等以上專門各學校和全國教育會聯合會公推，赴歐美考察教育去了，五月時不在國內。

魯迅為了搬家一事，到處去看房子，折騰了好幾個月，忙得暈頭轉向。五月四日那天，劉半農上午坐守北大，下午學生大遊行時，他在魯迅家裏做客（見魯迅日記）。

另一位《新青年》同人沈尹默，正在什剎海會賢堂面湖的樓上吃茶，回家路上，看見滿街都是水流，聽街上人說是消防隊在救趙家樓曹宅的火，才知道北大學生燒了趙家樓（見沈氏《五四對我的影響》一文）。

那麼，教員中有誰參加了遊行？據就讀於北京高師的學生周谷城說，五月四日大遊行之

1 蔡元培《回任北大校長在全體學生歡迎會上的演說詞》。《北京大學日刊》第四百四十三號，一九一九年九月二十二日。
2 高一涵《回憶五四時期的李大釗同志》。《五四運動回憶錄》，中國社會科學出版社，一九七九年版。
3 金毓黻《李大釗與五四運動》。《觀察》第六卷第十三期，一九五〇年。
4 朱洪《陳獨秀與中國名人》。中央編譯出版社，一九九七年版。

日，「當時的教師，沒有參加遊行，但表示同情，始終陪着學生走的也有，如錢玄同先生，即其中之一」。[5]胡適參加了五月七日上海的大遊行。北大的第一位體育教員白雄遠也參加了遊行，遊行前蔡元培還特地吩咐白雄遠，遇到非常情況時，要注意學生安全，設法照顧學生返校。和學生一起走上街頭的老師，雖然不止於此，但在北大二百零二名教授和教員中，畢竟屈指可數。

蔡元培辭職南下以後，六月十五日發表了一篇宣言，措詞激烈地提出：一、北京大學校長是簡任職，是半官僚性質的，所以他絕對不能再做那政府任命的校長；二、思想自由，是世界大學的通例，但北京大學卻被強權干涉，所以他絕對不能再做不自由的大學校長；三、北京是個臭蟲窠，無論何等高尚的事業，一到北京，便都染了點臭蟲的氣味，所以他絕對不能再到北京的學校任校長。[6]

北大學生馮友蘭曾論及當時師生兩代人對學潮的不同態度：

> 在學潮中，學校負行政責任的人和學生之間出現了尖銳的矛盾。這些負行政責任的人是當時的政府任命的，他不可能公開地同學生站在一起。但是他們和學生們又是師生的關係，站在這個關係上，他們對於學生又有愛護的責任。況且學生的主張，也往往是他們所贊成的。在這種情況下，他們只可以採取中立的態度，雖不公開地同學生站在一起反對當時的政府當局，也不同政府當局站在一起暗中迫害學生，蔡元培當北大校長時採取的就是這樣的態度。[7]

他屢用「他們」一詞，顯然所謂「行政負責人」，並非單指蔡元培，而是泛指北大的師長輩。揆諸事實，對遊行、罷課這種形式的「態度中立」，基本屬實，但與學生「尖銳矛盾」，則還不至於。

胡適作為師長輩，他也有一番批評，可與作為學生的馮友蘭的見解，互相參照印證。胡適說：「（因為）中年的智識階級不肯出頭，所以少年的學生來替他們出頭了；中年的智識階級不敢開口，所以少年的學生替他們開口了。現在大家往往責備各省的學生干政，釀成學潮；殊不知少年學生所以干政，正因為中年的智識階級縮頭袖手不肯干政……故五四與六三之大犧牲，正是全國中年智識階級的羞恥。」[8]

中年智識階級，當然包括在大學裏任教的老師。他們不敢出頭，原因很多，有些人是從理念上不贊成學生的過激行動，有些人是出於利害關係考慮，擔心影響自己的生計，擔心影響學校的生存。當時政府中的強硬派，對北大恨之入骨，解散北大的謠言，不絕於耳。胡適一回到北京，就被這些傳言搞得耳熱眼跳，坐立不安。

胡適支持學生的訴求，但不贊成用罷課這種形式，罷課是最不經濟的下下之策，於敵人無

5 周谷城《五四運動與青年學生》。《解放日報》一九五九年五月四日。
6 蔡元培《不肯再任北大校長宣言》。《蔡元培全集》（三），中華書局，一九八四年版。
7 馮友蘭《三松堂自序》。《三松堂全集》（一），河南人民出版社，二〇〇〇年版。
8 胡適《蔡元培以辭職為抗議》。《努力週報》第三十八期，一九二三年一月二十一日。

損，於自己卻有大損失。遊行、罷課、喊口號，都是治標不治本的，對青年來說，讀書才是第一重要的，唯有讀好書，將來才能從根本上救國。

當傅斯年、羅家倫來看望胡適時，胡適提出，如果北京真的不容北大，就把北大遷往上海。傅、羅二人也覺得與其解散，不如遷往上海。他們隨即在學校徵求師生簽名支持。胡適當然明白，要搬遷一所大學，談何容易，此舉與其說真的要搬遷，不如說是對政府的一種警告表示。

但胡適等人的苦心，並未得到師生的諒解。馬敘倫說這是逃跑，他對北大三隻小兔子之一的劉文典（劉文典、劉半農與胡適同屬辛卯年生的兔子）說：「我們不是要奮鬥？奮鬥要在黑暗裏的。」陳獨秀把傅、羅二人叫去，訓斥了一通，說這樣沒頭沒腦地遷到上海，不是和蔡校長一樣消極嗎？傅、羅二人面面相覷，只好把簽名簿子收了起來。

一直鼓吹要「直接解決」的陳獨秀，這時決定要身體力行，採取直接行動了。

六月八日，陳獨秀發表了一篇隨感：「世界文明發源地有二：一是科學研究室，一是監獄。我們青年要立志出了研究室就入監獄，出了監獄就入研究室，這才是人生最高尚優美的生活。從這兩處發生的文明，才是真文明，才是有生命有價值的文明。」[9]表明他已做好走出研究室進監獄的準備了。六月九日，他和李大釗共同起草了一份《北京市民宣言》，由胡適翻譯成英文，印刷成中英文的傳單，準備親自上街散發。傳單略謂：

> 中國民族乃酷愛和平之民族。今雖備受內外不可忍受之壓迫，仍本斯旨，對於政府提

出最後最低之要求如下：

一、對日外交，不拋棄山東省及經濟上之權利，並取消民國四年、七年兩次密約；

二、免除徐樹錚、曹汝霖、陸宗輿、章宗祥、段芝貴、王懷慶六人官職，並驅逐出京；

三、取消步軍統領及警備司令部兩機關；

四、北京保安隊改由市民組織；

五、市民需有絕對集會、言論自由權。

我市民仍希望和平方法達此目的，倘政府不願和平，不完全聽從市民之希望，我等學生、商人、勞工、軍人等，惟直接行動，以圖根本之改造。特此宣言，敬求內外士女諒解斯旨。[10]

在《每週評論》第二十號上，陳獨秀宣稱：世界與中國的問題，「非得全世界的人民都站起來直接解決不可」，現在又說「直接行動」。上街遊行示威，散發傳單，表達意見，是直接行動的一種；但如果現實連這個也不允許，也要橫加鎮壓，那麼「暴力革命」就是下一步的直接行動了。

這是新文化運動的必然結果。一直為自身缺乏傳統文化支撐、處於浮游漂離狀態而苦惱的

9　陳獨秀《研究室與監獄》。《每週評論》第二十五號，一九一九年六月八日。

10　京師警察廳檔案《陳獨秀被捕卷》。

新文化運動，最終的去向只能是：要麼回歸學術，要麼從事政治。五四運動令陳獨秀、李大釗他們眼前豁然一亮，找到了傳統價值的立足點——民族主義和愛國主義。這是團結和動員民眾的最有效武器，也是他們轉向社會革命的最充分的理由。

陳獨秀上街撒傳單，被軍警拘捕，這是頗具象徵意義的，他已經為自己在過去幾年的努力，作了一個總結，也為新文化運動作了一個總結。長逾半個世紀的社會革命運動，從這時起拉開了帷幕。

六月十日，由於北洋政府終於准交通總長曹汝霖、駐日公使章宗祥、幣制局總裁陸宗輿免職，整個社會氣氛為之一鬆，各地的罷市陸續結束了；北京各校原定從十日起，中等以上學校全體學生同往總統府前痛哭，也因曹、章、陸的罷免而取消了。然而，就在這天，陳獨秀卻懷揣着《北京市民宣言》，在中央公園（即今北京中山公園）等地散發。

陳獨秀為何選擇這樣一個時間實行他的「直接行動」？這時距離五四運動的開始，已一個多月了，學潮已漸趨平靜，學生的要求快達到勝利了，他卻在這時才走上街頭，究竟是出於什麼考慮？為何他不跟隨學生一起上街，不爭取做學生抗議活動的領導者，卻採取單獨行動這樣一種抗議形式？

雖然巴黎和會還沒閉幕，但在陳獨秀提出的五條要求中，有四條是對內的，只有一條是關於山東問題的，他的目的，顯然不是針對外交問題，而是顯示出他希望把五四運動轉化為對內的革命運動。他在一個月內不行動，這時才走出研究室，其心路歷程，很值得後人探討與深思。

六月十一日，徐世昌向國會提出辭職；錢能訓也堅辭總理一職，徐世昌讓財政總長龔心湛代理內閣總理。次日，內閣總辭，徐世昌通電辭職（經段祺瑞及各省督軍挽留，國會拒絕接受他的辭職，六月二十二日宣佈取消辭意）。上海商工學界以已獲勝利，開市、回工、復課，舉行遊行慶祝勝利。

然而，就在十一日這天，陳獨秀又到香廠新世界散發傳單。據高一涵說，在場有五個人：陳獨秀、高一涵、王星拱（北大理科教授）、程演生（北大預科教授）、鄧初（內務部僉事），他沒有提及胡適也在場。他們在香廠新世界附近一個四川菜館子浣花春晚餐後，陳獨秀、高一涵、鄧初三人上新世界去散發傳單，王星拱、程演生往城南遊藝園去散發傳單。高一涵的描寫，繪影繪聲，極富戲劇性。

[高一涵寫道]我同陳獨秀、鄧初三人到新世界，見戲場、書場、臺球場內，皆有電燈照耀，如同白日，不好散發傳單。陳獨秀同我兩人只得上新世界的屋頂花園，那裏沒有遊人，也無電燈。這時剛看到下一層露臺上正在放映露天電影，我們就趁此機會，把傳單從上面撒下去。哪知道，我們正在向下撒傳單時，屋頂花園的陰暗角落裏走出一個人來，向陳獨秀要傳單看，陳獨秀實在天真、幼稚，就從衣袋裏摸出一張傳單給那個人，那個人一看，馬上就說：「就是這個。」即刻叫埋伏在屋頂花園暗地裏的一伙暗探，把陳獨秀抓住。我乘着這個機會，急走到頂層花園的天橋上，探子大叫：「那裏還有一個！」我就在此一剎那間，把手中拿的傳單抛了，趕快走下去，雜在戲園的觀眾中，並脫去長衫，丟掉草帽，躲藏起來。轉眼看到鄧初一人，還在對過臺球場內，把傳單一張一張地放在茶桌子上。我

小聲告訴他，說：「獨秀已被捕。」他還說：「不要開玩笑罷！」正說間，遙見陳獨秀已被探子們捉下樓來。陳獨秀怕我們不知道他被捕，故意大呼大跳起來，說：「暗無天日，竟敢無故捕人！」[11]

但胡適當時也在場，他提供了另一種比較沒有戲劇性的說法：「此事發生在北京城南一個叫做『新世界』娛樂場所。那時陳獨秀、高一涵和我三位安徽同鄉正在該處吃茶聊天。陳氏從他的衣袋中取出一些傳單來向其他桌子上發散……未幾一涵和我便先回了（那時高君和我住在一起）。獨秀一人留下，他仍在繼續散發他的傳單。不久警察便來了，把獨秀拘捕起來送入警察總署的監牢。」[12]

在另一篇文章中，胡適對那天晚上發生的事情，有更詳細的講述：「民國八年五四以後，有一天陳先生在新世界（香廠）散發傳單……那時候，高一涵先生和我都在內，大家印好傳單，內容一共有六條……到了十一點鐘回家，我和高先生在洋車上一邊談，看見沒有關門的鋪子，我們又要給他們一張，我還記得那時是六月，天氣正熱，我們夜深還在談話。忽然，報館來電話，說東京大罷工，我們高興極了；但一會又有電話，說自你們走後，陳先生在香廠被捕了。」[13]根據胡適的回憶，他不僅參與了製作、印刷傳單，而且參與了散發。

陳獨秀被逮進號裏的消息，轟動了北大，校園裏沸反盈天，李大釗匆匆找到北大的文科預科學生羅章龍，商議營救辦法。「大家想出來的辦法，首先是將陳獨秀被捕消息告訴全國人民，造成強大的社會輿論，使北洋政府有所顧忌，不敢胡作非為」。[14]

六月十三日，北京《晨報》、《北京日報》刊出了陳獨秀被捕的簡短消息。由藍公武任主筆的《國民公報》發表文章說：「近日外界發佈之市民宣言傳單，政府疑為陳氏所發；再則曰：政府認為此次學生風潮發難於北京大學，皆陳君鼓吹新思想所致，故有拘捕之舉。」言下之意：一是傳單不一定是陳獨秀所撰；二是捕陳乃針對北京大學。又把警方的拘捕行動描寫成有軍警數百人，荷槍實彈包圍陳宅。用這種誇張的筆法，激起民憤，引起各方關注。上海的《民國日報》全文刊出《北京市民宣言》，並發表《北京軍警逮捕陳獨秀黑暗勢力之猖獗》時評。

六月十四日，周作人、李辛白、王星拱等人，以北大代表名義，到警察廳看望陳獨秀，卻不得見面，怏怏而返。京師警察廳發表公告，交代逮捕陳獨秀經過，指出「本廳派人訪查緝獲，乃出於維持市面之一種正當手續，且派赴陳宅檢察人數不過八九人，提署人員僅十餘人」，絕非《國民公報》所說有數百名全副武裝的軍警，同時表明警方事先並不知道被捕者是陳獨秀，此舉亦非有意針對大學：

> 查十一日晚，有人在新世界散佈市民宣言傳單，係被偵緝隊便衣偵探及步軍統領衙門密探當場拿獲，交由警察廳，彼時在場各界人士，共見共聞，並不知其為何如人，亦不知

11 高一涵《李大釗同志護送陳獨秀出險》。《文史資料選輯》第六十一輯，一九六三年。

12 《胡適口述自傳》。華東師範大學出版社，一九九三年版。

13 胡適《陳獨秀與文學革命》。《五四運動回憶錄》，中國社會科學出版社，一九七九年版。

14 羅章龍《紅樓感舊錄》。《團結報》一九八三年六月二十五日。

> 其係何名姓，迨再三詰問，始說出姓陳，在北河沿箭廠胡同居住，當即速派廳員帶同巡官長警數名前往該宅。會同步軍統領衙門官員，慎重檢察，對陳之眷屬僕役人等，極其文明和平，陳之妻業已具結，並未受何等驚擾，此當日實在經過情形。[15]

然而，陳獨秀被捕，依然在整個知識界造成大地震，引起了嚴重恐慌，人們擔心這是政府秋後算賬，不敢拿學生開刀，就拿教員做替罪羊，因此人人自危。

繼《晨報》、《北京日報》和上海的《民國日報》之後，《時報》也發表時評；《申報》以《北京之文字獄》為大標題，尖銳指出：陳獨秀之被捕，標誌着文字獄的開始，北京「利用黑暗勢力，以摧毀學術思想之自由」；上海《神州日報》、《時事新報》等各大報紙，紛紛發表消息和評論。

羅家倫寫信給上海安徽協會及全國學聯，呼籲向政府施壓；李大釗和高一涵分別給章士釗拍電報，請他出面和龔心湛斡旋。六月十五日，北京中上學生聯合會致函警察總監，要求保釋陳獨秀，並提請政府注意兩點：

> 一、陳先生夙負學界重望，其言論思想皆見稱於國內外，倘此次以嫌疑遽加之罪，恐激動全國學界再起波瀾。當此學潮緊急之時，殊非息事寧人之計。二、陳先生向以提倡新文學現代思潮見忌於一般守舊學者，此次忽被逮捕，誠恐國內外人士疑軍警當局有意羅（織），以為摧殘近代思潮之地步。現今各種問題已極複雜，豈可再生枝節，以滋糾紛。

六月十六日，聚集在上海的北京、天津、南京、杭州等地學生，決議成立全國學生聯合會。這天，在大東旅社召開成立大會。北京代表段錫朋、許德珩、黃日葵、陸宗鍔等，上海代表何葆仁等三十餘人，及蔣夢麟等二百多名嘉賓到會。全國學生聯合會成立後，立即致電北洋政府，強烈呼籲釋放陳獨秀。

北京大學教授劉師培當時患病臥床，聞訊扶病而起，六月十六日，與民國大學校長應善以一起，聯絡北大教授馬敍倫、馬裕藻、程演生、王星拱、馬寅初，及中國大學、高等師範學校等著名教授、學者七十餘人，聯名請保陳獨秀。函稱「陳先生夙負學界眾望，言論思想皆見稱於國內外，此次被捕，恐激起全國學界再起波瀾，當此學潮緊急之際，殊非息事寧人之計」。古文家馬其昶（通伯）、姚永概（叔節）等，亦以陳獨秀「所著言論或不無迂直之處。然其學問人品亦尚為士林所推許」，懇請當局准予保釋。

劉師培、馬其昶、姚永概等人，都是著名的舊派學者，桐城派傳人，曾被新青年諸子斥為「妖孽」、「謬種」，但在這維護人權，捍衛自由的重要關頭，他們卻挺身而出，領頭為營救陳獨秀而奔走努力。六月二十二日，章士釗致電龔心湛，義正詞嚴，譴責政府「忽興文網，重激眾怒」：

> 惟念陳君平日，專以講學為務。雖其提倡新思潮，著書立論，或不無過甚之詞，然範圍實僅及於文字方面，決不含有政治臭味，則固皎然可徵。方今國家多事，且值學潮甫息之

15 上海《民國日報》一九一九年六月十七日。

後，詎可蹈腹誹之殊，師監謗之策，而愈激動人之心理耶。竊為諸公所不取。故就歷史論，執政因文字小故而專與文人為難，致興文字之獄。幸而勝之，是為不武。不勝人心瓦解，政紐摧崩，雖有善者，莫之能挽。試觀古今中外，每當文網最甚之秋，正其國運衰歇之候。

六月二十五日，安徽同鄉會、在京皖籍官紳、安徽省長呂調元，相繼致電京師警察廳，以「學潮初定，似不宜又興文字之獄」，請儘快釋陳。上海工業協會、江蘇教育會、學商界及和平聯合會各省公會、國民大會上海幹事會、中國工業協會，都先後致電政府，眾口一詞，警告政府勿興文字獄。[16]

當時寓居上海的孫文，在接見徐世昌、段祺瑞的代表許世英時，以諷刺的語氣說：你們抓了陳獨秀，「做了好事，很足以使國人相信，我反對你們是不錯的。你們也不敢把他殺死，死了一個，就會增加五十、一百個，你們儘管做吧！」許世英頗感尷尬，連說「不該，不該，我就打電報回去」。[17]

七月十四日，毛澤東在《湘江評論》創刊號發表《陳獨秀之被捕及營救》一文，全文轉載了陳獨秀的傳單內容，詳細報導了各界營救陳獨秀的情況，毛澤東預言：「政府尚未昏聵到全不知外間大事，可料不久就會放出（陳獨秀）。若說硬要興一文字獄，與舉世披靡的近代思潮，拚一死戰，吾恐政府也沒有這麼大膽子。」他繼而慷慨激昂地宣稱：

中國名為共和，實則專制。愈弄愈糟，甲僕乙代，這是群眾心裏沒有民主的影子，不曉得民主究竟是甚麼的結果。陳君平日所標揭的，就是這兩樣。他曾說，我們所以得罪於社會，無非是為着「賽因斯」（科學）和「兌莫克拉西」（民主）。陳君為這兩件東西得罪於社會，社會居然就把逮捕和禁錮報給他，也可算是罪罰相敵了，凡思想是沒有畛域的，去年十二月德國的廣義派社會黨首領盧森堡被民主派政府殺了，上月中旬，德國仇敵的義大利一個都林地方的人員，舉行了一個大示威以紀念他。瑞士的蘇里克，也有個同樣的示威給他做紀念。仇敵尚且如此，況在非仇敵。異國尚且如此，況在本國。陳君之被逮，決不能損及陳君的毫末。並且是留着大大的一個紀念於新思潮，使他越發光輝遠大。政府決沒有膽子將陳君處死，就是死了，也不能損及陳君至堅至高精神的毫末。陳君原自說過，出實驗室，即入監獄。出監獄，即入實驗室。又說，死是不怕的。陳君可以實驗其言了。我祝陳君萬歲！我祝陳君至堅至高的精神萬歲！[18]

早年參加過暗殺團的陳獨秀，一直有某種烈士情結。辦《新青年》時，他聲稱已做好「斷頭流血」的準備；五四運動起來時，他又說「我極盼政府早日捉我下監處死，不欲生存於此惡濁之社會也」的話。現在他終於實現了「出研究室入監獄」的誓言，可以說是求仁得仁矣。

16 以上引文均見《陳獨秀被捕資料彙編》。河南人民出版社，一九八二年版。
17 《北京檔案史料》一九八六年第一期。
18 毛澤東《陳獨秀之被捕及營救》。《湘江評論》創刊號，一九一九年七月十四日。

「還有一點人味」的社會

六月二十八日是巴黎和約簽字的日子。徐世昌態度曖昧，一直不肯下拒簽的訓令，但又不敢公然下令簽字。六月二十四日，學生忽然接到消息，說政府已訓令中國的巴黎和會專使，在和約上簽字。大家的情緒又激動起來了。

二十七日，幾百名學生聚集在新華門外，向徐世昌請願，要求他下令拒絕簽字。他們露宿在總統府前，通宵達旦不散，堅持了兩天一夜。最後，徐世昌當面承諾，專使如未簽字，即電令拒絕簽字；如已簽字，則將來和約送到中國時，一定予以批駁。

各界紛紛致電巴黎，敦促中國專使萬勿簽字。陸徵祥是歐美同學會會長，蔡元培是總幹事，王寵惠、葉景莘是副總幹事，蔡、王、葉三人聯名致電陸徵祥，電稿由葉景莘起草，最後稱「如簽，回國不利」。「蔡以為不應恫嚇他而刪去了。但國民外交協會連去三電，第三電全文為『公果敢簽者，請公不必生還』。此外各處去電必有更激烈的。」[19]

據《華北明星報》（英文）說，巴黎中國議和專使團先後收到國內國外團體或個人關於和約的電報，共七千餘通。在國內強大的輿論支援下，六月二十八日，在巴黎的中國代表團，由陸徵祥領銜，包括代表顧維鈞、王正廷、施肇基、魏宸組，致電徐世昌，決定拒絕在巴黎和約上簽字並辭去代表職務，並通電各參戰國家，說明拒絕簽約的理由。

巴黎和約在凡爾賽宮簽字時，中國代表拒絕出席。顧維鈞在回憶錄中，激動地寫道：「這對我、對代表團全體、對中國都是一個難忘的日子。中國的缺席必將使和會，使法國外交界，甚至使整個世界為之愕然，即使不是為之震動的話。」[20]

誠如胡適所說：「現在中國專使居然不簽字了。將來一定有人說這是『電報政策』的功效。其實不然。這一次七千個電報所以能收效，全靠還有一個『五四運動』和一個『六五運動』。要不然，那七千個電報都只是廢紙堆裏的材料。」[21]七月二十五日，全國學生聯合會宣言結束罷課。從五月四日開始，長達兩個多月的學生運動，至此告一段落。

然而，這時除陳獨秀之外，尚有北京學生會的孟壽椿、魯士毅、江紹原等多名學生領袖（張國燾說是十一位，羅家倫說是二十多位），被北京地方法院用拘票逮捕，準備公開審訊。他們被捕的原因，不是遊行示威，而是「私設公堂」。據羅家倫記敘：

> 政府的目的，是要逼走蔡孑民先生，所以他們要胡仁源來買通一批投考的學生，來佔據北大學生會，硬把學生會的圖章搶去，以學生會的名義，歡迎胡仁源到校。同時教育部方面，胡仁源已預備好上任的汽車。誰知此謀不密，被北大學生會中人知道了，當時便召

19 葉景莘《巴黎和會期間我國拒簽和約運動的見聞》。《中華文史資料文庫．政治軍事編》（二），中國文史出版社，一九九六年版。

20《顧維鈞回憶錄》（一）。中華書局，一九八三年版。

21 胡適《七千個電報》。《每週評論》第二十九號，一九一九年七月六日。

集緊張會議，每一個人發一個特別符號，集合在第三院，時三院的被買及投考學生，正議「奪帥印」的事，還沒有完結，哪知這邊去了兩三百個人，一個個的把他們擒住了，並且帶了紗麻繩把他們捆將起來，便在法科大禮堂設立公案，推舉出了五個審判官，來審判這些人的罪狀，他們也陸續的把被買經過供將出來，大家又逼他們寫悔過書，寫了悔過書還要他們在悔過書上蓋手印，再拍了一個相，然後把他們放了。

從學潮最初針對外交問題，到後來轉向國內政治問題，從和平示威，到火燒趙家樓，到設立學生法庭，可以清晰看到，學生運動是如何一步一步，從一場單純的愛國運動，走向革命的過程。青年是如何從文化的覺醒，走向政治的覺醒。這不是哪個人物，或政治集團預設的路軌，而是歷史發展到這個階段，瓜熟蒂落、水到渠成的結果。

當局以學生會「私設公堂和逼迫人行使無義務之行為」，拘捕了一批學生領袖。由於暑假已經開始，多數學生都各散東西，要再組織集體抗議活動，殊不容易。張國燾說：「學生會的一部分重要人物到上海等地去了，一部分重要職員被捕了，還有一些從前較活躍的同學，因避免被捕，不再露面或暫不返京。」[22]

羅家倫負責營救被捕學生的工作。他說：「我幾乎天天晚上要和律師劉崇祐接洽。許多上訴狀都是我寫的，這場官司打完了，我倒因此得到了許多關於法律的知識。」[23]劉崇祐是研究系的領袖之一，義務為學生打官司。

李大釗成了學生的軍師，北大的師生經常在圖書館開會，商量營救陳獨秀與其他被捕學生的辦法。李大釗不僅提供許多意見，而且親自草擬一些重要文書，在師生之間、新聞界之間，發揮了積極作用。

〔張國燾寫道〕開庭的那一天，學生聯合會組織了一千多人的學生隊伍假稱去旁聽，實際是向法院示威，反對當局非法拘禁學生達兩個月之久，要求立即釋放。大批警察列隊在法院門口，嚴陣以待，準備彈壓。法庭旁聽席上僅有的四十幾個座位，早被同學們佔住了，其餘大隊圍坐在法院大門外不散……我和其他在那裏旁聽的同學們每當聽見檢察官陳訴被告曾犯毆打官吏、反抗政府、擾亂治安等內亂罪行時，便一致怒目而視。當我們聽到劉律師聲稱被告的行動是出於愛國義憤，依法無罪的時候，就一致點頭稱快。學生們這種沒有妨害法庭秩序而又能清楚的表示他們意向的舉動，鼓勵劉律師說出一段極有分量的話，他說如果被告人等罪名成立，全國將有萬千學生自請拘禁。審判長在庭內外這樣輿情壓力之下，終於當庭宣告各被告無罪開釋，這多少是違反當局的意旨的。[24]

學生簇擁着被釋放的學生領袖，一路歡呼，返回學校。被捕學生釋放了；曹、陸、章罷免了；和約拒絕簽字了；七月九日，蔡元培已允復職，返校前由蔣夢麟代掌校務（九月二十日正

22 張國燾《我的回憶》（一）。東方出版社，一九九一年版。
23 羅家倫《蔡元培時代的北京大學與五四運動》。臺灣，《傳記文學》第五十四卷第五期，一九七八年五月。
24 同注22。

式返回北大）；七月三十日，署北京大學校長胡仁源免職。學生的訴求，已接近完全勝利。現在，只有陳獨秀一案，成為五四運動一個未了結的尾聲。

七月九日，廣州軍政府總裁之一岑春煊（八月二十一日被推為主席總裁）致電徐世昌和代總理龔心湛，敦促北洋政府儘快釋放陳獨秀。輿論奔騰怒捲，當局要裝聾扮啞，幾無可能。徐世昌急於和南方和談，也主張從速開釋陳獨秀。

胡適在《每週評論》上，寫了一篇短文，激勵身陷囹圄的陳獨秀：「《每週評論》第二十五號裏，我的朋友陳獨秀引我的話『愛情的代價是痛苦，愛情的方法是要忍得住痛苦』。他又加上一句評語道：『我看不但愛情如此，愛國愛公理也都如此。』這幾句話出版後的第三日，他就被北京軍警捉去了。現在已有半個多月，他還在警察廳裏。我們對他要說的話是：『愛國愛公理的報酬是痛苦，愛國愛公理的條件是要忍得住痛苦。』」[25]

後來，胡適感慨地對陳獨秀說：

> 我記得民國八年你被拘在警察廳的時候，署名營救你的人中有桐城派古文家馬通伯與姚叔節。我記得那晚在桃李園請客的時候，我心中感覺一種高興。我覺得這個黑暗社會裏還有一線光明；在那反對白話文學最激烈的空氣裏，居然有幾個古文老輩肯出名保你，這個社會還勉強夠得上一個「人的社會」，還有一點人味兒。[26]

人們往往將當時的北京警察，描繪成專制惡魔，其實，李長泰、吳炳湘二人，都是當時公認同情學生的官員，陳獨秀被捕後，也有賴於吳炳湘的暗中保護，才得以化險為夷。《申報》有一篇報導，為這個「還有一點人味」的社會，留下了珍貴的記錄：「尚幸警察總監吳炳湘，腦筋較為新穎，雖被軍閥派多方威脅，及守舊派暗中慫恿，然其對於陳氏始終毫無苛待（當陳氏初被捕時，步軍統領王懷慶即與吳爭執許可權，斯時陳最危險，蓋一入彼之勢力圈，即無生還之望，幸吳警監堅執不肯讓步，故仍得留置警廳）。」[27]

事實上，「五四」時代的北京政府，比上不足，比下有餘，雖然與制度完善的民主憲政國家沒法比，但與它的前任（慈禧的晚清時代、袁世凱時代、黎元洪時代）相比，還是前進了一大步，稱得上是近代中國最開放、最具現代色彩的政府了。

新文化運動能夠在這樣的時代勃勃乎興起，絕非偶然。儘管發生了六月三日、四日的大逮捕事件，以及把大學校園變成監獄的荒唐事，但不可否認，這並非政府的原意，而是受到軍閥蠻橫干政的結果，政府很快就加以糾正了。五四運動沒有演變成義和拳運動，天下沒有大亂，政府也沒有在菜市口殺人，沒有偵騎四出，大興詔獄，沒有秋後算賬，這是朝野雙方共同努力的結果，是時代進步的一個表現。

政府的可悲之處在於，由於沒有完善的憲政制度，缺少堅實的法治基礎，甚至連最基本的

25 胡適《愛情與痛苦》。《每週評論》第二十八號，一九一九年六月二十九日。
26《胡適書信集》（上），北京大學出版社，一九九六年版。
27《申報》一九一九年七月二十五日。

現代法治觀念——諸如人人皆受法律統治，無人可凌駕於法律之上等等觀念——都成了空言虛語，軍閥有了槍炮在手，就可以罔顧法律；學生有了正義在手，也同樣可以罔顧法律。羅家倫承認：「自從六三勝利以來，我們學生界有一種最流行而最危險的觀念，就是『學生萬能』的觀念，以為我們什麼事都能辦，所以什麼事都要去過問，所以什麼事都問不好。」[28]這就是濫用公權的第一步，要說違背「科學」、「民主」，這才是真正的背道而馳啊。

蔡元培對此早有預見，他深知學生一旦嘗到權力的滋味，就是九頭牛也拉不轉了。七月九日，他在致全國學生聯合會的電報中，語重心長地說：「惟深望諸君亦能推愛僕之心，有所覺悟；否則教育前途，必生障礙。非特僕難辭咎，諸君亦與有責焉。」[29]

談主義的左邊來，研究問題的右邊去

陳獨秀入獄後，《每週評論》負責無人，六月二十三日，胡適在六味齋宴請新青年同人，商量《每週評論》的善後，胡適、李大釗、高一涵、周作人、張申府等十二人到場。一直討論到晚上十點，最後決定維持現狀，由胡適、李大釗共同負責編輯。但當時傳聞李大釗已上了警方的黑名單，正準備離開北京避風頭，實際上是胡適一人編輯。

據說六月十五日出版的第二十六號《每週評論》，被胡適編成「杜威講演錄專號」，引起一些人的不滿，認為他擅改了《每週評論》的宗旨。其實，陳獨秀在被捕前，已把第二十六、二十七號的《每週評論》編好了，當時杜威在北京的兩個演講：《美國之民治的發展》與《現代教育的趨勢》，都是由高一涵記錄（一說羅家倫），胡適翻譯，最後由陳獨秀編入第二十六號的《每週評論》上。

胡適對「專談政治」的《每週評論》，本不太感興趣，但處於非常時期，又覺得責無旁貸，只好答應下來。他無奈地說：「我現在忍着心腸來談政治，一隻腳已踏上東街，一隻腳還踏在西

28 羅家倫《一年來我們學生運動底成功失敗和將來應取的方針》。《新潮》第二卷第四號，一九二〇年五月。

29 《益世報》一九一九年七月十四日。

街，我的頭還是回望着那原來的老路上！」[30]正如穆罕默德不朝山，山朝穆罕默德一樣，政治逼人來談。胡適二十年不談政治的戒約，一朝打破，「後來只是不幹政治」，「把二十年不談政治放棄了」。[31]

胡適接手的第二十八號《每週評論》上，發表了李大釗的文章《牢獄的生活》，胡適的長文《歡迎我們的兄弟——〈星期評論〉》，以及隨感《愛情與痛苦》、《研究室與監獄》、《他也配》、《北京大學與青島》、《數目作怪》等，保持着《每週評論》的一貫風格，並沒有削弱其政治色彩。

真正引起某些同人不滿的，並非「杜威講演錄專號」，而是胡適在第三十一號《每週評論》上發表的被他自稱為「發憤想談政治」的「政論導言」文章——《多研究些問題，少談些「主義」》。胡適以王揖唐公開主張民生主義，安福部設立「民生主義的研究會」為切入點，針對目前社會有一種侈談主義，而不從事解決實際問題的風氣，批評說：

第一，空談好聽的「主義」，是極容易的事，是阿貓阿狗都能做到的事，是鸚鵡和留聲機器都能做的事。

第二，空談外來進口的「主義」，是沒有什麼用處的。一切主義都是某時某地的有心人，對於那時那地的社會需要的救濟方法。我們不去實地研究我們現在的社會需要，單會高談某某主義，好比醫生單記得許多湯頭歌訣，不去研究病人的症候，如何能有用呢？

第三，偏向紙上的「主義」，是很危險的。這種口頭禪很容易被無恥政客利用來做種種害人的事。歐洲政客和資本家利用國家主義的流毒，都是人所共知的。現在中國的政客，又要利用某種某主義來欺人。羅蘭夫人說，「自由自由，天下多少罪惡，都是借你的名做出的！」──一切好聽的主義，都有這種危險。

胡適舉例分析：「比如『社會主義』一個名詞，馬克思的社會主義，和王揖唐的社會主義不同，你的社會主義，和我的社會主義不同；決不是這一個抽象名詞所能包括。你談你的社會主義，我談我的社會主義，王揖唐又談他的社會主義，同用一個名詞，中間也許隔開七八個世紀，也許隔開兩三萬里路。然而你和我和王揖唐都可自稱社會主義家，都可用這一個抽象名詞來騙人。這不是『主義』的大缺點和大危險嗎？」

接下來，胡適列舉了一大堆亟待解決的實際社會問題，這些問題，李大釗早在《可憐的人力車夫》、《勞動教育問題》、《戰後之婦人問題》、《唐山煤廠的工人生活》、《混充牌號》等文章中，一再提出過的。

［胡適指出］現在中國應該趕緊解決的問題，真多得很。從人力車夫的生計問題，到大總統的許可權問題；從賣淫問題到賣官賣國問題；從解散安福部問題到加入國際聯盟問題；從女子解放問題到男子解放問題……哪一個不是火燒眉毛緊急問題？

30 胡適《我的歧路》。《胡適文集》（三），北京大學出版社，一九九八年版。

31 胡適《在臺北市報業公會歡迎會上演講記錄》。《胡適言論集》（乙編），臺灣，華國出版社，一九五三年版。

> 我們不去研究人力車夫的生計，卻去高談社會主義；不去研究女子如何解放，家庭制度如何救正，卻去高談公妻主義和自由戀愛；不去研究安福部如何解散，不去研究南北問題如何解決，卻高談無政府主義；我們還要得意揚揚誇口道，「我們所談的是根本解決」。老實說罷，這是自欺欺人的夢話，這是中國思想界破產的鐵證，這是中國社會改良的死刑宣告！[32]

這篇文章就像重磅炸彈，首先受到震動的，不是王揖唐，不是安福俱樂部，而是新青年同人陣營。

文中的許多言辭，似乎隱晦地指向他們，如「根本解決」，就是新青年們的口頭禪，社會主義、布爾札維主義，更是李大釗等人所信奉的主義。胡適後來辯解，他的意思是「針對那種有被盲目接受危險的教條主義，如無政府主義、社會主義和布爾什維克主義等等，來稍加批評」。[33]他不贊成被主義（不管它是孔子、朱熹，還是馬克思、列寧）牽着鼻子走，而不是否定這些主義。

藍公武馬上寫了一篇反駁胡適的《問題與主義》，由胡適經手，編入八月三日的第三十三號《每週評論》上。這時，李大釗正在家鄉昌黎的五峰山上，「飲的是泉水，燒的是松枝」，聽着大海的夜夜濤聲，撰寫他的雄文《我的馬克思主義觀》。當他讀到胡適的文章後，立即寫了一篇《再論問題與主義》作為回應。

> 〔李大釗說〕一個社會問題的解決，必須靠着社會上多數人共同的運動。那麼我們要

想解決一個問題，應該設法使他成了社會上多數人共同的問題。要想使一個社會問題，成了社會上多數人共同的問題，應該使這社會上可以共同解決這個那個社會問題的多數人，先有一個共同趨向的理想、主義，作他們實驗自己生活上滿意不滿意的尺度（即是一種工具）。那共同感覺生活上不滿意的事實，才能一個一個的成了社會問題，才有解決的希望。不然，你儘管研究你的社會問題，社會上多數人，卻一點不生關係。那個社會問題，是仍然永沒有解決的希望；那個社會問題的研究，也仍然是不能影響於實際。

李大釗坦言：「我可以自白，我是喜歡談談布爾札維主義的。」他寫過一篇《Bolshevism的勝利》的文章，給《新青年》惹了一些麻煩，但他並不後悔。「我總覺得布爾札維主義的流行，實在是世界文化上的一大變動。我們應該研究他，介紹他，把他的實象昭佈在人類社會，不可一味聽信人家為他們造的謠言，就拿兇暴殘忍的話抹煞他們的一切。」

李大釗指出，當一個社會變得沒有組織、沒有生機，一切機能，都已閉止，任你有什麼工具都失效的時候，「根本解決」就是唯一的辦法。他以俄國革命為例，「羅曼諾夫家沒有顛覆，經濟組織沒有改造以前，一切問題，絲毫不能解決。今則全部解決了。」[34]

32 胡適《研究些問題，少談些主義》。《每週評論》第三十一號，一九一九年七月二十日。
33 《胡適口述自傳》。華東師範大學出版社，一九九三年版。
34 李大釗《再論問題與主義》。《每週評論》第三十五號，一九一九年八月十七日。

俄國十月革命剛成功的頭幾年，俄國的現實，確實令人眼前一亮，抱着急切的救國理想的李大釗，持有這種樂觀期待，毫不奇怪，反映了當時知識界的一種普遍思潮，指望畢其功於一役，一場革命把一切問題「全部解決」。

胡適寫了《三論問題與主義》，發表在第三十六號《每週評論》上，接着又寫了《四論問題與主義》，準備在《每週評論》上，繼續討論這個話題。詎料八月三十日，正當《每週評論》排版之際，警察忽然光臨。「他們封了雜誌，一切財物也被充公了。所以『每週評論』第三十七期也就始終沒有和讀者見面了」。[35]胡適到警察廳和吳炳湘交涉，吳炳湘勸他：「不要辦《每週評論》了，要辦報，可以另取報名嘛。」胡適無奈，只好作罷。

在《多研究些問題，少談些「主義」》一文中，胡適談的是主義的定義與研究方法——什麼是主義，應該如何研究主義——而不是具體評判哪種主義好，哪種主義壞。《新青年》同人有一個好傳統，即經常交流意見，有些準備發表的文章，也先在同人中互相傳閱，徵求意見，並經常會把批評與商榷的文章一併發表，形成爭鳴。但胡適這次顯然沒有事先徵求李大釗的意見，因為李大釗不在北京。結果，文章一出來，引起了李大釗誤會，認為是針對他所信奉的布爾什維克主義。

細讀胡適的原文和李大釗的駁論，不難發現，兩人其實是各說各話，談論的並不完全是同一個問題。胡適從來沒有說不談主義，李大釗也從來沒有說不研究問題。胡適是從認識論的角度去談主義與問題的關係；而李大釗則談如何運用主義去解決現實問題。

胡、李辯論時，陳獨秀仍在獄中，無緣參與，但他出獄後，寫了一篇題為《主義與努力》

的短文，表明立場，一方面肯定了胡適的「一點一滴改造」論，但另一方面又把「主張辦實事不要談主義」的人，稱為「妄人」，措詞相當尖刻。讓人很容易聯想到不久前的這場爭論。陳獨秀寫道：

我看見有許多青年只是把主義掛在口上不去做實際的努力，因此我曾說：「我們改造社會是要在實際上把他的弊病一點一滴一椿一件一層一層漸漸的消滅去，不是用一個根本改造底方法，能夠叫他立時消滅的。」又曾說：「無論在何制度之下，人類底幸福，社會底文明，都是一點一滴地努力創造出來的，不是像魔術師畫符一般把制度改了，那文明和幸福就會從天上落下來。」這些話本是專為空談主義不去努力實行的人而發的，譬如船夫只定方向不努力，船如何行得，如何達到方向所在。

但現在有一班妄人誤會了我的意思，主張辦實事不要談什麼主義，什麼制度。主義制度好比行船底方向，行船不定方向，若一味盲目的努力，向前碰在礁石上，向後退回原路去都是不可知的。

我敢說，改造社會和行船一樣，定方向與努力二者缺一不可。[36]

胡適成了風箱裏的老鼠，兩頭受氣。由胡適編的《新青年》六卷四號，開卷第一篇，是他

35 《胡適口述自傳》。華東師範大學出版社，一九九三年版。

36 陳獨秀《主義與努力》。《獨秀文存》，安徽人民出版社，一九八七年版。

撰寫的《實驗主義》一文。而李大釗編的六卷五號，則為「馬克思研究專號」。這又被人解讀為馬克思主義與非馬克思主義意識形態鬥爭，一場「短兵相接，尖銳交鋒」。

以前贊成「不談政治」的人，現在批評胡適談政治是「變節」了。胡適很鬱悶地說：「我的政論的『導言』雖然出來了，我始終沒有做到『本文』的機會！我的導言引起了無數的抗議：北方的社會主義者駁我，南方的無政府主義者痛罵我。」[37]甚至連和胡適同住一屋的高一涵，後來也說胡適的文章是「反動宣言，向當時反動透頂的段政府投降」。[38]

其實，學問上互相辯難，是蔡元培時代的北大校風，亦為新文化運動題中應有之義，大家早就習以為常，胡適大談實驗主義，說明他並不排斥「主義」；而李大釗編的「馬克思研究專號」，也不乏批評馬克思主義的文章，頭版頭條，便是顧孟余所寫的《馬克思學說》，對伯恩斯坦主義，頗有心慕筆追之意。這算什麼真正的馬克思主義呢？更遑論以馬克思主義，與胡適的實驗主義作鬥爭了。

胡適與李大釗的性格，都屬於溫和寬容類型的，李大釗是有名的好好先生，他們的爭論，並不足以影響兩人的關係。儘管後來《新青年》出現分裂，胡、李二人在政治上分道揚鑣，但友誼卻沒有受到多少影響。誠如李大釗後人回憶：「胡先生是父親非常尊重的朋友，他們之間的情誼並沒有因為這些分歧而中斷。」[39]

真正把「問題與主義」的學理之爭，提升到革命與反動意識形態之爭的高度，成了胡適「向正在中國興起與傳播的馬克思主義發起了攻擊，向反動派表示他與陳（獨秀）、李（大釗）並非一伙」的鐵證，那是以後「革命鬥爭的需要」，與李大釗無干。

客觀而論，說胡適在一九一九年就攻擊馬克思主義，實屬莫須有。正如當初為了攻擊林紓，硬把他與徐樹錚捆綁一起一樣，是論戰時常用的戰術之一，雖然不公正，但很有效。難怪胡適要叫屈：「我從未寫過一篇批評馬克思主義的文章！」[40]《新青年》編了六卷，沒有被查封，《每週評論》由傾向馬克思主義的陳獨秀編了二十七期，也沒有被查封，被反對馬克思主義的胡適編了才十期，官方就來查封了，如果他與當局眉來眼去，何至於有這樣的結果。

37 胡適《我的歧路》。《胡適文集》（三），北京大學出版社，一九九八年版。
38 高一涵《李大釗同志護送陳獨秀出險》。《文史資料選輯》第六十一輯，一九六三年。
39 李葆華《懷念父親李大釗》。《我的父輩與北京大學》，北京大學出版社，二〇〇六年版。
40《胡適口述自傳》。華東師範大學出版社，一九九三年版。

散伙的時刻到了

以前新青年同人也常有意見分歧，在雙簧戲問題上，在世界語問題上，在舊戲曲問題上，每每發生爭論，都沒有影響他們並肩作戰。但現在不同了，經過五四運動的洗禮，國家民族的救亡問題，驟然上升到第一位。文化的爭論要讓位於政治了。李大釗和胡適不想影響私誼，但時代要把他們拉開。

在新文化運動中風頭無兩的錢玄同、劉半農諸人，這時已是書劍俱老，漸漸退隱到舞臺的邊緣了。問題與主義之爭，是新青年陣營最後一次，也是最重要的一次論戰，但已聽不到他們的聲音了。他們的聲音，已被五四青年的吶喊所淹沒，不復一年前清脆響亮；他們的文章，亦不再像一年前那樣，具有落筆驚風雨，詩成泣鬼神的銳氣與魅力了。

胡適對「談政治」心存戒懼，不是全無道理的。談文化時，再怎麼爭論也可以做朋友，但一談到政治，不是同志，就是仇敵；不為信徒，便為叛逆了。《每週評論》被封後，「問題與主義」的爭論，不了了之。然而，這次爭論最終被蒙上了濃厚的政治色彩，標誌着新青年同人的合作，已到了「同行千里，終須一別」的時刻了。

在各方人士的奔走營救下，被拘禁三個多月的陳獨秀，以胃病為由，經安徽同鄉保釋，九月十六日出獄了。一班老朋友相見，悲喜交集，無限欷歔。李大釗寫了一首詩，賀陳獨秀出獄：

你今出獄了，
我們很歡喜！
有許多的好青年，
已經實行了你那句言語：
出了研究室便入監獄，
出了監獄便入研究室。
他們都入了監獄，
監獄便成了研究室；
你便久住在監獄裏，
也不須愁着孤寂沒有伴侶。[41]

當天，北大同學會召開歡迎會，歡迎陳獨秀出獄。會議主席張國燾致歡迎辭：「我代表北大同學，熱烈歡迎陳先生光榮出獄，並對陳先生獄中所受的迫害，表示深切的慰問。」陳獨秀致答辭說：「此後無論是否在北大工作，都將和同學們一道與惡勢力作鬥爭。」

北大評議會正式批准陳獨秀辭去文科學長之職，聘為國史館編纂。但陳獨秀已不打算再回北大了。

41　李大釗《歡迎獨秀出獄》。《新青年》第六卷第六號，一九一九年十一月一日。

由於五四運動，原本應該在五月出版的第六卷第五號，拖延至九月才面世。這是由李大釗負責編輯的「馬克思研究專號」。十月五日，離中秋節還有三天，秋風漸緊，街上的茶館開始撤涼棚砌火爐了；銀杏樹的葉子也開始片片飛揚。一班在京的新青年同人——陳獨秀、胡適、錢玄同、劉半農、李大釗、沈尹默、周作人——在胡適家碰頭，討論《新青年》的編輯工作。魯迅因為修理房子，沒有出席。

他們已經很久沒有這樣坐在一起了。以後這樣的機會，恐怕也不多了。據《陳獨秀年譜》稱，「由於《新青年》第六卷第五期的『馬克思主義研究號』集中刊登了一批宣傳馬克思主義的文章，引起胡適的恐慌和不滿，胡在會前對沈尹默等人說：『《新青年》由我一個人來編』，反對大家輪流編輯，再度想獨攬編輯權。魯迅對沈尹默說：『你對適之講，也不要你一人編。《新青年》是仲甫帶來的，現在仍舊還給仲甫，讓仲甫一人去編吧。』於是會議決定，《新青年》自第七卷第一號起，由陳獨秀一人來編。」42

據編撰者稱，這項史料的來源，為沈尹默的談話記錄未刊稿。這篇談話的背景是一九五〇年代的中國正進行批判胡適的運動，大陸許多知識分子都忙於與胡適劃清界限。沈尹默的談話中的不實之詞，則已被眾多研究者的考據所證實。胡適指沈氏一九五〇年代的批胡言論乃「通篇扯謊」。

姑勿論胡適對「馬克思研究專號」，是否感到「恐慌和不滿」，但他並沒有提出過自己一人編《新青年》，這是可以肯定的。那天的會議最後決定，從十二月一日的七卷一號起，《新青年》仍歸陳獨秀一人去編。很多人在寫這段歷史時，恒以勝利之語氣宣稱，這是挫敗了胡適「篡奪

《新青年》」的企圖。其實，這恰恰是《新青年》最大的失敗，最大的悲哀。當初《新青年》由陳獨秀唱獨角戲，幾乎倒閉了，一九一八年一月改為輪流編輯制的同人刊物，才殺出了一條生路，現在又走回頭路，改回陳獨秀一人編了。這未必是一個吉兆。

這表明一度赫赫有名、戰鬥力甚強的新青年團隊，已三衰而竭。沈尹默脫離了隊伍；劉半農因為學歷低，一直被其他人所輕視，已決心出國留學；胡適與陳獨秀、李大釗在政治理念和辦刊宗旨上的分歧，愈來愈大；錢玄同對新文學的興趣，似乎也在漸漸消退。

作為《新青年》堅定盟友的《新潮》，因為學生都搞學潮去了，一卷五號在五月一日出版後，二卷一號拖到十月才出版，第二號又不能按時出。傅斯年、俞平伯都在收拾行囊，準備到歐洲留學去了。

在經過五四運動這場風暴之後，各人似乎都出現了或多或少的變化，對未來也有了各自不同的期許，產生了若隱若現的隔閡。

十一月十日，劉師培病逝。陳獨秀主持喪事。在葬禮上，他對友人說：「校中現已形成派別，我的改組計劃已經實現，我要離開北大了。」[43]這是他第一次公開表示要離開北大。蔡元培希望他在北大開一門宋史課，他也拒絕了。他不僅想離開北大，而且想離開北京這個「臭蟲窠」。

42 唐寶林、林茂生《陳獨秀年譜》。上海人民出版社，一九八八年版。
43 同上書。

冬天來臨了，三海冰封，雪花飄飄。十二月一日，由陳獨秀一人編的《新青年》七卷一號出版了。在這期雜誌中，陳獨秀以全體同人的名義，發表了一篇《〈新青年〉宣言》。《新青年》作為一本同人刊物，辦了兩年，還沒有一篇共同的宣言，現在要散伙了，才發表共同宣言。與其說體現了《新青年》的團結，不如說暴露了他們之間深深的裂痕。

一年前的現在，他們還沉浸在歐洲戰爭結束的狂喜中，對巴黎和會充滿期待；那時，他們的新刊物《每週評論》就要面世了；小兄弟《新潮》也快要出爐了。他們每天在一起討論五花八門的問題，傳閱文章，朗誦詩歌，逛琉璃廠淘寶，下館子把盞言歡，你開心所以我開心，你憤怒所以我憤怒，一起批判共同的敵人，一起激揚文字，笑傲江湖。

然而，僅僅一年時間，恍如隔世。到了分手之時，才驀然發覺，在他們中間，竟沒有發生伯牙碎琴、管鮑之交一類盪氣迴腸的故事，有的，只是每個人都成了不同主義的化身，互相對立，虎視眈眈，道不同不相為謀，說分手就分手。

宣言發表之後，新青年陣營就正式解體，各奔東西了。因此，這是新文化運動中的一重要文獻，茲全文照錄如下：

本誌具體的主張，從來未曾完全發表。社員各人持論，也往往不能盡同。讀者諸君或不免懷疑，社會上頗因此發生誤會。現當第七卷開始，敢將全體社員的公共意見，明白宣佈。就是後來加入的社員，也公同擔負此次宣言的責任。但《讀者言論》一欄，乃為容納社外異議而設，不在此例。

我們相信世界上的軍國主義和金力主義，已經造了無窮罪惡，現在是應該拋棄的了。

我們相信世界各國政治上道德上經濟上因襲的舊觀念中，有許多阻礙進化而且不合情理的部分。我們想求社會進化，不得不打破「天經地義」「自古如斯」的成見，決計一面拋棄此等舊觀念，一面綜合前代賢哲當代賢哲和我們自己所想的，創造政治上道德上經濟上的新觀念，樹立新時代的精神，適應新社會的環境。

我們理想的新時代新社會，是誠實的，進步的，積極的，自由的，平等的，創造的，美的，善的，和平的，相愛互助的，勞動而愉快的，全社會幸福的。希望那虛偽的，保守的，消極的，束縛的，階級的，因襲的，醜的，惡的，戰爭的，軋轢不安的，懶惰而煩悶的，少數幸福的現象，漸漸減少，至於消滅。

我們新社會的新青年，當然尊重勞動；但應該隨個人的才能興趣，把勞動放在自由愉快藝術美化的地位，不應該把一件神聖的東西當做維持衣食的條件。

我們相信人類道德的進步，應該擴張到本能（即侵略性及佔有心）以上的生活；所以對於世界上各種民族，都應該表示友愛互助的情誼。但是對於侵略主義、佔有主義的軍閥財閥，不得不以敵意相待。

我們主張的是民眾運動社會改造，和過去及現在各派政黨，絕對斷絕關係。

我們雖不迷信政治萬能，但承認政治是一種重要的公共生活；而且相信真的民主政治，必會把政權分配到人民全體，就是有限制，也是拿有無職業做標準，不拿有無財產做標準；這種政治，確是造成新時代一種必經的過程，發展新社會一種有用的工具。至於政黨，我們也承認他是運用政治應有的方法；但對於一切擁護少數人私利或一階級利益，眼中沒有全社會幸福的政黨，永遠不忍加入。

我們相信政治、道德、科學、藝術、宗教、教育，都應該以現在及將來社會生活進步的實際需要為中心。

我們因為要創造新時代新社會生活進步所需要的文學道德，便不得不拋棄因襲的文學道德中不適用的部分。

我們相信尊重自然科學、實驗哲學，破除迷信妄想，是我們現在社會進化的必要條件。

我們相信尊重女子的人格和權利，已經是現在社會生活進步的實際需要；並且希望他們個人自己對於社會責任有徹底的覺悟。

我們因為要實驗我們的主張，森嚴我們的壁壘，寧歡迎有意識有信仰的反對，不歡迎無意識無信仰的隨聲附和。但反對的方面沒有充分理由說服我們以前，我們理當大膽宣傳我們的主張，出於決斷的態度；不取鄉願的，紊亂是非的，助長惰性的，阻礙進化的，沒有自己立腳地的調和論調；不取虛無的，不着邊際的，沒有信仰的，沒有主張的，超實際的，無結果的絕對懷疑主義。

模範小中國

在遙遠的南方，黑沉沉的天穹，彷彿有一顆明亮的星，在冉冉升起，引起了全國，乃至世界的注意，那就是福建的漳州。

一九一九年春至一九二〇年秋期間，粵軍總司令陳炯明以高漲的熱情，在閩南推行他的政治實驗。積極訓練軍隊，整飭軍紀，改良幣制，修築公路，整理教育，派遣青年赴法、美、英、日留學。創辦《閩星》雜誌和《閩星日刊》，提倡社會主義，推動新文化運動。並資助孫文、胡漢民等人在上海創辦《建設》雜誌。又廣邀新學人士，到漳州討論學術，研究新思潮的發展趨勢，為閩南護法區贏得了「模範小中國」的美譽。

陳炯明密切留意着青島問題的發展。當學生開始走上街頭以後，他親自起草了一份通電，表明他對目前局勢的看法。由於粵軍成功地在閩南建立了一塊佔地二十六個縣的地盤，迫使北方政府坐下來談判，陳炯明的一言一行，開始受到全國矚目。他成為南方在談判桌上的重要籌碼。因此，他對五四運動和北方政府的態度，也有着相當的分量：

青島問題失敗，強權制勝公理，植擾亂國際和平之種於共謀國際和平之時。五載戰爭，竟結此果，巴黎和會尚成何用？吾人處此，不獨為自衛計，當抵死力爭，即為世界永久安全計，亦宜表示各聯盟加入國，俾速覺悟。今北京諸生本愛國之熱誠，為誅奸之義舉，正本清源，人神共快。此誠浩氣所鍾，國魂所託，雖在蠻貊，猶知敬禮。乃北庭蔑視民意，助賊張目，逮義士付法庭，倚群盜為心腹，鬼臉逼人，天日為黑，人權安在，能毋髮指。務望同申天討，掃清妖穴，置私訂密約者於典刑，杜彼無理之要求，於盟席醒其迷夢。[44]

漳州商會隨即邀集全體商界開會，作出三項決議：一、電各商會一致抵制日貨；二、調查日貨商號若干家；三、儲金救國團繼續進行。同時分電南北政府，強烈請求和會代表，誓死不在賣國和約上簽字。五月二十二日，由福建省立第八中學發起，閩南聯合會、省二師範、龍溪縣立小學和各校校長、教員、學生、商會會長、農會會長、當地紳商，一萬餘人，在漳州公園召開國民大會。陳炯明到會演說，表示完全支持人民的抗議行動。大會通過三項決議：一、致電巴黎和會及我國專使，爭回青島，廢除「二十一條」及各種密約。二、要求懲辦賣國賊。三、抵制日貨。

六月下旬，和約簽字問題迫在眉睫。陳炯明主張，南方在南北談判桌上，不妨儘量向北方妥協，只要堅持恢復舊國會，維護憲法（臨時約法），不應再拖延南北一致，合力支持巴黎和會代表，以爭取中國的利益。他向中央轉達在他治下各縣政府和人民團體的意見，表明堅決反對在巴黎和約上簽字的立場：

頃據福建寧化縣知事周應雲、長汀縣知事劉俊復、連城知事儈師揚、上杭知事黃偉、慶平知事金繼、清流知事區戊圻、歸化知事楊綬榮、永安知事袁蔭詹、建寧知事吳海淯、將樂知事朱泰漠、泰寧知事張文繆等據所屬各團體公民電稱：青島問題關係至重，倘若屈服，則中國幾無獨立國資格。當公理正義伸張之時，猶有此辱國喪權之事，而今而後國爰以存，伏望諸公堅決主持，勿稍撓屈。閩中民氣憤慨甚深，一息尚存，斷難隱忍，謹代電禱，不暇擇詞等語。正擬核轉間，又據各縣教育會、商會、農會、各校學生聯電，略同前情。查青島問題為國家存亡所關，如果實行簽字，萬劫不復。該各知事及地方團體所陳各節，純出愛國熱誠，亟應轉達，尚乞一致力爭，以挽危局。臨電無任迫切之至。45

民國初年的中國，遍地軍閥，有槍便是草頭王，陳炯明雖然手握兵符，卻傾心於文化事業，堪稱中國唯一的「新文化將軍」，上馬能托着五百支槍與北洋政府作戰，下馬能辦報、辦學、寫詩作文，縱論天下大勢。

廣州曾經是安那其的重要根據地。一九一二年，安那其泰斗劉師復在廣州西關建立「晦鳴學舍」，創辦《晦鳴錄》週刊（第三期更名《民聲》），印發《無政府主義粹言》、《無政府主義名著叢刻》等書，提出安那其八條綱領：共產主義；反對軍國主義；工團主義；反對宗教主

44 上海《民國日報》一九一九年六月二日。

45 上海《民國日報》一九一九年六月二十一日。

義；反對家族主義；素食主義；語言統一；萬國大同。

陳炯明與劉師復是生死朋友（暗殺團的同志），但劉師復宣導的「個人進德」十二戒律（不食肉；不飲酒；不抽煙；不用什役；不乘坐人力車轎；不婚姻；不稱族姓；不作官吏；不作議員；不入政黨；不作海陸軍人；不奉宗教），陳炯明卻沒有遵守，他既結過婚，也愛抽煙，既做過議員，又入過黨，做過軍人、官吏。他說：「罪惡的包袱，丟掉固難，肯背起它更難，師復教人丟，讓我背上一輩子吧。」和當年蔡元培到北大一樣，抱着一種「我不入地獄，誰入地獄」的心態。在這個惡濁的國度，作為封疆大吏，陳炯明的私德，是無可挑剔的，生活刻苦，廉潔自持，不蓄私財，不納妾，不嫖不賭，自命不知錢是何物，並不知女色為何事。

當五四運動的浪潮席捲大江南北之際，陳炯明致書晦鳴學舍舊人，邀請他們全體赴閩，協助他開展新文化運動。一批安那其主義者，在華南區社會主義者同盟的主持人梁冰弦率領下，於秋天攜同印刷器材、文字工作者、教育工作者、排印技工，「熱烘烘地向那小王國去」了（梁冰弦語）。陳炯明交給他們的工作，就是「辦書局印刷刊行書報」。

一九一九年十二月一日，《閩星》雜誌正式創刊，陳炯明親撰發刊詞。他提出一種「全人類社會主義」，便是出自安那其主義的主張：

> 世界人類，本來各有博愛本能。既然曉得愛國，何不教他充其本能，去愛全人類社會？能愛全人類社會，就不會把他歷史上構成民族關係的一部分人類的感情完全丟掉了。況且這部人類有了歷史關係，必然歡迎他的努力。若是目前的民族受了壓迫，我們就是先

其所急，來救濟他，也是和世界的努力，沒有衝突的。就形式上觀察，亦與其他民族的感情沒有丟掉的。那麼「全人類社會」主義，豈不是較善的主義嗎？

陳炯明宣示《閩星》的宗旨：「我們既然要為世界努力，便當先從改造中國做起，改造中國，又要先從思想界改造起，這就是我們努力世界問題的一個步驟了。閩星社同人見得這個道理，發行半週刊，介紹世界新潮，闡明吾黨主義，幫同社會上同志，為新文化的運動，即為思想界的改造，使人人都隨着我們在進化線上走去，知道世界的演進，中國是負了一個極重的責任。由是用經營世界的精神，來創造中國的新生命。思想一變，新機大來，前途光明，沒有窮極，這是本報的職務，也是本報的希望。」[46]

他的白話詩，也寫得十分有氣勢：

地中海的風浪平了！
大西洋的風浪又起。
起時無數平民哭聲高，
落時幾個帝王捲入波濤去。
這場禍水，正驚魂甫定了。
誰知道汪汪的太平洋，耐不住波平如砥。

46　陳炯明《〈閩星〉發刊詞》。《閩星》第一卷第一號，一九一九年十二月一日。

東邊的大陸，
中間的島國，
望着潮頭，說是早晚必至。
……[47]

一九二〇年元旦，《閩星日刊》以「紅年大熱」為標題，祝賀蘇俄十月革命成功。陳炯明不但贊成五四運動的宗旨，而且在閩南付之實踐。一時間，「『過激派』蔓延到八閩去了」的謠言，甚囂塵上。然陳炯明的成績，甚至把北京大學最激進的學生也吸引來參觀。他們到漳州遊覽後，在《北京大學學生週刊》上盛讚，漳州所實行的措施，「共產時代當亦不過如此」，甚至把漳州稱為「閩南的俄羅斯」。[48]

梁冰弦說：「這裏想要作成一個獨立的自治區——武裝自治區，抵禦任何勢力的侵入，區內集中全力於教育和生產，從而引導民眾滌除舊染。逐步轉向較合理的生活，而且訓練大家參與實際政治。全國儘管動亂紛紜，希望這一角落，打好一個民主化政治的基礎。一個角落如果弄得好，相信對全國沒有不生影響之理。影響所及，民眾擡頭，亂國的軍閥便難立足，這可以說是這裏的革命策略。革命的對象，簡單說就是民主的破壞者、障礙者；革命的目標，簡單說是民主政治和社會主義經濟。」

有一回，梁冰弦以安那其同人的身份，誠懇奉勸陳炯明，不如自動把什麼總司令丟進垃圾桶，自己宣告回復清白的平民身份，正正經經幹社會工作，其影響於人心更大。陳炯明大笑說：「我最看不起只能獨善其身的君子，好人有餘，成事不足，我倒反過來勸你努力期成一個總司令，不要好人偏放棄權力，讓壞蛋予取予求，世事原來多半是秀才弄糟的。」[49]

梁冰弦的文人心態，反映了中國社會的一種成見，即以為新文化運動就是幾個文人的事情，其實，如果論寫文章、論辦雜誌、論對新文化的熱忱與推廣、論對科學與民主的接受程度，沈尹默、吳虞、易白沙諸人，不及陳炯明萬一，但在史書上，他們一個個成了新文化運動的「幹將」，而陳炯明卻只不過是「受到新文化運動感染」的人，無非因為他是軍人，而且最後是與孫文分道揚鑣的軍人。

陳炯明並不認為，只有托起五百支槍去打北京那些敗類，才叫貢獻社會。投資教育，開發智力，為明天培育人才，方為真正的千秋大業。所以，在各項地方建設中，他最注重推行現代教育，出版計劃一旦略有眉目，便委任梁冰弦為漳州教育局長，銳意推行新教育。但在這個偏僻的南方小城裏，卻遇到了重重困難，最大的困難，就是人才匱乏。

一九一九年八月，上海《申報》的記者到漳州採訪陳氏時，他說：「余以為救中國之危亡，非急施以一種平民的精神教育，以促國民自覺自決，而圖根本之改造不為功。余在漳亟欲借此以為試驗。奈窒礙殊多，經費竭蹶，就是當頭一棒；人才缺乏也其一因。譬如教育，各科教師，人固知必擇務係某校畢業者，曾學某專門者，惟對於國文則莫取資於村中之老秀才，殊不

47 陳炯明《太平洋》。《閩星》第一卷第四號，一九一九年十二月十一日。

48 《五四時期期刊介紹》，三聯書店，一九七八年版。

49 梁冰弦（海隅孤客）《解放別錄》。臺灣，文海出版社，一九七八年版。

知今日文字革新，單聘這些老先生授幾首機械的古文，則與昔塾師授孩童以十三經又何異。此弊，余極欲革除之，惜無相當之人才。」[50]

因此，他有一個宏願，就是廣攬海內外人才，在南方創辦一所現代大學，改變南方教育落後的現狀。九月，他在漳州發佈《振興教育令》，把改良縣教育行政和學校教育，積極辦理義務教育、社會教育和職業教育，列為當務之急。九月二十一日，他致電廣州軍政府說：「吾國教育只有北京一大學粗備規模，不足容納國內英俊，使之競趨學術，少逐政潮。」因此，他建議「以為軍府誠宜倡建護法大學一所，即以存款全數，或提出一百萬兩為發起基金，再飭各省湊撥數十萬，並由海內外設法募捐，則二三百萬鉅資當可立集。校地或在廣東，或在上海，擇善而從」。[51]

他向海外的中國留學生發出呼籲：「歐戰告終，潮流競進，世界人類將謀均等幸福，我國若不急起直追，無由適應，顧以內政不良，頻年擾亂，軍人政客為厲之階。欲求根本解決，自非振興教育，網羅英進，使之競趨學術不可。是以有請軍府提撥存款，倡建大學之議。諸君留學西洋，返哺祖國，荷承贊同，殊深感佩。」[52]

十二月，軍政府政務會議通過了陳炯明的提議，撥關餘一百萬籌辦西南大學，委託章士釗、汪精衛為籌備員。所謂關餘，乃指全國海關稅收，根據《辛丑合約》，除支付外債本息及庚子賠款外，所有餘款，即是關餘。以前關餘是歸中國政府的，現在中國有南北兩個政府，大家都在搶這筆收入。南方政府費盡九牛二虎之力，才爭取到西方各國駐華使團答應將一部分粵海關關餘歸廣東軍政府。

陳炯明唯恐軍政府口惠而實不至，遂今天一電，明天一函，催促軍政府：「惟大學需費尚巨，伏懇請議定分省籌捐，立可湊集，並早日決定地點、委任人、籌辦人員，克期進行，是為至盼。」[53]粵軍願在十分艱苦的條件下，節衣縮食，湊集五萬元，作為籌辦西南大學的經費，希望能帶動其他各省。

一九二〇年二月，陳炯明在漳州召開護法區二十六縣的縣長暨教育科長會議，區內各省立、縣立學校校長、教育會長、勸學所長，共聚一堂，聽取各縣教育概況的報告，各人提出改進教育的建議，俾集思廣益。梁冰弦記述會議中幾個小插曲：

> 會議中有來自邊區僻縣的校長，竟提議派員赴蘇俄考察那新興社會主義國家的教育政策。那時候歐美各國還對蘇經濟封鎖，中國朝野多掩耳不顧聞「過激主義」，這一提議人登時為視線所集，案子當然遭否決。
>
> 會議之第三日，吳稚暉、李石曾和胡漢民聯翩至漳，欣然作臨時講演。吳老大談文字逐步改革，盛倡採用注音字母。李老大談青年赴法勤工儉學，賢明父母為子女移家就學。展堂（胡漢民）則大談革命哲學，民主革命之方法與目的。[54]

50 《申報》一九一九年八月十七日。
51 上海《民國日報》一九一九年十月二十七日。
52 陳炯明《覆廣東西洋留學生聯合會電》。《西洋留學生會季刊》第一期，一九一九年。
53 香港《華字日報》一九一九年十二月十六日。
54 梁冰弦（海隅孤客）《解放別錄》。臺灣，文海出版社，一九七八年版。

群賢畢至，少長咸集，會議開得很熱鬧。但陳炯明知道，漳州雖好，不是久留之地，這地方最後是要交回給福建人的。陳炯明的夢想，是把廣東建設成一個全國的模範省。從長遠來看，着眼點還是辦西南大學。他要興辦教育，首先想到了陳獨秀。他從報上得知陳獨秀被京師警察廳拘押，保釋在外，便有意把他請來南方。

陳炯明與陳獨秀有很多相似之處，都是秀才出身，都幹過暗殺團，都有強烈的反對國家主義傾向，陳獨秀一九一八年寫的《偶像破壞論》，與陳炯明一九一九年寫的《〈閩星〉發刊詞》，二者對國家的論述，如出一轍。陳炯明是安那其主義者，陳獨秀雖然沒有公開信仰安那其主義，但至少在一九二〇年以前，他思想中的安那其色彩，十分濃厚。

梁冰弦受陳炯明之託，寫信給陳獨秀，力邀他到漳州主辦教育。陳炯明又一再致電廣州、北京，要求切實保護陳獨秀出京。他向北京國務院秘書廳提出：「此次提議西南創辦大學，經函約陳獨秀來與議，頃聞陳君在京被羈，殊與籌辦大學有所障礙，希迅飭保護出京赴滬，並請惠覆。」[55]

陳獨秀出了北大的研究室，入了京師警察廳的局子，雖說是「人生最高尚優美的生活」，但內心的苦悶，莫可名狀。他的精神就像一根繃得太緊的弦，快要斷裂了。他在給梁冰弦的信中怒吼：「我期望着以布爾什維克的魄力和手段來革中國貧窮愚蠢孱弱的命，必先使次殖民地翻過身來，方才配張望前進之路。」[56]

逃往南方，醞釀組黨

陳獨秀這時仍在保釋期間，定時要向警方報告，不能隨便離開北京。而南方卻已掃徑以待，向他頻頻招手。章士釗、汪精衛邀請他與蔡元培、吳稚暉一起籌辦西南大學，並託蔡元培促陳獨秀南下廣東。北京這片傷心地，對陳獨秀來說，已了無可戀，不禁躍躍欲試，把目光投向了五嶺之南，一心想到南方另闢新天地。

陳獨秀覆電章士釗，表示願意南下，約定先到上海，再乘船赴粵。章士釗在上海迎接陳獨秀。一旦決定走人，陳獨秀便一天也待不住了，一面在家起草《西南大學組織大綱》，一面秘密籌劃南下行程。

其時高一涵已去了日本；胡適陪同杜威到濟南演講，也不在北京，一九二〇年一月五日回京後，即與陳獨秀面談。一月二十二日下午至傍晚，胡適兩度造訪陳宅，當時華中地區有幾所大學聘請胡適去做學術講演，但他正為杜威做翻譯，分身無術，所以轉薦陳獨秀前往，對方表示歡迎。他們談論的，大概就是陳獨秀離開北京的方法。

55 《國務院秘書廳公函（第七十五號）》。《魯迅研究資料》（二十一），中國文聯出版社，一九八九年版。

56 梁冰弦（海隅孤客）《解放別錄》。臺灣，文海出版社，一九七八年版。

陳獨秀的行蹤十分秘密，他究竟是哪一天離開北京，無記錄可查。但一月二十九日，陳氏身影，已出現在上海法租界環龍路老漁陽里二號了。

陳獨秀與章士釗、吳稚暉、汪精衛等人見面。汪精衛剛從漳州來，轉達了陳炯明對辦大學的意見。現在萬事俱備，只欠東風（經費）。

浙江督軍盧永祥乃皖系大將，陳獨秀在上海並不安全，故不敢逗留太久，和南方客人見過面後，立即乘大通輪由上海轉赴武漢，二月四日下午，頂着漫天雪花，在漢口登岸，下榻文華書院。二月五日，應武漢學聯文華學生協進會之邀，陳氏在文華學校做《社會改造的方法與信仰》的演講，他主張社會改造方法是：

一、打破階級的制度，實行平民社會主義，人人不要有虛榮心；

二、打破繼承的制度，實行共同勞動工作，不使無產的苦、有產的安享；

三、打破遺產的制度，不使田地歸私人傳留享有，應歸為社會的共產，不種田地的人，不應該享有田地的權利。

在講到信仰問題時，他提出兩點：「一、平等的信仰；二、勞動的信仰。人人應該受教育，應該常勞動，心理上總有平等的勞動與勞動的革命。」他說現在雖然還不到流血革命的時候，但要開始研究革命的方法與信仰，一旦「到了那個可以革命的時機，我們就非要與那惡魔奮鬥不可」。[57]

二月六日，陳獨秀應文華書院邀請，參加該校的畢業典禮，並發表演講。二月七日又應漢口青年會邀請，在武昌高等師範學校演講《新教育的精神》，各界人士和議會議員都有出席。

會後他還和議員們見面，交換教育方面的意見。

陳獨秀在武漢頻頻高調出席各種公開活動，並不在乎自己的行蹤被官方知道，似乎顯示出，他已決定不再回北京了。湖北督軍王占元是直系軍閥的「長江三督」之一，與皖系軍閥矛盾殊深。陳獨秀大概認為他在武漢是安全的。詎料，「湖北官吏對於陳氏主張之主義，大為驚駭，令其休止演講，速去武漢」。[58]這時西南大學的經費，尚未有着落，陳獨秀既不能在武漢待下去，又不能南下，也不想回上海，其行蹤既已暴露，去上海等於自投羅網。他想來想去，只能冒險蹔返北京。

二月七日下午，陳獨秀繼續參加堤口下段保安會召開的歡迎會，發表演講，會後出席了一個討論會，主張武漢市參考美國城市的自治辦法實行自治。當晚七時，陳獨秀赴普海樓出席武昌學界的宴會。宴會後與北京學生代表劉大渠等人，從大智門火車站跳上北去的火車，連夜趕回北京。

果然，陳獨秀一回到北京，就遇上麻煩了。警方從武漢的報紙，知道他離開了北京，立即派人登門查訪。據胡適說：

> 獨秀返京之後正預備寫幾封請柬，約我和其他幾位朋友晤面一敍。誰知正當他在寫請

57《國民新報》一九二〇年二月十二日。

58《漢口新聞報》一九二〇年二月九日。

帖的時候，忽然外面有人敲門，原來是位警察。

「陳獨秀先生在家嗎？」警察問他。

「在家，在家。我就是陳獨秀。」獨秀的回答倒使那位警察大吃一驚。他說現在一些反動的報紙曾報導陳獨秀昨天還在武漢宣傳「無政府主義」；所以警察局派他來看看陳獨秀先生是否還在家中。

獨秀說，「我是在家中呀！」但是那位警察說，「陳先生，您是剛被保釋出獄的。根據法律規定，您如離開北京，您至少要向警察關照一聲才是！」

「我知道！我知道！」獨秀說。

「您能不能給我一張名片呢？」

獨秀當然唯命是聽；那位警察便拿着名片走了。獨秀知道大事不好。那位警察一定又會回來找麻煩的。所以他的請帖也就不寫了；便偷偷地跑到我的家裏來。警察局當然知道陳君和我的關係，所以他在我的家裏是躲不住的。因而他又跑到李大釗家裏去。

大家覺得，警察一旦發現陳獨秀不見了，一定到處查找，李大釗家也不安全。胡適、李大釗又急忙把陳獨秀送到府右街十二號的王星拱家中躲避。王星拱是北大同事，又是陳氏的安徽同鄉。不出所料——

警察不知他逃往何處，只好一連兩三天在他門口巡邏，等他回來。「陳獨秀知道家是回不成了，」他乃和李大釗一起離開了北京，從此便一去不復返了。[59]

對陳獨秀的出逃，高一涵也有一段引人入勝的描寫：「當時同李大釗計劃：想保護陳獨秀出京的安全，萬萬不能乘坐火車或小汽車出京。李大釗挺身而出，自願護送陳獨秀從公路出走。因李大釗是樂亭人，講的是北方話，衣着又樸素，很像生意人。就在王星拱家裏準備一切。時當陰曆年底，正是北京一帶生意人往各地收賬的時候。於是他兩個人雇了一輛騾車，從朝陽門出走南下。陳獨秀也裝扮起來，頭戴氈帽，身穿王星拱家裏廚師的一件背心，油跡滿衣，光着發亮。陳獨秀坐在騾車裏面，李大釗跨在車把上。攜帶幾本賬簿，印成店家紅紙片子。沿途住店一切交涉，都由李大釗出面辦理，不要陳獨秀張口，恐怕漏出南方人的口音。因此，一路順利地到了天津，即購買外國船票，讓陳獨秀坐船前往上海。李大釗回京後，等到陳獨秀從上海來信，才向我們報告此行的經過。」[60]

故事寫得生動細緻，栩栩欲活，連陳獨秀的衣服「油跡發亮」的細節，也捕捉到了。可問題是，當時高一涵並不在國內，這段描寫，是聽誰說的呢？李大釗「向我們報告此行的經過」時，他還在日本吃着冰冷的飯團子呢。不過這段他不在現場的「孤證」，卻成了無數史家、文學作家引用的材料。

李大釗陪陳獨秀逃到天津，兩人握手而別，陳獨秀乘火車（而不是坐船）轉去上海，李

59《胡適口述自傳》。華東師範大學出版社，一九九三年版。

60 高一涵《李大釗同志護送陳獨秀出險》。《文史資料選輯》第六十一輯，一九六三年。

大釗則返回老家。關於李大釗護送陳獨秀離京過程中，發生過什麼事情？他們交談過什麼？引起後人諸多猜測，高一涵的文章《李守常先生傳略》裏說，陳、李二人在途中「計劃組織中國共產黨」。[61]於是，一九七九年出版的《李大釗傳》也說，他們在路上「商討了有關建黨的問題」，[62]這場沒有第三者在場的談話，又是怎麼傳出來的呢？原話是怎麼說的？全不知曉，但同樣被史家廣泛引用，「南陳北李，相約建黨」，遂成不刊之論。

二月十二日，陳獨秀抵達上海，一下火車就感冒了，在旅舍裏躺了幾天。二月十四日，他致電吳炳湘：「夏間備承優遇，至為感佩，日前接此間友人電促，前來面商西南大學事宜，匆匆啟行，未及報廳，頗覺歉仄，特此專函補陳，希為原宥，事了即行回京，再為面謝，敬請勳安。」[63]有人想當然地以為，這是陳獨秀故意調侃北京警方，其實不然，陳獨秀在獄中頗得吳氏回護，現在棄保潛逃，無疑給這位安徽同鄉製造了麻煩，內心有所不安，專電致歉，倒是更有可能的。

一九二〇年春，一位叫布魯威的布爾什維克黨人，通過安那其主義者鄭佩剛、黃超海，與李大釗、陳獨秀聯繫上。布魯威自稱是研究中國《詩經》的專家，在天津居住多年，以學習中文為名，介紹許多嚮往蘇俄的中國青年，前往蘇俄。據梁冰弦說，李大釗和陳獨秀在天津、北京期間，與布魯威見過幾次面，「結果產生一『社會主義者同盟』，沒有分什麼派系壁壘，只要是傾向同一大目標的都先團聚起來，共推陳獨秀為領導者，北大和其他大學學生，投身這旂下的眾多而熱烈」。[64]

這個春天對陳獨秀來說，大半時間都在顛沛流離之中，他何時何地與這位布魯威見面，並討論群組織「社會主義者同盟」，殊難稽考。但有一點可以肯定，這次離開北京，是陳獨秀改變一生的決定。「自此以後陳獨秀便與我們北大同人分道揚鑣了。」幾十年後，胡適感歎繫之地說，「在上海陳氏又碰到了一批搞政治的朋友——那一批後來中國共產黨的發起人。」65

61 高一涵《李守常先生傳略》。漢口《民國日報》一九二七年五月二十四、二十五日。
62《李大釗傳》。人民出版社，一九七九年版。
63 京師警察廳檔案《陳獨秀被捕卷》。
64 梁冰弦（海隅孤客）《解放別錄》。臺灣，文海出版社，一九七八年版。
65《胡適口述自傳》。華東師範大學出版社，一九九三年版。

另敲鑼鼓另開張

陳獨秀南下之初，對辦西南大學，確實抱有種種憧憬。他在上海接受記者採訪時說，這次到上海來，依然準備赴廣州任職。他對南方有很高期待，覺得廣州的政治空氣比北京要好，廣東人民性格活潑勇健，其受腐敗空氣之薰陶或不如北京之盛，「改造廣州社會，或輕易於北京，故吾人此行，殊抱無窮希望也」。66

陳獨秀說，黃河流域有北京大學，長江流域有復旦大學，唯珠江流域完全缺乏，為國家教育配置，應在廣州設一大學，以啟發珠江文化。他甚至對大學的規模設置和預算，都有了具體計劃：「我們當初對於西南大學懷着三個希望：一、開辦費六十萬元常年八萬元的理化試驗所。二、開辦費三十萬元常年費三萬元的圖書館。三、常年費十萬元的編譯處。圖書館和理化試驗所自然都是公開的，供給社會的要求，不為一校學生所獨有。此外實行男女同校，附設工廠實行學生半工半讀，也是我們重要的希望。」67

如果西南大學能夠順利辦成，陳獨秀能夠到西南大學任教，繼續當教書匠，或許他的下半生會完全改觀，而中國歷史也可能是另外一種寫法。可惜，東風不與周郎便，歷史註定要朝另一個方向走去，千山萬水阻不住。

當時廣州軍政府由桂系把持，與孫文、陳炯明等國民黨人，水火不容，只欠一戰。國民黨不想把大學辦到桂系的地盤裏，桂系也不想讓國民黨在他們的地盤裏辦大學。陳獨秀急於南下，卻偏遲遲不能成行。

汪精衛、章士釗、吳稚暉提議，西南大學不如設在上海租界，或乾脆到巴黎辦一所中國大學。這給陳獨秀兜頭澆了一大盆冷水，他表示絕對反對，我們不信賴中國政府，難道就必求依賴外人嗎？如此，「則全國大小學校，非盡遷入租界不可」，「寄生外人肘下，精神為莫大痛苦」，[68]就算辦成，也沒有什麼價值。

陳獨秀急得如熱鍋上的螞蟻。其實，他對廣東的複雜情況，並不太了解，只想儘快跳出上海這個齷齪泥潭。但世上不如意事，十常八九，三月五日，章士釗從廣州來電稱，西南大學大綱已經政務會議通過，校址將設於上海，請陳氏不必赴廣州。陳獨秀極為不滿。三月二十二日，章士釗、吳稚暉、李石曾到上海會見陳獨秀，做勸服工作。

熟悉西南政局的人，無不十分悲觀。三月三十日，孫文宴請陳獨秀、吳稚暉、胡漢民、汪精衛、戴季陶等人。陳獨秀和孫文說起籌辦西南大學的事，孫文斷然表示，要在廣州辦大學，非先把桂系趕走不可。他正不斷催促陳炯明回師廣東，驅逐桂系。孫文與桂系之間的矛盾，最後一定要用武力解決。章士釗搖頭歎氣說：「廣東沒有十年是不會平靜的。」陳獨秀最後也只能接受現實，同意西南大學設在上海同濟大學原址。

66 陳獨秀《關於西南大學的談話》。上海《民國日報》一九二〇年二月二十三日。

67 陳獨秀《答高銛》。《獨秀文存》，安徽人民出版社，一九八七年版。

68 陳獨秀《關於西南大學的談話》。上海《民國日報》一九二〇年二月二十三日。

陳獨秀望眼欲穿，等來的消息，卻令人沮喪。籌備西南大學的經費，原定從廣東關餘撥出。關餘由軍政府總裁兼外交、財政部長伍廷芳博士管理。迄今已接收了兩筆，統匯入香港上海滙豐銀行沙面分行。

後來總裁岑春煊、督軍莫新榮主張將關餘移作軍費，伍廷芳拒絕撥付。伍博士是廣東人，被視為孫文的朋友。桂粵兩系的矛盾，舊患未愈，又添新傷。三月二十九日，伍氏棄職潛逃，捲走了一百八十餘萬關餘，用作支持與桂系決裂的國會議員赴滬開會的費用。軍政府一怒之下，延聘律師在香港起訴伍廷芳，鬧出了一宗國際大醜聞。而其他未付的關餘，則被外交使團凍結。

關餘沒了，大學也就辦不成了。陳獨秀滯留上海，前不着村，後不着店，他在給友人的信中，憤然寫道：「為了無名義的私利的政爭，把經費破壞了，我們這些希望，都等於一場好夢，幾時想起，幾時便令人心痛。各處來信問西南大學的很多，我因為除免痛苦，一概不覆，實在對大家不起。」[69]

他愈想去廣東，就愈覺得上海烏七八糟，在他眼裏，簡直一無是處。他所感受到的上海，令他痛苦不堪：

上海社會，分析起來，一大部分是困苦賣力毫無知識的勞動者；一部分是直接或間接在外國資本勢力底下討生活的奸商，一部分是賣偽造的西洋藥品賣發財票的詐欺取財者；一部分是淫業婦人；一部分是無惡不作的流氓，包打聽，拆白黨；一部分是做紅男綠女小說，做種種寶鑒秘訣，做冒牌新雜誌騙錢的黑幕文人和書賈；一部分是流氓政客；青年有志的學生只居一小部分，——處在這種環境裏，僅僅有自保的力量，還沒有征服環境的力量。

像上海這種齷齪社會，居然算是全中國輿論底中心，或者更有一班妄人說是文化底中心；上海社會若不用猛力來改造一下，當真拿他做輿論和文化底中心，那末，中國底輿論和文化可真糟透了；因為此時的上海社會，充滿了無知識利用奸詐欺騙的分子，無論什麼好事，一到了上海，便有一班冒牌騙錢的東西，出來鬼混。

流氓式的政客，政客式的商會工會底利用手段更是可厭，我因此聯想到國民大會如果開得成，總以不在上海開會為宜。[70]

後來他又寫了再論、三論、四論上海社會，把上海罵得一塌糊塗，恨不得把它翻個底朝天。在這樣一個昏天黑地的社會上，陳獨秀，一個憤世嫉俗者，懷着滿腔的怒火，沒有職業，裘敝金盡，靠寫文章、編雜誌、到處演講為業。從下面的一份日程表，可以一窺陳獨秀在上海的忙碌情形：

三月二十日，在青年會徵求會員大會閉幕典禮上演講《新文化運動是什麼》。

三月二十九日，在江蘇教育會演講《教育的缺點》。

69 陳獨秀《答高銛》。《獨秀文存》，安徽人民出版社，一九八七年版。

70 陳獨秀《上海社會》。《獨秀文存》，安徽人民出版社，一九八七年版。

四月二日，在上海船務棧房工界聯合會成立大會上演講《勞動者的覺悟》。

四月十八日，參加由中華工業協會、中華工會總會、電器工界聯合會、中華全國工界協進會、中華工業志成會、船務棧房工界聯合會、藥業友誼聯合會發起的世界勞動紀念大會籌備會，發表演講《勞工旨要》。

四月二十一日，在中國公學演講《五四運動的精神是什麼》。

五月一日，參加上海澄衷中學舉行的慶祝「五一」國際勞動節大會。

他從這個演講會場，趕往下一個演講會場，滔滔不絕，慷慨激昂，從文化運動講到社會運動，從工人生活講到官場黑暗，從廢督裁兵講到平民教育，從國內講到國外，把聽眾的情緒，一次次推向高潮。「罪惡、黑暗、覺悟、革命、奮鬥、壓迫、反抗、恐怖、解放」，這些名詞意象，紛至沓來，在他的腦子裏，整天轟轟作響，好像雷電一般。他不斷向到訪的學生領袖（包括羅家倫、張國燾、許德珩等人）表示，中國一定要走俄國革命的道路，徹底推翻軍閥主義。這時，一個職業革命家的形象，已呼之欲出。

陳獨秀把五月一日出版的《新青年》做成勞動節紀念專號，比平時的《新青年》厚了兩倍。他親自寫了《上海厚生紗廠湖南女工問題》、《勞動者的覺悟》等文章，主張中國工業的發展，不應走歐美日本的道路，而應採用社會主義制度；又發表了李大釗的《五一運動史》、高君宇的《山西勞動狀況》、李次山的《上海勞動狀況》，以及《俄羅斯蘇維埃聯邦共和國勞動法典》，蘇俄政府第一次對華宣言等文獻、文章，還有一組關於工人的勞動時間、工資、教育等問題的通信。

穀雨過後，上海的雨水漸漸多起來了。毛澤東從北京啟程到上海，為新民學會到法國去勤工儉學的會員送行。五月五日抵達上海，住在哈同路民厚南里。五月八日，毛澤東在半淞園開了一天會，送別赴法會友，並討論會務。大家議定介紹新會友的四個條件：純潔、誠懇、奮鬥、服從真理。「這日的送別會，完全變成一個討論會了。天晚，繼之以燈。但各人還覺得有許多話沒有說完。」[71]

送走了出國的會友之後，毛澤東和朋友們租了幾間房子，興致勃勃，要躬行工讀互助團的生活。所謂工讀互助團，最初由蔡元培、陳獨秀、胡適、李大釗等人在北京發起，在青年學生中，風行一時，其宗旨是本互助的精神，實行半工半讀。團員工作所得歸團體所有，團員的生活必需品及教育費、醫藥費等由團體供給。「互助」是安那其主義的核心價值之一，當時流行的「工讀互助」，大都有安那其背景。陳獨秀到上海後，積極支援上海工讀互助團，建議團員可以做印刷裝訂、種菜等工作，讀書可到復旦大學。

毛澤東也捋起衣袖，準備親操井臼，一嘗洗衣服和送報紙的滋味，但沒做幾天就停止了。他給北京的朋友寫信說：「工讀團殊無把握，決將發起者停止。」[72]不僅毛澤東覺得工讀互助搞不下去，其他的工讀互助活動，也很快趨於冷卻。陳獨秀一針見血地說：工讀互助團的失敗，「完全是因為缺乏堅強的意志、勞動習慣和生產技能三件事；這都是人的問題，不是組織的問

71 毛澤東《新民學會會務報告》第一號。《新民學會資料》，人民出版社，一九八〇年版。
72 毛澤東致黎錦熙信。《毛澤東書信選集》，中央文獻出版社，二〇〇三年版。

題」。[73]

陳獨秀漸漸覺得，中國需要的不是工讀互助，而是「直接行動，革那資產階級據以造作罪惡的國家、政治、法律的命」！他和毛澤東在細雨紛飛的上海見面，這是他們第二次見面，一起討論馬克思主義及組織「改造湖南聯盟」的計劃。

隨後，毛澤東和他的湖南朋友們，草擬了《湖南人民自決宣言》，在上海的《天問》週刊及《時事新報》上發表。在其後的十幾天內，毛澤東在《申報》發表《湖南改造促成會發起宣言》；在《時事新報》連續發表《湖南人再進一步》、《湘人為人格而戰》、《湖南改造促成會覆曾毅書》等文章，闡明他的政治主張。

七月初，當毛澤東告別陳獨秀，從上海回湖南時，炎炎夏天已經來了，「一九二〇年夏天，」毛澤東說，「我已經在理論上和在某種程度的行動上，成為一個馬克思主義者，而且從此我也自認為是一個馬克思主義者了。」[74]

中國的許多馬克思主義者，都在這一年，紛紛破蛹而出。

73 陳獨秀《工讀互助團失敗的原因在那裏？》。《新青年》第七卷第五號，一九二〇年四月一日。

74 《毛澤東一九三六年同斯諾的談話》。人民出版社，一九七九年版。

第六章

尾聲與楔子：革命來了！

一個幽靈，共產主義的幽靈，在中國徘徊

陳獨秀遠離了新青年的舊同人，在上海，他結識了一批新同人：日本中央大學法科畢業的陳望道（第一個漢文全譯本《共產黨宣言》的翻譯者）、日本東京帝國大學畢業的李漢俊、上海商務印書館編譯所的沈雁冰、剛從日本回國的李達等人，後來都成了中國共產黨人。他們的加入，加速了陳獨秀的思想變化，《新青年》越來越向左轉了，成了一本宣傳馬克思列寧主義的雜誌，共產主義小組、共產黨的組織，在上海，亦已開始破土萌芽了。

一九一九年底，蘇俄密使波特波夫，穿過西伯利亞的風雪，來到十里洋場上海。他的主要任務，不是聯絡陳獨秀，而是和孫文商談軍事合作問題。他在上海待了四個月，與民族主義者、安那其主義者和共產主義者進行接觸。但陳獨秀對他沒有留下什麼印象。

這時的陳獨秀，正站在一個歷史的十字路口。接下來的《新青年》，應該怎麼辦？他不是沒有遲疑的。四月二十六日，他寫信給李大釗、胡適等人，告知他們《新青年》七卷六號五月一日即可出版，同時提出今後怎麼辦的問題：一、是否繼續出版？二、如果繼續出，對發行部初次所定合同已滿期，有無應與交涉的事？三、編輯人問題，是由在京諸人輪流擔任？還是由在京一人擔任？或者由他在滬擔任？

北京的同人們還沒商量出個頭緒，陳獨秀在上海見到了來自蘇俄的維經斯基（中國名字叫

吳廷康），一切都改變了。

維經斯基，時任共產國際遠東書記處主席團委員，俄共（布）遠東局海參崴支部領導人。一九二〇年三月奉共產國際之命來到北京，肩負着在上海成立共產國際東亞書記處的任務，並推動在中國組建共產黨的工作。經布魯威介紹，與李大釗認識；再經李大釗介紹，到上海和陳獨秀會面。

這時，「社會主義者同盟」已經成立，共推陳獨秀為盟主。華中區負責人是陳獨秀、李漢俊、鄭佩剛等人；華南區負責人是梁冰弦、劉石心等人；華北區的負責人為李大釗、黃凌霜、華林等人。「社會主義者同盟」是一個鬆散的結合，合則來，不合則去，不受什麼紀律約束。據鄭佩剛說：「社會主義者同盟的性質是屬於統一戰線的組織，當時凡進行社會主義宣傳的人，不分什麼派別都可自願參加。」[1]

如果不是遇到維經斯基，陳獨秀很可能就走上安那其主義的道路，成為中國的安那其領袖了。

梁冰弦追憶：「社會主義同盟華北區有人提議充實組織並且直截徑名中國共產黨，已有過半數分子同意，華中區則贊同的僅十分之二三，而華南區則全體反對。」就社會主義同盟的思想與理論而言，「在華南的為純蒲魯東學派，不苟同於馬，更何有於列？對布爾什維克，固許為先進勇士，卻未必就是師傅。」梁冰弦說，「事實上華北華中全為陳獨秀所左右，不遂他意的只有華南。但有一層，陳獨秀對於黨團運動，則主張布爾什維克化，而步驟仍在於民主政治的期

1 《共產國際、聯共（布）與中國革命文獻資料選輯》（二），北京圖書館出版社，一九九七年版。

成。」[2]

上海的輿論主力，與《新青年》立場較接近的，還有研究系的《時事新報》（張東蓀主持）和國民黨的《星期評論》（戴季陶主持）。大家你呼我應，我鼓你吹，一日百戰，形成一個十分開放、熱鬧的言論氛圍。共產黨創始人之一的包惠僧說，「他們曾經有過這樣的打算，把《新青年》、《星期評論》、《時事新報》結合起來，建立一個新中國革命同盟，並由這幾個刊物的主持人聯合發起組織中國共產黨或是中國社會黨。」[3]

維經斯基與陳獨秀和他的朋友們見面，也邀請了張東蓀參加座談。維氏講解十月革命和馬克思主義，把蘇俄革命後，如何沒收地主土地，如何把工業、礦山、交通、銀行收歸國有，如何成立國民經濟最高會議，實行計劃經濟、軍事共產主義，說得二月楊花滿路飛，在陳獨秀聽來，好像是「公主和王子從此過着幸福生活」的童話一般。

> 維丁斯基當時講話的大意是：「中國現在關於新思想的潮流，雖然澎湃，但是第一、太複雜，有工團主義，有社會民主主義，有基爾特社會主義，五花八門，沒有一個主流，使思想界成為混亂局勢；第二、沒有組織，做文章、說空話的人多，實際行動，一點沒有。這樣決不能推動中國的革命。」所以，維丁斯基「希望我們組織『中國共產黨』」。[4]

維氏出於革命的本能，對這種「百家爭鳴」的狀態，十分不滿，認為不利於革命，必須結束，代之以馬克思主義作為思想界的主流，建立共產黨組織，開始實際的革命行動。對一向主張旗幟鮮明，「不容匡正」的陳獨秀來說，正合我意。彷彿在黑暗的隧道那一頭，看到一線光明射來，大家眼睛閃閃發光，飽含憧憬。

但張東蓀卻不以為然。他是非黨派者，當初梁啟超把進步黨這麼一個大黨都解散了，還費勁重新搞什麼社會黨、共產黨？研究系主張改良型的社會主義，中國目前並不具備實行共產主義的條件，更沒有實行馬克思主義的社會基礎，張東蓀反對在工業未發達的中國鼓動階級鬥爭的罷工與怠工，也不贊同立即在中國建立共產黨，進行社會主義的實際運動。所以他退了出來，不再參與陳獨秀的組黨活動了。

國民黨的戴季陶原本是贊成的，但被孫文痛罵一通之後，也嚇得退出了。現在，只剩下陳獨秀和《新青年》的新同人們了。五月，陳獨秀、李漢俊發起上海馬克思主義研究會。陳獨秀寫信徵求李大釗、張申府意見，黨的名稱，是叫社會黨，還是叫共產黨？李、張商量後一致認為，叫共產黨！就這麼定下來了。七月十九日，由維經斯基主持，在上海召開「中國積極分子會議」，即中國共產黨上海發起組的預備會議。

當時陳獨秀、李漢俊、沈玄廬等一致主張成立中國共產黨。後來又有李達、俞秀松、

2 梁冰弦（海隅孤客）《解放別錄》。臺灣，文海出版社，一九七八年版。

3 《共產國際、聯共（布）與中國革命文獻資料選輯》（二），北京圖書館出版社，一九九七年版。

4 周佛海《扶桑笈影溯當年》。上海古籍出版社，一九四三年版。

施存統加入，於是他們完成了中國共產黨的黨綱草案，成立了中共臨時中央，設在上海，推陳獨秀任書記，並向國內外發展組織，相繼成立了北京、上海、武漢、長沙、廣州、山東等六個支部。5

八月，由陳獨秀、李漢俊、李達、陳望道、俞秀松、沈玄廬、施存統、楊明齋八人，組成了上海共產主義小組，由陳獨秀任書記。在東亞書記處的指導下，成立了出版部、宣傳報告部和組織部。《新青年》從一本打孔家店，提倡白話文的文史哲雜誌，脫胎換骨，成了上海共產主義小組機關刊物，並創辦了它的姊妹刊《共產黨》月刊。

一年前，蘇俄政府發表第一次對華宣言，「凡從前與日本、中國及協約國所訂的密約，一律取消」；「凡從前俄羅斯帝國政府時代，在中國滿洲以及別處用侵略的手段而取得的土地，一律放棄。」不要求賠償，不侵略土地，廢除秘密外交，撤廢一切政治的經濟的特權。6彷彿天上掉下的餡餅，中國各界無不感激涕零，紛紛致電蘇俄政府，表達欽佩與感謝之情，並敦促落實承諾。親俄成了一股新潮流。

上海《民國日報》說：「使中國人不能不興奮，不能不感激。因為這空前的事業，實在是自有國家這個東西以來，任何民族，任何國家，所不願作，不敢作的，又實在是全世界的平民，所大家希望的。」7全國學生聯合會的電報稱：「我們自當盡我們所有的能力，在國內一致主張，與貴國正式恢復邦交」，「俾造成一個真正平等、自由、博愛的新局面」。全國各界聯合會更代表全國人民，正式聲明：「收回各項權利，庚子賠款；並恢復中俄兩國人民之邦交」，「希望俄國人民再接再厲，作正誼人道之前驅」。8

一九二〇年九月二十七日，蘇俄政府發表第二次對華宣言。這時的蘇維埃政權，已在整個遠東地區站穩了腳跟。蘇俄的算盤，與一年前大不一樣，立足點已不再是如何爭取中國的同情，而是如何保住他們的既得利益，如何向中國輸出革命了。這一年，來自蘇俄的使者，水陸兼程，不絕於途。他們不是來廢除不平等條約的，而是來售賣軍火，為中國軍隊訓練官兵，以及說明中國組織革命政黨。

十一月，一份名為《中國共產黨宣言》的秘密文件，在上海發起組和各地的共產主義小組中傳閱，這是中國共產黨的第一份綱領性文件，它分三部分：一、共產主義者的理想；二、共產主義者的目的；三、階級鬥爭的最近狀態。第一部分，闡明了無產階級要建立一個沒有經濟剝削、沒有政治壓迫、沒有階級的共產主義社會。第二部分闡明了共產主義者的目的是按照上述理想，「創造一個新的社會」，為此，要引導無產階級去向資產階級鬥爭，並獲得政權，像俄國一九一七年革命那樣。第三部分闡明了階級鬥爭必然導致無產階級專政及無產階級國際主義的原則。

這時，陳獨秀和發行《新青年》的群益書社徹底鬧翻了。由於七卷六號加厚了，又有鋅版，

5《共產國際、聯共（布）與中國革命文獻資料選輯》（二），北京圖書館出版社，一九九七年版。
6《中國現代史資料選編》（一），黑龍江人民出版社，一九八一年版。
7 上海《民國日報》一九二〇年四月十四日。
8《新青年》第七卷第六號，一九二〇年五月一日。

又有表格，用紙多了，排工也貴了很多，群益要求加價，不然就虧本了。陳獨秀堅決反對，群益指責陳獨秀違反了原來的合同。

陳獨秀一氣之下，索性把雜誌收回來，在七卷六號封面上，連每期都有的「上海群益書社印行」一行字也拿掉了。從八卷一號開始，改為「上海新青年社印行」。雙方幾乎要鬧上法庭。汪孟鄒兩頭奔走調解，唇焦舌敝，終歸無用，陳獨秀把他也連帶一起罵了。

《新青年》的經濟狀況，一向過的是緊日子，如果真有賺頭，群益也不至於要提出分手了。但陳獨秀的腰板，何以忽然挺得那麼硬呢？後來有人推測：「新青年社從群益書社分裂出來獨立經營的啟動資金，其實是自四卷一號『復活』之後逐漸積累下來的公共財產：每一期的編輯費連同北京地區的發行費，以及由部分同人出資經營的《每週評論》週刊的盈餘資金。」[9]但這只是推測之詞，並無數據支持。

新青年社的資金，除了上述來源之外，應該還有同人入股。九月一日，新青年社正式成立。在陳獨秀給胡適的信中，有「『新青年社』股款，你能否籌百元寄來」[10]之句，當可為證。

另一種可能性是，這時蘇俄方面，已承諾在經濟上支援《新青年》。一九二一年四月，在中國從事地下工作的俄共（布）黨人索科洛夫—斯特拉霍夫給俄共（布）領導的一份絕密報告說：「迄今（中共）黨的實際領導權還在中央機關刊物《新青年》雜誌編輯部手裏。這個雜誌是由我們資助在上海用中文出版的，主編是陳獨秀教授，當地人稱他是『中國的盧那察爾斯基』，即天才的政論家和善於發動群眾的宣傳員。」[11]

繼布魯威之後，蘇俄又派了一個叫斯脫洛米斯基的人來上海，與社會主義者同盟接洽。他們商定辦一家小型印刷所，由鄭佩剛負責，印刷器材由晦鳴學舍提供，用作印刷《共產黨》和安那其主義的《自由》等。據梁冰弦說，斯氏給了他們兩千元做開辦費。《新青年》本來就是不付稿酬的，現在印刷成本也解決了，雜誌的花費，實際上是很少的。陳獨秀當然想把它收回自辦，不讓群益賺印刷、發行的錢了。

一九二一年六月，根據列寧推薦，共產國際代表馬林被派到中國。他和陳獨秀的關係，一度鬧得很僵，有一回他責備陳獨秀：「一年來第三國際在中國用了二十餘萬而成績如此，中國同志未免太不努力。」陳獨秀反唇相譏：「我們哪裏用了這樣多？半數是第三國際代表自己拿去住洋房吃麵包，如何誣賴別人！」[12]所謂一年來，也就是從一九二〇年夏天至一九二一年夏天；陳獨秀說沒用那麼多，即確實有接受資助，只是沒二十餘萬那麼多而已。

9 張耀傑《〈新青年〉同人的經濟賬》。《社會科學論壇》二〇〇六年第九期。

10《關於新青年問題的幾封信》。《中國現代出版史料》（甲編），中華書局，一九五四年版。

11《共產國際、聯共（布）與中國革命文獻資料選輯》（一），北京圖書館出版社，一九九七年版。

12《周佛海回憶錄》，臺灣，躍升文化事業有限公司，一九八八年版。

《新青年》的歸宿

關於《新青年》未來的方向，陳獨秀心中早有決定，就是要辦成一本共產黨的機關刊物。但北京的舊同人卻不清楚，一九二〇年五月十一日，胡適還在北京中央公園召集各位同人，就陳獨秀的來信進行討論。

胡適的意見，無非是三個辦法，要麼聽任《新青年》辦成一種有特別政治色彩的雜誌，而另辦一個哲學文學雜誌；要麼恢復《新青年》原來不談政治的戒約，搬回北京來辦；最後一種辦法，就是暫時停刊。

會議開完，仍沒有定案。胡適應南京高等師範學校之聘，到該校的暑假學校講學，七月二日去了南京。八月初，他接到陳獨秀的來信稱：「我近來覺得中國人的思想，是萬國虛無主義——原有的老子說，印度空觀，歐洲形而上學及無政府主義——底總匯，世界無比，《新青年》以後應該對此病根下總攻擊。這攻擊老子學說及形而上學的司令，非請吾兄擔任不可。」並計劃把胡適在南京的講義，由新青年社出版。13

如果在兩年前，胡適也許會慷慨受命。但現在他的心態，比起在赫貞河畔，「搴旗作健兒」時，冷靜多了，成熟多了。他在南京的講義題為《研究國故的方法》，證明他對於古人的學說，已不再是橫掃一切牛鬼蛇神，他提出研究國故的四個方法：

一、歷史的觀念……把舊書當作歷史看，知他好到什麼地步，或壞到什麼地步。這是研究國故方法的起點。

二、疑古的態度　疑古的態度，就是「寧可疑而錯，不可信而錯」十個字。

三、系統的研究　古時的書籍，沒有一部是「著」的。中國書籍很多，但有系統的著作，竟找不到十部。無論研究什麼書籍，都要尋出他的脈絡，研究他的系統，須從歷史方面着手，尋出因果的關係，前後的關鍵，要從沒有系統的文學、哲學、政治等等裏邊去尋出系統來。

四、整理　整理的目的，就是要使從前少數人懂得的，現在變為人人能解的……[14]

其實，又豈止是研究國故需要有這四種態度，對研究一切學問，都當如此。但現在卻似乎不是研究學問的時代。中國的急務，是確立一種真正的自由思想。在胡適看來，爭自由的唯一的原理是：「異乎我者未必即非，而同乎我者未必即是；今日眾人之所是未必即是，而眾人之所非未必真非。」爭自由的唯一理由，就是期望大家能容忍異己者的意見與信仰，凡不承認異己者的自由的人，就不配爭自由，不配談自由。八月一日，胡適與蔣夢麟、陶孟和、王徵、張慰慈、高一涵、李大釗七人，聯名發表《爭自由的宣言》：

13 《胡適來往書信選》（上）。中華書局，一九七九年版。

14 胡適《研究國故的方法》。《胡適文集》（十二），北京大學出版社，一九九八年版。

我們本來不願意談實際的政治，但實際的政治，卻沒有一時一刻不來妨害我們。自辛亥革命直到現在，已經有九個年頭。這九年在假共和政治之下，經驗了種種不自由的痛苦；便是政局變遷，這黨把那黨趕掉，然全國不自由的痛苦仍同從前一樣。政治逼迫我們到這樣無路可走的時候，我們便不得不起一種徹底覺悟，認定政治如果不由人民發動，斷不會有真共和實現。但是如果想使政治由人民發動，不得不先有養成國人自由思想自由評判的真精神的空氣。我們相信人類自由的歷史，沒有一國不是人民費去一滴一滴的血汗換來的。沒有肯為自由而戰的人民，絕不會有真正的自由出現。這幾年軍閥政黨膽敢這樣橫行，便是國民缺乏自由思想自由評判的真精神的表現。我們現在認定，有幾種基本的最小限度的自由，是人民和社會生存的命脈，故把他提出，讓我全國同胞起來力爭。

宣言明確提出如下六條：

一、民國三年三月二日所公佈的治安警察條例應即廢止。
二、民國三年十二月四日所公佈的出版法應即廢止。
三、民國三年四月二日所公佈的報紙條例應即廢止。
四、民國八年所公佈的管理印刷業條例應即廢止。
五、民國三年三月三日所公佈的預戒條例應即廢止。
六、以後如果不遇外患或戰爭開始的時候，不得國會、省議會議決，或市民請求，不得濫行宣佈戒嚴。

宣言還指出有四種自由，不得在憲法外更設立限制的法律：一、言論自由；二、出版自由；三、集會結社自由；四、書信秘密自由。[15]

這篇宣言，有人說是胡適起草的，但胡適年譜的作者胡頌平卻認為，是李大釗、高一涵起草的。因為按胡適的習慣，凡由他起草，共同署名的文章，他都是名列最後的。這篇宣言，他的名字在前面。[16]

宣言發表後，胡適到上海見陳獨秀。兩位老朋友促膝夜談，歡笑如舊，他們回憶起一起辦雜誌時的趣聞逸事，亦談到了爭自由的方法。然此時此刻，他們之間的共同語言，已愈來愈少了。一個月後，《新青年》八卷一號出版，陳獨秀發表《談政治》一文，點名批評胡適，指他是學界中主張不談政治的代表。同時以大篇幅，猛烈抨擊安那其主義，表明他與安那其主義，已恩斷義絕，不為同志，從此便為敵人。

陳獨秀不僅和安那其分手了，自張東蓀退出後，他也和研究系決裂了。一九二〇年底陳獨秀寫信給胡適、高一涵，很不客氣地說：「南方頗傳適之兄與孟和兄與研究系接近，且有惡評，此次高師事，南方對孟和頗冷淡，也就是這個原因，我盼望諸君宜注意此事。」他還加重語氣提醒說：「恐怕我的好朋友書呆子為政客所利用。」[17]但幾個月前，研究系的筆桿子張東蓀還是

15《晨報》一九二〇年八月一日。

16 胡頌平《胡適之先生年譜長編》。臺灣，聯經出版事業有限公司，一九八四年版。

17《關於新青年問題的幾封信》。《中國現代出版史料》（甲編），中華書局，一九五四年版。

陳獨秀與維經斯基的座上客，那時沒什麼惡評，一旦分手，惡評就來了。

胡適還很書呆子氣地想堅守《新青年》最初確定的路線。錢玄同傾向於胡適的意見，覺得陳獨秀拿「接近研究系」來說事，未免「神經過敏」了。《新青年》的結合，完全是彼此思想投契的結合，既然思想不投契了，盡可宣告退席。錢玄同已經開始退席了。陳獨秀曾寫信詢問：「玄同兄總是無信來，他何以如此無興致？無興致是我們不應該取的態度，我無論如何挫折，總覺得很有興致。」[18]

但這未能提起錢玄同的興致。不過，錢玄同認為，《新青年》變為「蘇維埃俄羅斯的漢譯本」，與我們不相干，斷不能以此為由要求停辦。即使大家對陳獨秀的感情真壞極了，友誼也斷絕了，但只要他想辦，我們也不能要他停辦。

陶孟和主張停刊，胡適覺得如果到了那一步，另辦一本新刊物，也未嘗不是一個辦法。但陳獨秀一聽就冒火，他指責胡適另起爐灶，是反對他個人，並憤怒地宣稱要與陶孟和決絕。胡適無奈地解釋：「我並不反對個人，亦不反對《新青年》。不過我認為今日有一個文學哲學的雜誌的必要，今《新青年》差不多成了Soviet Russia（美國紐約共產黨出版的一本畫報）的漢譯本，故我想另創一個專關學術藝文的雜誌。」然而，「今獨秀既如此的生氣，並且認為反對他個人的表示，我很願意取消此議，專提出『移回北京編輯』一個辦法。」希望可以挽回關係，只要《新青年》不落在「素不相識的人」（指陳望道等人）手中就行了。

魯迅也希望《新青年》搬回北京，但如果真要分成京、滬兩家，亦無不可，甚至可以不要《新青年》這個金漆招牌。「這固然小半在『不願示人以弱』，其實則凡《新青年》同仁所作的作品，無論如何宣言，官場總是頭痛，不會優容的。」

陳獨秀也承認：「新青年色彩過於鮮明，弟近亦不以為然，陳望道君亦主張稍改內容，以後仍以趨重哲學文學為是，但如此辦法，非北京同人多做文章不可。」但胡適對陳獨秀的性格太了解了，他認準了的事情，就算一個霹靂打到他腳下，也不會動搖。所謂願意稍改內容，不過是敷衍之詞，所以胡適回信說：「北京同人抹淡之工夫，決趕不上上海同人染濃的手段之神速。」

分歧已到攤牌階段。北京同人感到十分棘手。李大釗、魯迅則贊成把雜誌搬回北京，但無須聲明不談政治。陳獨秀既不想回北京，也不想不談政治。他與胡適、李大釗、錢玄同、陶孟和、高一涵、魯迅、周作人、王星拱、張慰慈等人之間，就這個問題不斷交換意見，從春分談到冬至，也沒個了斷。

《新青年》無論在上海辦，在北京辦，或在廣州辦，都必須跟着陳獨秀。沒有陳獨秀的《新青年》是不可想像的。搬回北京，意味着陳獨秀也要回北京，這是他最不願意的。他乾脆把《新青年》交給陳望道編，自己到廣州去了。這是《新青年》將會遷往廣州，不回北京的先聲。

北京同人並不知道陳望道何許人也，擔心他們辛辛苦苦經營的雜誌，被半路出家的人奪去。這也屬人之常情。而上海方面，陳望道強烈指責胡適分裂《新青年》，排斥上海編輯部。雙方到了「早已分裂，不能彌縫」（陳望道語）的地步。北京的舊雨，與陳獨秀只能靠書信來往，

18 唐寶林、林茂生《陳獨秀年譜》。上海人民出版社，一九八八年版。

而上海的新知，卻與他朝夕相對，陳氏好惡與向背，不言自明。上海本來就是要借助《新青年》的名氣，為新生的共產黨擴大影響。在這種嚴重對立的氣氛下，要陳望道把《新青年》交回北京，簡直是白日做夢。

胡適在北京發起舊同人進行表決，決定雜誌是否回歸北京。表決結果，贊成回北京編輯的有張慰慈、高一涵、李大釗；贊成在北京編輯，但不必強求，可任他分裂成兩個雜誌，也不必爭《新青年》這個名目的有魯迅、周作人、錢玄同；贊成移北京，如實在不能則停辦，萬不可分為兩個雜誌，致破壞《新青年》精神團結的有王星拱、陶孟和。可以說全體贊成把《新青年》搬回北京。詎料人算不如天算，這時發生了一事情，把一班北京同人的希望，完全打破了。

一九二一年二月初，《新青年》在上海被法租界當局查封了。

陳獨秀索性宣佈把《新青年》帶去廣州，「因為近來大學空氣不大好，現在《新青年》已封禁，非移粵不能出版」，他知道這樣一來，他與北京同人就要一拍兩散了，再也不能指望他們為雜誌寫稿了，他給魯迅兄弟寫信說：「《新青年》風浪想必先生已知道了，此時除移粵出版，無他法。北京同人料無人肯做文章，唯有求助於你們兩位。」陳望道也寫信給魯迅說：「辦《新青年》不能靠胡適，要靠你。」至於北京那班舊同人，陳獨秀說：「你們另外辦一個報。我十分贊成。」[19]

可謂來時有路，歸去無門，《新青年》終於沒有回到北京，沒有回到北大，沒有回歸「哲學文學」的老路。陳獨秀也和他舊日的戰友——胡適、錢玄同、魯迅、劉半農、陶孟和、周作人——從此分飛各風煙矣。以前的同人中，只有李大釗與他一同走上了另一條道路。胡適歎曰：

自第七期以後，那個以鼓吹「文藝復興」和「文學革命」「為宗旨」的《新青年》雜誌，就逐漸變成個中國共產黨的機關報；我們北大之內反而沒有個雜誌可以發表發表文章了。這件發生在一九二〇年。就在這一年中國共產黨就正式誕生了。[20]

19 《關於新青年問題的幾封信》。《中國現代出版史料》（甲編），中華書局，一九五四年版。

20 《胡適口述自傳》。華東師範大學出版社，一九九三年版。

廣州，新文化運動的終點站

蘇俄密使波特波夫在上海與孫文會晤後，經孫文介紹，一九二〇年四月二十二日離開上海，到漳州與陳炯明見面。波特波夫改名為路博，偕同一名翻譯和一名瑞士籍女士，乘船至廈門，再轉乘小船，抵達漳州。路博向陳炯明面呈列寧的親筆信，內容大致是「對中國革命表示關懷，對陳表示敬佩和鼓勵」。陳炯明也表達了他對列寧的敬佩之情。

路博提出，如果粵軍有需要，蘇聯可以將儲存於海參崴的軍械提供粵軍使用。但陳炯明卻抱着姑妄聽之的態度，以漳州沒有港口可以接收為由婉拒：「等我們回到廣州後，再行計議吧。」最後，陳炯明寫了一封給列寧的回信，讓路博帶回蘇俄，信云：

列寧導師：

欣悉貴國革命成功，至感快慰。今日人類之紛爭與不幸，皆緣於國家體制和資本主義之故。惟有衝破國與國間疆界，方可消弭世界大戰；也惟有粉碎資本主義，人類方有平等之可言。

中國有五千年文明歷史，其崇高仁愛原則，早已浸為我國人民之特徵，並將成為遠東文明之中心。不幸中國人民，外則受外洋勢力之入侵，內則飽受專制之壓迫，致不能為全球人類謀致幸福。

今則俄國人民及其領袖，正以英勇、堅毅之精神，為全人類橫掃其前進道路上之一切障礙。近年基於布爾什維克主義建立之新俄羅斯，正開闢世界歷史上之新紀元，至為可喜。蘇俄勞農政府對華宣言已傳抵中土，中國人民對此謹深表謝忱。

……

余深信布爾什維克主義將對人類帶來歡樂，余願為此一主義之徹底實現而奮鬥。吾人之使命不僅在重建中國，亦將及於東亞各國。21

路博走了以後，又來了一位自稱是列寧至友的「V先生」，通過天津的布魯威介紹，與華南的社會主義者同盟搭上關係，提出想到漳州訪問。他說自己負擔着向亞洲諸國推進革命的使命，同時也為蘇聯取得助力，掙破歐洲封鎖難關，請華南有地盤、有憑藉的革命集團，接納他的使命，共圖發展。

陳炯明淡淡一笑回答：「閩南，這中華民國的一個角落，剛巧由我在此看家，你們在這裏工作的同志，認為要幹什麼，只要商量過，最後經我同意，那便什麼都不妨幹去。比方這蘇俄朋友，請他來先看看我們這裏是否算得個地盤，這麼個小局面是否算得有憑藉，一切談談也好。」

雙方會談的內容，梁冰弦是這樣記述的：

21《陳炯明集》（上）。中山大學出版社，一九九八年版。

> 首次聚談，V氏率先問閩星日報和週刊是否代表此間全般意見。這一方面的人答說，中國的社會主義者群，視個人的自由如命，思審自由和發表自由，誰也不能制限人，更不受制限於人，多數共同的意見則假定為現時的真理。這些人敬佩蘇俄的革命，卻不同意蘇俄革命後治權侵奪了人權。閩星批評蘇俄憲法精神，可以說是現在中國自由社會主義者的大多數意見。
>
> V氏說，蘇俄並非不願給人人自由，但反革命的殘餘勢力尚在，請問要不要鎮壓。這邊答，我們辛亥推倒了數千年的專制傳統後，民眾懂得有更好的共和政制，即不患再有反革命，所以袁世凱徒自討死。我們相信將來為公道而行社會革命，一舉成功，大眾惟知擁護公道，再無妄人來反公道；如果又用暴力侵奪自由，那麼自己才是真正的反革命……
>
> V氏似乎有所感動，所以他不覺流露說，自到中國以來日在革命氣氛中卻另是一種空氣的話。[22]

V先生帶來了更為具體的合作方案。包括協助粵軍大規模整編，汰弱留強，保留三萬精兵，在兩年內再訓練七萬新兵，合共十萬軍隊。由蘇俄協助開辦正規軍校，培訓軍官和幹部，在閩南創辦一間小型兵工廠，為軍隊生產各種軍械裝備。蘇俄方面，可提供軍校學科教官、部隊編練官、兵工廠技師和部分生產原材料。而閩南方面，則向蘇聯出口稻米、小麥、醃製的海產、薯乾等等食物，用來交換機器。

經過幾天談判，形成了一份「談判紀錄」，雙方煞有介事，簽字畫押，並抄了一個副本，由V先生帶回蘇俄。不過，黃鶴一去不復返，有說V先生在歸國途中暴病而亡的，也有說他被人殺害的。一步之差，再回頭已是萬重山，梁冰弦不由得慨歎：「若使當時不生波折，順利成功，那麼，蔣（介石）先生發祥的黃埔軍校，提早三年成立在閩南，棋子換過這一着，後半局全盤也換過樣子。誇大一點說，中華民國的歷史也不同於現在的寫法，直至中國共產黨是不是那麼樣出胎、成長，名山修煉，呼風喚雨，全成問題。」[22]

但歷史又哪有什麼如果呢？

陳炯明大力鼓吹新文化，俄國人更番迭至，以致漳州「過激主義」名聲大振。上海《申報》的一篇文章說：「其尤可驚者，則為漳州陳炯明之資助此種鼓吹……陳之心理思於社會主義，此為一般人所共知者。陳在漳州頗有作為，非他處武人所能及。陳對於共產主義予以財力上與精神上之贊助，蓋陳所用之人，實作此鼓吹事業也。」[23]英國駐華使館甚至聳人聽聞地預言：「該司令（陳炯明）將來必在中國樹立紅軍旗幟以號召宇內。」[24]

英、美兩國的外交情報，不約而同，把陳炯明稱作「布爾什維克將軍」。在廈門的美國傳教士眼中，陳炯明是一個「社會主義者」，但不是「最激烈派」。英國領事在一份報告中也說，陳炯明在他舉辦的體育競賽運動大會裏，散發了大量布爾什維克的宣傳單冊。英美煙草公司一位經理曾到漳州訪問陳炯明，吃驚地發現，在他的辦公室裏，幾乎每個角落都堆滿了這類宣傳

22 梁冰弦（海隅孤客）《解放別錄》。臺灣，文海出版社，一九七八年版。
23 《申報》一九二〇年四月二十日。
24 《中國無政府主義和中國社會黨》。江蘇人民出版社，一九八一年版。

資料。

一九二〇年夏天，南北政局大變。四月，直、奉兩系結成反段聯盟。五月，直系大將吳佩孚自衡陽率直軍北上至保定，傳檄討段。段祺瑞調動徐樹錚的西北邊防軍，在京畿佈防。七月，直、皖兩軍，在涿州、高碑店、琉璃河一帶開戰。歷時五日，皖軍大敗。七月十九日，段祺瑞被迫辭職，直、奉兩系軍閥控制了北京政權。

八月，陳炯明也率領粵軍回師廣東，驅逐桂系，實行粵人治粵。十月二十九日，粵軍進駐廣州。十一月一日，軍政府委任陳炯明為廣東省長兼粵軍總司令。十一月二日，陳炯明回到廣州。省議會推舉陳炯明為廣東省長。十一月二十五日，孫文偕部分國會議員，離開上海，乘船南返，三天後抵達廣州，正式恢復了廣州軍政府。

廣東百廢待舉。一身硝煙的陳炯明，馬上又想起了陳獨秀。他再次致電上海，邀請陳獨秀到廣東主持教育。陳獨秀寫信徵求各地共產主義小組的意見。張國燾說：「李大釗和我去信表示贊成，我們認為他去領導廣東的教育工作，有兩個重要的作用：一、可以將新文化和社會主義的新思潮廣泛的帶到廣州去；二、可以在那裏發動共產主義者的組織。」25

於是，陳獨秀決定南下，但他向陳炯明提出三個條件：一、教育獨立，不受行政干涉；二、以廣東全省收入十分之一撥充教育經費；三、行政措施與教育所提倡的學說保持一致。陳炯明一概照准。一九二〇年十二月二十五日，陳獨秀布衣韋帶，千里迢迢，來到了被桂系壓迫得瘡痍滿目的廣州。

在驅逐桂系後，廣東迎來了短暫的和平時期。一九二一年，陳炯明似乎獲得了一個施展抱負的機會。

新文化運動在北方歷時數年，吵得天都塌了，但許多人還是搞不懂，什麼「愛斯不難讀」啊，什麼「煙士披里純」啊，什麼「德先生」、「賽先生」啊，與每天為口奔馳的升斗小民，究竟有何相干。但在南方，陳炯明卻把他的理想，一點一滴地付諸實踐。他用事實證明了，新文化與每個人的生活息息相關。對這個混濁的社會，它是一種功效神奇的清潔劑。陳炯明是唯一一個用「新文化」來改造社會的人，而不是停留在打打筆墨官司，更令人振奮的是，他的改造，在短期內大見成效。

十一月二十三日，廣東基督教拒賭會聯合各界，舉行聲勢浩大的廣東人民請願禁賭大巡行。陳炯明親自接見請願群眾，宣佈從十二月一日開始，全面禁絕廣東賭博。是日，全省賭館果然全部關閉。十二月六日，陳炯明重申禁煙令，凡私吸私售鴉片，一律施以重罰。有幾個省議員因為有吸鴉片，被警察當場抓獲，不得不向省議會辭職。

陳炯明把禁煙禁賭，作為建設「模範省」的第一炮，打得非常漂亮，人們對政府的視聽煥然一新。

陳炯明在全省九十二個縣中推行自治，他對到訪的記者談他的自治計劃：中國各村自古實行共和制，各村莫不以自治為宗旨。今中國之自治，應先自村莊上施行，依次發展，及於全縣全省與全國。刻廣東已在村上實行分區。自治村中，警察與稅收由人民自辦，將來各縣縣長與

25 張國燾《我的回憶》（一）。東方出版社，一九九一年版。

省議員亦歸人民自舉，再由議員共舉省長。他省能仿行之，則可達到聯省自治之目的。

陳炯明開始一步一步推進他的計劃，首先設立「經濟調查局」，發展地方實業；各縣都設立了林業事務所，並在廣州設立生絲檢查所及蠶種製造所，以改良絲料出產；又將省政府的實業科改為實業廳，賦予更大的權責，以推動實業。不到一年，廣州市絲廠增至五十餘家，港商投資開設農場及罐頭廠；南洋歸僑也在洽談集資開發黃埔港；港、粵、滬商人籌辦資本一千萬元的股票交易所；成立廣東全省總商會。

繼廣州成立市政廳之後，海口、高州、北海、江門、惠陽、汕尾等地的市政廳（局）也紛紛着手籌備，相繼成立。各地拆城牆、修道路、築公園，開展市政建設，幹得熱火朝天。經濟建設初見成效，文化建設也同步發展。廣州着手籌辦市政紀念圖書館、第一公園，興辦公共兒童遊戲場、公共體育場、美術學校等；舉行美術展覽、體育運動會；安裝馬路電燈；在梅花村、竹絲崗建築新式住宅區，成為廣州的模範新區；飯館、旅店、戲院等公共場所，都要嚴格執行政府頒佈的衛生規則；設立新式屠場，由衛生局監督檢查肉類衛生；雇用了上千名清道夫，每天打掃街道，疏通溝渠，改造排水系統；舉辦衛生知識展覽，印製宣傳衛生的小冊子，挨家派發。

陳炯明一舉革除了中國數千年的衙門作風，據英文報紙《字林報》的美籍記者觀察，廣州官場已將一切繁禮刪除。各官署隨客出入，不加禁止。記者訪陳炯明，可直入其公署，只向看門人言明理由即可。

全國教育會在廣州召開第七屆聯合會，江蘇省代表黃炎培，事後撰寫了一本題為《一歲之廣州市》的小冊子，盛讚在新文化之下的廣州新景象。黃炎培，上海人，著名教育家，職業教育的熱心提倡者，也是全國教育會的發起人之一。他歸納出廣州在五個方面的變化：

一、尊人道。如嚴禁警察無故鞭打人力車夫。

二、言論自由。廣州市日報有三十三家之多，雖有指斥當局，甚至傾向北洋政府的，也從未加以干涉。

三、整風紀。如嚴禁妓女私入旅館賣淫，厲行禁吸鴉片。

四、一方面提倡工會，一方面勸誡罷工，同時積極推行工人教育，設立工人補習學校。

五、衛生行政方面，特聘專門人才，以科學的方法，銳意改革。如對醫院、化驗室、屠場、市場、浴場，以及藥品、食料、飲料、茶樓、酒館、牛奶房、劇場的管理，對妓院的檢查和取締。[26]

什麼是移風易俗的新文化？這就是了。陳炯明的種種舉措，在南中國開闢了新文化的一塊實驗田，在舉國上下官僚、軍閥、政客橫行，一團烏煙瘴氣的空氣之中，柳暗花明，生機勃勃，吸引了天下人的目光。如果沒有這塊實驗田，人們也許永遠以為，新文化運動，不過是一班書生的空談。但歷史是公平的，它不會把所有門窗都關死，總會留下一扇窗子，哪怕是一條小縫隙，讓後人可以看到，原來歷史也有另一種可能性。

一位《新青年》的讀者，從外地寫信給陳獨秀，表達了人們對陳炯明治下的廣東，所寄予

26 黃炎培《一歲之廣州市》。上海商務印書館，一九二二年版。

的殷殷厚望：

廣東那方面，我最不希望再有什麼統一中國底行動——那只是白費事，結果替我們國民更墮深一層地獄。從混雜不清的所謂「統一體」，漸漸分為更完全，更有希望的小「統一體」，這是「進化」底趨勢——無論那種「進化」都是這樣。我覺得現在實有多少熱烈的人們，讓「徹底」「犧牲」「奮鬥」鬧昏了，——鬧得一事無成，我只希望廣東成為世界上一個模範的「新國」，到了這步以後，我們自不感困難來做別的事。在廣東方面有那幾個做領袖，我覺得這種 Dictatorship 是必要的，自不難先辦到「新國」這一步，——以廣東的面積和人口，足夠「國」底資格了。不然，我就怕外攻內訐，把一點有希望的芽以及根完全鏟去，那後來的實現格外難了。只一點火在黑暗中大發其光，是易招滅熄的，但在一個能發光而有引起他物燃燒的地位時，自然是努力吐光焰，照耀一切！如孫、陳及先生等人，在廣東一地卻是那點有力量的火，等到廣東燒得紅了，別處也見着太陽是從廣東來的了！[27]

廣東，幾乎是新文化運動的最後一個據點，最後的希望所在了。

一九二一年二月十四日，省政府公佈陳獨秀主持起草的《全省教育委員會組織法》，實行以合議制的委員會代替舊制的省教育廳。三月八日，教育委員會正式成立，政務委員八人，另有若干名事務委員。政務委員中，四人由省長委任，四人由全省大學校長、各專門學校、師範學校校長及大學教授互選產生。委員長由全會委員互選產生。委員及委員長均任期一年，可以連任，委員長必須兼任大學校長。第一任委員長由省長聘請陳獨秀擔任（兼大學預科校長），以後按組織法選舉產生。

陳獨秀主持廣東教育會後，做了一項社會調查，當時全省人口總數約三千一百萬，每年達到學齡的兒童，約有三百多萬，而失學者，竟在十分之九以上。教育的落後，可見一斑。以廣州來說，雖有數千私立學校，幾為全國城市之冠，但公立學校卻不發達。

教育會擬定了一份義務教育計劃，從一九二二年八月起，至一九二八年七月止，分期推廣，公立學校實行免費讀書，從前每學生每月三角錢的學費，一律取消，務求在六年之內，使三百多萬兒童能夠完全就學。教育委員會還決定籌辦西南大學、市民大學、編譯局、宣講員養成所、貧民教養院、勞動補習學校、通俗圖書館、幼稚園等等社會教育機構。

陳獨秀在廣州編的《新青年》八卷六號，四月一日出版。雜誌總部仍設上海。在《新青年》南遷之前，由陳公博、譚平山、譚植棠等人主編的《廣東群報》，是陳獨秀發表言論的主要陣地。從一月至七月，在《廣東群報》、《新青年》、《民國日報》、《曙光》雜誌上，連篇累牘，發表了四十多篇尖銳激烈的文章，與安那其主義者、研究系展開辯論。

然而，陳獨秀在廣州遭到強大的狙擊。三月三日，香港《華字日報》一篇文章云：「據某專

27《新青年》第九卷第四號，一九二一年。

門家、教育家所談，粵人之倫理觀念，實較強於各省，故辦教育者，必須道德純潔，始足起一般社會之信仰。其次則為實學。今之談新文化者，必以實學為根底。若無實學，則最易淪於思想破產，而為智識階級所輕視。今粵省改良教育，應從此點入手云。」[28]字裏行間，暗示陳獨秀道德不夠純潔，缺乏實學根底，故不受廣東教育界歡迎。

三月中旬，以廣東高等師範學校由國立改為省立一事為導火索，驅陳風潮驟起。該校教職員向陳炯明呈文，矛頭直指陳獨秀：「陳（獨秀）委員為人，其道德學問已為職教員等所熟知，若任令操縱廣東教育之權，廣東教育前途，必不堪問。現在廣東教育雖屬破產，但陳委員操柄，恐較搗亂，如不收回成命，必全體辭職。」[29]然高師由國立改為省立，乃陳炯明的決定，其用意在於為地方自治鋪路。他斷然駁回了教職員的呈文。

廣州畢竟是一個五方雜處的通都大邑，各派勢力犬牙交錯，不像小小的閩南護法區那麼單純，政令可以暢通無阻。陳炯明雖公開為陳獨秀辯護，但並不能平息流言飛語，坊間有攻擊陳獨秀的傳單在流傳；《共和報》上刊登了諷刺陳獨秀的小說；上海廣肇公所發表討陳檄文，大張撻伐：「上海各報記載廣東教育行政委員陳獨秀四處演說，主張百善以淫為首，萬惡以孝為先。陳獨秀身為教育行政委員，敢倡此等邪說，留毒社會，貽害青年，非率人類為禽獸不止。諸公愛鄉念切，諒不坐視。務望主持公論，驅逐梟獍，勿使爾跡吾粵，不勝盼切之至。」[30]他們把陳獨秀叫做「陳毒獸」（又是用名字諧音醜化對手，中國人偏愛此道），俾造成陳獨秀主張「討父」、「仇孝」、「公妻」、「婦女國有」的惡名，為省議會議員諮請省長驅逐陳獨秀出境造勢。

但陳炯明疑人不用，用人不疑，既然把陳獨秀請來了，就決不允下逐客令。他對陳獨秀百般回護，一方面追查傳單，要求《共和報》停版，一方面親自覆電給上海廣肇公所，公開闢謠：「陳獨秀先生當代教育大家，道德高尚。現在改良粵省教育，倚畀方殷。滬報所載，係屬謠傳，請勿輕信為盼。」[31]陳炯明的堅決態度，嚇得省議員也把提案「咕」一聲吞回肚子裏去了。

陳炯明在一次宴會上，故意當眾一本正經地問陳獨秀：「外間說你組織什麼『討父團』，真有此事嗎？」陳獨秀也一本正經地回答：「我的兒子有資格組織這一團體，我連參加的資格也沒有，因為我自幼便是一個沒有父親的孩子。」[32]這齣雙簧戲，目的也是讓陳獨秀有一個公開澄清的機會。陳炯明考慮增加教育委員，避免反對派集矢於陳獨秀，陳獨秀樂得抽身，集中精力「對付廣東的謠言」。

三月十八日，陳獨秀在《廣東群報》上發表了一篇題為《闢謠——告政學會諸人》的文章，憤怒申辯：「我在廣州各校的演說，眾耳共聽；各處的演說辭，回回都登在報上，眾目共見；有無該報所謂禽獸學說……我們雖然不主張為人父母翁姑的專拿孝的名義來無理壓迫子女兒媳底正當行為，卻不曾反對子女兒媳孝敬父母翁姑，更不說孝是萬惡之首，要去仇他……至於『百善淫為先』這句話，我想除了極不堪的政客，做淫小說的新聞記者，和姬妾眾多的大腹賈以

28 香港《華字日報》一九二一年三月三日。
29 《晨報》一九二一年三月二十四日。
30 香港《華字日報》一九二一年三月十七日。
31 香港《華字日報》一九二一年三月十八日。
32 陳獨秀《實庵自傳》，廣州亞東圖書館，一九三八年版。

外，沒有人肯主張罷！」[33]

廣東充斥着反對陳獨秀的聲音。《廣東群報》說，反陳大概有八派：一、省議會；二、教育界一部分人物；三、一班政客；四、資本家；五、孔教徒；六、基督教徒；七、一般守舊派；八、少數自號無政府黨者。政客和議員，包括研究系、政學系、國民黨在內；資本家即工商界；無政府黨即安那其。這八派，已把廣東大部分中上階層，囊括在內了。謠言之盛，攻擊之猛，一波未平，一波又起。陳獨秀到廣東才幾個月，就覺得待不下去了。

陳獨秀和上海一直保持密切聯繫。由於對安那其的搗亂，有切膚之痛，他在起草中共章程時，建議實行中央集權制。清明時節，李漢俊派包惠僧到廣州，和陳獨秀商量，請他要麼回上海主持黨務，要麼把黨的機關搬到廣州，並提議黨實行地方分權制。

陳獨秀對廣州這個潮濕得牆壁都發霉的鬼地方，一肚子鳥氣沒處發，立即否決說：「廣州到處是無政府主義，地理上不適中，黨的機關不要搬到廣州。」但批評上海主張地方分權制是反對他，「中國革命才開始，都搞地方分權，豈不成了無政府主義」？

在《新青年》去向問題上，他指責北京反對他；在中共建黨問題上，他指責上海反對他。可見學術上「不容匡正」的人，搞政治必然是獨裁專制、家長作風。廣東安那其指責陳獨秀是「盧布主義」，雙方割席斷交。三四月間，廣東共產黨組織成立，初由陳獨秀任書記，後由譚平山繼任，以《廣東群報》為機關報，重建廣東社會主義青年團；通過青年團作周邊組織，吸收黨員。

五月，陳獨秀以廣東省教育經費延撥及省署屢次干涉教育事務等原因，提出辭呈，準備返回「齷齪的上海」。陳炯明也清楚陳獨秀的處境，親自找他談話，詳細解釋經費延撥的原因，並表示自己興學的決心，聲明無論經費如何困難，對於已批准的預算案，一定撥交。承諾省署於十日內，籌八十萬元以為開辦編譯局、宣講所及第一師範之用，過兩個月後，再陸續撥交二十萬元，作為籌備西南大學的經費。

夏至前後，共產國際代表馬林到了中國。馬林是荷蘭人，共產國際的執行委員。通過維經斯基介紹，在北京結識了李大釗。李大釗讓張國燾陪馬林去上海。中國共產黨的醞釀籌備，已漸成熟，準備在七月在上海舉行第一次全國代表大會。

李漢俊心急火燎，催促陳獨秀和廣東代表，儘快到上海參加中共「一大」。但這時陳獨秀還在向省署爭取一筆修建校舍的經費，脫不開身。他指派包惠僧和陳公博做廣東代表，到上海開會。他對「盧布主義」耿耿於懷，囑咐大家，革命要靠自己的力量盡力而為，我們不要第三國際的錢。拿人家的錢，就要跟人家走。

七月，在馬林主持下，來自全國各地的十三名代表——毛澤東、董必武、陳潭秋、何叔衡、李達、李漢俊、王燼美、鄧恩銘、張國燾、劉仁靜、包惠僧、周佛海、陳公博——代表全國五十多名黨員，在上海召開中國共產黨第一次全國代表大會，正式成立中國共產黨。缺席的陳獨秀當選為黨的最高負責人——中央局書記。

陳獨秀再以「染恙」為由，向省署提出辭職。當時陳炯明出師援桂，軍旅倥偬之間，聞訊

33《廣東群報》一九二一年五月十六日。

急電挽留，勸陳獨秀：「仍望以教育為重，當風獨立，我做我事，不萌退志為要。至於一切障礙，我當能為委員會掃除之。」[34]陳獨秀見辭職不准，便以醫治胃病為由，請了長假。陳炯明派人回廣州挽留，但等他的代表趕到廣州時，陳獨秀已經和包惠僧登上前往香港的輪船了。

新文化運動，由廣東人梁啟超為它開篇啟行，也由廣東人陳炯明為它絕筆斷章。

自陳獨秀去後，廣東的形勢，急轉直下。孫文與陳炯明之間，長期以來對政制建設的意見分歧，造成枝枝節節的齟齬，日積月累，小病變成了絕症，終於因北伐問題，由裏及表，全面爆發。

陳炯明和一般軍閥不同的地方，在於他具有民主思想，反對軍治、黨制，提倡民治。這就未必為國民黨人以至孫文所同意。孫文的理想，是成立一個正式的中央政府，領導全國革命，他把國民革命分為軍政、訓政、憲政三個時期，在他眼裏，人民是「無知可憐」的幼兒，革命黨則是保姆，他嘗言：

> 我們建立民國，主權在民，這四萬萬人民就是我們的皇帝，帝民之說，由此而來。這四萬萬皇帝，一來幼稚，二來不能親政。我們革命黨既以武力掃除殘暴，拯救得皇帝於水火之中，保衞而訓育之，則民國的根基鞏固，帝民也永賴萬世無疆之休。[35]

陳炯明不贊成此說，他批評：「訓政之說，尤為失當。此屬君政時代之口吻，不圖黨人襲而用之，以臨吾民。試問政為何物？尚待於訓耶！民主政治，以人民自治為極則，人民不能自治，或不予以自治機會，專靠官僚為之代治，並且為之教訓，此種官僚政治，文告政治，中國行之數千年，而未有長足之進步。國民黨人有何法寶，以善其後耶？徒使人民不得自治機會，而大小官僚，反得藉訓政之謬說，阻礙民治之進行。」[36]

陳炯明所傾心的，是聯省自治。一九二一年二月，他在《建設方略》一文中，詳細解釋了自己的政治見解：

> 近世以來，國家與人民之關係愈密，則政事愈繁，非如古之循吏可以寬簡為治，一切政事皆與人民有直接之利害，不可不使人民自為謀之。若事事受成於中央，與中央愈近，則與人民愈遠，不但使人民永處於被動之地位，民治未由養成，中央即有為人民謀幸福之誠意，亦未由實現也。[37]

然而，一九二一年一月十二日，非常國會在廣州復會後，孫文號召國民黨人，像推翻清政府、袁世凱那樣，再發動一次全國性的革命，來推翻北洋政府，他宣稱：「北京政府實在不是民

34《廣東群報》一九二一年九月十三日。
35 居正《中華革命黨時代的回憶》。《居正文集》，華中師範大學出版社，一九八九年版。
36 陳炯明《中國統一芻議》。《陳炯明集》（下），中山大學出版社，一九九八年版。
37 陳炯明《建設方略》。《陳炯明集》（下），中山大學出版社，一九九八年版。

國政府。我等要造成真正民國。」

段祺瑞昨天要「再造共和」，孫文今日要「再造民國」，明朝不知哪個偉人出世，又要把這天下再造一番。可憐中國這條小鮮，造完再造，烹了又烹，能不燒焦嗎？

六月，孫文任命陳炯明為援桂軍總司令，開始第二次粵桂戰爭。陳炯明雖然不願意打仗，但礙於「總統命令」，勉強服從。粵軍以雷霆萬鈞之勢，橫掃八桂，八月初，進駐南寧。一九二二年二月三日，孫文決計取道湖南，進兵北伐。但由於連年被兵，湖南方面無論是當局還是人民久已厭戰，所以宣佈保境息民，公開拒絕北伐軍假道。入湘計劃於是告吹。

孫文急於北伐，與北方形勢的發展不無關係。四月下旬，第一次直奉戰爭爆發。孫文與奉、皖軍閥一直有秘密接洽，結成三角同盟。孫文深感這是聯合奉、皖軍閥，夾擊直系的千載良機，必須立即出兵策應。詎料，直奉開戰，僅及一週，奉軍便被吳佩孚擊敗，狼狽退回關外，南北夾擊直系的計劃化為泡影。但南方的北伐，卻如弦上之箭，不得不發了。

五月九日，孫文大誓三軍，旌麾北指。「出師宗旨，在樹立真正之共和，掃除積年政治上之黑暗與罪惡，俾國家統一，民治發達」。然而，當孫文謀求與奉、皖結盟時，北伐已降格為一次普通的軍閥戰爭了。

由於陳炯明力阻孫文北伐，孫文不勝其怒，把他的內政部長、陸軍部長、廣東省長、粵軍總司令四職，一夜之間，悉數褫奪。陳炯明一生理想，魂斷於此。

六月二日，北洋總統徐世昌宣佈辭職。孫文曾一再發表政治宣言，承諾只要徐世昌下臺，他亦將同時下野。因此，輿論普遍認為，徐世昌下臺後，停止內戰，和平統一，終現一線曙光。六月三日，蔡元培、胡適、高一涵等兩百多位各界名流，聯名致電孫文和廣州非常國會，呼籲孫文實踐與徐世昌同時下野的宣言。但孫文認為革命尚未成功，不予理會。

孫文既不肯讓步，陳炯明又不肯低頭，一干政客復從中興波作浪，添油加醋，軍人肆意干政，驕橫不可理喻，以致雙方的關係變成一團亂麻，剪不斷理還亂，最終釀成巨變。

六月十六日，粵軍發動兵變，圍攻總統府，要把孫文驅逐出廣東。孫文脫險登上軍艦，宣佈和粵軍開戰。孫、陳的政治分歧，幾經波瀾起伏，最終不得不訴諸武力，以悲劇收場。從此，陳炯明便由「革命的馬前卒」，淪為「千古罪人」，而他的「模範省」理想，亦全盤付諸東流矣。

胡適說，對中國的現實問題，要一個一個去研究，一個一個去解決，他建議人們去研究人力車夫的生計問題，大總統的許可權問題，賣淫問題，賣官賣國問題，女子解放問題，男子解放問題……陳炯明在閩南、在廣東，把這些問題都一一研究了，也嘗試去解決。他成功了，他也失敗了。

他的成功，是新文化運動的成功；他的失敗，也是新文化運動的失敗。

至此，歷史這部大書，終於翻過了新文化運動這一章。繼之而起的，是另一個漫長的五年，一個「萬國盡征戍，烽火被岡巒」的流血革命時代——國民革命來臨了。

「重新估定一切價值」

歷史發展到此時此刻，無論是從一九一五年開始的新文化運動，還是一九一九年發生的五四運動，都到了一個段落小結的時候了。

這是中國近代史上群賢輩出，引領風騷的光輝歲月。要說五四運動，一定要從新文化運動說起，這是無疑的，但二者究竟是什麼關係，疑義就大了，歷來眾說紛紜。有說五四運動就是新文化運動的一部分，是其必然階段；有說五四運動是對新文化運動的腰斬；有說這是救亡壓倒了啟蒙；有說救亡與啟蒙不可分，新文化運動也是救亡，「五四」也是啟蒙的。

由於五四運動的參加者眾多，日後中國發生了翻天覆地的變化，每個人在這場變化中，位置不同，經歷不同，走的路不同，他們對新文化運動與「五四」的看法，便就各做各的詮釋了。

新文化運動究竟是一場什麼性質的運動？必須首先定義清晰。

新文化運動有廣狹二義。廣義者，應從康有為、梁啟超與戊戌變法算起，從清末十年的新政算起，從嚴復、林紓、章太炎、章士釗算起，從「官話字母」運動算起，從蔡元培的教育改革算起；然狹義者，則僅指由一九一七年以後，由《新青年》所宣導的文化運動。

無論從廣義、狹義而言，新文化運動，都是整個文化界、思想界共襄盛舉的一場大變革、大運動，是由社會上的多種力量，一塊參與，此唱彼和，你升我降，一向一背之間，相激相蕩而成的。不是哪一個人，或哪一個小團體，或哪一本雜誌，可以一柱擎天，包打天下的。

陳獨秀對於新文化運動的定義，在他的《本誌罪案之答辯書》和《〈新青年〉宣言》二文中，已有詳盡闡述。後來他又寫了一篇《新文化運動是什麼》。

［陳獨秀說］「新文化運動」這個名詞，現在我們社會裏很流行；究竟新文化的內容是些什麼，倘然不明白他的內容，會不會有因誤解及缺點而發生流弊的危險，這都是我們贊成新文化運動的人應該注意的事呵！

要問新文化運動是什麼，先要問「新文化」是什麼；要問新文化是什麼，先要問「文化」是什麼。文化是對軍事、政治（是指實際政治而言，至於政治哲學仍應該歸到文化）文化底內容，是包含着科學、宗教、道德、文學、美術、音樂等運動。

陳獨秀認定，新文化運動不僅僅是學理上的進化，對社會現實，也有直接的影響。他說：「新文化運動影響到軍事上，最好能令戰爭止住，其次也要叫他做新文化運動的朋友不是敵人。新文化運動影響到產業上，應該令勞動者覺悟到他們自己的地位，令資本家要把勞動者當做同類的人看待，不要當做機器、牛馬、奴隸看待。新文化運動影響到政治上，是要創造新的政治理想，不要受現實政治底羈絆。譬如中國底現實政治，什麼護法，什麼統一，都是一班沒有飯吃的無聊政客在那裏造謠生事，和人民生活，政治理想都無關係，不過是各派的政客擁着各派的軍人爭權奪利，好像狗爭骨頭一般了。他們爭奪的是狗的運動，新文化運動是人的運動；我們只應該拿人的運動來轟散那狗的運動，不應該拋棄我們人的運動去加入他們狗的運動。」38

陳炯明也認為，革命不僅僅是「拿『手槍』、『炸彈』去幹『殺人』『暴動』的勾當」，新文化運動也是一種革命，「革命的意義，無論什麼方面都可以適用，且隨處都可以見其表現。人類的思想，自呱呱墜地的時候，只曉得母乳為寶貝。及稍長，吃母乳的思想已變為吃飯的思想了。這種狀態也可算是革命。學術、宗教、政治、社會等等如有進化，就有革命的狀態。」39

進化就是革命。新文化運動就是推動這種進化。陳炯明說：「報紙勝過三千毛瑟槍，是有一個價值的。價值大小，不在發行的紙數，而在反響的效果。反響的大小，就是價值的大小了。然而，反響從哪裏發生出來呢？第一、要看他的主義，是不是適應社會的要求。第二，要看他的傳播，是不是向着多數人的方面。主義不適應社會要求，自然沒有什麼反響，傳播不向着多數人方面，雖有反響，也是有限的，或者可以成為惡反響。故此一種報紙發行，須有適應要求的主義，來發揮『現代精神』，並有符合多數人的傳播，去改造『群眾思想』，綜合起來，就會發生很大的反響了。」40

這也可以視作他對新文化運動及《新青年》、《新潮》一類雜誌的評價。陳炯明先在閩南，後在廣州，辦雜誌，辦學校，移風易俗，經營建設，正是以人的運動，去轟散狗的運動，以新文化運動，去影響和改造這個社會。

蔡元培常常自詡是從手槍、炸彈中歷練出來的，但他的思想，卻比陳獨秀中庸得多。他把新思潮比作「洪水」：「二千二百年前，中國有個哲學家孟軻，他說國家的歷史常是『一亂一治』的。他說第一次大亂是四千二百年前的洪水，第二次大亂是三千年前的猛獸，後來說到他那時候的大亂，是楊朱、墨翟的學說。他又把自己的拒楊墨，比較禹的抑洪水，周公的驅猛獸。所以崇奉他的人，就說楊墨之害，甚於洪水猛獸。後來一個學者，要是攻擊別種學說，總是襲用『甚於洪水猛獸』這句話。譬如唐、宋儒家，攻擊佛、老，用他；清朝程朱派，攻擊陸王派，也用他；現在舊派攻擊新派，也用他。」

我以為用洪水來比新思潮，很有幾分相像。他的來勢很勇猛，把舊日的習慣衝破了，總有一部分的人感受苦痛；彷彿水源太旺，舊有的河槽，不能容受他，就氾濫岸上，把田廬都掃蕩了。對付洪水，要是如鯀的用湮法，便愈湮愈決，不可收拾。所以禹改用導法，這些水歸了江河，不但無害，反有灌溉之利了。對付新思潮，也要捨湮法用導法，讓他自由發展，定是有利無害的。孟氏稱「禹之治水，行其所無事」，這正是舊派對付新派的好方法。41

38 陳獨秀《新文化運動是什麼》。《新青年》第七卷第五號，一九二〇年四月一日。
39 陳炯明《評康戴兩君論革命的書》。《閩星半週刊》第一卷第八號，一九一九年十二月二十五日。
40 陳炯明《〈閩星日刊〉宣言》。上海《民國日報》一九二〇年一月十三日。
41 蔡元培《洪水與猛獸》。《新青年》第七卷第五號，一九二〇年四月一日。

蔡元培十分有趣，他不是站在新派的立場，把舊派視作被洪水掃蕩的垃圾，而把舊派比作「大禹」，新思想是「洪水」，一個是治者，一個是被治者。對新思潮何必那麼害怕呢？讓它自由發展，天塌不下來；你非要去堵它，反而會造成不可收拾的後果。但同樣道理，這話反過來理解，也未嘗不可，即對傳統文化，又何必那麼仇恨？讓它自由發展，天也是不會塌的。說到底，還是「行其無所事」，即和平共處之意。

胡適作為現代白話文的開山祖，他對新文化運動的定義，一言概括之，就是「重新估定一切價值」。具體的手段是「研究問題，輸入學理，整理國故」，而唯一的目的就是「再造文明」。他說：

新思潮的根本意義只是一種新態度。這種新態度可叫做「評判的態度」。評判的態度，簡單說來，只是凡事要重新分別一個好與不好。仔細說來，評判的態度含有幾種特別的要求：

（一）對於習俗相傳下來的制度風俗，要問：「這種制度現在還有存在的價值嗎？」

（二）對於古代遺傳下來的聖賢教訓，要問：「這句話在今日還是不錯嗎？」

（三）對於社會上糊塗公認的行為與信仰，都要問：「大家公認的，就不會錯了嗎？人家這樣做，我也該這樣做嗎？難道沒有別樣做法比這個更好，更有理，更有益的嗎？」

尼采說現今時代是一個「重新估定一切價值」（Transvaluation of all Values）的時代。

「重新估定一切價值」八個字便是評判的態度的最好解釋。

胡適強調文明的進步，是一個循序漸進的過程，非畢其功於一役的革命：「新思潮對於舊文化的態度，在消極一方面是反對盲從，是反對調和；在積極一方面，是用科學的方法來做整理的工夫。新思潮的唯一目的是什麼呢？是再造文明。文明不是攏統造成的，是一點一滴的造成的。進化不是一晚上攏統進化的。是一點一滴的進化的。現今的人愛談『解放與改造』，須知解放不是攏統解放，改造也不是攏統改造。解放是這個那個制度的解放，這種那種思想的解放，這個那個人的解放，是一點一滴的解放。改造是這個那個制度的改造，這種那種思想的改造，這個那個人的改造。是一點一滴的改造。」[42]

和蔡元培一樣，胡適否認新文化運動是要籠統地消滅舊文化。他指出：「我們當日批評孔孟，彈劾程朱，反對孔教，否認上帝。為的是要打倒一尊的門戶，解放中國的思想，提倡懷疑的態度和批評的精神而已。」[43]

新文化運動的歷史意義，恒在於開創思想多元化、推動文化多元化，而不是以一種思想撲滅其他思想，以一種文化絞殺其他文化。「新」不一定是褒義詞，「舊」也未必就是貶義詞。這裏沒有替天行道的人。陳獨秀可以宣稱不容他人匡正，但別人照樣匡正；辜鴻銘可以留一條辮子，別人也可以不留；林紓可以虛構一個偉丈夫出來，把對手剝皮拆骨，對手也可以回敬他一

42 胡適《新思潮的意義》。《新青年》第七卷第一號，一九一九年十二月一日。
43 胡適《新文化運動與國民黨》。《胡適文集》（五），北京大學出版社，一九九八年版。

句「禽男」，把他批得體無完膚；你辦你的《新潮》，我辦我的《學衡》。這種眾聲喧嘩的劇場效果，乃化學反應的必然現象。

李大釗說，在新學人士看來，南海聖人康有為、「王敬軒」等人，至少應該生在百年以前；而在舊學人士看來，陳獨秀、劉半農等人，至少應生在百年以後。「此等『風馬牛不相及』的人物思想，竟不能不湊在一處，立在同一水平線上來講話，豈不是絕大憾事！」44

但新舊人物的思想，絕對不是「風馬牛不相及」的，而是互相交錯，互相依存，你中有我，我中有你。人們常說「掛羊頭，賣狗肉」，在文化上，何為羊頭，何為狗肉，有時並不是那麼好區分，更不用說上溯五百年，誰敢肯定羊與狗就一定沒有血緣關係？他們能夠「湊在一處，立在同一水平線上來講話」，不僅不是憾事，而且恰恰是新文化運動最激動人心的魅力所在。

毛澤東在新文化運動的前期，並不是活躍分子，他在《新青年》上，用「二十八畫生」的筆名，只發表過一篇談體育的文章。一九一八年四月，他在長沙參與組織了以「改造中國與世界」為宗旨的新民學會。四個月後，他離開湖南，到北大圖書館工作。在北大期間，用他的話來說，大多數人都不把他當人看待，「由於我的職位低下，人們都不願同我來往」。他始終未能融入北大熱鬧的文化氛圍中，一九一九年四月，他悄沒聲兒地回到了長沙。他真正在新文化運動中出名，是後來在湖南創辦《湘江評論》。

毛澤東對新文化運動的定義是：「自有中國歷史以來，還沒有過這樣偉大而徹底的文化革命。當時以反對舊道德提倡新道德、反對舊文學提倡新文學為文化革命的兩大旗幟，立下了偉大的功勞。這個文化運動，當時還沒有可能普及到工農群眾中去。它提出了『平民文學』口號，但是當時的所謂『平民』，實際上還只能限於城市小資產階級和資產階級的知識分子，即所謂市民階級的知識分子。」[45]

以毛澤東的這一論述為依據，形成了教科書中最經典的表述：新文化運動是一場思想革命和文學革命。作為思想革命，它宣導民主和科學，反對專制和愚昧、迷信，提倡新道德，反對舊道德。作為文學革命，它宣導新文學，反對舊文學。前期的新文化運動實質是資產階級的新文化反對封建舊文化的鬥爭，後期則開始成為宣傳馬克思主義的運動。

既然是「鬥爭」，就意味着是雙方互動的，你鬥我，我也鬥你，也就是說，新文化運動是由新舊文化一起演出的「雙簧戲」，缺一不可。沒了新文化一方不行，缺了舊文化一方也不行。正如氧和氫化學反應可以變成水，但不能說這是一個氧戰勝氫的過程，更不能說這是氧單方面活動的結果。氧和氫少了誰都變不成水。

《新青年》、《新潮》、陳獨秀、胡適、錢玄同、劉半農、魯迅諸人，固然是新文化運動的主力；然吳稚暉、張一麐、袁希濤、黎錦熙、馬裕藻等致力於國語統一運動的人，也是新文化運動的組成部分；提倡德先生、賽先生的，搞新村運動的，搞工讀互助的，主張安那其主義的，主張社會主義的，主張實驗主義的，主張馬克思主義的，主張根本解決的，主張一點一滴改良

44 李大釗《新的！舊的！》。《新青年》第四卷第五號，一九一八年五月十五日。

45 毛澤東《新民主主義論》。《毛澤東選集》（二），人民出版社，一九九一年版。

的，要打倒孔家店的，要整理國故的，還有《國民》、《國故》、《學衡》、辜鴻銘、劉師培、黃侃、林紓們，大大小小的「選學妖孽，桐城謬種」們，所有南腔北調，精彩紛呈的聲音，共同構成了一個轟轟烈烈的新文化運動。

曾經是《新青年》的作者，翻譯過《國際歌》的瞿秋白，當時是北洋政府外交部辦的俄文專修館的學生，自稱在五四運動之前，經歷了最枯寂的三年生涯。他熱衷研究哲學，但愈研究愈厭世。五四運動一來，厭世心陡然轉變為憤世情，他就成為俄文專修館的學生會領袖之一了。在《餓鄉紀行》一書中，他對「五四」前後，受到新文化運動激流沖刷的中國思想界現狀，有非常精彩的概括：

中國社會思想到如今，已是一大變動的時候。一般青年都是棲棲皇皇寢食不安的樣子，究竟為什麼？無非是社會生活不安的反動。反動初起的時候，群流並進，集中於「舊」思想學術制度，作勇猛的攻擊。等到代表「舊」的勢力宣告無戰爭力的時期，「新」派思想之中，因潛伏的矛盾點——歷史上學術思想的淵源，地理上文化交流之法則——漸漸發現出來，於是思想的趨向就不像當初那樣簡單了。

政治上：雖經過了十年前的一次革命，成立了一個括弧內的「民國」，而德莫克拉西（la democratie）一個字到十年後再發現。西歐已成重新估定價值的問題，中國卻還很新鮮，人人樂道，津津有味。這是一方面。別一方面呢，根據於中國歷史上的無政府狀態的統治之意義，與現存的非集權的暴政之反動，又激起一種思想，迎受「社會主義」的學說，其實帶着無政府主義的色彩——如托爾斯泰派之宣傳等。或者更進一步，簡直聲言無政府主義。於是「德莫克拉西」和「社會主義」有時相攻擊，有時相調和。實際上這兩個字的意義，在現在中國學術界裏自有他們特別的解釋，並沒有與現代術語——歐美思想界之所謂德莫克拉西，所謂社會主義——相同之點。由科學的術語上看來，中國社會思想雖確有進步，還沒有免掉模糊影響的弊病。

經濟上：雖已和西歐物質文明接觸了五六十年，實際上已遵殖民地化的經濟原則成了一變態的經濟現象，卻還想抄歐洲工業革命的老文章，提倡「振興實業利用外資」。——這是中了美國資本家新式經濟侵略政策的騙，及聽了羅素偶然的一句「中國應當振興實業」的話，所起的一種很奇怪的「社會主義」的反動。當然又因社會主義漸落實際的運動，稍稍顯露一點威權，而起一派調和的論調，崇拜「德國式」妥協的革命，或主張社會政策。——這又是一種所謂「社會主義」。兩派於中國經濟上最痛切的外國帝國主義，或者是忘記了，或者是簡直不能解決而置之不談，卻還盡在經濟問題上打磨旋。

學術上：二十餘年和歐美文化相接，科學早已編入國立學校的教科書內，卻直到如今，才有人認真聘請賽先生（陳獨秀先生稱科學為Mr.Science）到古舊的東方國來。同時「中國的印度文化」再生，托爾斯泰等崇拜東方文化說盛傳，歐美大戰後思想破產而向東方呼籲，重新引動了中國人的傲慢心。「西方文化與東方文化」，居然成了中國新思潮中的問題。於是這樣兩相矛盾的傾向，各自站在不明了的地位上，一會兒相攻擊，一會兒相調和，不論政治上，經濟上，學術上的思潮都沒有明確的意義，只見亂哄哄的報章，雜誌，叢書的廣告運動，一步一步前進的現象卻不能否認，而思想紊亂搖盪不定，也無可諱言。[46]

瞿秋白道出了一個事實：新文化運動並不像後人所理解的那樣，壁壘分明，陣線清晰，敵我雙方，你死我活。而是像一個大漩渦，一切新的、舊的、中的、洋的、香的、臭的、真的、偽的，全攪成一鍋雜錦粥，不斷地沸騰翻滾，互相作用，發酵變化。

文化是人類生存的基本需求，每個地方文化的不同，思維方式與行為模式的不同，與千萬年來孕育該族群的自然生存環境，息息相關；甚至與族群的生理與心理結構，也有着相須相成的關係。要打孔家店可以，要消滅孔家店就「難矣哉」了。中國獨尊儒術兩千年，也沒把墨子、老莊消滅掉。

陳獨秀把新文化運動稱為「文學革命」，是要用甲消滅乙；胡適把它稱為「文學改良」，是要用甲去改造乙。實際上，新文化運動是一場文化更新運動，是把一些從時代發展中產生的新元素，注入舊有的肌體中，把它重新啟動，煥發出新的光與熱，並不是把舊肌體消滅掉。注入新元素過程，不僅是甲在改造乙，乙也在改造甲。舊肌體是不可能消滅的，如果沒有了氫，光剩下氧，無論如何變不出水來。

在一場波瀾壯闊的文化更新運動中，有些人走得快些，有些人走得慢些，有人要往東走，有人要往西走，有人說要丟棄這，有人說要保留那，就像在舞臺上，一定要有不同的角色，有人演主角，有人跑龍套，有人唱紅臉，有人唱黑臉，才能構成一臺戲。世界本來就是那麼複雜多樣的，新文化運動也是一個多聲部大合唱，缺了哪個聲部都不行。

「五四」精神有千種，「五四」結果只一個

新文化運動與五四運動，雖然有內在的關聯，但並不是一回事。五四運動不能說是新文化運動的必然結果，它是因外交問題、政治問題引發的一次「突發事件」。儘管二者的歷史文化基因大致相同，但「五四」顯然有着自己的血脈譜系，它是宋代太學生伏闕上書、明代東林黨人議政、清代公車上書這一知識分子傳統的延續，反映了民族主義與政府之間的衝突，而新文化運動則是發生在文化領域的新與舊之間的衝突。

當清末民初民族危機日益嚴重之時，無論是傳統意義上的士子，還是現代意義上的知識分子，在民族救亡問題上，他們走到了一起，就像兩個並行的輪子，共同支撐着這輛搖搖欲墜的車子。直到一九一九年，終於匯成一股巨流。

可以肯定，《新青年》開創了一種風氣，對五四運動起了直接與巨大的催化作用，從精神上、理論上，賦予了五四運動一種特殊的現代意義，使其有別於歷史上太學生伏闕上書和公車上書，使得「五四運動比較辛亥革命進了一步」（毛澤東語）。從這個意義上說，陳獨秀、李大釗、胡適等人與《新青年》，功不可沒。

46 瞿秋白《餓鄉紀行》。《瞿秋白文粹》，太白文藝出版社，一九九五年版。

後人煮酒論史，不是把陳獨秀稱作五四運動的總司令，就是把李大釗稱作總司令，如果僅指「精神領袖」而言，當之無愧，但並非說陳獨秀真的參與了五四運動的具體領導工作。事實上，他們都說不上是總司令。陳獨秀是《新青年》雜誌的總司令，是新文化運動的重要推手，但不能說是五四運動的總司令。

五四運動的主要組織者與領導者，幾乎都不是新青年同人，而是來自新潮社與國民雜誌社的學生。這兩個雜誌社，在新文化運動中，分屬不同的陣營。五四運動前，《國民》甚至連白話文都不肯接受，認為《新潮》的主張太過激烈；而《新潮》也覺得《國民》所宣導的國家觀過於狹隘，故不感興趣。段錫朋是國民雜誌社的靈魂人物，學潮期間，與羅家倫過從甚密，出則同輿，入則同席，晚上常擠在一起熬大鷹。段錫朋一有空就嘮叨他的「廬陵歐陽公的文章道德」，這並沒有妨礙他成為風雲一時的五四領袖。

毛澤東說，五四運動替中國共產黨準備了幹部。這是事實。但五四運動同樣為國民黨準備了幹部，這也是事實。不僅如此，五四運動還為學術界準備了一大批學術精英，為教育界、新聞界、出版界準備了一大批人才，這都是事實。五四運動的意義，是對於整個國家、民族、文化而言的。

全國許多回應北京學生的地區，之前並沒有新文化運動的出現，甚至連《新青年》和《新潮》也沒見過，但抗議示威活動一樣搞得有聲有色。《新青年》與《新潮》要打孔家店，而青島問題，恰恰是因為「山東為孔孟聖賢之鄉，中華文化的肇始所在」，才激動起全國的民氣，釀成一場全民保衛戰。這一點非常重要，也是十分有趣的，可以看出新文化運動與五四運動之間血緣譜系的異同。

可以說，五四運動是中國人自從鴉片戰爭以後，民族主義與排外心理，壓抑已久的一次大爆發，但它對中國社會的影響，又遠遠超越了民族主義的局限。

［瞿秋白說］經八九年中國社會現象的反動，《新青年》、《新潮》所表現的思潮變動，趁着學生運動中社會心理的傾向，起翻天的巨浪，搖盪全中國。當時愛國運動的意義，絕不能望文生義的去解釋他。中國民族幾十年受剝削，到今日才感受殖民地化的況味。帝國主義壓迫的切骨的痛苦，觸醒了空泛的民主主義的噩夢。學生運動的引子，山東問題，本來就包括在這裏。工業先進國的現代問題是資本主義，在殖民地上就是帝國主義，所以學生運動倏然一變而傾向於社會主義，就是這個原因。況且家族農業經濟破產，舊社會組織失了他的根據地，於是社會問題更複雜了。從孔教問題，婦女問題一直到勞動問題，社會改造問題；從文字上的文學問題一直到人生觀的哲學問題；都在這一時期興起，縈繞着新時代的中國社會思想。[47]

羅家倫作為「五四」時的學生領袖之一，最直接的組織者與參加者，一九二〇年秋，與段錫朋、康白情、汪敬熙、周炳琳等學生領袖一起出國留學，先後在美國普林斯頓大學、哥倫比亞大學、英國倫敦大學、德國柏林大學、法國巴黎大學學習。一九二六年歸國，投身政治，

47 瞿秋白《餓鄉紀行》。《瞿秋白文粹》，太白文藝出版社，一九九五年版。

任國民革命軍總司令部參議，後官至考試院副院長。他認為五四精神，可以歸納為三點：一是學生犧牲的精神；二是社會制裁的精神；三是民眾自決的精神。拒簽巴黎和約，罷免曹、陸、章，反而都是次要的。他沒有把這次運動稱之為「愛國運動」，而是稱之為「民眾自決運動」。

他首先看重的是「五四」對民間社會發展的促進作用，一是思想改造的促進；二是社會組織的增加；三是民眾勢力的發展。

一、思想改革的促進。新思潮的運動，在中國發生於世界大戰終了之時。當時提倡的還不過是少數的人，大多數還是莫明其妙，漠不相關。自從受了五四這個大刺激以後，大家都從睡夢中驚醒了。無論是誰，都覺得從前的老法子不適用，不能不別開生面，去找新的，這種潮流佈滿於青年界。……譬如五四以前談文學革命的，不過《新青年》、《新潮》、《每週評論》和其他二、三個日報；而到五四以後，新出版品驟然增四百餘種之多。其中內容雖有深淺之不同，要是大家肯出來而且敢出來幹，已經是了不得了！又如五四以前，白話文章不過是幾個談學問的寫寫；五四以後則不但各報紙大概都用白話，即全國教育會在山西開會也通過以國語為小學校的課本，現在已經一律實行採用……

二、社會組織的增加。……五四以前中國的社會可以說是一點沒有組織。……現在居然各縣各省的學生都有聯合會。……有好幾省已經組織成了什麼教職員公眾。……自從五四以來有工人的地方如上海等處也添了許多中華工業協會、中華工會總會、電氣工會聯合會。……現在如天津等處的商人有同業公會的組織，而上海等處商人有各馬路聯合會的組織。……若是大家參看毛澤東君的《全國民眾的大聯合》一文，一定更要明白。

三、民眾勢力的發展。自從五四運動以來，中國民眾的勢力，不能不說是一天一天的發展。許多的束縛，以前不敢打破的，現在敢打破了；許多的要求，以前不敢提出的，現在敢提出了。諸如此類，不勝枚舉。[48]

羅家倫十分強調新文化運動與五四運動的關係，認為「五四」是新文化運動所產生的思想變化的結果，同時又擴大了新文化運動的勢力。但他卻否認五四運動與其他政治運動有任何關係：「五四運動的時候，可以說是沒有一個人是有政治色彩或是有政治目的而在活動的。當時只是純粹的青年血氣衝動。」後來，學生運動形成了一股勢力，各種政治的成分，才紛紛參加進來。[49]

然而，作為中國共產黨人，曾擔任過北大學生會主席、北京學生聯合會主席的朱務善，則認為五四運動是由「共產主義知識分子和革命青年學生」領導的，「資產階級知識分子如胡適、羅家倫之流，是五四運動的右翼，當然沒有領導過五四運動」。[50]

中共黨人、著名史學家鄧拓，一九五〇年代為五四運動作的定義是：「是以共產主義知識分子、革命小資產階級知識分子和資產階級知識分子的統一戰線為基礎，而以共產主義知識分子

48 羅家倫《一年來我們學生運動底成功失敗和將來應取的方針》。《新潮》第二卷第四號，一九二〇年五月。
49 羅家倫《蔡元培時代的北京大學與五四運動》。臺灣，《傳記文學》第五十四卷第五期，一九七八年五月。
50 朱務善《五四革命運動是否就是新民主主義革命？》。《歷史研究》一九六二年第四期。

為領導骨幹的反帝反封建的革命運動。」[51]反映了中國大陸在一九四九年以後對五四運動評價的主流意見。

把五四運動與蘇俄的十月革命聯繫起來，也是一個很常見的觀點。李大釗在五四運動發生半年後，就已經把它與「世界革命」聯繫在一起了。一九一九年十月他說：「此次五四運動，係排斥『大亞細亞主義』，即排斥侵略主義，非有深他於日本人也。斯世有以強權壓迫公理者，無論是日本人非日本人，吾人均應排斥之！故鄙意以為此番運動僅認為愛國運動，尚非恰當，實人類解放之一部分也。」[52]

雖則這時在他心目中的「人類解放」，並不一定就是蘇俄革命的模式，而是一種比較籠統的「人類自由的精神」和「正義人道」的理想。他在一九二三年的五四紀念日說，「『五四』是學生加入政治運動的紀念日，也是學生整頓政風的紀念日。他說：「民國到現在十有餘年，革命事業還未成功，這些繼續革命事業的人，就是我們。但是我們做這種事業，必須抱定目的和宗旨。以現在學生應該做的事有二種：一、組織民眾，以為達到大革命之工具；二、對現政府立於彈劾的地位。因為我們光組織民眾是不行的，他們是可以破壞我們組織民眾的事業。望學生對於以上二事努力去做，則將來自有極大之效果。」[53]整頓者，改良之意；彈劾者，監督之意。

但隨着中國共產主義革命的興起，「世界革命」的含義，漸漸成為蘇俄革命與共產國際的代名詞。五四運動也被詮釋為中國走上蘇俄革命道路的第一炮了。

在服膺馬克思列寧主義方面，李大釗走在陳獨秀的前面；但在實行暴力革命方面，陳獨秀則走在李大釗前面。五四運動一年之後，陳獨秀在總結五四精神時，曾把五四精神歸結為兩點：一是直接行動；二是犧牲精神。「直接行動，就是人民對於社會國家的黑暗，由人民直接行動，加以制裁，不訴諸法律，不利用特殊勢力，不依賴代表。」[54]大體上，與帶有安那其色彩的社會主義革命精神，相去不遠。

但四年之後，中國共產黨已經成立，不僅與共產國際這一「特殊勢力」建立了聯繫，成為共產國際的一個支部，而且也與國民黨這一「特殊勢力」結成了同盟。陳獨秀對五四運動的評價，隨之提升到一個新的高度，開始把它擺到一個更廣闊的舞臺——國際共產主義運動的大背景下去觀察。陳獨秀在一九二三年分析說：

> 此次運動的優點是：一、純粹的市民反抗外國帝國主義之壓迫，及以直接行動的手段懲罰帝國主義者之走狗——賣國賊；二、隨之而起的文化運動和社會運動，給舊思想以重大的打擊。
>
> 此次運動的弱點是：一、民族運動的對象，只是當時感覺最甚的勾結國內軍閥段祺瑞之帝國主義的日本，而忽略了國際帝國主義者對華侵略之全部狀態……二、群眾中無有力的組織與領袖將此運動繼續擴大深入到社會各階級中被壓迫的群眾，在歐戰後世界革命的

51 鄧拓《誰領導了五四運動》。《人民日報》一九五〇年四月二十九日。
52 李大釗《在〈國民雜誌〉週年紀念會上的演說》。《國民雜誌》第二卷第一號，一九一九年十一月。
53 李大釗《紀念五月四日》。《晨報》一九二三年五月四日。
54 陳獨秀《五四運動的精神是什麼？》。《時報》一九二〇年四月二十二日。

大潮中，失去了被壓迫的中國民族解放運動大爆發的機會……

陳獨秀強調指出：「最後的五四運動乃是在歐戰後世界革命的怒潮中和中國城市工業開始發展中（民國八年，西曆一九一九年）發生的，因此，五四運動雖然未能達到理想的成功，而在此運動中最努力的革命青年，遂接受世界的革命思潮，由空想而實際運動，開始了中國革命之新的方向。」[55]

這個「新方向」，就是走俄國人的路！

一九七〇年代，許德珩作為五四運動中的激進學生之一，在紀念五四運動六十週年的文章中，也同樣強調五四運動受蘇俄革命影響。他說：「五四運動是在俄國十月社會主義革命影響下發生，而在第一次世界大戰中孕育起來的。五四運動的最大特點，就是中國人民革命從此成為無產階級世界革命的同盟軍，不再是資產階級世界革命的同盟軍，這就是說中國革命的性質從此由舊民主主義革命發展成為新民主主義革命。」[56]

毛澤東把五四運動作為一條分界線，「五四」以前，可以上溯至清末的洋務運動、戊戌變法，新學與舊學之爭，西學與中學之爭，是資產階級的新文化和封建階級的舊文化之間的鬥爭。可是幾個回合下來，資產階級新文化都被帝國主義奴化思想和中國封建主義復古思想的反動同盟打退了。

許德珩認為蘇俄革命是因，五四運動是果。中國革命是受了蘇俄革命的激勵，從資產階級革命向無產階級革命轉變。所謂柳樹上着刀，桑樹上出血。但毛澤東不這麼認為。雖然毛澤東也說，五四運動使中國革命變成了「世界無產階級的社會主義的文化革命的一部分」，但他更強調「五四」對中國國內政治的意義，恒在於革命的領導權，從資產階級手中，移交到了無產階級手上；中國的新文化運動，從舊民主主義性質的文化，變成了新民主主義性質的文化。

在「五四」以前，中國的新文化運動，中國的文化革命，是資產階級領導的，他們還有領導作用。在「五四」以後，這個階級的文化思想卻比較它的政治上的東西還要落後，就絕無領導作用，至多在革命時期在一定程度上充當一個盟員，至於盟長資格，就不得不落在無產階級文化思想的肩上。這是鐵一般的事實，誰也否認不了的。57

也就是說，因為發生了五四運動，中國共產黨登上了政治舞臺，才造成中國革命在世界舞臺上的移形換位。毛澤東一向認為，事物的變化，內因為主，外因為輔。這基本上成了中國共產黨對五四運動最權威的定論。

在自由主義知識分子眼中，五四運動，又呈現着另外的景象與意義。在當年的學生中，傅斯年是遊走於政治與學術之間的自由主義知識分子代表之一。一九一九年底他赴歐洲留學，先

55 陳獨秀《二十七年以來國民運動中所得教訓》。《新青年》季刊，一九二三年十二月二十日。

56 許德珩《五四運動六十週年》。《文史資料選輯》第六十一輯，一九七九年版。

57 毛澤東《新民主主義論》。《毛澤東選集》（二），人民出版社，一九九一年版。

入英國愛丁堡大學，後轉入倫敦大學，研究實驗心理學、物理、化學和高等數學；一九二三年入柏林大學哲學院，學習比較語言學；一九二六年回國，後來任中央研究院歷史語言研究所所長。他在一九一九年出國前談論「五四」時說：

近兩年裏，為着昏亂政治的反響，種下了一個根本大改造的萌芽。現在彷彿像前清末年，革命運動立憲運動的時代一個樣，醞釀些時，中國或又有一種的平民運動。所以我們雖當現在的如此如此的南北兩政府之下，我們的希望並不減殺。不過就最近兩三個月內的情形而論，我們又生一種憂慮。這憂慮或者是一種過慮，但是如果人人有這過慮，或者於事業的將來上有益些。我覺得期刊的出現太多了，有點不成熟而發揮的現象。照現在中國社會的麻木、無知覺而論，固然應該有許多提醒的器具。然而厚蓄實力一層也是要注意的。發洩太早太猛，或者於將來無益有損。精深細密的刊物尤其要緊。58

他說的雖然是刊物的現象，但實際是指向產生這種現象的原因，他顯然認為「五四」是一次「不成熟而發揮」的運動，「發洩太早太猛，或者於將來無益有損」。他完全同意胡適的看法，必須要「仔細研究一個問題，而按部就班的解決他，不落在隨便發議論」。因此，他對經歷了「五四」洗禮的學生，有三點忠告：「一、切實的求學；二、畢業後再到國外讀書去；三、非到三十歲不在社會服務。中國越混沌，我們越要有力學的耐心。」

羅家倫也有類似的憂慮，他在出國留學前夕說，五四運動把學生「以前的（學問）儲蓄，一齊發洩盡了。加之一年以來，大家的生活，都是奔走呼號，東擊西應，對於新知識一點不能增加進去，哪裏還有再來傾倒出來的呢？」[59]這也是傅斯年、羅家倫、段錫朋等學生領袖，在「五四」之後，紛紛選擇出國留學的原因。

蔡元培從一開始就不贊成學生搞政治，他認為那會使學生沉迷於權力，學生很可能為勝利而陶醉，他們既然嘗到權力的滋味，以後他們的欲望恐怕難以滿足了。蔡元培預見到，學潮之後的大學，將不易維持紀律，這也是他一再表示不願意回北大當校長的原因。他多次告誡學生，「救國重在研究學術，不可常常為救國運動而犧牲」。

基於這種思想，他對「五四」的正面評價，自然也是在政治之外的。蔡元培說：「我常常對人說，五四運動以後，學生有兩種覺悟是最可寶貴的：一是自己覺得學問不足，所以自動的用功；二是覺得教育不普及的苦痛，所以盡力於平民教育。這兩種覺悟，三年來，很見得與前不同，不能不算是五四運動的紀念。」他表示，能夠把自動用功和平民教育這兩件事實行起來，哪怕只實行其中一件，就算是不辜負五四運動了。[60]

蔡元培是對「五四」最看淡的一位。他雖然在千呼萬喚之下，勉強回到北大校長的任上，但他很清楚，北大已不是昨天的北大，北大不可能回到「五四」之前去了。學術至上的辦學理

58 傅斯年《〈新潮〉之回顧與前瞻》。《新潮》第二卷第一號，一九一九年九月。

59 羅家倫《一年來我們學生運動底成功失敗和將來應取的方針》。《新潮》第二卷第四號，一九二〇年五月。

60 蔡元培《五四運動最重要的紀念》。《晨報》一九二二年五月四日。

念，難乎為繼。一九二〇年十一月，他再次出國遊歷，一去就是一年，北大校長由蔣夢麟代理。

胡適對五四運動的看法，也經歷了一個變化的過程。最初他對學生的愛國熱情是肯定的，五四運動一週年時，胡適與蔣夢麟聯名撰文指出，學生是被這個社會逼上街頭的，「社會上許多事，被一班成年的或老年的人弄壞了，別的階級又都不肯出來干涉糾正，於是這種干涉糾正的責任，遂落在一般未成年的男女學生的肩膀上。」

> 這一年的學生運動，從遠大的觀點看起來，自然是幾十年來的一件大事。從這裏面發生出來的好效果，自然也不少：引起學生的自動精神，是一件；引起學生對於社會國家的興趣，是二件；引出學生的作文演說的能力、組織的能力、辦事的能力，是三件；使學生增加團體生活的經驗，是四件；引起許多學生求知識的欲望，是五件；這都是舊日的課堂生活所不能產生的。我們不能不認為學生運動的重要貢獻。61

他們所不滿意的，只是學生採取罷課這種形式，擔心會養成倚賴群眾的惡心理、翹課和無意識行動的惡習慣，然而，這都僅僅是指向個人品行方面的，他們暫時還沒有意識到，五四運動對社會產生的深遠影響。事實上，五四運動之後，新文化運動似乎沒有出現中斷的危機，反而在短期內，受到刺激而愈加澎湃起來。

胡適曾樂觀估計，「這一年（一九一九）之中，至少出了四百種白話報。內中如上海的《星期評論》，如《建設》，如《解放與改造》（現名《改造》），如《少年中國》，都有很好的貢獻。

一年以後，日報也漸漸的改了樣子了。從前日報的附張往往記載戲子妓女的新聞，現在多改登白話的論文譯著小說新詩了。北京的《晨報》副刊，上海《民國日報》的《覺悟》，《時事新報》的《學燈》，在這三年之中，可算是三個最重要的白話文的機關。時勢所趨，就使那些政客軍人辦的報也不能不尋幾個學生來包辦一個白話的附張了。民國九年以後，國內幾個持重的大雜誌，如《東方雜誌》，《小說月報》……也都漸漸的白話化了。」[62]

他可以把這視為五四運動的成果。因此，他與蔣夢麟都認為，對學生運動，應採取疏導的方法，而不能壓制：「學生運動已發生了，是青年一種活動力的表現。是一種好現象，決不能壓下去的，也決不可把他壓下去的。我們對於辦教育的人的忠告，是『不要夢想壓制學生運動。學潮的救濟只有一個法子，就是引導學生向有益有用的路上去活動』。」

但親歷了中國在「五四」以後三十年間，滄海橫流，陵谷之變後，胡適的晚年，對「五四」的看法有了很大變化。雖然他承認，五四運動完成了「兩項偉大的政治收穫」：一是迫使北京政府撤掉了三個親日高級官員的職，二是迫使中國參加巴黎和會的代表團不敢在和約上簽字（羅家倫卻認為這只是皮相之談）。但同時也造成了一項很大的「副作用」：把一個文化運動，轉變成一個政治運動了。

這是胡適在拉開時間的距離，重新審視歷史時，得出的結論。當初，他們這批自由主義知

61 胡適、蔣夢麟《我們對於學生的希望》。《晨報副刊》一九二〇年五月四日。

62 胡適《五十年來中國之文學》。《胡適文集》（三），北京大學出版社，一九九八年版。

識分子，出於「一番愚忱想把這一運動，維持成一個純粹的文化運動和文學改良運動」的努力，終於因政治的阻撓而中斷了，這令他痛惜不已，深深哀歎，這是對新文化運動——中國文藝復興運動——「一場不幸的政治干擾」。[63]

但平心而論，就算沒有五四運動的「政治干擾」，文藝復興運動就能夠「維持成一個純粹的文化運動和文學改良運動」了嗎？顯然也是一個白日夢而已。

中國的內亂，並不始於五四運動，而是從太平天國、義和拳、辛亥革命、癸丑革命、討袁護國、南北分裂，這樣一步一步發展過來的。當時南北仍處於分裂狀態，草莽英雄當國，北方要武力統一南方，南方也要武力統一北方，南北終須一戰決雌雄。有這南北軍閥的存在，中國還有安寧日子過嗎？就算沒有五四運動「干擾」，也會有這戰爭、那戰爭、這運動、那運動的「干擾」，新文化運動註定是難逃「剛開頭便煞尾」的命運。

孫文不是五四運動造就出來的，而是辛亥革命。「余致力國民革命凡四十年」，他革了滿清政府的命，還要革北洋政府的命。為了「三民主義」的崇高目標，他要陳炯明打福建，打了福建打廣東，打了廣東打廣西，打了廣西打湖南，今年打不完，明年繼續打，一直打到天下統一為止。陳炯明不支持他，他就要找外援，他找過日本，找過美國，找過德國，最後找到了蘇俄。這也是不以自由主義知識分子意志為轉移的。胡適抱怨「五四」干擾了文藝復興，未免有點「屙不出屎怪地硬」的味道。

三春去後諸芳盡，各自須尋各自門

陳獨秀回到上海，全身心投入到中國共產黨的工作中。最初陳獨秀反對中共加入共產國際，也不肯接受共產國際的盧布。但實際上，在他返回上海之前，上海方面已接受了共產國際的資助。周佛海在談到活動經費來源時說：「不待說是盧布換成的鈔票。他們給我每月八十元大洋的生活費，此外還有點活動費。」陳獨秀認為革命者都應無報酬地為黨服務，領了錢就等於雇傭革命。他拍着桌子說：「我們有多大的能力幹多大的事，決不能讓任何人牽着鼻子走。我可以不幹這個書記，但中國共產黨決不能戴第三國際這頂大帽子。」[64]

十月四日，陳獨秀、楊明齋、包惠僧等人，在上海法租界漁陽里二號的陳宅被捕。巡捕在他家裏搜出了《新青年》、《勞動界》、《共產黨》等刊物。胡適在北京聞訊，大吃一驚，連忙打電話給剛從歐洲回來的蔡元培，請他出面設法營救，他在電話中，急得大罵「法國人真不要臉！」。

馬林也在上海全力組織營救，利用共產國際的經費去打通關節，聘請律師。十月下旬，陳

---

63 《胡適口述自傳》。華東師範大學出版社，一九九三年版。

64 《周佛海回憶錄》，臺灣，躍升文化事業有限公司，一九八八年版。

獨秀以判罰一百元結案。出獄後，陳獨秀的立場發生了戲劇性的轉變，他一方面正式辭去廣東教育委員會委員長一職，以示與資產階級政府一刀兩斷，並接受沈雁冰等人之請，在商務印書館當兼職編輯，一方面與馬林達成了三點共識：

陳獨秀與馬林和諧地會談了兩次，一切問題都得到了適當的解決：一、全世界共運總部設在莫斯科，各國共產黨都是第三國際的一個支部。二、赤色職工國際與中共勞動組合書記部，是有經濟聯繫的組織。中國勞動組合書記部的工作計劃及預算，每年都要赤色國際批准施行。三、中共中央不受第三國際的經濟支援，如有必要的開支，由勞動組合書記部調撥。65

從此，中國共產黨接受共產國際的資助，正式成為國際共產主義運動中的一員了。《新青年》雜誌在出了九卷六號後，決定停刊，新青年社也隨之解散。一九二三年六月，一度作為中共黨的理論宣傳刊物，以季刊形式，在廣州復刊，由瞿秋白主編。然這時的《新青年》，已不再是一本新文化運動的刊物了。一九二四年十二月出至第四期，又再打烊；一九二五年四月改為月刊復刊，不定期出版，一九二六年七月出至第五號自行停刊。

這本創刊於一九一五年，共出六十三冊，曾經是思想文化先鋒的雜誌，度過了燦爛的一生，到了曲終奏雅，謝幕退場之際了。胡適對這本雜誌感情深厚，因為這是他登上時代舞臺的階梯，他給予了很高的評價：「二十五年來，只有三個雜誌可代表三個時代，可以說是創造了三個新時代：一是《時務報》，一是《新民叢刊》，一是《新青年》。而《民報》與《甲寅》還算不上。」[65]前兩本都是梁啟超辦的，後一本——《新青年》——則是陳獨秀、胡適、李大釗、錢玄同、劉半農等一批新青年辦起來的，他們是當之無愧的時代創造者。

陳獨秀在上海平安獲釋，胡適鬆了一口氣。這段日子，他因為養病，沒在北大開課，埋頭寫《〈紅樓夢〉考證》、《〈水滸傳〉後考》。他對《新青年》的回歸，已不抱希望了，所以一直想另辦一份雜誌。經過胡適、高一涵和地質學家丁文江等人，幾個月的醞釀籌備，一九二二年五月七日，在五四運動三週年之際，《努力週報》在北京創刊了。由胡適親撰的發刊詞是一首白話《努力歌》，其中唱道：

朋友們，我們唱個「努力歌」：
不怕阻力！
不怕武力！
只怕不努力！
努力！努力！[66]

65 包惠僧《回憶馬林》。《馬林在中國的有關資料》（增訂本），人民出版社，一九八〇年版。
66《努力週報》第七十五期，一九二三年十月二十一日。

阻力少了！
武力倒了！
中國再造了！
努力！努力！

五月十四日，《努力週報》第二期上，刊登了由胡適起草，蔡元培領銜，王寵惠、羅文幹、李大釗、梁漱溟、湯爾和、陶孟和、朱經農、高一涵、丁文江、陶行知、王伯秋、張慰慈、徐寶璜、王徵十六人連署的《我們的政治主張》，嚴正要求政府立即進行政治改革，改革的最低限度目標是：

一、政治改革的目標　我們以為現在不談政治則已，若談政治，應該有一個切實的、明了的、人人都能了解的目標。我們以為國內的優秀分子，無論他們理想中的政治組織是什麼（全民政治主義也罷，基爾特社會主義也罷，無政府主義也罷），現在都應該平心降格的公認「好政府」一個目標，作為現在改革中國政治的最低限度的要求。我們應該同心協力的拿這共同目標來向國中的惡勢力作戰。

二、「好政府」的至少涵義　我們所謂「好政府」，在消極的方面是要有正當的機關可以監督防止一切營私舞弊的不法官吏。在積極的方面是兩點：

（一）充分運用政治的機關為社會全體謀充分的福利。

（二）充分容納個人的自由，愛護個性的發展。

三、政治改革的三個基本原則　我們對於今後政治的改革，有三個基本的要求：

第一，我們要求一個「憲政的政府」，因為這是使政治上軌道的第一步。

第二，我們要求一個「公開的政府」，包括財政的公開與公開考試式的用人等等；因為我們深信「公開」（Publicity）是打破一切黑幕的唯一武器。

第三，我們要求一種「有計劃的政治」，因為我們深信中國的大病在於無計劃的飄泊，因為我們深信計劃是效率的源頭，因為我們深信一個平庸的計劃勝於無計劃的瞎摸索。[67]

胡適呼籲全體優秀公民都要站起來，為自衛計，為社會國家計，出來和惡勢力奮鬥。「做好人是不夠的，須要做奮鬥的好人；消極的輿論是不夠的，須要有決戰的輿論。這是政治改革的第一步下手工夫。」丁文江誠懇地說：「我們是救火的，不是趁火打劫的。」胡適對他這句話作了詮釋說：「其實他的意思是要說，我們是來救火的，不是來放火的。」[68]在隨後的討論中，北京有七所高校的校長——北京高師校長李建紡、北京女子高師校長毛邦偉、北京法律專門校長王家駒、俞同奎、北京醫藥專門校長周頌聲、北京農學院院長吳宗植、北京藝術專門校長葉倩——亦公開聲明，支持這份宣言。

後人回顧歷史，當有無盡的感慨，一方面為那些仗義執言的知識分子所感動，一方面亦

67 《努力週報》第二期，一九二二年五月十四日。

68 胡適《丁在君這個人》。《胡適文集》（七），北京大學出版社，一九九八年版。

為中國文人的通病，扼腕痛惜。陳炯明在廣東不正是實行着這個宣言中的主張嗎？不正在努力進行政治改革、努力期成一個好政府嗎？卻不見這些知識分子對他援之以手，沒有人去協助他「救火」，沒有人參加他的「奮鬥」與「決戰」，只有陳獨秀去幫了他一把，很快也一走了之了，大家「不去掃清天北霧，只來捲起浪頭山」，眼睜睜看着陳炯明單槍匹馬蓋高樓，眼睜睜看着它樓塌了。

在宣言最初署名的十六人當中，大部分是自由主義知識分子，只有李大釗一人是中共黨員。原來的新青年陣營，除李大釗外，還有胡適、陶孟和、張慰慈、高一涵諸人。而陳獨秀、魯迅、周作人、錢玄同、劉半農、沈尹默等人，則一律缺席。

李大釗也意識到，好政府主義與馬克思主義，大異其趣，但礙於胡適的情面，不好推辭，便同意署名，但他擔心會引起陳獨秀誤解，特意寫信到上海解釋說，好人政府在當前混亂的局勢中，未嘗不是一種差強人意的辦法。

然陳獨秀對「好政府主義」，不屑一顧，六月十七日，中共在「對時局主張」中，把「好政府主義」輕蔑地斥之為「妥協的和平主義，小資產階級的和平主義」，並指這種主張「正都是『努力』『奮鬥』『向惡勢力作戰』的障礙物」。[69]胡適看到批評後，在《努力週報》上公開回應說：「我們並不菲薄你們的理想的主張，你們也不必菲薄我們的最低限度的主張。如果我們的最低限度做不到時，你們的理想主張也決不能實現。」[70]

這兩位曾經是文學革命戰壕裏的親密戰友，雖然還保留着許多美好的回憶與私誼，但在政治上，已是涇渭分明，將軍不下馬，各自奔前程了。

劉半農還在國外，他與國內的新青年同人，星離雨散，音問兩疏，當然也無從與聞。劉半農因為在北大被人看不起，發憤到法國留學，最終亦學有所成，他的《漢語字聲實驗錄》，獲得法國「康士坦丁．伏爾內語言學專獎」，他可以自豪地挺起胸脯，衣錦榮歸，有足夠的資格，與北大的名流教授們比肩而立了。然而，縱觀劉半農的一生，真正體現他人生價值的，卻不是「康士坦丁．伏爾內語言學專獎」，而是出國鍍金之前，作為新青年同人，瀟灑倜儻，意氣風發，「丈八蛇矛筆，橫挑馬上將」的那些日子。

魯迅說：「他回來時，我才知道他在外國鈔古書，後來也要標點《何典》，我那時還以老朋友自居，在序文上說了幾句老實話，事後，才知道半農頗不高興了，『駟不及舌』，也沒有法子。」再後來，他們在酒席上見面，除了「今天天氣……哈哈哈」，竟也無話可談了。曾經「佩服陳胡，卻親近半農」的魯迅，「回想先前的交情，也往往不免長歎」。[71]不過，他是不是真的很在乎這段交情，則如魚飲水，冷暖自知了。

魯迅自一九二〇年八月進了北大，在中文系當講師，因為他在教育部還有一份正職，所以在北大只能兼職講師，不能當教授。他常說自己思想太過黑暗，他的武器是匕首和投槍，對敵人冷嘲熱諷，揭其骯髒老底，撕其虛偽面具，是他擅長的，所以他的雜文所向無敵，但像《我

69 《中國共產黨對於時局的主張》（一九二二年六月十七日）。《中共中央檔選》（一），中共中央黨校出版社，一九八二年版。

70 胡適〈這一週〉。《努力週報》第十期，一九二二年六月。

71 魯迅〈憶劉半農君〉。《魯迅全集》（六），人民文學出版社，一九八一年版。

們的政治主張》這類正兒八經向政府提點建設性意見的事，他是絕對不做的，避之唯恐不及。

當時魯迅對「好政府主義」沒表態，但八年之後，他在反擊梁實秋的批評時，才翻出舊事，狠狠地嘲諷說：「獨有『好政府主義』這『一副藥』，他在藥方上所開的卻不是藥名，而是『好藥料』三個大字，以及一些嘮嘮叨叨的名醫架子的『主張』。不錯，誰也不能說醫病應該用壞藥料，但這張藥方，是不必醫生才配搖頭，誰也會將他『褒貶得一文不值』。」72

新青年陣營中的另一位健將錢玄同，也沒有參與「救火」活動，他依然埋頭研究漢文字，與當年一起反傳統的盟友們，早已疏遠了，但他對於文字革命，卻依然十分激進。一九二一年後，他提出「疑古」主張，與顧頡剛一起發起了古史辨運動，欲「把今古文的黑幕一齊揭破」。他年輕時曾宣稱，凡到四十歲的人，不死也該「綁赴天橋槍斃」，一九二五年，三十八歲的他，在北京的國語大會上，還振臂高呼：「打倒古文！打倒漢字！打倒『國粹』！」此時此刻，他真的還相信漢字應該打倒，國粹應該打倒嗎？還是為了證明自己的思想依然年輕？

後人每說及錢玄同，必然要說他當年如何向魯迅索稿，如何逼魯迅寫小說，彷彿魯迅這匹千里馬，是他這個伯樂發掘出來的。兩人關係，亦一度過從甚密，但後來也冷淡了。文人的圈子，從來如此，在這些人之間，本來沒有什麼利害衝突，正如魯迅痛恨顧頡剛一樣，是什麼原因，連顧頡剛自己也丈二和尚摸不着頭腦。有人猜測，因為魯迅不喜歡顧頡剛，而遷怒於和顧氏思想投契的錢玄同。

不管什麼原因，最後這兩位章太炎的高足，不僅變得形同路人，而且終至反目。錢玄同公開說自己「不認識有一個什麼姓魯的」；而魯迅也以錢氏主張到四十歲就自殺，卻不能身體力行，寫打油詩挖苦他：「作法不自斃，悠然過四十，何妨賭肥頭，抵擋辯證法。」[73]（據說錢氏在北大曾說過「頭可斷，辯證法不可開課」的話。）令了解他們往日情誼的人，不勝欷歔太息。

從復古派蛻變為革命派的錢玄同，踏入該槍斃的年齡之後，壯心與身退，對當年的激烈言論，似乎已頗生悔意。一九二七年，他向胡適喟歎：「回思數年前所發謬論，十之八九，都成懺悔之資料。今後大有『金人三緘其口』之趨勢了。」[74]周作人後來亦嘗反省：「五四時代我正夢想着世界主義，講過許多迂遠的話。」[75]感慨之深，而至於悲涼。

一九二四年十月九日，林紓逝世。

一九二八年四月三十日，辜鴻銘逝世。

一九二九年一月十九日，梁啟超逝世。

一九三四年七月十四日，劉半農逝世。

一九三六年六月十四日，章太炎逝世。

一九三六年十月十九日，魯迅逝世。

一九三九年一月十七日，錢玄同逝世。

一九四〇年三月五日，蔡元培逝世。……

---

72 魯迅《「好政府主義」》。《魯迅全集》（四），人民文學出版社，一九八一年版。

73 魯迅《教授雜詠四首》。《魯迅全集》（七），人民文學出版社，一九八一年版。

74 錢玄同《致胡適》。《胡適遺稿及秘藏書信》，黃山書社，一九九四年版。

75 周作人《元旦試筆》。《雨天的書》，河北教育出版社，二〇〇二年版。

陳獨秀、李大釗並肩走上了革命之路。一九二四年，孫文在蘇俄的幫助下，改組國民黨，實行「聯俄容共」政策，李大釗、毛澤東、張國燾、瞿秋白等一大批中共黨人，以個人身份加入國民黨，與國民黨共同推動國民革命的發展。一九二五年三月，孫文病逝。一九二六年七月，國民革命軍出兵北伐。

一九二七年四月，李大釗在北京被奉系軍閥逮捕，受到嚴刑拷問，判處絞刑。這位溫和的北大圖書館館長，堅定的馬克思主義者，四月二十八日下午一時五十分，從容地走上了刑場。嗚呼，所謂烈士者，就是像李大釗這樣的人，當大黑暗來臨之時，黃泉路上，獨來獨往，天下為重，性命為輕，其生也榮，其死也哀。

國共兩黨的合作，最終在一九二七年破裂。國民黨在打過長江之後，以「清黨」名義，大殺中共黨人，直殺得人頭滾滾，屍橫遍野。陳獨秀領導中共的能力與政策，受到黨內嚴厲批評，不得不辭去總書記一職。被譽為「一身結合了別林斯基、車爾尼雪夫斯基、普列漢諾夫和列寧」的陳獨秀，胸中空有萬里丘壑，可惜流年，憂愁風雨，終於又回到了書桌前，埋頭寫起《中國拼音文字草案》。但這時已不是北洋政府的年代了，當這批革命者奮力打倒北洋政府以後，才發覺在新政府的統治下，他們連出版《中國拼音文字草案》這樣的書，都成了問題，商務印書館一看見陳獨秀的名字，便縮起脖子，顧左右而言他了。

這顆「思想界的明星」、「中國革命史上光焰萬丈的大彗星」，就這麼黯然隕落了。陳獨秀雖然號稱「終生的反對派」，但廉頗老矣，再不能有什麼作為，只留下一句「我半生所做的事業，似乎大半失敗了」的哀歎，一九四二年五月二十七日，在孤獨中鬱鬱而終。千古英雄之命，其如斯乎！

一九五〇年十二月二十日，臺灣大學校長傅斯年去世。一九六二年六月二十四日，一代自由主義宗師胡適在臺灣去世。一九六九年十二月二十五日，中華民國國史館館長羅家倫去世。

十年生死兩茫茫。不思量，自難忘。遙想當年，他們為白話文言而爭，為標點符號而爭，為橫排豎排而爭，為戲曲臉譜而爭，為世界語而爭，為孔家店而爭，為民主與科學而爭，為自由、平等、博愛而爭……到如今，一切都塵歸塵，土歸土，他們的名字，像星星一樣鑲嵌在中國文化這片蒼茫無垠的天空之上，英靈永在，同放光芒。

古人恒歎物是人非事事休，但歷史卻不會休。自鴉片戰爭以後，中國「開二千年未有之變局」，新文化運動，是這個大變局中，一個必經的重要階段。「五四」那一代人所遇到的千山萬水，走到今天還沒有走完，前面依然有萬水千山。中國落後的根源在哪裏？傳統文化要不要打倒？怎麼打倒？要不要全盤西化？怎麼西化？五四運動究竟是民主主義的覺醒，還是民族主義的擡頭？它是新文化運動結出的碩果，還是腰斬了新文化運動？它使中國的大門對世界更加開放，還是更加關閉？究竟哪一條道路才是最適合中國的道路？

喧囂的世界，依然日夜喧囂。

「五四」的傳人，依然在千山萬水間，奮力跋涉……

後記

一九一九年三月二十六日晚上發生的事情，在中國近代史上，似乎值得留下一筆，因為那天晚上，蔡元培、湯爾和、馬敍倫、沈尹默等人在北大會議，決定讓陳獨秀離開北大。胡適在多年以後感慨地說：「以後中國共產黨的創立及後來國中思想的『左傾』，《新青年》的分化，北大自由主義者的變弱，皆起於此夜之會。」

其實，胡適有點自欺欺人。陳獨秀即使不離開北大，也不會走上自由主義的道路。因為陳獨秀思想上，本來就沒有多少自由主義的基因。無論是打孔家店也罷，白話文運動也罷，與林紓論戰也罷，他都站穩了一元絕對的立場，旗幟鮮明地宣稱《新青年》的主張不容匡正，不僅預示了新文化運動的歸宿，而且也預示了他自己的未來路向。

作為一個歷史人物，陳獨秀是辛亥革命埋下的種子，吸收俄國革命養分成長起來的，和自由主義完全不搭邊。由江湖會黨為骨幹的同盟會領導，以袁世凱訓練出來的新軍為基本力量的辛亥革命，根本不可能使中國自由主義化。所以，胡適大可不必感歎。李大釗沒離開北大，他不也一樣信仰了共產主義革命嗎？

如果拉開歷史的距離來看，新文化運動同樣不會使中國走上自由主義道路。因為它的性質是為辛亥革命補上理論一課，這決定了它必然以替天行道、不容匡正的絕對姿態出現。雖然人們把「啟蒙運動」的桂冠贈予了它，但它與歐洲的啟蒙運動，無論是文化基因、思想譜系，還是前因後果，都有着完全不同的DNA，無法相提並論。

所謂啟蒙運動，是要啟自由與理性之蒙，但什麼是自由與理性？只有把以陳獨秀為代表的「新青年」，以梁啟超為代表的研究系，以章太炎、林紓、劉師培、黃侃、辜鴻銘等人為代表的舊學說統統納入這場運動中，呈現一種百家爭鳴、百花齊放、多元發展的局面，才可以稱之為自由與理性的蘇醒。但回顧歷史，這樣的局面並沒有真正出現，隨着國民革命的勃興，國民黨的崛起，思想文化也向二元對立，一元絕對的方向演變，最後甚至出現了「革命的進此門，不革命的滾出去」、「不為同志，即為叛逆」的極端情形。

不少研究者都說，那時中國的知識分子在啟蒙與救亡之間搖擺，五四運動標誌着啟蒙最終讓位於救亡。胡適就曾感歎，五四運動是對新文化運動的「干擾」。其實，這同樣是他一廂情願的錯覺。

中國的新文化運動，肇遠因於鴉片戰爭、甲午戰爭，承近因於辛亥革命，從一開始就是以民族主義為前驅，以救亡為己任的。所以，當我們追溯那段歷史時，不難發現，「亡國滅種」的陰影，一直盤桓在知識分子的心頭，也成了新文化運動一個貫穿始終的主要話題。

五四運動與新文化運動的關係，錯綜複雜。但在民族主義的基因上，它們是一脈相承的，五四運動為國民革命和共產主義革命準備了大批幹部，這些幹部多數是新文化運動的活躍分子，從這個意義上說，新文化運動是啟了革命之蒙，啟了救亡之蒙，並不存在「讓位」的問題，也談不上什麼「干擾」。

但如果說它們就是一個銅板的兩面，那也不對。新文化運動是文化上的新舊對抗，而五四運動是朝野的政治博弈，範疇不同。用「五四時代」這個概念可以涵蓋二者，但用「五四運動」，則容易產生歧義，不足以涵蓋二者。

在這一個舞臺上，在這一齣戲裏，只有不同的角色，沒有哪個是紅臉，哪個是黑臉。五四運動的參與者，既有來自新青年陣營的，也有來自孔家店的。五四運動之所以能夠把全民動員起來，其中一個重要原因，就是它提出了一個很有鼓動性的口號：山東是孔孟之鄉，是孔家店的發源地，決不容日本人侵佔；保衛山東就等於保衛中華民族的文化之根一樣。

這實在太吊詭了，以至於常被左右為難的研究者所迴避，新文化運動打了半天孔家店，但當民族危機發生時，孔家店卻依然是動員民眾的最有效的政治資源與文化資源之一。這是極具諷刺意味的，我們還能說新文化運動的領袖們領導了五四運動嗎？或者還可以進一步問，新文化一定要以打倒孔家店為前提嗎？當初反對打倒孔家店的，就一定是新文化的對立面嗎？

所有這些，都是我寫這本書時一直在思考的問題。所謂昨日之因，今日之果；今日之因，明日之果，歷史的因果絲毫不爽。從辛亥革命，到新文化運動、五四運動，從國民革命，到共產主義革命，一環緊扣一環，這是一個必然的、連綿不絕的過程。因此，胡適的感歎，如果擴大為「共產主義革命在中國的勝利，皆起於新文化運動之會」，並承認他自己也曾經是這個歷史盛會的推手之一，就與事實相距不遠了。

五四運動是一個說不完的話題。自從發生五四運動以來，它就不斷被述說，幾乎所有史料，甚至每個細節，都被羅掘俱窮了。當我想把這段歷史再梳理一遍時，已沒有什麼新鮮的故事可以講述了，只能以我的思想，我的眼光，重新解讀那些眾所周知的陳年舊事。

對中國的歷史，也許我有過於深重的宿命感，不太相信有什麼偶然事件可以改變歷史發展的方向，如果歷史確實被某些事件改變，我倒寧願相信那些被改變的東西，才屬於偶然的插曲。正如相容並包的北大是偶然的，而「此夜之會」的北大才是必然的；辛亥革命後思想界的百家爭鳴是偶然的，「不容匡正」的思想革命才是必然的；自由與理性的聲音是偶然的，革命與救亡才是必然的。

正是這種宿命感，把我的這本書，與其他歷史研究者的視角與著述拉開了距離。當然，我不是一個悲觀者，我相信偶然積累多了，終有一天是可以變成必然的，雖然那得經過幾代人的艱苦努力，才能把基因慢慢改造過來，但希望總是有的。